2020年12月24日至25日，全国退役军人事务厅（局）长会议在京召开。退役军人事务部党组书记、部长孙绍骋出席会议并讲话。曹舒昊 摄

2020年8月30日至9月1日，退役军人事务部党组书记、部长孙绍骋带队赴河北省调研退役军人工作，其间到河北省平山县慰问抗战老战士窦保录。白雅妹 摄

2020年9月17日至21日，退役军人事务部党组书记、部长孙绍骋赴陕西省调研退役军人工作，在延安八一敬老院看望慰问老红军战士。李方园 摄

2020年9月28日，第七批在韩中国人民志愿军烈士遗骸安葬在沈阳抗美援朝烈士陵园。退役军人事务部党组书记、部长孙绍骋在安葬仪式上致祭文。曹舒昊 摄

2020年1月6日，退役军人事务部党组书记、部长孙绍骋会见塞尔维亚劳动、就业、退役军人和社会事务部部长乔尔杰维奇一行。曹舒昊 摄

2020年9月21日，退役军人事务部副部长钱锋出席全国优抚工作座谈会。杨宁 摄

2020年9月3日，退役军人事务部副部长、全国双拥工作领导小组副组长兼办公室主任钱锋在湖北调研双拥工作，到湖北省荣军医院看望慰问抗疫医护人员。高帆 摄

2020年11月3日至5日，退役军人事务部副部长钱锋到安徽省六安市、芜湖市调研退役军人工作，看望常态化联系的退役军人，慰问抗美援朝老战士庄燕劳。梅良仿 摄

2020年6月10日，中央军委政治工作部主任助理兼退役军人事务部副部长、直属机关党委书记方永祥出席共青团退役军人事务部直属机关第一次团员大会并讲话。曹舒昊 摄

2020年8月，中央军委政治工作部主任助理兼退役军人事务部副部长方永祥在江西莲花县看望张文泉老人。江西省莲花县退役军人事务局 供

2020年10月15日，中央军委政治工作部主任助理兼退役军人事务部副部长方永祥赴上海市天山路街道退役军人服务站调研。陈珺 摄

2020 年 9 月 15 日，中央纪委国家监委驻退役军人事务部纪检监察组组长林国耀在山东省蒙阴县退役军人服务中心调研。李红伟 摄

2020 年 9 月 18 日，中央纪委国家监委驻退役军人事务部纪检监察组组长林国耀在江苏省徐州市军队离休退休干部第二休养所调研，并看望离休干部。

2020年9月16日至17日，退役军人村干部决战脱贫攻坚和推进乡村振兴现场交流会在贵州省安顺市召开。退役军人事务部副部长朱天舒出席会议。薛峰 摄

在中国人民抗日战争暨世界反法西斯战争胜利75周年纪念日前夕，退役军人事务部副部长朱天舒赴浙江省慰问抗战老战士等优抚对象。 廖小净 摄

2020年12月22日，“情暖老兵·关爱帮扶”行动启动仪式在北京举行，退役军人事务部副部长朱天舒和民政部、国家卫生健康委等部门及有关社会组织负责同志共同启动活动。曹舒昊 摄

2020年9月1日，退役军人事务部副部长常正国调研陕西省退役军人创业就业基地建设情况并座谈。行向辉 摄

2020年8月31日至9月2日，退役军人事务部副部长常正国走访慰问眉县齐镇上庙村烈属王彦林。行向辉 摄

2020年11月23日至25日，退役军人事务部副部长常正国带队赴江苏省调研退役军人工作。刘杰 摄

2020年1月10日，由中央宣传部、退役军人事务部、中央军委政治工作部联合举办的2019年度“最美退役军人”首场先进事迹报告会在北京人民大会堂举行。曹舒昊 摄

2020年1月14日，退役军人事务部举行新闻吹风会，介绍《关于加强军人军属、退役军人和其他优抚对象优待工作的意见》并答记者问。曹舒昊 摄

2020年1月16日，退役军人事务部、中央军委政治工作部、北京市人民政府召开慰问移交政府安置的军队离退休干部大会。曹舒昊 摄

2020年1月19日，退役军人事务部走访军委政治工作部，就做好拥军优属和退役军人工作进行交流。曹舒昊 摄

2020年2月11日，退役军人事务部组建的首支医疗队驰援湖北省荣军医院。曹舒昊 摄

2020年4月1日，退役军人事务部召开2020年全面从严治党暨党风廉政建设工作会议。曹舒昊 摄

2020 年 7 月 28 日，退役军人事务部召开电视电话会议部署推进退役军人工作。曹舒昊 摄

2020 年 8 月 24 日，全国退役军人事务系统学习推广新时代“枫桥经验”现场推进会以视频会议形式在浙江绍兴召开。袁云 摄

2020年9月20日至10月19日，退役军人事务部在河北省优抚医院组织开展部分优抚对象短期疗养活动。刘梦妍 摄

2020年9月21日，全国优抚工作座谈会在湖南省长沙市举行。杨宁 摄

2020年9月28日，第七批在韩中国人民志愿军烈士遗骸安葬仪式在沈阳抗美援朝烈士陵园举行。曹舒昊 摄

2020年10月12日，退役军人事务部在京举行第三批退役军人就业合作签约企业集中发布仪式。曹舒昊 摄

2020年10月29日至30日，全国退役军人事务系统信息化工作会议在河南省洛阳市召开。李明豫 摄

2020年11月19日至20日，全国军休服务管理工作会议在上海市召开。廖俊彬 摄

2020年12月1日，退役军人事务部、中央军委政治工作部召开学习宣传贯彻退役军人保障法电视电话会议。曹舒昊 摄

2020年12月8日至9日，全国退役军人思想政治工作会议在福建省上杭市古田县召开。徐豫 摄

2020年12月18日，中央宣传部、退役军人事务部、中央军委政治工作部联合发布2020年度“最美退役军人”先进事迹。王峰 摄

2020年12月24日至25日，全国退役军人事务厅（局）长会议在北京召开。曹舒昊 摄

2020 年 12 月 25 日，退役军人事务系统首次援藏工作会议在北京召开。曹舒昊 摄

2020 年 12 月 26 日，退役军人事务系统首次援疆工作会议在北京召开。曹舒昊 摄

中国
退役军人事务年鉴

CHINA VETERANS AFFAIRS YEARBOOK

退役军人事务部◎编

人民日报出版社
·北京·

图书在版编目（CIP）数据

中国退役军人事务年鉴. 2021 / 退役军人事务部编. — 北京：人民日报出版社，2021. 9
ISBN 978-7-5115-7138-0

Ⅰ. ①中… Ⅱ. ①退… Ⅲ. ①退役－军人－人事管理－中国－2021－年鉴
Ⅳ. ①E263-54

中国版本图书馆CIP数据核字（2021）第194255号

书 名：中国退役军人事务年鉴. 2021
ZHONGGUO TUIYI JUNREN SHIWU NIANJIAN. 2021
编 者：退役军人事务部

出 版 人：刘华新
责任编辑：林 薇 梁雪云
封面设计：春天书装

出版发行：人民日报出版社
社 址：北京金台西路2号
邮政编码：100733
发行热线：(010) 65369509 65369527 65369846 65369512
邮购热线：(010) 65369530 65363527
编辑热线：(010) 65369526
网 址：www.peopledailypress.com
经 销：新华书店
印 刷：北京博海升彩色印刷有限公司
法律顾问：北京科宇律师事务所 010-83622312

开 本：889mm×1194mm 1/16
字 数：580千字
插 图：39幅
印 张：27.25
版次印次：2021年9月第1版 2021年9月第1次印刷

书 号：ISBN 978-7-5115-7138-0
定 价：198.00元

《中国退役军人事务年鉴2021》
编委会

《中国退役军人事务年鉴2021》编写组成员

丁国胜	于晓鹏	山　涛	马　文	马相聪	马续波
王　洪	王　续	王　毅	王立民	叶婷婷	朱立东
向洪波	刘　斌	刘恒贵	刘莎莎	刘御芳	刘　阳
刘云辉	齐　亮	闫永琦	许航宇	许爱军	李　成
李　坤	李　洪	李　贺	李天利	李玉玲	李忠泓
杨学娟	杨海云	邹　杰	肖　燕	吴　涛	宋功祥
宋虎林	宋晓明	张　莉	张　强	张　程	张　赟
张天也	张新宇	陈　浩	陈汉勋	陈智慧	罗晶晶
周　迪	周　翔	周发福	周燕红	孟　伟	孟东生
赵　立	赵　宇	胡　凯	柏毅卿	姚永福	顾卫忠
倪光辉	高　宇	郭嘉良	曹舒昊	戚剑峰	董　瑞
韩　旭	温　磊	谢　芸	鲍金宝	廖丽娜	魏锦喜

（按姓氏笔画排序）

编辑说明

《中国退役军人事务年鉴》是关于退役军人工作的专业性史料工具书，旨在逐年记录、时序呈现、客观反映我国退役军人工作发展概况，为全国退役军人事务系统工作者和关心、关注退役军人工作的广大读者提供借鉴和参考。

《中国退役军人事务年鉴2021》收录2020年退役军人事务工作相关资料，共6个部分，包括党和国家领导人关于退役军人工作的活动和讲话、退役军人事务部领导讲话和署名文章、全国退役军人工作、地方退役军人工作、政策法规、大事记。其中，全国退役军人工作主要从国家层面反映政策法规、思想政治和权益维护、规划财务、移交安置、就业创业、军休服务管理、拥军优抚、褒扬纪念（国际合作）、教育培训、服务中心（站）建设、信息化建设等工作；地方退役军人工作主要从地方层面反映各省（区、市）和副省级城市及新疆生产建设兵团退役军人相关工作。

《中国退役军人事务年鉴2021》的编辑出版，是在全国退役军人事务系统的共同努力下完成的。在此，谨向所有参加编辑出版工作的领导和同志表示衷心感谢！因编者水平有限，疏漏之处在所难免，恳请广大读者批评指正！

编　者

2021年9月

序

2020年，在以习近平同志为核心的党中央坚强领导下，退役军人事务系统坚决贯彻党中央、国务院决策部署，交出了一份扎扎实实的答卷。

这是党的领导全面加强的一年。习近平总书记高度重视退役军人工作，亲切会见全国双拥模范城（县）命名暨双拥模范单位和个人表彰大会代表，亲自签署主席令公布《中华人民共和国退役军人保障法》，专门给四川省革命伤残军人休养院全体同志回信，多次作出重要指示批示。党领导下的退役军人工作创新发展、扬帆远航。

这是退役军人事务领域治理水平持续提升的一年。县级以上退役军人事务行政机构全部组建到位，各类服务保障机构有序划转，“示范型退役军人服务中心（站）”建设广泛开展，社会组织积极支持退役军人工作。《中华人民共和国退役军人保障法》颁布实施，中国特色退役军人工作政策制度体系迈出历史性一步。出台移交安置、就业创业、抚恤优待和烈士褒扬等方面多项政策文件。基层基础进一步夯实，治理效能进一步提升。

这是退役军人获得感、幸福感、荣誉感明显增强的一年。“阳光安置”机制探索完善，军休管理服务水平提升，部分优抚对象抚恤补助标准继续提高，受理近290万份退役士兵社会保险补缴申请。退役军人创业创新大赛举办，部企合作提供优先就业岗位，就业培训和招聘活动广泛开展。迎接第七批在韩中国人民志愿军烈士遗骸归国，联合举办抗美援朝出国作战70周年主题展览等系列纪念活动，又一批“最美退役军人”走上闪亮舞台。

这是退役军人事务系统和广大退役军人向战而行、敢打必胜的一年。数百万名退役军人，10万余个志愿者服务队战斗在抗击新冠肺炎疫情一线。面对严重洪涝灾害，数十万名退役军人闻鼓角再出征，践行“若有战、召必回”的铮铮誓言。

新时代退役军人工作已经站上新起点、迈进新征程，退役军人事务系统将更加紧密地团结在以习近平同志为核心的党中央周围，深入贯彻习近平总书记关于退役军人工作重要论述，锐意进取、真抓实干、接续奋斗，努力开创退役军人工作高质量发展新局面。

目录

党和国家领导人关于退役军人工作的活动和讲话

习近平在参观“铭记伟大胜利　捍卫和平正义——纪念中国人民志愿军抗美援朝出国作战70周年主题展览”时强调

在新时代继承和弘扬伟大抗美援朝精神 为实现中华民族伟大复兴而奋斗

李克强栗战书汪洋王沪宁赵乐际韩正王岐山参观展览

在中国人民志愿军抗美援朝出国作战70周年之际，中共中央总书记、国家主席、中央军委主席习近平19日前往中国人民革命军事博物馆，参观“铭记伟大胜利　捍卫和平正义——纪念中国人民志愿军抗美援朝出国作战70周年主题展览”。他强调，70年前，为了保卫和平、反抗侵略，中国党和政府毅然作出抗美援朝、保家卫国的历史性决策，英雄的中国人民志愿军高举正义旗帜，同朝鲜人民和军队一道，舍生忘死、浴血奋战，赢得了抗美援朝战争伟大胜利，为世界和平和人类进步事业作出巨大贡献。抗美援朝战争的胜利，是正义的胜利、和平的胜利、人民的胜利。抗美援朝战争锻造形成的伟大抗美援朝精神，是弥足珍贵的精神财富，必将激励中国人民和中华民族克服一切艰难险阻、战胜一切强大敌人。要深入学习宣传中国人民志愿军的英雄事迹和革命精神，学好党史、新中国史、改革开放史、社会主义发展史，激励全党全军全国各族人民更加紧密地团结在党中央周围，牢记初心使命，坚定必胜信念，发扬斗争精神，增强斗争本领，为决胜全面建成小康社会、夺取新时代中国特色社会主义伟大胜利、实现中国梦强军梦不懈奋斗，为维护世界和平、推动构建人类命运共同体作出更大贡献。

李克强、栗战书、汪洋、王沪宁、赵乐际、韩正、王岐山参观展览。

下午3时5分，习近平等党和国家领导同志来到中国人民革命军事博物馆，步入展厅参观展览。展览紧紧围绕弘扬爱国主义精神和革命英雄主义精神的主题，以中国共产党、中国人民和中国人民志愿军为主视角，围绕战争主线，突出战场较量，精心设计序厅、“正义担当　决策出兵”、“运动歼敌　稳定战线”、“以打促谈　越战越强”、“实现停战　胜利归国”、“抗美援朝战争胜利的伟大意义和历史贡献”、结束语等7个部分，设置“不忘初心、牢记使命、永远奋斗”专题，通过540余张照片、1900余件文物，以及大量视频、实物场景等，充分展示重大决策过程、重大历史事件、重要战役战斗、重要历史人物，兼顾展示政治、经济、外交等方面的斗争，全面回顾中国共产党领导抗美援朝战争的光辉历程和宝贵经验，生动反映伟大的抗美援朝精神的丰富内涵和时代价值，重点展示志愿军将士的英雄气概和不畏强敌、制胜强敌的精神优势，展现全国各族人民同仇敌忾、万众一心的爱国情怀，彰显中华民族不畏强暴、维护和平的坚定决心。

志愿军战歌的珍贵手稿，重现激战松骨峰场景的油画，反映鏖战长津湖、血战上甘岭等的景观，特级英雄黄继光牺牲处挖掘出来的爆破筒残体，缴获的武器装备，展现国内掀起参军参战支前热潮的历史照片，朝鲜停战协定签字仪式现场使用的文具，朝鲜人民欢送志愿军赠送的礼品，镌刻着抗美援朝英烈模范姓名的玻璃幕墙……丰富的历史文物、翔实的文献资料、新颖的展陈手段，吸引了习近平等领导同志的目光，他们不时驻足仔细观看，认真听取讲解，并详细询问有关情况。

在京中共中央政治局委员、中央书记处书记，全国人大常委会副委员长，国务委员，最高人民法院院长，最高人民检察院检察长，在京全国政协副主席以及中央军委委员等参观了展览。

（新华社北京2020年10月19日电）

习近平会见全国双拥模范城（县）命名暨双拥模范单位和个人表彰大会代表

李克强参加会见并在表彰大会上讲话　王沪宁参加会见

全国双拥模范城（县）命名暨双拥模范单位和个人表彰大会20日上午在京举行。中共中央总书记、国家主席、中央军委主席习近平亲切会见与会代表，向他们表示诚挚问候，向受到命名表彰的全国双拥模范城（县）、双拥模范单位和个人表示热烈祝贺。

中共中央政治局常委、国务院总理李克强参加会见并在表彰大会上讲话，中共中央政治局常委、中央书记处书记王沪宁参加会见。

上午10时，习近平等来到京西宾馆会议楼前厅，全场响起热烈掌声。习近平等走到代表们中间，同大家亲切交流并合影留念。

李克强在讲话中首先代表党中央、国务院，向受命名的地方和受表彰的单位与个人表示热烈祝贺，向人民解放军指战员、武警官兵、民兵预备役人员、部队职工，向烈军属、伤残军人、转业复员退伍军人和军队离退休干部，向双拥工作战线的同志们致以诚挚问候，向所有关心支持国防和军队建设的社会各界人士表示衷心感谢。

李克强说，党的十八大以来，在以习近平同志为核心的党中央坚强领导下，各地区各有关部门积极支持和服务保障军队建设改革，进一步加大优抚安置保障，军队支援经济社会发展积极有为，在参与重大自然灾害抢险救援和应对突发事件中当先锋，今年面对疫情，人民子弟兵闻令而动、敢打硬仗，广大军民携手同心、共克时艰，取得了抗击疫情斗争重大战略成果，彰显了军政军民团结的强大力量。

李克强指出，各地区各部门要全力支持国防和军队建设，做好交通运输、后勤供给等保障工作，帮助改善边疆海岛驻军官兵执勤和工作生活条件。一如既往为军人和家属排忧解难，使广大官兵不为后路担心、不为后院分心、不为后代忧心。今年稳就业难度更加凸显，要为退役军人提供更加精准及时的就业创业服务和职业技能培训，确保他们就业有去处、创业有扶持、失业有帮扶。拓宽渠道，确保符合条件的随军家属都得到合适安置。落实军人子女就近入学、调动转学、参加中高考优待等政策，让军人及其家属放心安心。同时支持军队发挥优势，积极参与经济社会建设。保障优抚安置等财政支出，继续抓好双拥模范创建活动，健全基层双拥服务体系，努力开创双拥工作新局面。

大会宣读了关于命名411个全国双拥模范城（县），关于表彰全国爱国拥军模范单位和拥政爱民模范单位，关于表彰全国爱国拥军模范和拥政爱民模范的决定。大会向受到命名表彰的全国双拥模范城（县）、双拥模范单位和个人代表颁奖。有关军地代表发言。

丁薛祥参加会见，孙春兰参加会见并主持大会，张又侠、陈希、黄坤明、沈跃跃、肖捷、马飚参加会见并出席大会，中央军委委员苗华参加会见并在会上宣读表彰决定。

大会以电视电话会议形式召开，在北京设主会场，在各省、自治区、直辖市和新疆生产建设兵团设分会场。全国双拥模范城（县）、双拥模范单位和个人代表，全国双拥工作领导小组成员，军地有关部门负责同志，各省、自治区、直辖市和新疆生产建设兵团双拥工作领导小组及双拥办主要负责同志等在主会场参加了会议。（新华社北京2020年10月20日电）

习近平给四川省革命伤残军人休养院全体同志回信强调

全党全社会要崇尚英雄学习英雄关爱英雄 汇聚实现中华民族伟大复兴的磅礴力量

在中国人民志愿军抗美援朝出国作战70周年之际，中共中央总书记、国家主席、中央军委主席习近平近日给四川省革命伤残军人休养院全体同志回信，向他们致以诚挚的问候。

习近平在回信中表示，在抗美援朝战争中，中国人民志愿军发扬伟大爱国主义精神和革命英雄主义精神，勇往直前，浴血奋战，为保家卫国作出了重要贡献。志愿军将士及英雄模范们的功绩，党和人民永远不会忘记。

习近平指出，60多年来，你们坚持爱党、信党、跟党走，积极参与爱国主义教育和国防教育活动，继续为党和人民贡献自己的力量，展现了初心不改、奋斗不止的精神。

习近平强调，中华民族是英雄辈出的民族，新时代是成就英雄的时代。全党全社会要崇尚英雄、学习英雄、关爱英雄，大力弘扬英雄精神，汇聚实现中华民族伟大复兴的磅礴力量。

四川省革命伤残军人休养院始建于1951年，先后集中供养了2800多名伤残军人，其中参加抗美援朝战争的约2200人。60多年来，该院伤残军人克服常人难以想象的困难，力所能及为祖国建设作贡献，义务做传统教育报告近万场，受众300余万人次，产生了积极的社会反响。2019年，该院被表彰为“全国退役军人工作模范单位”。近日，该院志愿军老战士涂伯毅代表全体伤残军人给习近平主席写信，汇报工作和生活情况，表达不忘初心、牢记使命、保持本色，继续为实现中华民族伟大复兴添砖加瓦的决心。（新华社北京2020年10月21日电）

十三届全国人大常委会第二十三次会议在京闭幕

表决通过关于修改著作权法的决定、退役军人保障法 习近平签署主席令予以公布

栗战书主持会议

十三届全国人大常委会第二十三次会议11日上午在北京人民大会堂闭幕。会议经表决，通过了关于修改著作权法的决定和退役军人保障法。国家主席习近平分别签署第62、63号主席令予以公布。栗战书委员长主持会议。

常委会组成人员161人出席会议，出席人数符合法定人数。

会议表决通过了《全国人民代表大会常务委员会关于香港特别行政区立法会议员资格问题的决定》。

会议表决通过了全国人大环境与资源保护委员会、农业与农村委员会分别提出的关于十三届全国人大三次会议主席团交付审议的代表提出的议案审议结果的报告。

会议表决通过了全国人大常委会代表资格审查委员会关于个别代表的代表资格的报告。

会议经表决，任命陈武为全国人大财政经济委员会副主任委员；任命贺小荣为最高人民法院副院长，免去张述元的最高人民法院副院长、审判委员会委员职务；任命杨春雷为最高人民检察院副检察长、检察委员会委员。

全国人大常委会副委员长王晨、曹建明、张春贤、沈跃跃、吉炳轩、艾力更·依明巴海、万鄂湘、陈竺、王东明、白玛赤林、丁仲礼、郝明金、蔡达峰、武维华，秘书长杨振武出席会议。

国家监察委员会主任杨晓渡，国务委员王毅，最高人民法院院长周强，最高人民检察院检察长张军，全国人大各专门委员会成员，各省、自治区、直辖市人大常委会负责同志，以及有关部门负责同志等列席会议。

闭幕会前，栗战书委员长分别主持召开了十三届全国人大常委会第七十六次、第七十七次委员长会议，审议有关议题。全国人大常委会秘书长杨振武，全国人大有关专门委员会负责人就有关议题作了汇报。

闭幕会后，十三届全国人大常委会举行第二十讲专题讲座，栗战书委员长主持。中央宣讲团成员、中央财经委员会办公室分管日常工作的副主任韩文秀作了题为《学习党的十九届五中全会精神的几点体会》的讲座。（新华社北京2020年11月11日电）

李克强在第十三届全国人民代表大会第三次会议上的政府工作报告
（节选）

千方百计稳定和扩大就业。加强对重点行业、重点群体就业支持。今年高校毕业生达874万人，要促进市场化社会化就业，高校和属地政府都要提供不断线的就业服务，扩大基层服务项目招聘。做好退役军人安置和就业保障。实行农民工在就业地平等享受就业服务政策。帮扶残疾人、零就业家庭等困难群体就业。我国包括零工在内的灵活就业人员数以亿计，今年对低收入人员实行社保费自愿缓缴政策，涉及就业的行政事业性收费全部取消，合理设定流动摊贩经营场所。资助以训稳岗拓岗，加强面向市场的技能培训，鼓励以工代训，共建共享生产性实训基地，今明两年职业技能培训3500万人次以上，高职院校扩招200万人，要使更多劳动者长技能、好就业。

加大基本民生保障力度。上调退休人员基本养老金，提高城乡居民基础养老金最低标准。实现企业职工基本养老保险基金省级统收统支，提高中央调剂比例。全国近3亿人领取养老金，必须确保按时足额发放。落实退役军人优抚政策。做好因公殉职人员抚恤。扩大失业保险保障范围，将参保不足1年的农民工等失业人员都纳入常住地保障。完善社会救助制度。扩大低保保障范围，对城乡困难家庭应保尽保，将符合条件的城镇失业和返乡人员及时纳入低保。对因灾因病因残遭遇暂时困难的人员，都要实施救助。要切实保障所有困难群众基本生活，保民生也必将助力更多失业人员再就业敢创业。

去年以来，国防和军队建设取得重要进展，人民军队在疫情防控中展示了听党指挥、闻令而动、勇挑重担的优良作风。要深入贯彻习近平强军思想，深入贯彻新时代军事战略方针，坚持政治建军、改革强军、科技强军、人才强军、依法治军。坚持党对人民军队的绝对领导，严格落实军委主席负责制。全力加强练兵备战，坚定维护国家主权、安全、发展利益。打好军队建设发展“十三五”规划落实攻坚战，编制军队建设“十四五”规划。深化国防和军队改革，提高后勤和装备保障能力，推动国防科技创新发展。完善国防动员体系，始终让军政军民团结坚如磐石。

（新华社北京2020年5月29日电）

李克强总理出席记者会并回答中外记者提问

今年我们确定城镇新增就业900万人以上，的确比去年低，实现这个目标要有一定的经济增长作支撑。我们把城镇调查失业率定为6%左右，今年4月份城镇调查失业率已经是6%了，我们这样做也是实事求是。

就业是最大的民生，对于一个家庭来说是天大的事情。这几天我看中国政府网上的留言，大概1/3都是谈就业的。其中有一位农民工说他50多岁了，在外打工30多年，每年如此，但今年还没有找到工作，全家都陷入困境。还有一些个体工商户，已经歇业几个月了。一些外贸企业现在没有订单，影响员工就业。对他们的困难，我们要给予救助，但是从根本上说，还是要帮助他们就业。中国有9亿劳动力，没有就业，就只是9亿张吃饭的口；有了就业，就是9亿双可以创造巨大财富的手。

为了稳住现有就业岗位，可以说政策是能用尽用，投入的钱也是最多的。我们规模性政策的资金，允许基层用于减税降费，而且允许用于为企业减房租、贴利息。采取这样的措施就是要把企业稳下来，岗位保得住，而且要公平合理。我们还要采取资助企业以训稳岗的政策，今明两年将有3500万人次通过失业保险结存资金来进行岗位培训，给他们缓冲的机会。即便失业了，也要努力让他们短时期内有再就业的机会。

同时还要创造更多新的就业岗位。现在新业态蓬勃发展，大概有1亿人就业。我们的零工经济也有2亿人就业。不仅要采取更多扶持政策，而且要打破那些不合理的条条框框，让更多新就业岗位成长起来。去年我们平均每天净增企业超过1万户，今年也要按这个目标去努力。

人民群众有无穷创造力。回想改革开放之初，大批知青返城，就一个“大碗茶”解决了多少人的就业！两周前，我看到报道，西部有个城市，按照当地的规范，设置了3.6万个流动商贩的摊位，结果一夜之间有10万人就业。中国人民是勤劳的，中国的市场也在不断开拓和升级。当然，对重点人群就业，我们有重点扶持政策。今年大学毕业生创新高，达到874万人，要让他们成为“不断线的风筝”，今明两年都要持续提供就业服务。对农民工，不论是在常住地还是返乡，都要给他们提供就业服务平台。对退役军人，要切实把安置政策落实好。（新华社北京2020年5月28日电）

十三届全国人大常委会第十九次会议分组审议退役军人保障法草案等

栗战书参加审议

十三届全国人大常委会第十九次会议19日下午举行分组会议，审议退役军人保障法草案和拟提请表决事项等。栗战书委员长参加审议。

与会的全国人大常委会组成人员、全国人大专门委员会组成人员认为，退役军人为国防和军队建设做出了重要贡献，是社会主义现代化建设的重要力量，是党和国家的宝贵财富。做好退役军人工作，对于巩固党的执政地位、确保国家政权稳固、厚植强军兴军根基、维护社会安全稳定具有十分重要的意义。退役军人保障法草案贯彻落实以习近平同志为核心的党中央关于退役军人工作的重大决策部署及改革要求，坚持服务经济社会发展、服务国防和军队建设，为退役军人工作提供法治保障，有利于维护退役军人的合法权益，让军人成为全社会尊崇的职业；坚持统筹协调，注重服务保障与教育管理、物质待遇与精神激励相结合，在完善现行政策基础上创新了制度设计。与会人员还对退役军人保障法草案的内容提出进一步修改完善的意见建议。（新华社北京2020年6月19日电）

栗战书主持召开十三届全国人大常委会第七十五次委员长会议

决定十三届全国人大常委会第二十三次会议11月10日至11日在京举行

十三届全国人大常委会第七十五次委员长会议3日上午在北京人民大会堂举行，栗战书委员长主持。会议决定，十三届全国人大常委会第二十三次会议11月10日至11日在北京举行。

委员长会议建议，十三届全国人大常委会第二十三次会议审议著作权法修正案草案、退役军人保障法草案等；审议全国人大环境与资源保护委员会、农业与农村委员会分别提出的关于十三届全国人大三次会议主席团交付审议的代表提出的议案审议结果的报告；审议栗战书委员长出席第六届金砖国家议会论坛情况的书面报告；审议栗战书委员长出席中俄议会合作委员会第六次会议情况的书面报告；审议全国人大常委会代表资格审查委员会关于个别代表的代表资格的报告；审议有关任免案等。

委员长会议上，全国人大常委会秘书长杨振武就常委会第二十三次会议议程草案和日程安排作了汇报。全国人大常委会有关副秘书长，全国人大有关专门委员会、常委会有关工作委员会负责人就常委会第二十三次会议有关议题作了汇报。

全国人大常委会副委员长王晨、曹建明、张春贤、沈跃跃、吉炳轩、艾力更·依明巴海、万鄂湘、陈竺、王东明、白玛赤林、丁仲礼、郝明金、蔡达峰、武维华出席会议。（新华社北京2020年11月3日电）

纪念中国人民志愿军抗美援朝出国作战70周年主题展览在京开幕

王沪宁出席开幕式并讲话

“铭记伟大胜利　捍卫和平正义——纪念中国人民志愿军抗美援朝出国作战70周年主题展览”开幕式19日上午在中国人民革命军事博物馆举行。中共中央政治局常委、中央书记处书记王沪宁发表讲话并宣布展览开幕。

上午10时，开幕式开始。全场高唱中华人民共和国国歌，随后向在抗美援朝战争中英勇牺牲的烈士默哀。

王沪宁在讲话中表示，抗美援朝战争是保卫和平、反抗侵略的正义之战。英雄的中国人民志愿军将士，同朝鲜人民和军队一道，舍生忘死，浴血奋战，赢得了抗美援朝战争的伟大胜利。

王沪宁表示，举办主题展览，就是要全面回顾抗美援朝战争的光辉历程和宝贵经验，生动展示中国人民志愿军的英雄事迹和革命精神，集中展现全国各族人民万众一心、众志成城的爱国情怀，充分彰显中华民族不畏强暴、维护和平的坚定决心，激励我们奋力投身新时代强国强军伟大事业。要更加紧密地团结在以习近平同志为核心的党中央周围，坚持以习近平新时代中国特色社会主义思想为指导，增强“四个意识”、坚定“四个自信”、做到“两个维护”，大力弘扬伟大的抗美援朝精神，为决胜全面建成小康社会、夺取新时代中国特色社会主义伟大胜利、实现中华民族伟大复兴的中国梦不懈奋斗。

孙春兰、张又侠、黄坤明、蔡奇、丁仲礼、刘奇葆出席开幕式。苗华主持开幕式。

中央宣传思想工作领导小组成员，有关方面负责同志，志愿军老战士、老同志、烈士家属代表，驻京部队官兵代表、首都各界群众代表等约300人参加开幕式。（新华社北京2020年10月19日电）

孙春兰出席在韩中国人民志愿军烈士遗骸回国迎接仪式并讲话

中共中央政治局委员、国务院副总理孙春兰27日上午在沈阳桃仙国际机场出席在韩中国人民志愿军烈士遗骸回国迎接仪式并讲话。上午9时，中韩双方在韩国仁川国际机场举行117位在韩志愿军烈士遗骸交接仪式。运送烈士遗骸的专机进入中国领空后，空军两架战斗机迎接护航。12时25分迎接仪式在沈阳桃仙国际机场正式开始。

孙春兰指出，今年是中国人民志愿军抗美援朝出国作战70周年。70年来，祖国和人民始终没有忘记老一辈革命家和中国人民志愿军为维护正义、反对侵略所建立的不朽功勋，始终没有忘记谱写了气壮山河英雄赞歌的志愿军将士，始终没有忘记用鲜血染红金达莱花的烈士们，他们的贡献彪炳史册，他们的英名万古流芳。

孙春兰强调，伟大抗美援朝精神永远是中国人民团结奋进、战胜困难、勇往直前的宝贵财富和力量源泉。70年来，我们党团结带领全国各族人民奋发图强，创造了世所罕见的经济快速发展奇迹和社会长期稳定奇迹，中华民族迎来了从站起来、富起来到强起来的伟大飞跃。今年以来，面对突如其来的新冠肺炎疫情，在以习近平同志为核心的党中央坚强领导下，万众一心、众志成城，取得了疫情防控的重大战略成果，铸就了生命至上、举国同心、舍生忘死、尊重科学、命运与共的伟大抗疫精神，生动诠释了抗美援朝精神，并在新时代传承和发展。

孙春兰指出，站在“两个一百年”奋斗目标的历史交汇点上，我们要继承先烈遗志，弘扬伟大的抗美援朝精神，不忘初心、牢记使命，坚持以人民为中心的发展思想，倍加珍惜先烈用鲜血和生命换来的和平环境，坚定不移走和平发展道路，为决胜全面建成小康社会、实现中华民族伟大复兴的中国梦不懈奋斗，继续同各国人民一道推动构建人类命运共同体，为维护世界和平与促进共同发展作出更大贡献。

迎接仪式后，烈士遗骸棺椁被护送至沈阳抗美援朝烈士陵园。28日10时，安葬仪式将在该陵园志愿军烈士纪念广场举行。（新华社沈阳2020年9月27日电）

退役军人事务部
领导讲话和署名文章

在学习推广新时代“枫桥经验”现场推进会上的讲话

孙绍骋

（2020年8月24日）

今天，我们在“枫桥经验”发源地绍兴，召开学习推广“枫桥经验”现场推进会，深入学习贯彻习近平总书记关于退役军人工作重要论述，围绕建立健全组织管理体系、工作运行体系、政策制度体系，突出基层基础，强化源头治理，破解矛盾问题，将新时代“枫桥经验”在退役军人事务系统发扬光大，着力提高退役军人管理保障水平。

下面，我就学习推广新时代“枫桥经验”讲四方面意见。

一、聚焦“是什么”，准确把握新时代“枫桥经验”的丰富内涵

“枫桥经验”顺应历史需要而出现，随着时代进步而发展。它形成于社会主义建设初期，发展于改革开放新阶段，创新于中国特色社会主义新时代。自1963年毛泽东同志就“发动和依靠群众，坚持矛盾不上交，就地解决，实现捕人少、治安好”的经验，作出“各地仿效，经过试点，推广去做”的批示后，“枫桥经验”历经半个多世纪的发展，彰显出强大的生命力。习近平总书记在坚持“枫桥经验”基本精神基础上，根据形势发展提出一系列新思想新观点新论断，形成了新时代“枫桥经验”，赋予其鲜明时代特色和丰富现实内涵。

第一，坚持党建引领。“枫桥经验”最根本的一点，就是充分发挥党的政治优势，依靠基层组织和广大群众，就地解决矛盾纠纷。2013年，习近平总书记就坚持和发展“枫桥经验”作出重要指示，要求“把党的群众路线坚持好、贯彻好”。多年来，各方面在学习推广“枫桥经验”中，有不少创新和发展，但坚持党的领导一以贯之。新时代“枫桥经验”立足“党建统领”，充分发挥党密切联系群众的政治优势，推动基层党建与基层治理有机衔接，实现党领导下的政府治理、社会调节和居民自治良性互动、协调共进。实践证明，党的领导是“枫桥经验”经久不衰的法宝。

第二，坚持人民主体地位。创新“枫桥经验”，就要始终坚持全心全意为人民服务的宗旨，切实做到权为民所用、情为民所系、利为民所谋，坚持强化基础，依靠群众。新时代“枫桥经验”秉持“以人民为中心”的发展思想，为民办事、为民解忧，不断提高人民群众的获得感、幸福感、安全感。同时，忠实践行党的群众路

线，坚持从群众中来、到群众中去，充分尊重群众的主体地位，注重发动群众进行自我教育、自我管理、自我服务、自我提高。实践证明，人民立场是“枫桥经验”永葆生机的根源。

第三，坚持矛盾不上交。最大限度地把问题解决在基层、解决在萌芽状态，这是“枫桥经验”的精髓所在。千里之堤，溃于蚁穴。如果对苗头性问题不及时处置，任其发展演化，就会积重难返，带来严重后果。新时代“枫桥经验”坚持和发扬“就地解决”矛盾问题的做法，将社会治理的着眼点前移，把矛盾问题防范在源头、化解在基层、消灭在萌芽，做到“小事不出村、大事不出镇、矛盾不上交”。实践证明，防微杜渐、抓早抓小是“枫桥经验”发挥作用的秘诀。

第四，坚持“三治”并举。党的十九大报告明确提出，健全自治、法治、德治相结合的乡村治理体系。新时代“枫桥经验”立足“三治”共同发力，以自治增活力、以法治立规矩、以德治扬正气。在自治方面，通过引导群众积极参与基层管理，使矛盾问题在共同商量、彼此理解中解决得合情合理。在法治方面，坚持依法办事，公平公正处理矛盾问题，确保基层治理合法合规。在德治方面，着力加强公民道德建设，塑造健康平和的社会心态，促进社会和谐稳定。实践证明，“三治”并举是“枫桥经验”历久弥新的关键。

第五，坚持完善制度机制。“枫桥经验”在正确处理人民内部矛盾方面，以完善的制度为保障，健全矛盾纠纷排查调处工作机制，狠抓落实责任制。进一步总结推广和创新发展“枫桥经验”，就要坚持完善制度，注重长效。新时代“枫桥经验”把制度建设作为重要内容，按照“组织建设走在工作前、预测工作走在预防前、预防工作走在调解前、调解工作走在激化前”的原则建章立制，形成遏制矛盾问题的长效机制，防止小事拖大、大事拖炸。实践证明，完善制度机制是“枫桥经验”不断发展的保障。

二、围绕“为什么”，深刻认识退役军人事务系统学习推广新时代“枫桥经验”的重要意义

“枫桥经验”虽然诞生在农村，但其强化基层基础、就地解决问题的基本精神具有普遍的指导意义。党的十九届四中全会提出，要坚持和发展新时代“枫桥经验”，努力将矛盾化解在基层。退役军人事务系统更需要学习推广这一经验做法，不断推进退役军人事务领域治理体系和治理能力现代化。

第一，这是进一步贯彻“以人民为中心”理念的需要。“以人民为中心”是新时代坚持和发展中国特色社会主义的基本方略之一。我们的工作对象是退役军人，全心全意为退役军人服务，着力解决他们的操心事、烦心事、揪心事，是我们的基本职责，是党的根本宗旨的具体实践。系统组建伊始，我们就提出“坚持以退役军人为中心”，这与新时代“枫桥经验”“坚持人民主体”的根本立场深度契合。要进一步学习借鉴新时代“枫桥经验”，树牢“以退役军人为中心”的理念，更好维护退役军人合法权益。

第二，这是进一步发挥基层作用的需要。退役军人工作，对象集中在基层，政策落实在基层，问题解决在基层，创新解决办法还在基层，只有基层工作好了，整体工作才能好。去年以来，在中央领导同志直接关心推动下，建成60

多万个退役军人服务中心（站），形成了一个工作力量立体贯通、工作触角入乡进村的庞大系统，为做好退役军人整体工作打下了坚实基础，特别是基层解决问题、服务退役军人的能力明显增强。这需要我们学习借鉴新时代“枫桥经验”的基层导向，把更多人力、财力、物力向基层倾斜，切实增强基层实力，确保发挥好县乡村三级服务中心（站）的独特优势和作用。

第三，这是进一步弥补业务短板的需要。作为新组建系统，我们的工作特别是基层工作，还有不少短板弱项和问题不足。比如，尽管目前建立了合力共为、工作落实等机制，但还不够健全完善；工作人员大部分“跨界而来”，有的政策不熟、业务不精、经验不足、能力不强；有的组织发动群众的意识不够，在引领退役军人发挥作用方面做得不好，等等。这需要我们学习借鉴新时代“枫桥经验”在基层治理中的有效做法，固根基、补短板、强弱项，推动基层业务能力上台阶上水平。

三、着眼“做什么”，有效发挥新时代“枫桥经验”助力退役军人工作的功能作用

学习推广新时代“枫桥经验”，根本在于坚持以习近平新时代中国特色社会主义思想为指导，深入贯彻落实习近平总书记关于退役军人工作重要论述和关于坚持发展“枫桥经验”的重要指示批示精神，把握新时代“枫桥经验”的普遍规律，找准新时代退役军人事务的突出特点，推动两者在思想理念、价值追求和工作实践中相互结合、深度融合，实现矛盾就地化解、服务精准规范、管理日臻完善。

第一，打牢基层工作根底。抓基层、打基础，是新时代“枫桥经验”的突出特点，也是退役军人工作的着眼点、立足点。县、乡、村退役军人服务站是退役军人矛盾问题一站式受理、一揽子调处、全链条解决的前沿阵地，也是学习推广新时代“枫桥经验”的战斗堡垒。今年工作的重中之重，就是实现服务中心（站）“从有到优”的转变。要以学习推广新时代“枫桥经验”为契机，着力打造一批特色鲜明、对象满意的“示范型退役军人服务中心（站）”，以点带面、连线成片、辐射周边，促进整体服务保障水平提升。

第二，就地化解矛盾问题。就地化解矛盾、及时解决问题，是新时代“枫桥经验”的根本要求，也是退役军人工作最直接、最现实的需要。要精准建档立卡。学习精准扶贫的经验做法，按照底数清、情况明、无遗漏的要求，对辖区内退役军人工作、生活等情况摸底排查，全面准确采集并动态更新退役军人基础信息数据，分类建立台账，专人跟进负责，为就地解决矛盾问题提供数据支撑。要注重落实政策。建部以来，国家层面出台了多个政策文件，各地也制定了不少措施，现在更重要的是写好落实的“下半篇”文章，让政策变现、承诺兑现。同时，对政策“盲区”，要在深入调查研究的基础上，及时提出意见建议、填补空白漏洞。

第三，突出服务保障重点。新时代“枫桥经验”始终秉持服务意识、为民理念，这与退役军人工作崇尚服务保障异曲同工。退役军人的需求是多方面的，我们要在搞好全面服务保障的同时，突出重点、精准发力。要抓住就业创业这个根本。要摸清辖区退役军人就业底数、业务专

长，深挖各类资源，加强供需对接，多渠道多途径提供就业岗位和创业机会。依托现有就业创业基地，深入开展退役军人适应性培训、职业技能培训，提升其就业创业能力水平。采取设置退役军人专岗、安排公益岗位兜底等方式，促进退役军人充分就业。要守住帮扶援助这条底线。要按照“普惠加优待”原则，加强与相关部门的沟通协调，积极主动帮助符合条件的退役军人申请低保、专项救助、临时救助等。对特殊困难退役军人家庭，通过结对服务、志愿服务、社会捐赠等方式，组织开展个性化、亲情化帮扶。对农村籍退役军人生产生活状况给予重点关注，全力帮扶解困、排忧解难。要做好尊重尊崇这篇文章。持续组织开展“模范退役军人”表彰、“最美退役军人”评选，邀请模范退役军人代表参加国家和地方重要庆典和纪念活动，采取多种方式广泛宣传退役军人先进事迹，扎实做好“四尊崇、五关爱、六必访”和悬挂光荣牌、送立功喜报等工作，多措并举、多管齐下，营造全社会尊重尊崇退役军人的良好氛围。

第四，激励对象发挥作用。新时代“枫桥经验”注重引导群众积极参与、主动作为，这也正是退役军人工作的着力点。要做好思想政治工作，组织开展政治理论和党的路线方针政策学习，教育引导广大退役军人爱党爱国，始终听党话、跟党走，成为我们党治国理政的坚实依靠力量。要抓住村（社区）“两委”换届契机，协调组织部门精心选任“兵支书”，将优秀退役军人党员吸纳进基层组织班子、选聘到党建工作队伍，争取不断提高全国“兵支书”的比例。要结合退役军人的特有优势，组建志愿者服务队、突击队，发挥其在应急抢险、脱贫攻坚、疫情防控、医疗救援等任务中的积极作用。要建立健全政策激励机制，创造有利条件、提供优惠待遇，积极动员退役军人到老少边穷地区贡献力量、实现价值。

四、紧扣“做得好”，推动新时代“枫桥经验”在退役军人事务系统落地生根

为学习推广新时代“枫桥经验”，我们部署开展“基层基础基本建设年”“思想政治工作年”活动。各地要把准工作重点、采取切实举措，全力推动新时代“枫桥经验”落地见效、创新发展。

第一，加强党的领导。党的领导是新时代“枫桥经验”发挥作用的根本保证。学习推广新时代“枫桥经验”，要持之以恒用习近平新时代中国特色社会主义思想武装头脑，深入学习贯彻习近平总书记关于退役军人工作重要论述，确保政治坚定、行动有力、工作有效。要总揽全局、协调各方，提高党在退役军人工作中的政治领导力、思想引领力、群众组织力、社会号召力。要注重发挥基层党组织主体作用，协助将流动党员纳入基层党组织常规化管理，配合做好退役军人党员组织关系转接等工作。

第二，突出自身特色。运用好新时代“枫桥经验”，要重拿来但不能搞“拿来主义”，要学经验但不能唯“经验主义”。要突出系统特色。在汲取精髓要义、注重一脉相承的基础上，结合实际、摸准规律、创新运用。要突出地方特色。学习借鉴全国各地特别是浙江、贵州、江西等地的经验做法，但不能机械套用、照搬照抄，要在

坚持基本要求的前提下，立足当地文化传统、风俗习惯，大力开展本土实践，形成有地域特点、务实管用的“特色版”“本地版”新时代“枫桥经验”。

第三，凝聚工作合力。新时代“枫桥经验”关于共建共治共享的理念，统筹政府、市场、社会力量的做法，为我们提供了有益借鉴。要加强与其他部门的沟通联系、密切协作，争取更多理解和支持，在落实普惠政策的基础上，为退役军人争得更多优惠。要坚持和完善行政部门主体履责、服务体系主动作为、社会力量有效补充的运行体制，推动“三驾马车”同频共振、同向发力，不断提升管理保障能力水平。要坚持部级全面统筹、综合施策，省级细化任务、强力推动，市县精准发力、压茬推进，乡村落地落实、做深做细，汇聚形成学习推广新时代“枫桥经验”的强大合力。特别要注重依托基层组织，发挥城乡社区作用，把基层治理体系中最庞大的力量广泛动员起来，为退役军人提供全方位、高质量服务。

第四，建强人才队伍。学习推广新时代“枫桥经验”，需要汇聚、培养高素质、专业化人才。要提升能力素养。多学习专业知识、多钻研政策文件、多掌握相关本领，更好适应工作需要。系统组建以来，我们开展了450余期业务培训，6万余人次参训。各地要继续加强教育培训，强化岗位练兵，坚持学用相长，在学中干、干中学，着力提高工作人员的能力素养。要锤炼过硬作风。坚持“说了就干、定了就办”，雷厉风行、真抓实干，以钉钉子精神抓好政策落实。摒弃形式主义、官僚主义，通过进村入户、走街串巷，增进与退役军人的感情和距离，多点“烟火气”和“泥土味”。突出便捷服务，推广“一站式服务”“最多跑一次”“服务代办”等好做法，既为退役军人办好事，又方便退役军人办事。

同志们，学习推广新时代“枫桥经验”，是退役军人事务系统的一件大事。让我们紧密团结在以习近平同志为核心的党中央周围，深入学习贯彻习近平新时代中国特色社会主义思想，增强“四个意识”、坚定“四个自信”、做到“两个维护”，只争朝夕、担当作为，大力学习推广新时代“枫桥经验”，不断推进退役军人事务领域治理体系和治理能力现代化，奋力开创新时代退役军人工作新局面！

大力弘扬伟大抗美援朝精神 以更高标准做好新时代退役军人工作

——在《机关党建研究》2020年第11期上的署名文章

孙绍骋

（2020年11月）

习近平总书记在纪念中国人民志愿军抗美援朝出国作战70周年大会上发表的重要讲话，全面回顾总结抗美援朝战争伟大胜利的历史价值和现实贡献，深刻阐述抗美援朝精神的精髓要义和时代内涵，精辟揭示实现党的事业发展进步的必然逻辑和客观规律，鲜明提出推进伟大事业的努力方向和根本要求，是一篇闪耀着马克思主义真理光芒的重要文献，是坚定不移推动实现中华民族伟大复兴的重大宣言。退役军人工作系统担负着褒扬英烈事迹、弘扬英烈精神的重要职责，学习贯彻习近平总书记重要讲话，大力弘扬伟大抗美援朝精神，做好新时代退役军人工作，站位应当更高，措施应当更实，行动应当更快。

一、坚决当好抗美援朝战争历史价值的宣传守护者

习近平总书记重要讲话，用3个“始终没有忘记”和5个“经此一战”“这一战”，深刻指出了抗美援朝战争的重大历史价值。宣传好、守护好这一历史价值，对于中华民族走向伟大复兴具有重大现实意义，退役军人工作系统责无旁贷。

（一）健全制度机制作保障

深入贯彻落实《英雄烈士保护法》，启动修订《烈士褒扬条例》，出台包括褒扬抗美援朝英烈在内的新时代意见，推动中朝、中韩签署志愿军烈士褒扬相关合作协议，健全志愿军烈士褒扬工作长效机制和失踪烈士遗骸搜寻保护工作机制，制定烈士纪念设施归口管理和定期排查、奖惩问责制度，同步修订烈士纪念设施保护管理等规章，用制度和机制维护捍卫抗美援朝出国作战的正义性必要性和英雄烈士的合法权益。

（二）完善纪念设施建平台

将修建改建扩建抗美援朝纪念设施纳入《烈士纪念设施规划建设修缮管理维护总体工作方案》，指导地方制定本地区提质改造总体规划和实施方案。继续做好在朝志愿军烈士陵园工程设计和实施工作，确保在朝牺牲烈士在庄严、肃

穆、优雅、整洁的环境中安息；推动沈阳等地扩建现有烈士陵园，确保在韩志愿军烈士遗骸魂归故里、隆重安葬。继续实施修缮丹东等地志愿军烈士纪念设施保护工程。适时启动军人公墓建设，持续推动境外其他烈士纪念设施管理保护工作。切实让这些纪念设施成为褒扬英烈、教育群众、弘扬正气的阵地。

（三）落实抚恤优待暖人心

注重强化精神激励，适时组织抗美援朝老战士、老烈属赴朝鲜和辽宁等地参加祭扫活动，定期走访慰问，送温暖献爱心，邀请他们中的代表参加中央和地方重大活动，组织专业志愿者队伍为他们提供精神抚慰。进一步强化政府主体责任，大幅提高物质保障水平，妥善解决老战士、老烈属生活、医疗、住房和后代教育、就业等方面实际困难，切实提升荣誉感、获得感、幸福感。不断充实完善志愿军烈士遗骸DNA数据库，精准做好已迎回烈士遗骸身份鉴定及为烈士寻亲工作。努力让抗美援朝老战士、老烈属体面生活、受到尊重。

（四）浓厚褒扬氛围显尊崇

继续抓好抢救性工程，组织抗美援朝健在老同志回顾战斗历程、讲述英雄故事、捐献实物资料，深入挖掘整理英烈事迹，做好烈士遗物展陈工作。继续引导主流媒体加强抗美援朝英烈事迹和牺牲奉献精神宣传，突出著名英烈、重点活动、重要时节，充分运用新技术新手段和人民群众喜闻乐见的形式，推动英烈宣传进课本、进课堂。继续加强舆论引导，及时主动发声，回应社会关切，坚决同各种歪曲、质疑、诋毁、贬损抗美援朝战争和志愿军英烈的错误观点和行为作斗争，着力营造捍卫正义、尊崇英烈、铭记功勋的浓厚氛围。

二、坚决当好抗美援朝战争伟大精神的传承弘扬者

习近平总书记重要讲话，从5个方面高度概括了伟大的抗美援朝精神。这一伟大精神，是激励和动员全党全军全国各族人民在新时代新征程上披荆斩棘、奋勇前进的宝贵财富，也是我们做好新时代退役军人工作的动力源泉。退役军人工作系统组建不久，各项工作和建设正处于奠基启新、负重爬坡的关键阶段，更加需要传承和弘扬抗美援朝精神，培塑绝对忠诚、担当有为的政治品格，锻造冲锋陷阵、攻城拔寨的豪迈气魄，养成踏石留印、抓铁有痕的坚强韧劲。

（一）勇于担当尽责

围绕实现习近平总书记和党中央组建退役军人管理保障机构的战略意图，最大限度满足退役军人对美好生活的新期盼，把退役军人工作作为服务经济社会发展、服务国防和军队建设的政治任务，把退役军人当家人、退役军人事情当家事、退役军人来信当家书，努力将退役军人管理保障机构打造成为增强“四个意识”、坚定“四个自信”、做到“两个维护”的政治机关，坚决落实党中央、国务院决策部署的行政机关，有力维护退役军人合法权益的服务管理机关，使退役军人始终成为党长期执政的可靠力量、成为经济社会发展稳定的重要力量。

（二）敢于攻坚克难

当前，退役军人工作面临的最大矛盾，是退役军人不断增长的美好生活需要和服务管理、待遇保障相对不平衡、不充分之间的矛盾。这些矛盾是伴随国家及国防和军队改革建设进程积累演变而来的，是改革中的困难、发展中的矛盾、前进中的问题。破解之道，在于坚持咬定青山不放松、不破难题不罢休，进一步建立健全组织管理体系、工作运行体系、政策制度体系，推进退役军人事务治理体系和治理能力现代化；充分发挥政治工作优势，坚持制度化邀请模范退役军人参加党和国家重大庆典活动，线上线下一体化开展“铭记功勋·致敬英烈”主题褒扬纪念活动，常态化组织“最美退役军人”为品牌的先进典型宣传，规范化为立功受奖军人家庭送喜报，全覆盖为服务对象家庭悬挂光荣牌，全生命周期为困难退役军人提供援助；建立健全重大风险防范化解机制，增强防范化解的思想自觉，预备防范化解的先手高招，筑牢风险防范的坚固屏障。

（三）专于推进落实

一分部署，九分落实。退役军人工作系统组建以来，出台了涵盖思想政治、权益维护、就业安置、优待褒扬等内容的一系列政策法规，现在重中之重是抓落实。抓落实，必须把思想和行动统一到习近平总书记关于退役军人工作重要论述和中央决策部署上来；必须对表对标习近平总书记重要指示批示，对表对标党中央关于退役军人工作政策法规，着力按照“五有”和“全覆盖”要求建立健全服务保障体系并发挥作用，善始善终、精准高效完成部分退役士兵保险接续工作，解除困难退役军人后顾之忧；必须抓好基础性经常性工作，逐步提升系统队伍的基本能力，不断夯实系统的基础工作，全面加强系统的基础建设，切实解决好服务保障“最后一公里”问题。

三、坚决当好遵循抗美援朝制胜机理的时代开拓者

习近平总书记重要讲话，用4个“无论时代如何发展”科学揭示了抗美援朝战争胜利的制胜机理，鲜明提出了必须永续传承、世代发扬的时代要求。这同样也是退役军人工作系统战胜困难、不断前进的重要法宝，实践中应牢牢把握、始终遵循。

（一）以斗争精神求突破

经过一段时间综合施策、持续发力，新时代退役军人工作实现平稳起步、良好开局，但当前还面临着不少难题。突出表现为历史遗留问题多、时间跨度长，解决起来难度很大；退役军人政策制度的空白点尚未彻底解决，整体设计仍需加强等。对此，我们不能被困难吓倒，不能久拖不决，必须强化斗争精神，以逢山开路、遇水架桥的勇气和毅力，下决心加以解决。着眼巩固党的执政基础，在加强退役军人思想政治引领上下功夫；聚焦落实“六稳”“六保”任务，在抓好安置就业上下功夫；对接军地改革发展要求，在编制“十四五”退役军人服务和保障规划、推动出台《退役军人保障法》及配套政策措施上下功夫；助力打赢“三大攻坚战”，在防范化解重大风险上下功夫。

（二）以创新方式谋发展

推动新时代退役军人工作发展创新，关键在于深化改革。必须坚持创新思维、改革驱动，敢于涉险滩、啃硬骨头。一方面，创新工作理念，改进方式方法，逐步实现组织管理体系由机构建设为主，向健全机构和发挥作用并重转变；工作运行体系由单项攻坚为主，向破解难题和建立机制并重转变；政策制度体系由政策支撑为主，向政策和法律法规保障并重转变。另一方面，丰富工作内容，扩大服务对象，从部分退役军人和重点优抚对象向所有退役军人和其他优抚对象转变，从主要负责接收安置向全方位安置管理保障转变，从接收安置工作“一阵子”向服务保障管理“一辈子”转变。

（三）以过硬作风务实效

坚持说了就算、定了就办，坚决落实中央决策部署，不挑肥拣瘦，不选择变通，不犹豫迟疑。坚持只争朝夕、驰而不息，大力培育雷厉风行、敢打硬仗的素养，说干就干、干就干成，善作善成、有始有终。坚持主动担当、相互配合，对重点难点任务积极“请战”、敢立“军令状”。坚持有令必行、有禁必止，确保系统上下步调一致、整齐划一。

（四）以整体合力开新局

做好退役军人工作是军地各级各部门的共同政治任务，需要齐抓共管、形成合力。巩固党领导下行政机构、服务体系、社会力量“三驾马车”建设成果，加大行政资源投入力度，让行政机构承担主体责任、当好主角；厘清职责界限、明确服务规范、充实工作力量，让服务体系发挥职能效益；发展社会组织、发动退役军人参与，让社会力量助推事业前行。尤其重视发挥党委领导机构成员单位作用，在支持政策出台、重点难点攻坚和工作督促指导等方面同向发力、同频共振。

四、坚决当好伟大事业不断推向前进的忠实践行者

习近平总书记重要讲话，用“5个必须”高度概括了铭记伟大胜利、推进伟大事业的根本要求，为全面建设社会主义现代化国家、实现中华民族伟大复兴的中国梦指明了前进方向。退役军人工作直接服务对象3900多万人次，间接关联数亿人口，涉及人事制度、就业创业、医疗养老、住房保障等多个领域。这项工作做得如何，一定程度上影响着党的伟大事业进程。从这个意义上讲，退役军人工作系统更要忠实践行伟大事业根本要求，并自觉贯彻落实到工作的各方面和全过程。

（一）必须毫不动摇地加强党对退役军人工作的全面领导

退役军人工作事关改革发展稳定大局、事关国防和军队建设，加强党对这项工作的全面领导至关重要。强化政治统领，坚定执行党的政治路线，严格遵守政治纪律和政治规矩，在政治立场、政治方向、政治原则、政治道路上同党中央保持高度一致，确保退役军人工作坚定正确的前进方向，确保退役军人始终听党话、跟党走。强化理论武装，运用各种载体和方式，深入学习贯

彻习近平新时代中国特色社会主义思想，学习领悟习近平强军思想，学习宣传习近平总书记关于退役军人工作重要论述，不断推动学习贯彻往深里走、往心里走、往实里走。强化组织功能，坚持把退役军人工作列入党委（党组）工程、摆上重要日程，纳入党政领导班子政绩和部门绩效考核范围，纳入地方经济社会发展综合考核内容，纳入平安建设（综治工作）考评内容。发挥退役军人服务中心（站）党组织战斗堡垒作用，搞好退役军人教育管理，寓教于管、寓管于服，切实把退役军人党员管出凝聚力、管出战斗力。

（二）必须一以贯之地坚持“两个服务”的方针

退役军人工作服务经济社会发展、服务国防和军队现代化建设，相辅相成、不可分割，统一于推动实现“强国梦”“强军梦”的伟大实践。坚持经济社会发展一步、国防和军队改革深化一步，退役军人工作就跟进一步，确保服务保障工作不掉队、不断线。主动对接国家及国防和军队改革发展要求，促进军地工作衔接高效顺畅、改革红利尽早释放。着眼促进社会生产力和部队战斗力提升，积极挖掘退役军人人力资源富矿，大力加强战时双拥、优抚、安置等政策研究，确保遇有战事跟得上去、保障得好。同时，还应着力解决好军人后路后院后代问题，让广大官兵能够安心服役、献身国防。

（三）必须坚定不移地坚持全心全意为退役军人服务

树立以退役军人为中心的工作导向，把退役军人对美好生活的向往作为努力目标，充分尊重、相信、依靠广大退役军人，坚持一切工作和精力向服务对象聚焦。在研究制定政策时，坚持从退役军人实际需要出发，注重从服务对象中获得启发，广泛听取他们的意见建议，积极回应所思所盼，让各项政策有温度、有质感。在推动工作落实中，不务虚功、不走过场，多为退役军人解难题、办实事、送温暖，以我们的辛苦指数提升他们的幸福指数。在评价工作成效上，把退役军人满不满意作为检验标准，看他们是否享受到了改革发展红利、是否提升了获得感幸福感荣誉感，努力满足广大退役军人对美好生活的新期待。

聚力推进退役军人事务系统“三个体系”建设
——就退役军人事务系统“三个体系”建设情况接受新华社记者专访

孙绍骋

（2020年11月30日）

记者：如何理解“三个体系”建设在退役军人事务改革发展中的重要意义？

孙绍骋：“三个体系”建设是深入推进退役军人事务改革发展的总要求、总任务、总抓手。退役军人事务部组建两年多来，深入贯彻习近平总书记关于退役军人工作重要指示和党中央决策部署，以“三个体系”建设为统揽，加强顶层谋划，打牢建设基础，推动工作落实，全面发力、多点突破，实现了退役军人工作奠基启新、稳步发展。

记者：退役军人事务部是如何推进组织管理体系建设的？

孙绍骋：两年多来，我们围绕“建立健全集中统一、职责清晰的退役军人管理保障体制”目标，调整组建行政机构，建立健全服务保障体系，广泛调动社会力量，基本建成了“三驾马车”齐头并进、同向发力的组织管理体系。关于行政机构，退役军人事务部挂牌后不到一年时间，3200多个县级以上机构就全部组建到位，很快实现了实体化、规范化运行。关于服务体系，按照习近平总书记重要指示要求，从国家到村（社区）共建成六级服务中心（站）64万多个，推动4000多家事业单位完成转隶，组建退役军人培训中心，成立退役军人信息中心和烈士纪念设施保护中心（烈士遗骸搜寻鉴定中心），横向到边、纵向到底的服务保障网络逐步健全。关于社会力量，我们转隶接收中国退役军人关爱基金会等4家全国性社会组织，指导省级以下设立358家相应社会组织，先后与万科、保利、顺丰等66家企业签约，为退役军人提供优质就业岗位20多万个。

记者：在健全完善工作运行体系方面，退役军人事务部进行了哪些探索创新？取得了哪些成果？

孙绍骋：为形成合力，各地各级党委退役军人事务工作领导机构加强党委议军、拥军优属拥政爱民等机制衔接，坚持重大问题集体研究、重点工作统筹推进；军地之间建立推行相互支持需求“双清单”制度，改进创新双拥创建管理和检查考核办法，形成了联动做好退役军人工作的良好局面。

在各地各部门支持配合下，我们仅用一年多时间就完成数千万名退役军人数据采集任务，并建起全国基础信息数据库，实现28个业务信息系统研发整合。同时，大力推行“互联网+退役军人服务”，在就业创业、优待抚恤、褒扬纪念、军休服务、权益维护等方面精准精细服务、切实发挥效能。

为强化抓落实的主体责任，我们推动将退役军人工作纳入各级党委、政府年度工作绩效和领导班子考核，列入平安中国建设（综治工作）考评范围，作为双拥模范城（县）考评重要内容，形成任务部署、督导检查、追责问责、整改落实工作闭环。

两年多来，退役军人事务系统坚持边组建机构、边推进工作、边完善机制，逐步建立起系统联动、军地合力、规范有序的退役军人事务工作运行体系，治理效能有了较大提升。

记者：退役军人事务部在强化顶层设计、加强政策制度体系建设方面有哪些好的做法、好的经验？

孙绍骋：政策制度是关乎退役军人事业发展的根本性、全局性问题。两年多来，我们聚焦改革急需、工作急用、退役军人急盼，从“碎片化”“打补丁”方式向整体设计、重塑再造转变，加快推进退役军人政策制度体系建设。目前，备受关注的退役军人保障法已经颁布出台，中央层面出台政策性文件52件，指导地方配套出台细化政策措施近600件，逐步搭建起退役军人政策制度的“四梁八柱”。

在退役军人安置方面，探索建立岗位归集制度，实行“阳光安置”机制，推进“直通车”安置模式，保障两年来近百万转业干部、退役士兵顺利移交、妥善安置。同时，聚焦广大官兵高度关注的后路、后代、后院问题完善相关政策制度，研究制定滞留部队退休、伤病残人员移交安置规划方案和制度措施，积极为部队专谋打赢减压减负、解决后顾之忧。

在优待抚恤方面，建立优抚对象待遇标准自然增长机制，出台优待工作意见，明确生活、养老、医疗、住房、教育等目录清单，使各类服务对象得到优惠优待；推动各地各相关部门为290多万名退役士兵办理养老医疗保险接续；建立困难退役军人帮扶援助长效机制，设立退役军人关爱基金，帮助困难退役军人切实解困，感受党和政府的关怀温暖。

在尊崇褒扬方面，推动将英雄烈士保护纳入党和国家功勋荣誉表彰制度体系，退役军人事务领域模范表彰、双拥表彰、先进表彰全部列入国家表彰项目；邀请模范退役军人参加党和国家重大庆典活动实现制度化，退役军人参加重大活动着装实现规范化，以“最美退役军人”为品牌的先进典型宣传实现常态化。

“三个体系”建设是一项长期任务，由于系统组建时间不长，队伍新、底子薄、包袱重的矛盾比较突出，还有不小提升空间。当前，“十三五”即将收官，“十四五”即将开局，站在“两个一百年”奋斗目标的历史交汇点上，退役军人事务系统将继续坚持以习近平新时代中国特色社会主义思想为指导，学习贯彻习近平总书记关于退役军人工作重要论述，立足构建退役军人工作发展格局，围绕抓好退役军人保障法贯彻落实，全面提升退役军人事务治理体系和治理能力现代化水平，为退役军人提供精准服务和贴心服务，维护好军人军属合法权益，全力以赴把广大退役军人服务保障好、作用发挥好，为实现中华民族伟大复兴的中国梦和第二个百年奋斗目标作出积极贡献。

深入学习贯彻党的十九届五中全会精神 推动退役军人工作高质量发展
——在全国退役军人事务厅（局）长会议上的讲话

孙绍骋

（2020年12月24日）

党的十九届五中全会通过了《中共中央关于制定国民经济和社会发展第十四个五年规划和二〇三五年远景目标的建议》，明确我国已转向高质量发展阶段。这次会议的主要任务是，坚持以习近平新时代中国特色社会主义思想为指导，深入贯彻党的十九大和十九届二中、三中、四中、五中全会精神，认真落实习近平总书记关于退役军人工作重要论述，围绕推动退役军人工作高质量发展，总结工作，研判形势，明确目标，部署任务，推动落实。明年是“十四五”开局之年，退役军人工作年度任务会上已印发要点，钱锋同志还将重点部署，希望抓好落实。下面，我就深入学习贯彻党的十九届五中全会精神，着眼适应新发展阶段、贯彻新发展理念、构建新发展格局要求，谋划和推动今后五年退役军人工作高质量发展问题，讲四点意见。

一、充分认识推动退役军人工作高质量发展的基础条件

从党和国家发展历程看，经过中国共产党带领人民近百年奋斗、新中国70余年建设、改革开放40多年开拓，特别是党的十八大以来，在以习近平同志为核心的党中央坚强领导下，党和国家各项事业取得历史性成就、发生历史性变革，党的领导全面加强，综合国力大幅提升，经济社会快速发展，为推动退役军人事业发展提供了组织保障、物质基础、平台支撑。从军队建设发展看，围绕贯彻习近平强军思想，实现国防和军队现代化，军事人力资源、军人待遇保障、荣誉体系等一系列政策制度改革加快推进，要求退役军人工作与之联动，拓展创新，聚力服务备战打仗。从自身工作看，多年的努力使退役军人工作积淀了一定的发展基础，特别是退役军人事务系统组建以来，紧紧围绕贯彻习近平总书记关于退役军人工作重要论述，坚持边组建机构边开展工作、边谋划长远边解决问题、边建章立制边落实任务，迈出新步伐、站上新起点，为推动高质量发展提供了良好条件。

第一，党对退役军人工作领导全面加强。习近平总书记亲自决策组建退役军人管理保障机

构；亲自主持审议、签署颁布《退役军人保障法》；专门给四川省革命伤残军人休养院全体同志回信；外出考察期间多次瞻仰烈士纪念设施、视察基层退役军人服务站点、慰问退役军人和其他优抚对象；每逢重大庆典会议活动亲自为英雄模范授勋，亲切会见模范退役军人代表；先后作出一系列重要指示批示，为做好新时代退役军人工作提供了根本遵循。各级普遍成立党委领导机构，为统筹协调、督导推进退役军人工作提供组织保障。

第二，“三个体系”基本建成。组织管理体系方面，党领导下的行政部门、服务体系、社会力量“三驾马车”同向发力工作格局基本形成。县级以上退役军人事务行政机构基本组建到位，落实相关人员编制；按照“五有”“全覆盖”要求，建成各级退役军人服务中心（站），编配专兼职工作人员；转隶优抚医院、烈士陵园、培训中心、军休所等事业单位，接收成立社会组织，设立关爱基金。天津率先完成服务中心站组建，“退役军人之家”建设又走在全国前列。工作运行体系方面，着力健全权责清晰、督导有力的工作落实机制，推动将退役军人工作纳入地方党政班子和领导干部考核内容，纳入双拥模范城（县）评比表彰、平安建设（综治工作）以及地方经济社会发展综合考核内容，江苏省率先将退役军人就业创业和教育培训纳入全省高质量发展考核；健全依法维护权益、有力化处矛盾的权益保障机制，牵引推动难点问题破解和重点任务落实；健全运用信息技术手段开展精准服务、动态管理的高效运转机制，编制落实全国退役军人信息化建设方案，推进信息化项目平台建设，采集退役军人和其他优抚对象数据。政策制度体系方面，体现尊崇尊重、服务管理保障并重的退役军人事务政策制度体系正在成型。颁布《退役军人保障法》，推动出台退役军人工作相关重要政策文件，同步制定修订《退役军人安置条例》《军人抚恤优待条例》《烈士褒扬条例》，编制“十四五”退役军人工作专项规划，密集出台思想政治、安置就业、优待褒扬、军休管理、服务保障、权益维护等方面政策文件66个，地方配套出台细化政策措施近600件。

第三，退役军人满意度大幅提升。安置质量明显提高，实施“阳光安置”“直通车”安置，改革中央垂管系统军转干部安置计划下达方式，建立退役士兵中央企业安置计划下达模式，特事特办安置退出综合性消防救援队员，推进“一站式”手续办理服务，88%以上军转干部安置在公务员（参公）岗位、70%以上退役士兵安排到事业单位。云南连续27年率先完成军转安置任务。就业创业闯出新路，围绕促进自主就业退役军人充分稳定就业，编制适合退役军人就业职业目录，开发“公益岗位”托底帮扶，与66家大型企业签署合作协议，带动各地签约当地骨干企业，举办专场招聘会8300多场次；组织全国退役军人创业创新大赛，推动实现以创业带动就业；建立高等学校单列计划、单独招生方式招考退役军人制度，出台退役军人教育培训学费减免、助学金等优惠措施。上海发挥改革开放前沿优势，大力支持退役军人创新创业。军休服务提质增效，启动军休老旧小区提质升级和更新改造工程，打造“网络军休”，提升服务效能。优抚保障提标扩面，优抚对象抚恤补助提标时间由每年10月1日提前到8月1日，连续第16年按10%以上幅度提高待遇标准；优待项目扩展为生活、养老、医疗、住房、教育等8个方面116项，优待范围由重点特定群体扩大到全体退役军人。实际问题有效解决，推广新时代“枫桥经验”，开展矛盾问题攻坚化解，建立困难帮扶援助机制，帮助一大批退役军人摆脱困境；出台养老医疗保险补缴政策，惠及众多退役士兵，退役军人获得感幸福感显著增强。

第四，社会尊崇氛围更加浓厚。将退役军人事务领域模范表彰、双拥表彰、先进表彰列入国家表彰项目，召开全国退役军人工作会议，评选表彰401名全国模范退役军人和91个全国退役军人工作模范单位、76名模范个人；举办全国双拥模范城（县）命名暨双拥模范单位和个人表彰大会，命名411个全国双拥模范城（县），表彰59个模范单位、100名模范个人。习近平总书记两次亲切会见会议代表，退役军人和系统干部职工备受鼓舞。将“最美退役军人”纳入全国最美人物系列活动，连续3年评选出60个全国最美退役军人（群体）并举行发布仪式、组织全国巡回宣讲，宣传“老英雄”张富清等先进典型，协助办好《老兵你好》电视栏目。将邀请模范退役军人参加党和国家重大庆典活动制度化，为立功受奖军人家庭送喜报规范化，为服务对象家庭悬挂光荣牌全覆盖，退役军人事务系统联系退役军人常态化，《退役军人优待证》将实现全国统一、全员覆盖。将英雄烈士保护纳入党和国家功勋荣誉表彰制度体系，《烈士光荣证》由部门颁发提升为国家颁授。出台烈士纪念设施规划建设修缮管理维护工作方案，建立烈士纪念设施分级保护体系，实施零散烈士纪念设施抢救保护工程，加快建设境外烈士纪念设施。公布80处国家级抗战纪念设施（遗址）和185个著名抗日英烈（英雄群体）名录，联合举办抗美援朝出国作战70周年主题展览，高规格组织3批在韩志愿军烈士遗骸归国和湘江战役红军烈士遗骸安葬仪式，建立烈士遗骸DNA数据库，实施寻亲认亲工程，开展“对越自卫反击战40年”烈士祭扫、“清明祭英烈”等活动，组织烈属异地祭扫150万人次、网上祭扫3.2亿人次。浙江在实施“最多跑一次”改革基础上，推行退役军人服务管理保障向“全生命周期”延伸，江西创新“七个一”尊崇工作法，营造了尊崇关爱退役军人的浓厚社会氛围。

第五，退役军人作用有效发挥。围绕让退役军人成为巩固党长期执政的可靠力量，推进“退役军人村干部决战脱贫攻坚和乡村振兴”工作，推动优秀退役军人进入基层“两委”，推广贵州安顺“兵支书”做法。围绕让退役军人成为经济社会发展的重要力量，持续加大军转干部教育培训力度，组织自主就业退役士兵全员参加适应性培训，引导退役军人积极投身经济社会建设。退役军人当中，许多已成为各领域各系统的骨干力量和领军人物。围绕让退役军人成为应急应战的骨干力量，出台政策性文件，建立退役军人信息军地共享等机制，组织退役军人参加基干民兵，各地占比普遍提高；吸纳退役军人志愿者队伍进入政府应急救援力量体系，组织引导退役军人积极参与疫情防控、防洪救灾等急难险重任务。今年，257万名退役军人、10万支老兵志愿服务队投身疫情防控一线，4.5万家退役军人创办企业捐赠防疫财物18.62亿元；13.6万名退役军人自发组织6200多支服务队参加抗洪抢险，以实际行动践行“若有战、召必回”誓言。

第六，系统自身建设得到加强。着眼打造“三个机关”，坚持党建引领，结合开展“不忘初心、牢记使命”主题教育，持续学习习近平新时代中国特色社会主义思想，深入领悟习近平总书记关于退役军人工作重要论述。规范工作运行，建立健全深化理论武装、重要事项议事决策、规范权力运行、机关自身建设等方面规章制度。抓好队伍建设，制定和落实系统干部教育培训3年规划，举办省部级专题研讨班、厅（局）长培训班、市县级局长示范培训班、系统师资培训班等1200多期、培训11万人次。培塑过硬作风，接续开展“基层基础基本建设年”“作风建设年”“矛盾问题攻坚化解年”等系列活动，组织各级开展退役军人工作大调研，落实领导班子成员和业务部门基层联系点机制，深入一线掌握实情、接受教育、化解矛盾。疫情期间，抽组退役军人事务系统援鄂医疗队驰援武汉，被授予“全国抗击新冠肺炎疫情先进集体”称号。

近三年来，我们在多个方面取得实质性跨越，组织管理从九龙治水到集中健全，工作运行从无序不畅到顺畅高效，政策制度从分散零乱到形成体系，遗留问题从久拖不决到基本攻克，信访形势从复杂严峻到平稳有序，为推动退役军人工作高质量发展奠定了坚实基础。在此，我代表部党组向各级党委政府和军地有关部门表示衷心感谢！向系统广大干部职工致以崇高敬意！

同时，也要清醒看到目前仍面临不少矛盾困难：工作体系还需继续改进完善，政策制度有待配套和落实，重点领域改革和矛盾攻坚化解仍有一些难点堵点，基层服务站点任务不够饱满、工作浅层化问题一定程度存在，部分系统干部应对突发情况、做群众工作的能力需要加强，这些都要下大力气加以解决。

二、全面理解推动退役军人工作高质量发展的总体思路

推动退役军人工作高质量发展，需要融入国家发展大战略，树立与贯彻“两个服务”方针相适应的指导思想，坚持与新发展理念相适应的工作原则，确立与党和国家事业发展进程相适应的发展目标。

在指导思想方面，必须高举中国特色社会主义伟大旗帜，深入贯彻党的十九大和十九届二中、三中、四中、五中全会精神，坚持以马克思列宁主义、毛泽东思想、邓小平理论、“三个代表”重要思想、科学发展观、习近平新时代中国特色社会主义思想为指导，全面贯彻党的基本理论、基本路线、基本方略，深入贯彻习近平总书记关于退役军人工作重要论述，增强“四个意识”、坚定“四个自信”、做到“两个维护”，以贯彻新发展理念为牵引，以完善“三个体系”为主线，以落实《退役军人保障法》和中央有关政策文件为重点，以满足退役军人日益增长的美好生活需要为目的，更加注重改革创新，更加重视打基础抓落实，加快推进退役军人事务领域治理体系和治理能力现代化，更好地服务经济社会发展、服务国防和军队建设。

在工作原则方面，一是坚持创新发展。围绕国家进入新征程的新要求、军队建设改革赋予的新任务、推进自身发展面临的新课题，加强前瞻谋划和实证研究，深化对退役军人工作发展规律的认识和运用；学习借鉴其他领域有

益经验和国外退役军人工作先进做法，以他山之石攻己之玉；注重发掘、培育和推广地方鲜活经验，自下而上推动退役军人工作创新发展。二是坚持系统发展。退役军人工作涉及方方面面，必须以系统观念统筹谋划推进。高效发挥行政机关、服务体系、社会力量三方面作用，实现工作推动全方位。统筹军地各自优势、协调部门有关政策，实现资源整合全领域。分层分类保障军人军属、退役军人和其他优抚对象，实现服务对象全覆盖。推动服务工作由“一阵子”变为“一辈子”，实现服务保障全周期。同时既要坚持政府主导，注重政策标准制定、结果督导考核、公平环境构建，又要激发市场活力，盘活服务保障机构资源，促进发展更有效率、更可持续。三是坚持精细发展。工作体系和“框架”搭建起来以后，就要在充实“里子”上下功夫，画好“工笔画”。出台政策制度，事前深入调研、事中跟进监督、事后跟踪评估，在实践中不断检验、完善，使之更加符合实际、科学有效。推进工作落实，充分运用信息化手段，做到需求掌握精准化、教育管理人性化、服务保障专享化，变“大呼隆”为“个性化”，变“大水漫灌”为“精准滴灌”。四是坚持依法发展。实现退役军人工作规范有序发展，离不开法治的引领和保障。深入贯彻习近平法治思想，强化依法行政理念，更加注重运用法治思维和法治方式推进工作。对照《退役军人保障法》，完善政策法规，细化配套落实措施，确保有法可依、有法可用。加强政策法规的宣传解读，推动系统干部懂法用法，引导退役军人知法守法，提升退役军人工作规范化、法治化水平。五是坚持安全发展。工作中必须统筹发展和安全，牢牢守住安全稳定底线。增强风险意识，提高政治敏感性，定政策、作决策、抓落实都要做风险评估和隐患排查，及时消除退役军人工作领域各类风险隐患和苗头问题。

在发展目标方面，力争今后五年退役军人工作组织管理体系更加健全，工作运行体系更加顺畅，政策制度体系更加完善，服务经济社会发展、服务国防和军队现代化建设水平明显提高，退役军人获得感幸福感荣誉感显著增强，努力让退役军人成为全社会尊重的人、让军人成为全社会尊崇的职业。具体要实现“六大目标”：一是政治引领作用充分发挥。退役军人思想政治工作制度建立健全，理论武装、党员管理、思想教育、舆论引导机制日趋完善，退役军人在国家经济社会建设中的生力军作用充分彰显。二是安置就业质量全面提高。退役军人安置制度更加成熟完备，贡献越大、安置越好的导向更加鲜明，教育培训体系不断健全、结构不断优化，退役军人职业素质持续提升、就业更加充分。三是抚恤优待制度更加健全。普惠与优待叠加、待遇与贡献匹配、保障水平与经济发展相适应的保障制度更加完善，城乡、区域政策制度统筹加快推进，抚恤优待的褒扬激励效能得到充分释放。四是合法权益得到有力维护。各项政策法规落实到位，诉求反映渠道便捷畅通，矛盾化解工作有力有效，风险隐患防范到位，总体形势安全稳定。五是服务保障能力明显提升。退役军人服务中心（站）标准化和“五有”示范建设取得显著成效，各类服务保障单位有效对接国家事业单位改革要求，基本实现归口统一管理，资源得到盘活和高效利用。六是尊崇尊重氛围更加浓厚。退役军人荣誉激励机制进一步健全完善，拥军优属光荣传统发扬光大，崇尚英雄、缅怀先烈的意识根植人心，尊崇军人职业、尊重退役军人逐步成为社会共识和自觉行动。

三、准确把握推动退役军人工作高质量发展的着力重点

推动退役军人工作高质量发展是一项系统性、长期性工程，必须坚持久久为功、持之以恒，重点突破、全面发展。

第一，深入学习习近平总书记关于退役军人工作重要论述。习近平总书记高度重视退役军人工作，着眼实现中国梦、强军梦，在退役安置、优待抚恤、烈士褒扬等方面作出一系列重要论述，为做好新时代退役军人工作提供了根本遵循。学习宣传贯彻习近平总书记关于退役军人工作重要论述是退役军人事务系统当前和今后一个时期重要政治任务。退役军人事务系统各级党组织要把学习习近平总书记关于退役军人工作重要论述列入理论学习内容，采取理论中心组学习带机关、一个季度突出学习2—3个方面重要论述的方式组织深度研学。通过广泛深入学习，使贯彻习近平总书记关于退役军人工作重要论述成为全系统的政治自觉、思想自觉、行动自觉。

第二，全面贯彻《退役军人保障法》。保障法是退役军人事务领域第一部专门法律，在退役军人工作发展史上具有里程碑意义。制定出台只是起点，学习宣贯没有终点，明年和今后一个时期都要作为全系统工作的重中之重来抓。要加快完善配套政策。部里层面，要抓紧推动制定修订《退役军人安置条例》《军人抚恤优待条例》《烈士褒扬条例》，协调推动各地各成员单位出台配套政策举措。地方层面，要系统梳理、加紧启动制定保障法明确需要地方配套的措施办法，同时跟进制定与“三大条例”相配套的具体政策。要加强学习宣传贯彻。推动保障法学习宣传纳入国家“八五”普法计划，广泛开展社会层面宣传解读；以保障法释义和辅导读本为基本教材，自上而下组织系统全员培训，保证系统人员首先学懂弄通；开展“法律政策落实年”活动，逐条逐项制定落实时间表、路线图和责任书，确保有序推进、有效落实。要加大督导督查力度。将保障法落实情况纳入系统各级督查工作重要内容，组织开展定期检查、随机抽查、年度督查，主动听取退役军人意见建议，对落实不力、限期整改不到位的视情予以通报、约谈、问责。适当时候，协调全国人大对保障法贯彻落实情况实施法律法规检查。

第三，编制落实“十四五”退役军人工作专项规划。编制一个好的规划，对于推动事业发展具有举足轻重的作用。经过两年多的艰苦努力，部本级“十四五”退役军人工作专项规划正在按既定部署推进。希望各地高度重视，对标国家“十四五”规划纲要，对标部里“十四五”退役军人工作专项规划，衔接本地区发展规划和其他相关专项规划，积极争取本级党委政府重视和相关部门支持，广泛听取各方面特别是基层单位和退役军人代表的意见建议，加快本级规划编制进度，确保既符合总体要求又实现利益最大化。规划批准出台后，要第一时间学习宣传、部署任务，明确分工、压实责任，其间还要加强跟踪监测、考核评估，视情调整完善，确保更好落地落实。

第四，充分发挥退役军人作用。经过这几年

的努力，退役军人工作总体稳定向好，充分发挥退役军人作用已成为工作新的着力点。要让退役军人传承军队优良作风。围绕充分体现“党”的要求、“军”的色彩、“新”的元素，突出政治引领，推进退役军人学习贯彻习近平新时代中国特色社会主义思想常态化，引导退役军人强化“听党话、跟党走”的意识；赓续优良传统，教育退役军人保持“退伍不褪色”的本色和“见红旗就扛”的劲头；紧跟时代步伐，运用新的思想教育方式，健全退役军人自我学习教育模式，推行现役军人与退役军人思想互助路子，全面增强时代感、有效性。要让退役军人先进事迹引领社会风尚。持续推动主流媒体加强英雄烈士事迹和牺牲奉献精神宣传，进一步发挥“模范退役军人”“最美退役军人”“铭记功勋·致敬英烈”等品牌效应，突出著名人物、结合重点活动、抓住重要节点，挖掘一批“老红军、老八路、老解放”的口述历史，打造一批感人至深的精品力作，塑造一批可敬可学的“服人”典型，讲好红色故事、弘扬革命传统、引领社会风尚。要让退役军人在社会治理中当先锋。引导退役军人主动发挥优势，用好脱贫攻坚、社会综治、边疆建设、国防动员等平台，干好“兵支书”、服好预备役、当好突击队，积极参加乡村振兴、生态建设、基层治理、精神文明、国防教育等经济社会建设事业，勇于参加应急救援和应对突发公共事件等，打造“中国退役军人志愿服务”品牌，使退役军人在奉献社会中彰显价值、赢得尊重。明年是村、社区“两委”换届选举年，要重点推进“兵支书”培养计划。

第五，完善退役军人安置模式。对政府安排工作的，在坚持政府主导、依法依规、指令保底安置的大前提下，也要引入市场化运行模式，通过考试考核让退役军人之间竞争选岗。面向安排工作退役军官，还可采取组织选调与个人意愿相结合的新途径，推动解决安置地过于集中、职务安排难等问题；面向安排工作退役军士和义务兵，还可走专项选拔与赋分选岗相结合的新路子，打通进入基层党政机关公务员和事业单位管理岗的绿色通道。对政府不安排工作的，坚持加强政府扶持、深挖市场潜力、拓宽就业渠道、加强就业服务、营造创业环境，探索建立国有企事业单位按比例预留定向岗位，自主就业退役军人之间竞争选岗的新机制；着眼适合退役军人特点工作领域，拓展“教培先行、岗位跟进”的行业合作就业模式；扩大与大型民营企业签约规模，推行“权威推荐+自主选择”新模式；探索区域合作就业模式，并通过政府组织适应性培训、职业技能培训和学历教育，完善调动接收单位积极性优惠政策，探索引入第三方专业服务、利用社会资本设立创业基金等扶持措施，推动退役军人体面就业、稳定就业。对采取逐月领取退役金方式安置的，按照与经济发展水平相适应、与军地改革要求相衔接、与服役贡献大小相匹配的原则，建立健全逐月领取退役金制度予以保障，并引导扶持其自主就业创业。对军休和伤病残人员，完善“随退随审、即交即接”工作机制，坚持“开门办所”，探索建立失能半失能军休人员养老模式，让社会发展成果及时更好惠及广大军休人员。

第六，健全优抚褒扬精细实服务保障制度。退役军人相互攀比甚至不满意，许多都与政策制度不细、服务保障不精、尊崇措施不实有关，这也是下一步需要改进和加强的重点。待遇保障上，要科学明确各类服务对象资格认定、待遇标准、保障要求，逐步消除城乡差别、缩小地区差异。服务工作上，要充分利用信息化建设成果，精确核实对象、精准摸清需求，按照尽力而为、量力而行原则分类服务，推动服务工作人性化、个性化、精准化。这方面，除系统自身外，还要进一步鼓励社会力量广泛参与，通过出台税收减免等优惠政策，让他们在帮扶退役军人就业创业、生活解困、精神慰藉等方面发挥有益补充作用。体现尊崇上，要健全组织新兵入伍欢送、光荣牌悬挂、立功受奖报喜、退役返乡欢迎、节日走访慰问、重大庆典邀请参加等全流程工作机制；坚持政府和社会同步、典型和群众互动、线上和线下一体，扩大退役军人典型事迹和牺牲奉献精神宣传工作的受众面、影响力；围绕大力弘扬英烈精神，将烈士遗骸搜寻挖掘向搜寻鉴定与寻亲认亲一体延伸，烈士纪念设施提质改造向实地维护与"云"上开发同步延展，烈士祭扫纪念由党政军机关、烈士亲友等特定群体向全社会拓展，大力营造褒扬英烈、弘扬正气、激励后人的浓厚氛围。

第七，建强退役军人服务体系。现在，六级服务体系虽然已经建立起来了，但如何高效运转、发挥作用仍需进一步研究。要筑牢服务基础。进一步做实服务中心（站），配齐补强工作人员，厘清与行政机构的职能界限，明确工作事项清单，建立专项经费保障制度，巩固发展"五有""全覆盖"已有成果，健全服务保障网络。要拓展服务职能。坚持退役军人服务中心（站）政治功能和"军"的文化，在做好基本服务保障工作的同时，向远程权益维护、司法援助服务、心理调适慰藉、医疗康养咨询等延伸，服务保障对象向军人军属、退役军人和其他优抚对象全覆盖。探索与社会资本合作模式，建立为作出特殊贡献或困难退役军人提供培训、就业、医疗、养老、殡葬等全生命周期服务机制。要提升服务效能。建立全国基本标准和地方配套细则，组织开展县以下服务中心（站）综合评定和示范创建活动，规范服务工作。建立"互联网+""一站式"和"最多跑一次"等服务模式，坚持一人一策、主动上门、热线联系，实现服务信息化、亲情化。

四、切实加强推动退役军人工作高质量发展的组织领导

推动退役军人工作高质量发展，涉及多个部门，涵盖多个领域，关联各个层级，必须把加强组织领导贯穿全过程各方面。

第一，全面加强党的领导。坚持以习近平新时代中国特色社会主义思想为指导，深入贯彻落实习近平总书记和党中央关于退役军人工作重要决策部署，增强"四个意识"、坚定"四个自信"、做到"两个维护"。充分发挥各级党委领导机构作用，建好建强办事部门，落实决策议事、各类会议、请示报告、政策报备等制度，健全重大问题研究会商、重点任务协调清单、横向纵向沟通联络、常态督查督导等工作机制；协调成员单位在支持政策出台、重点难点攻坚和工作督促指导等方面同向发力、同频共振；继续推动将退役军人工作列入党委（党组）重点工作、摆上重要日程，纳入党政领导班子政绩和部门绩效考核范围，纳入地方经济社会发展综合考核内容，纳入平安建设（综治工作）考评内容，确保党对退役军人工作领导得到全面加强。

第二，持续抓好“三基”建设。要积极争取当地党委政府重视支持，进一步稳固乡镇街道、村庄社区服务站点机构设置，稳定人员配置、充实工作任务，加强培训中心、军休所等事业单位建设，打牢基层工作根基。要进一步完善基础制度规定，强化基础资料管理，收集更新基础信息数据，为推动工作、服务退役军人提供有力支撑。要进一步提升基本能力，以落实系统干部教育培训规划为抓手，突出作风培养，将退役军人事务部“三个机关”建设延伸到全系统，引导各级始终牢记退役军人工作政治属性，把准行政机关根本要求，坚持全心全意为退役军人服务的宗旨；将实行基层联系点、联系退役军人等制度延展推广，汲取基层实践营养，体恤退役军人疾苦，密切同人民群众感情；将进军营到哨所、敬功臣献爱心等机制延承接续，接受精神洗礼、传承红色基因，让为军服务首先学习军队优良传统成为自觉行动；将作风建设年等活动延续下去，大力培塑绝对忠诚的政治品格、高度自觉的大局意识、极端负责的工作作风、无怨无悔的奉献精神、廉洁自律的道德操守，担当作为、只争朝夕、勤勉奉献，以退役军人事务系统的辛苦指数换取退役军人的幸福指数。

第三，推动工作落实落地。目前顶层设计基本到位、政策制度趋于完善，关键在于求真务实、创新落实。要盯着问题抓落实，善于发现问题，勇于直面矛盾，敢于解决难题，注重在重点难点上下功夫。要盯着目标抓落实，始终对标中央决策部署，围绕实现“两让”奋斗目标，找差距、查原因、谋对策，以燕子垒窝的恒劲、蚂蚁啃骨头的韧劲、老牛爬坡的拼劲，锚定目标不放松，不见成效不收兵。要盯着结果抓落实，坚持看末端落实、查实际效果、找服务对象检验，人往一线走、钱往基层投、力往难处聚，尤其要重视发挥各级服务中心站点作用，把与退役军人面对面的优势转化为各项政策实打实的落地，确保各项任务保质保量完成。

百舸争流，奋楫者先。新时代退役军人工作已经站上新起点、迈向新征程。让我们更加紧密地团结在以习近平同志为核心的党中央周围，高举习近平新时代中国特色社会主义思想伟大旗帜，深入贯彻习近平总书记关于退役军人工作重要论述，锐意进取、真抓实干、接续奋斗，努力开创退役军人工作高质量发展的新局面！

以习近平总书记关于退役军人工作重要论述为根本遵循 认真贯彻实施《退役军人保障法》

——在《退役军人保障法辅导读本》上的署名文章

孙绍骋

（2020年12月）

党的十八大以来，以习近平同志为核心的党中央着眼实现中国梦、强军梦，立足国际战略格局和国家安全形势的深刻变化，把退役军人工作同建设巩固国防和强大人民军队一体谋划推进，作出一系列重大决策部署。习近平总书记亲自部署退役军人管理保障机构组建，亲自推动服务保障体系建设，在退役安置、优待抚恤、烈士褒扬等方面作出系列重要论述，提出了一系列新思想新观点新论断，系统阐述了新时代退役军人工作的方向性、根本性、战略性重大问题。这些重要论述，立意高远、内涵丰富、思想深邃，是习近平新时代中国特色社会主义思想的重要组成部分，把我们党对退役军人工作规律的认识提升到新的高度，为做好新时代退役军人工作指明了前进方向，为制定实施《退役军人保障法》提供了根本遵循。

一、习近平总书记重要论述，是贯穿《退役军人保障法》立法的灵魂主线

习近平总书记关于退役军人工作重要论述，是退役军人事业发展进步的总纲领、改革创新的总章程。贯彻落实《退役军人保障法》，最重要的是深入学习、准确把握习近平总书记重要论述的丰富内涵和精神实质，更好地理解法律、指导实务、推动工作。

（一）深刻理解退役军人工作在党和国家工作全局中的地位作用

习近平总书记指出，退役军人安置和管理，关系军队稳定和社会大局稳定；军转安置工作是实现“两个一百年”目标、实现中华民族伟大复兴的中国梦的重要力量；坚如磐石的军政军民团结，永远是我们战胜一切艰难险阻、不断从胜利走向胜利的重要法宝。这些重要论述，贯通历史、现实、未来，蕴含治国理政的政治智慧和强军兴军的战略谋划，深刻阐释了做好退役军人工作的重要意义。这次制定出台《退役军人保障法》，为做好新时代退役军人工作确立了法治总纲，目的就是进一步加强和规范建设这项关乎广大退役军人切身利益的民心工程、关乎国防和军

队建设全局的保障工程、关乎改革发展稳定大局的基础工程。

（二）深刻理解让军人成为全社会尊崇职业的工作目标

习近平总书记指出，组建退役军人管理保障机构，维护军人军属合法权益，让军人成为全社会尊崇的职业；要建立健全组织管理体系、工作运行体系、政策制度体系，满腔热忱为退役军人服务；成立退役军人事务机构，就是要加强退役军人管理保障工作，让军人成为全社会尊崇的职业。这些重要论述，深刻把握改革强军事业的特点规律，准确界定退役军人工作的战略目标，集中反映了广大官兵和退役军人的殷切期盼。《退役军人保障法》总则第一条规定，“为了加强退役军人保障工作，维护退役军人合法权益，让军人成为全社会尊崇的职业，根据宪法，制定本法”。这是对退役军人工作特点规律的再次明确，是对退役军人工作目标任务的再次强调，也是对退役军人殷切期盼的明确回应。

（三）深刻理解坚持党对退役军人工作全面领导的根本原则

习近平总书记指出，要在国家层面加强对退役军人管理保障工作的组织领导，健全服务保障体系和相关政策制度；要充分认识做好深化国防和军队改革期间军转安置工作的重大意义，把做好军转安置工作作为关系国防和军队改革的一件大事、一项政治任务摆在突出位置，加强组织领导。这些重要论述，充分展现了党把方向、谋大局、定政策的领导作用，突出表明了党中央统抓退役军人事务的决心魄力，明确提出了在国家层面加强对退役军人工作组织领导的具体要求。《退役军人保障法》在总则中明确规定，“退役军人保障工作坚持中国共产党的领导”，就是贯彻这一根本原则的具体体现。

（四）深刻理解服务军地建设发展的基本方针

习近平总书记指出，要坚持为经济社会发展和军队建设服务的方针，贯彻妥善安置、合理使用、人尽其才、各得其所的原则，推进退役军官安置管理保障体制机制改革和政策制度创新，逐步完善服务保障体系和相关政策法规。这些重要论述，揭示了退役军人工作关联军地的重要属性和服务发展的重要任务，指明了新时代退役军人工作聚焦发展、双向服务的前进方向。《退役军人保障法》在总则中规定，“坚持为经济社会发展服务、为国防和军队建设服务的方针”，以立法形式明确了这个基本方针。

（五）深刻理解坚持以退役军人为中心的工作导向

习近平总书记指出，要关爱退役军人，他们为保家卫国作出了贡献；退役军人经过部队严格教育训练和重大任务考验，是党和国家的宝贵财富；各级党委和政府要高度重视，切实把广大退役军人合法权益维护好，把他们的工作和生活保障好。这些重要论述，顺应了退役军人对美好生活的新期待，是坚持以人民为中心的发展思想的具体体现。《退役军人保障法》在总则中强调，“遵循以人为本、分类保障、服务优先、依法管理的原则”，是对以人民为中心发展思想的重申和细化。在退役军人工作领域，坚持以人民为中心的发展思想，就是要坚持以退役军人为中心的工作导向。

（六）深刻理解塑造新时代退役军人的职责使命

习近平总书记指出，广大军转干部要到党和人民最需要的地方去，积极适应改革开放时代大潮，牢记生命中有了当兵的历史，自觉弘扬人民军队光荣传统和优良作风，在人生的不同阶段、不同岗位上继续出色工作、活出精彩人生；要教育广大军转干部保持和发扬人民军队优良传统，自觉服从国防和军队改革大局，听从组织安排，积极到党和人民最需要的地方建功立业；要吸引各类人才参与脱贫攻坚和农村发展，鼓励大学生、退伍军人、在外务工经商等本土人才返乡担任村干部和创新创业。这些重要论述，深刻回答了如何激励退役军人在现代化建设中发挥作用，将退役军人塑造成什么人、怎样塑造人、为谁塑造人的根本问题，是我们思考和谋划当前退役军人工作的逻辑起点，也是必须牢牢把握的前进方向。《退役军人保障法》在总则中明确规定，“退役军人应当继续发扬人民军队优良传统，模范遵守宪法和法律法规，保守军事秘密，践行社会主义核心价值观，积极参加社会主义现代化建设”，这是对退役军人职责使命的具体化。

（七）深刻理解把改革创新作为退役军人工作的根本动力

习近平总书记指出，军转干部安置工作的出路在于深化改革；军转安置工作要适应全面深化改革新形势，按照深化干部人事制度改革、国防和军队改革新要求，推进体制机制创新，为促进军队干部队伍建设、为安置和使用好军转干部提供更可靠更有效的制度保障。这些重要论述，深刻揭示了深化改革对于退役军人工作的特殊意义，提供了做好退役军人工作的具体方法和科学路径。《退役军人保障法》对改革创新、与时俱进也提出了相应要求，在总则中明确规定，“退役军人保障应当与经济发展相协调，与社会进步相适应”。

（八）深刻理解退役军人工作要做好顶层制度设计

习近平总书记指出，各级党委和政府要支持军队建设和改革，落实复员转业军人安置、离退休干部和伤病残人员移交、随军家属就业等政策规定，配合部队完成多样化军事任务，为实现强军目标提供坚强后盾；该保障的要保障好，该落实的政策必须落实，不能让英雄流血又流泪；现在，军人转业退伍安置难、伤病残军人移交难、退休干部安置难等问题依然存在，征兵难、吸引保留人才难问题也很突出，对这些问题，要结合深化改革加紧从政策制度层面研究解决，让军人成为社会尊崇的职业。这些重要论述，既强调了要完善法律制度，又强调了要严格落实政策，充分说明全面加强法治建设是推进退役军人工作健康发展的长久之计。《退役军人保障法》的出台，使退役军人事务领域有了一部管总的法律，进一步优化了顶层制度设计，强化了政策执行保障力度，有利于退役军人工作在法治轨道上运行。

（九）深刻理解党政军民共同推进退役军人工作的发展格局

习近平总书记指出，中央国家机关、地方

各级党委和政府要强化大局观念，把支持深化国防和军队改革当作分内的事，拿出一些特殊措施和倾斜政策，主动帮助解决好退役军人、职工安置工作；党政军民齐心协力，共同落实深化国防和军队改革各项任务；军队和地方要加强协作配合，遇到矛盾和困难要相互理解支持，共同研究解决，形成合力开展工作。这些重要论述，明确了军地各方在退役军人工作上的职能定位，阐释了“大局观”“分内事”“一盘棋”思想，说明退役军人工作单靠哪一级、哪个部门都难以做好，要凝聚推进退役军人工作的强大合力。对此，《退役军人保障法》总则部分不仅规定了军地部门职责、财政经费保障，还着重强调，“尊重、关爱退役军人是全社会的共同责任”。

（十）深刻理解退役军人工作当前和今后一个时期的重点任务

习近平总书记指出，中央和国家机关、地方各级党委和政府要支持国防和军队建设，做好退役军人安置、伤病残军人移交、随军家属就业、军人子女入学等工作；全面做好就业创业扶持、走访慰问、帮扶解困、信访接待、权益保障等工作，切实把广大退役军人工作和生活保障好，激励他们为改革发展和社会稳定作出积极贡献。这些重要论述，精准抓住了当前和今后一个时期退役军人工作的主要矛盾和矛盾的主要方面。《退役军人保障法》也用较大篇幅（第二章至第八章），专门对移交接收、退役安置、教育培训、就业创业、抚恤优待、褒扬激励、服务管理等退役军人工作重点业务进行规范设计。

二、贯彻落实习近平总书记重要论述所取得的丰硕成果，为《退役军人保障法》立法提供了实践支撑

全国退役军人事务系统组建以来，始终坚持以习近平新时代中国特色社会主义思想为指导，坚决贯彻习近平总书记关于退役军人工作重要论述，紧紧围绕习近平总书记“建立健全组织管理体系、工作运行体系、政策制度体系”的明确要求，边组建机构边开展工作、边谋划长远边解决问题、边建章立制边落实任务，推动退役军人工作迈出了新步伐、跨上了新台阶。

（一）组织管理体系基本建成

党对退役军人工作的领导得到全面加强，县级以上普遍成立党委退役军人事务工作决策议事协调机构。组建退役军人事务行政机构3267个，落实编制3.01万名。建成从国家一直到村（社区）的服务中心（站）64.3万个，转隶军休所、军供站、荣军院等事业单位4426个，接收4家服务退役军人的全国性社会组织。部机关直接与11家全国性商业银行、66家国有大型企业和民营骨干企业签订实施拥军优抚、就业安置战略协议，带动吸引更多社会优质力量积极参与退役军人工作。目前，党委领导下的行政部门、服务体系、社会力量“三驾马车”同向发力工作格局已基本形成。

（二）工作运行体系日臻完善

建立健全高层级、全系统、军地联动的合力共为机制，推行军地相互支持需求“双清单”制度。建立健全权责清晰、督导有力的工作落实机

制，建立落实习近平总书记和中央领导同志重要指示批示督查制度，推动将退役军人工作纳入各级党委、政府年度工作绩效和领导班子考核。建立健全依法维护权益、矛盾化解有力的权益保障机制，开展“矛盾问题攻坚化解年”等活动，有力牵引推动难点问题破解。建立健全依托信息手段开展精准服务、动态管理的高效运转机制，组织采集退役军人和其他优抚对象数据，编制全国退役军人信息化建设总体方案实施要点及地方平台建设指南，探索推行“互联网+退役军人服务”。系统联动、军地合力、规范有序的工作运行体系逐步健全完善，更好推进各项业务工作高效顺畅运转。

（三）政策制度体系正在成型

坚持把建章立制工作作为优先任务，注重从“碎片化”“打补丁”方式，向整体设计、重塑再造转变，推动出台《退役军人保障法》、加强新时代退役军人工作指导性意见和相关改革方案，对各项工作进行体系化、全流程制度设计，跟进制定修订《退役军人安置条例》《军人抚恤优待条例》《烈士褒扬条例》等支撑性法规，出台涵盖思想政治、就业安置、军休服务、优待抚恤、褒扬纪念等各个方面的配套政策性文件60多件，同步清理政策性文件，决定废止和宣布失效220多件，中国特色退役军人工作政策制度体系正加快形成。同时，召开全国退役军人工作会议，编制“十四五”退役军人服务和保障规划，对今后一个时期工作作出谋划部署；建立退役军人事务专家库，与中国社会科学院大学等高校合作开展“退役军人管理保障”学科建设，为制度设计提供智力支撑。

（四）思想政治工作探索破题

积极履行本次机构改革赋予的全新职责，印发加强退役军人思想政治工作的有关意见，对退役军人思想政治工作作出总体部署。大力宣传以习近平同志为核心的党中央对退役军人工作的高度重视、对广大退役军人的关心关爱，激励引导广大退役军人退役不褪色，努力使他们成为我党执政的重要依靠力量。探索加强退役军人党员教育管理，会同中组部开展专题调研，对退役军人党员组织关系转接进行规范。开设“退役军人微课堂”开展思想教育和典型宣传。隆重表彰全国模范退役军人，宣传“老英雄”张富清等先进典型，开展“最美退役军人”学习宣传活动，营造学习先进、争当先进的良好氛围。指导各地成立志愿者队伍，积极投身疫情防控、抗洪抢险等，展现退役军人价值。

（五）就业安置任务创新落实

开展军转干部“直通车”安置试点，改革中央垂管系统军转干部安置计划下达方式，调整完善自主择业军转干部到艰苦边远地区安置政策。实行政府安排工作退役士兵“两次移交、两次安置、实名下达”移交安置办法，协调央企年均提供约1.5万个工作岗位，大力推进“阳光安置”，联合做好符合条件的国家综合性消防救援队伍退出消防员移交安置工作，确保新旧体制平稳衔接。将退役军人纳入国家终身职业技能培训政策和组织实施体系，引入市场竞争机制扩充承训机构和项目供给，加强对承训机构管理和培训效果评估，组织退役军人教育培训223万人次，促进退役军人提升就业能力素质。开通退役军人就业信息服务平台，协调签约企业提供岗位20.5万个，指导各级共举办专场招聘会1.8万场次、提供岗位824万个，扶持78万人实现就业。开展首届全国退役军人创业创新大赛，鼓励地方设立退役军人创业园地，引导创业孵化基地提供低成本、专业化创业服务。

（六）优抚褒扬水平不断提升

拓展优待内容，出台《关于加强军人军属、退役军人和其他优抚对象优待工作的意见》，列出基本优待目录清单，树立贡献越大优待越多的鲜明导向。强化资金保障，较好落实退役军人和其他优抚对象待遇，其中重点优抚对象提标时间由每年10月1日提前到8月1日，平均提标幅度达10%。解决遗留问题，推动出台《关于解决部分退役士兵社会保险问题的意见》，各级周密实施，将有效解除他们养老医疗后顾之忧。加强帮扶援助，推动出台《关于加强困难退役军人帮扶援助工作的意见》，进一步提高救急济难水平，实现普惠加优待的重大政策突破。突出尊崇地位，为近4000万个家庭悬挂光荣牌，启用新版烈士光荣证，铺开优待证制发工作，增强服务对象荣誉感。改善设施保护，推动出台《烈士纪念设施规划建设修缮管理维护总体工作方案》，联合相关部门制定具体落实措施。弘扬英烈精神，举行湘江战役红军烈士遗骸安葬仪式，组织在韩志愿军烈士遗骸归国和认亲活动，开展“崇尚英雄·精忠报国”“清明祭英烈”等宣教活动，营造致敬先烈、崇尚英雄的社会氛围。

退役军人事务系统组建以来的实践和成绩，为起草制定《退役军人保障法》奠定了扎实的工作基础、提供了丰富的现实素材。在立法过程中，我们综合考量原有制度、工作实践和国外做法，对退役军人移交接收、退役安置、教育培训、就业创业、抚恤优待、褒扬激励、服务管理等作了整体设计和系统规范，并根据最新改革动向和工作进展，进行了参战退役军人特别优待、为退役军人建档立卡、发放退役军人优待证、实行退役军人安置责任制和考核评价等一系列制度创新。从这个角度来看，制定出台《退役军人保障法》，既是贯彻习近平总书记关于退役军人工作重要论述，落实党中央、国务院关于退役军人工作决策部署的重要举措，也是中国特色社会主义退役军人工作的实践总结、经验提炼和规律萃取。

三、贯彻实施《退役军人保障法》，必须始终坚持以习近平总书记重要论述为根本指导

党的十九届五中全会对“十四五”时期我国各项事业发展作出系统谋划和战略部署，也就退役军人工作创新发展提出“健全退役军人工作体系和保障制度”的具体要求。推动退役军人工作发展进步，贯彻实施《退役军人保障法》，就必须以习近平总书记重要论述为根本指导，锚定十九届五中全会目标任务，深入落实习近平法治思想和中央全面依法治国工作会议精神，在“建立健全组织管理体系、工作运行体系、政策制度体系”上持续发力、久久为功，不断推进退役军人事务领域治理体系和治理能力现代化。

（一）推动组织管理体系更加坚强有力

1.健全党对退役军人工作集中统一领导的体

制。落实《退役军人保障法》关于“坚持中国共产党的领导”的基本原则，充分发挥党的领导核心作用，认真履行各级党委退役军人事务工作领导机构职能，完善决策议事协调机制，健全重大事项请示报告、重大决策督促检查、重点任务分解落实制度，制定领导机构成员单位职责清单，确保党中央决策部署有效贯彻执行。

2.健全行政部门履行主体责任的体制。落实《退役军人保障法》赋予各级人民政府退役军人工作主管部门的法定职责，不断健全权责清单，强化法律政策落实，加强事中事后监管，制定退役军人事务行政执法责任制和责任追究制度，规范行政复议、行政应诉。

3.健全服务体系发挥重要平台有效抓手的体制。落实《退役军人保障法》关于“加强退役军人服务机构建设，建立健全退役军人服务体系”的规定要求，进一步推动退役军人服务中心（站）厘清职责界限、明确服务规范、充实工作力量，发挥服务网络实效。落实《退役军人保障法》关于“加强优抚医院、光荣院建设”的规定要求，推进事业单位建设改革，转变思路，盘活资源，探索集团化管理、市场化运作模式，建设一批区域性综合实力强、辐射范围广的骨干单位，不断提升服务保障能力和水平。

4.健全社会力量作为必要补充有益支持的体制。落实《退役军人保障法》关于鼓励引导社会力量参与退役军人工作的规定要求，通过税收减免优惠、纳入表彰范围、加大宣传力度等方式调动企事业单位、社会团体、公民个人发挥作用，进一步规范退役军人关爱协会、基金会等社会组织运行，加快形成优化政府购买服务、推进社会专项服务、鼓励实行自我服务、倡导开展志愿服务相互补充稳妥有序的管理格局。

（二）推动工作运行体系更加顺畅高效

1.完善工作联动机制。落实《退役军人保障法》关于系统、部门、军地密切协作的规定要求，加强系统联动机制，做好请示报告、情况通报、政策解读、业务指导等工作；加强部门协同，互通共享相关信息，及时会商重大问题，合力推进重点工作；加强军地共建，创新双拥模范城（县）创建命名管理和检查考核办法，狠抓重点问题解决，不断巩固军政军民团结。

2.完善工作落实机制。落实《退役军人保障法》关于“实行退役军人保障工作责任制和考核评价制度”的规定要求，压实各级主体责任，细化量化考核指标，用好通报、约谈、挂牌督办，紧盯问题解决，层层传导压力，形成任务部署、监督检查、追责问责、整改落实的工作闭环。

3.完善权益保障机制。落实《退役军人保障法》关于“建立健全退役军人权益保障机制”的规定要求，完善矛盾问题排查预警机制，建立依法逐级走访、信访事项首办责任及终结制度，建立人民调解、行政调解、司法调解相结合的矛盾调解制度，学习推广新时代“枫桥经验”，依法处理矛盾，就地解决问题。

4.完善高效运转机制。落实《退役军人保障法》关于“加强退役军人保障工作信息化建设”的规定要求，广泛运用互联网、大数据、人工智能等技术手段开展工作，建好全国标准统一、上下互联、左右互通的退役军人工作信息化平台，强化信息数据保密，实现动态管理、精准服务。

（三）推动政策制度体系更加系统完备

1.优化理论武装、荣誉激励、管理约束相结合的思想政治工作制度。落实《退役军人保障法》关于“加强退役军人思想政治教育工作”的规定要求，建立理论武装制度，推进退役军人学习贯彻习近平新时代中国特色社会主义思想常态化，加强人民军队优良传统和社会主义核心价值观教育。落实《退役军人保障法》关于“建立退役军人荣誉激励机制”的规定要求，完善模范退役军人表彰奖励、“最美退役军人”学习宣传、悬挂光荣牌、军人退役集中欢迎等机制，营造参军受尊崇、退役受尊重的浓厚氛围。落实《退役军人保障法》关于退役军人因违法犯罪中止、降低或者取消待遇的规定要求，建立退役军人现实表现与享受荣誉和退役待遇挂钩机制，强化正向激励、反向约束。

2.优化国家需要与个人优长相结合的就业安置制度。落实《退役军人保障法》关于“根据其服现役期间所做贡献、专长等安排工作岗位”的规定要求，树立贡献越大、安置越好导向，对参战退役军人、担任作战部队营级以上单位主官的转业军官、属于烈士子女或功臣模范的退役军人，以及长期在艰苦边远地区或者特殊岗位服现役的退役军人进行优先安置；树立人岗相适、人事相宜导向，完善计划安置制度，归集专项岗位，推广“直通车”安置方式。落实《退役军人保障法》关于“加强对退役军人的教育培训”“鼓励和扶持退役军人就业创业”的规定要求，健全学历教育和职业技能培训相结合的教育培训体系，坚持“订单式”“定向式”“定岗式”培训模式，完善就业创业扶持政策，加大税收、金融等优惠力度，努力让退役军人更高质量就业，始终成为社会主义现代化建设的重要力量。

3.优化普惠与优待叠加、待遇与贡献匹配、保障水平与经济发展适应的待遇保障制度。落实《退役军人保障法》关于抚恤优待的规定要求，建立统筹平衡的抚恤优待量化标准体系，逐步消除抚恤优待制度城乡差异，实现由解困向优待转变；根据经济社会发展和财政承受能力，健全待遇水平动态调整机制；完善社会优待制度，拓展目录清单，实行区别化优先优惠机制，使退役军人和其他优抚对象充分分享改革发展成果。落实《退役军人保障法》关于制发优待证、退役军人因弄虚作假取消待遇的规定要求，建立享受国家定期抚恤补助对象资格确认制度和冒领待遇追偿追责机制，确保优抚资金准确、安全发放。

4.优化内容个性化、措施精准化、方式多元化的关爱服务制度。落实《退役军人保障法》关于“为退役军人建档立卡”的规定要求，建立健全服役相关信息脱密共享、随安置计划一并移交、常态化信息采集制度，为每名服务对象建档立卡，实现信息实名归集、精准识别。落实《退役军人保障法》关于“提升退役军人服务保障能力”的规定要求，建立精准服务制度，实行服务站点工作人员包干负责，提供个性化服务。落实《退役军人保障法》关于“建立退役军人帮扶援助机制”的规定要求，扎实做好养老、医疗、住房等方面困难帮扶援助，健全方式多元化服务机制，坚持常态化走访慰问，及时传递党和政府的温暖。

5.优化以弘扬英烈精神、维护英烈权益为核心的褒扬制度。落实《退役军人保障法》关于

“弘扬英雄烈士精神”的规定要求，完善英烈荣誉保护协调机制，健全英烈文化研究、挖掘、传播工作机制，加强英烈事迹与故事的挖掘搜集、整理宣传，展现英烈风貌。落实《退役军人保障法》关于“统筹规划烈士纪念设施建设”的规定要求，完善烈士纪念设施规划、建设、修缮、管理维护制度，健全境外烈士遗骸搜寻保护部际议事协调机制，推行纪念设施巡查巡检。落实《退役军人保障法》关于“组织开展英雄烈士祭扫纪念活动”的规定要求，健全烈士祭扫制度和礼仪规范，加大烈士遗属异地祭扫保障力度。

6.优化服务部队练兵备战、解决军人后顾之忧的助力强军制度。落实《退役军人保障法》关于移交接收的规定要求，适应军事政策制度改革需要，完善军队退役人员及时移交机制，走出一年多次移交、两次安置退役士兵的路子。落实《退役军人保障法》关于“建立伤病残退役军人指令性移交安置、收治休养制度”的规定要求，改革军休人员和伤病残人员移交安置办法，建立随交随接工作机制，妥善解决他们的住房、医疗、康复、护理和生活困难，更好服务部队集中精力备战打仗。

《退役军人保障法》的制定出台，是退役军人事务系统具有标志性、开创性、引领性的改革成果，为推进退役军人事业持续健康发展提供了根本法治保障。法律的生命力在于实施，法律的权威也在于实施。我们要始终坚持以习近平新时代中国特色社会主义思想为指导，贯彻落实习近平总书记关于退役军人工作重要论述，贯彻落实习近平法治思想和中央全面依法治国工作会议精神，增强“四个意识”、坚定“四个自信”、做到“两个维护”，深入学习、广泛宣传、认真实施《退役军人保障法》，扎实做好新时代退役军人各项工作，为夺取全面建设社会主义现代化国家新胜利做出更大贡献。

在部基层联系点工作领导小组第一次全体会议上的讲话

钱　锋

（2020年3月12日）

这次会议是基层联系点领导小组成立后的第一次全体会议，主要任务是深入贯彻落实中央领导同志关于加强与基层联系的重要指示精神，夯实工作基础，压实工作责任，确保各项任务落实落地。我讲三点意见。

一、进一步深化基层联系点工作的认识

第一，这是落实习近平总书记重要论述的必然要求。基础不牢，地动山摇。基层不抓，一盘散沙。习近平总书记一贯高度重视基层工作，尤其是党的十八大以来，作出一系列有关基层工作的重要论述，深刻阐释了如何认识和看待基层、如何深入和联系基层、如何支持和加强基层等重大理论和实际问题。他强调，要坚持眼睛向下、脚步向下，务必使改革的思路、决策、措施都能更好满足群众诉求。强调党中央的政策好不好，要看乡亲们是哭还是笑。要鼓励地方、基层、群众解放思想、积极探索，鼓励不同区域进行差别化试点，推动顶层设计和基层探索良性互动、有机结合。要鼓励引导支持基层探索更多原创性、差异性改革，及时总结和推广基层探索创新的好经验好做法。这为我们做好新时代基层工作指明了方向。

退役军人事务工作服务对象在基层、政策落实在基层、成效检验在基层。中央领导同志多次强调，退役军人部门不是坐在办公室就能干好工作的，要多到基层去，多到退役军人中去。建立基层联系点制度，是我部贯彻落实习近平总书记重要论述和中央领导同志指示精神的必然之举。在联系点实行试点先行、信息直通、政策反馈等，有利于充分调动基层退役军人事务部门的主观能动性，增强基层在试行重大改革举措、重要创新制度时的改革创新活力；有利于及时总结新制度、新政策的试点情况，为全面推广积累经验、创造条件；有利于深入了解各项政策制度在基层的实际执行情况，及时掌握存在的突出问题，增强决策的科学性、针对性、实操性；有利于实现系统上下联动，提升部机关决策能力和基层贯彻能力。大家要提高认识，通过基层联系点做到业务工作“联系县、深入乡、走进村”，进一步廓清顶层设计与基层落实、政策理论与业务实践的关系，不断增强改革创新能力、狠抓落实能力。

第二，这是践行群众路线、改进工作作风的

有效举措。大力弘扬深入基层、密切联系群众的优良作风，是我们党的一贯主张和要求。我们承担的每一项任务都是群众工作，越是在退役军人事务工作创新发展、全面突破的关键时期，越是需要我们每个单位、每名干部职工进一步强化以人为本、执政为民的意识，坚定全心全意为退役军人服务的初心，真正从思想上尊重群众、重视基层，从感情上贴近群众、关心基层，从行动上深入群众、帮助基层，强化对基层开展业务、落实政策的指导，促进基层业务工作发展，让服务对象感受到党和政府的关心关怀。

基层联系点工作是发扬我党优良传统，进一步密切联系群众、帮助群众解决问题的重要抓手，目标之一就是要在部机关树立起鲜明的基层导向、群众导向、问题导向，以眼睛向下、干部向下、资源向下，促进重心下移、力量下沉、保障下倾，推进机关基层“深联络”、干部群众“零距离”。通过组织干部职工深入联系点退役军人事务部门、退役军人自治组织、退役军人及其他优抚对象家庭等开展调研，结对子、建台账，进一步拓宽反馈渠道、收集一手信息、挖掘一线经验、倾听对象声音、摸清基层实情，进一步接受教育、密切干群关系。通过组织机关、单位、部管社会组织在项目、就业、金融等方面为联系点当地退役军人事务部门和服务对象提供帮扶，能够加强机关与基层的业务工作联系和工作指导，增强当地退役军人和其他优抚对象的荣誉感、获得感。

第三，这是巩固脱贫攻坚成果的有力手段。今年是决战全面建成小康社会的收官之年。习近平总书记指出，全面建成小康社会、实现第一个百年奋斗目标，最艰巨的任务是脱贫攻坚，并强调脱贫致富不仅仅是贫困地区的事，也是全社会的事，要健全党政机关定点扶贫机制，各部门要积极完成所承担的定点扶贫任务。要巩固脱贫成果，防止松劲懈怠，不获全胜、决不收兵。今年3月6日，习近平总书记在决战决胜脱贫攻坚座谈会上再次强调，巩固脱贫成果难度很大，当前最大的问题是防止松劲懈怠、精力转移，并指出要深化东西部扶贫协作和中央单位定点扶贫，要求各级党委（党组）一定要履职尽责、不辱使命。

联系点中的江西省莲花县是我部的帮扶县，山东省蒙阴县是革命老区也是财政困难县。建立基层联系点制度，动员多方力量参与、支持当地产业发展，是坚持把脱贫攻坚工作一抓到底的需要，也是乘胜追击、扩大战果的有力之举。要利用工会福利、食堂后勤采购、干部职工自愿认购等方式，支持联系点当地特色农产业发展。充分发挥“兵支书”等退役军人作用，帮助当地把退役军人群体打造成农村基层党组织带头人、脱贫致富引路人和涉军矛盾调解人。要关注当地优抚事业单位发展状况，尽可能地提供一些资金、项目和政策支持。

希望大家充分认识开展联系点工作的重要意义，把思想行动统一到部党组的决策部署上来，加强领导、提高认识，明确任务、落实责任，切实采取有力举措，扎实推进各项任务落地见效。

二、进一步发挥好基层联系点的功能作用

第一，突出工作特性，准确把握“联”的定位。基层联系点功能主要定位在四个方面：一是

体制机制创新的“试验田”。二是了解基层实情的“新平台”。三是掌握政策执行情况的“晴雨表”。四是发现新情况新问题的“调研点”。做好基层联系点工作，必须准确把握联系点功能特点，调动各方面积极性，做到紧密联系、双向互动、同频共振，才能将“联系点”打造成基层工作的“示范点”，达到政策创新在基层、服务群众在基层、工作落实在基层的目标。

第二，立足基层特点，充分反映“点”的意见。部里要求，有新制度、新举措要在基层联系点搞试点，这一点格外重要。联系点处于退役军人事务领域治理体系的末端，但也是接触服务对象的第一线，遇到的问题最直接、最复杂，对于上级出台符合实际、便于执行的政策制度的需求最为迫切。试点也是试错，我们制度建设、工作开展是以问题为导向的，联系点在试点过程中发现的各种问题、提出的对策建议都是宝贵的富矿，便于我们尽早摸清拟出台的制度文件、创新性改革举措的实际效果。今后，大家在制定出台规范性文件、重大改革举措前要先搞试点，征求听取基层联系点意见建议，将其作为一项制度性安排固化下来，鼓励联系点依托自身工作实践，积极为部机关工作建言献策，切实彰显“点”的作用。

第三，积极探索创新，努力实现“面”的实效。联系点是一项比较新的工作，大家要勇于创新、大胆实践、善于总结，多思考自己单位有哪些工作可以和联系点结合起来，不断丰富联系点的功能、拓宽联系点工作，并以点带面推进工作整体提升。比如疫情期间，办公厅协调中央和部属媒体刊发多篇莲花县、蒙阴县退役军人积极参加战“疫”的宣传文章，在各大媒体推送30余篇次，展现了退役军人群体退役不褪色，抗击疫情勇于担当、冲锋在前的优秀品质。今后各单位部署工作时要自觉把联系点考虑进去，及时了解联系点工作情况，研究重要问题；对于收集到的各类意见，要进行梳理分析予以深加工，并对联系点进行信息反馈，告知意见建议采纳情况、领导批示情况等，保护好基层联系点同志们的工作积极性；要及时总结推广先进经验，加强业务指导，广泛带动“面”的工作。

三、进一步抓好工作落实

第一，加强组织领导。部党组全面领导基层联系点工作，部基层联系点领导小组主要负责统筹协调，研究重要工作安排，协调解决重大事项，评估工作开展情况。领导小组办公室对各单位工作落实情况、政策措施制定情况要及时汇总上报并加强督促跟进。适时召开调度推进会，交流情况、总结经验、解决问题、研究对策，有序推进工作落实。各司局、各直属单位、部管社会组织要按照各自职责积极主动作为，共同推动联系点工作取得实效。

第二，严格落实职责。《关于建立基层工作联系点制度的通知》列出了10项具体举措，工作内容都很明确很具体。各单位要研究制定具体措施或工作方案，拿出实实在在的干货，确保工作落在地上，而不是“挂在墙上、写在文里”，不能口号喊得震天响，落实起来轻飘飘。办公厅要根据部领导联系点和部基层工作联系点的区别，分类指导、差异化统筹各项任务落实。人事司要建立起干部双向交流机制，同时多组织青年干部下去深入调研、接受教育、增长才干。规划财务司要为联系点工作提供必要经费支持，做好项目支撑。国家退役军人服务中心要充分发挥后勤保障优势，尽可能多采购和组织职工自愿认购联系点特色农副产品，可在工会福利中设置联系点农副产品“大礼包”。各单位和部管社会组织要坚决落实各项举措，要做到规定动作不走样，自选动作有创新。

第三，树立良好形象。要带着感情联系基层，多帮忙、不添乱，严格遵守中央八项规定精神，不做任何违背基层意愿、侵害基层利益的事情。要放下架子、沉下身子虚心向群众求教，多听听基层的意见和声音。要多换位思考，了解群众所思所盼，尽可能帮助基层解决实际困难。要摒弃“花架子”，紧绷为基层减负这根弦，树立严实作风，坚决防止形式主义、官僚主义。

在全国退役军人事务厅（局）长会议上的总结讲话

钱　锋

（2020年12月25日）

在大家的共同努力下，全国退役军人事务厅（局）长会议顺利完成各项议程，即将结束。昨天，绍骋部长作了题为“深入学习贯彻党的十九届五中全会精神　推动退役军人工作高质量发展”的讲话，全面总结系统组建以来工作成绩，分析退役军人工作高质量发展总体思路和目标任务，明确今后一个时期着力重点，提出具体落实要求。绍骋部长的讲话站位高、立意远、方向准、部署实，既有很强的思想性、政治性，又有很好的针对性、操作性。大家围绕绍骋部长讲话和有关规划分组学习讨论，深入交流、研提意见、共谋发展。9位代表交流发言，分享经验做法，会上还印发了各地亮点汇编，给大家提供了很好的工作借鉴。总的来看，这次会议达到了统一思想、振奋精神、推进工作的预期目的。关于明年工作，部里已印发工作要点及分工方案，前期有关业务口也分别召开了全国性会议进行布置。下面，我就贯彻落实会议精神、抓好明年重点工作讲几点意见。

一、学好用足《退役军人保障法》

《退役军人保障法》的制定出台，是退役军人事务领域具有标志性、开创性、引领性的改革成果，为推动退役军人工作高质量发展提供了法治保障。全系统干部职工要把学习宣传贯彻实施保障法作为明年工作的重中之重，认真学好、真正用好这部本系统本领域的“法”，切实提高依法行政的能力水平。一要抓紧制定配套政策制度。按照保障法第15、30、64、83条规定和立法法第62条要求，抓紧制定出台优待证服务管理办法、退役军人安置条例、军人公墓建设管理办法，同时还要加快修订《军人抚恤优待条例》《烈士褒扬条例》等。二要积极推进改革创新发展。按照第21、22条规定，尽快制定逐月领取退役金安置政策；按照第31、32条规定，以提高就业质量为导向搞好教育培训，推动建立学历教育与职业技能培训并行的退役军人教育培训体系；按照第38条规定，不断丰富政府推动、市场引导、社会支持相结合的就业创业扶持方式；按照第48、49条规定，坚持普惠与优待叠加的原则，建立统筹平衡的优抚量化标准体系，逐步消除城乡差距、缩小地区差异。三要扎实做好日常基础性工作。按照第1至8章有关规定，认真开展各项常规业务，不断提升工作法治化、规范化水平。特别是要按照第8条规定，全面推进全国退役军人信息化工程国家平台建设、“退役军人服务+互联网”建设和各业务信息系统研发运用，建成退役军人综合信息数据库，上线运行政务服务平台，做好建档立卡工作，用好信息化这个高质量发展的引擎。

二、完成安置就业年度任务

明年退役军人安置就业任务依然十分繁重。各地要千方百计、多措并举推进安置就业工作，落实好中央“六稳”“六保”要求。一要加大安置力度。要健全完善安置政策，完善“直通车”安置方式，健全“阳光安置”机制。要畅通安置渠道，优化不同类型组织机构接收安置比例，拓宽政府安排工作退役士兵安置到机关、群团组织、事业单位的渠道。要建立权责明确、军地衔接、上下协同、顺畅高效的退役军人移交接收机制，适应户籍制度改革完善退役军人安置去向条件，规范移交安置程序，实现自主就业退役士兵“即退即交即接”。二要提升培训水平。要抓住能力提升这个根本，建立健全学历教育广泛覆盖、适应性培训全员参加、技能培训实效开展的教育培训体系，不断提高教育培训供给质量。推进教育培训协作机制和平台建设，鼓励京津冀、长三角等区域间开展教育培训互通合作，推进东西部地区教育培训对口帮扶，实现优质资源有效共享。三要强化就业扶持。这两年部里与多家知名企业签约合作，营造了支持退役军人就业的良好社会导向。各地要做好沟通对接，扎实推进岗位落实，确保合作开花结果、落到人头，也要积极挖掘当地企业资源，争取更多优质岗位。要探索推进“教培先行、岗位跟进”的行业合作就业模式，引导支持退役军人到重点行业、支柱产业就业。要瞄准人力缺口大、就业机会多的开发区，为退役军人在开发区就业创业争取更多优惠、提供更好服务。此外，对于未就业、有困难的退役军人，要充分调动社会力量，用好帮扶援助机制，发挥关爱退役军人协会、基金会的作用，及时雪中送炭，帮助他们渡过难关。

三、引导退役军人投身基层治理

充分发挥退役军人在乡村振兴、社会治理、志愿服务等领域的独特作用，有利于巩固党的执政基础，有利于服务经济社会发展，有利于促进退役军人就业。我们要站在战略和全局的高度，真正把这项工作重视起来、干出实效。一要推动壮大“兵支书”队伍。要建立长效机制，联合相关部门建立退役军人基层干部发现、培养、锻炼、使用工作闭环，着力构建“在过程中培养、在实践中锻炼、向能力上聚焦”机制，总结推广经验做法，引导更多优秀退役军人“鸿雁归巢”投身乡村振兴。二要做大做优“志愿者”队伍。从今年战“疫”抗洪情况看，退役军人志愿服务队伍发挥了重要作用。这支队伍既是我们的品牌特色，也是彰显新时代退役军人价值的亮丽名片。要探索多种组建模式，依托基层服务站点、退役军人就业集中企业、民间专业力量等，组建队伍、扩充规模。要完善运行机制，逐步健全完善人员招募、教育培训、应急响应、有效激励、品牌建设等工作，提高规范化水平。

四、精心组织“百年英烈”褒扬纪念活动

明年是建党100周年，褒扬纪念工作要以此为契机，加快步伐、提质增效，力争迈上新的台阶。一要认真开展相关活动。组织走访慰问老党员，大力褒奖他们始终忠诚于党、全心为民服务的政治品格和卓越贡献；举办全国英烈讲解员大赛，广泛学习宣传伟大英烈精神；做好抗战英烈名录、烈士英名录编撰工作；实施第八批在韩志愿军烈士遗骸迎回安葬；健全烈士寻亲制度，组织开展烈士寻亲专项行动。二要建好用好纪念设施。全面提升烈士纪念设施质量，健全红色教育基地体系，展陈宣讲好我党百年以来的伟大牺牲和历史贡献。这里要强调一下，我们系统开展各类培训要突出红色传承，组织安排到当地烈士纪念设施参观见学，带头致敬英烈、弘扬传统。三要全力做好红色宣传。深入挖掘英烈事迹、生动讲好英烈故事，组织制作传播优秀作品，拓展线上线下宣传渠道，为建党100周年营造浓厚红色氛围。

五、深入开展“法律政策落实年”活动

部里决定明年在全系统部署开展“法律政策落实年”活动，要拿出抓铁有痕、踏石留印的力度，认真做好法律政策“下半篇”文章。各地要强化组织领导，确保活动有人抓、事情有人管、工作有人干，形成一级抓一级、层层抓落实的工作格局。一要学习掌握法律政策。退役军人法律政策较为专业复杂，只有深入理解、精准掌握，才谈得上有效落实。要坚持系统学习，学习法律政策，掌握条文规定，学习工作制度，掌握流程规范，学习指导案例，掌握实际运用，做到融会贯通。要坚持深入学习，不能把功夫停留在文字表面，要深刻理解法律政策背后的时代背景、立法理念、指导原则、运行原理，搞明白针对什么问题、为什么会产生问题、怎样解决问题。要坚持全员学习，领导干部要扑下身子、作出示范，不能只听汇报、不看原文；广大干部职工特别是基层一线工作人员要提升掌握法律政策、解释法律政策、运用法律政策的能力水平，做到记得清楚、讲得明白、做得到位。二要细化落实举措。国家层面的法律政策主要是定性质、定目标、定方向，难以一竿子插到底，但省厅上对部里、下接全省、横连全国，发挥着至关重要的枢纽作用。省级层面制定细化措施要注重因地制宜，既要吃透中央精神和部里决策，也要考虑本地情况和实际操作，属于硬杠杠的要坚决贯彻，属于软指标的要创新落实。要注重广纳良言，多听听退役军人想法，多参考专家学者意见，多采纳基层一线经验，不能固执己见、闭门造车。三要加强检查督导。要强化业务指导，综合运用视频调度、蹲点调研、现场办公等形式，点对点指导、手把手教学，特别是对疑难复杂情况，要帮助经办人员做好条文规定理解、个案要素提炼、演绎逻辑推理“三步走”工作，切实提高实操能力。要强化检查整改，坚持重心下移、力量下沉，多到基层一线检查工作、掌握情况，发现问题、分析原因，制定对策、抓好整改，坚决打通政策落实“最后一公里”。

六、锲而不舍抓实“三基”建设

打铁还需自身硬。推动退役军人工作高质量

发展，关键在基层和基础，必须持续抓好基层基础基本建设。关于明年的“三基”工作，要聚焦以下四个重点：一是事业单位改革要实现“由虚到实”。要以组织开展退役军人服务保障先进单位及个人评选表彰为契机，全面加强各类服务保障事业单位建设，以改革释放活力、以创新提升效能。推进军休干部服务保障社会化改革，制定军休养老措施办法，办好“军休大学”，加快军休老旧小区改造。二是服务中心站点建设要实现“从有到优”。服务中心（站）是退役军人矛盾问题一站式受理、一揽子调处、全链条解决的前沿阵地。要坚持服务本质属性，做足服务文章，善于运用新时代“枫桥经验”，让大部分问题都能在服务中心（站）得到有效解决。要抓实乡级服务站建设，全面推行专岗专责，配齐配强人员力量，建立稳定的工作队伍，提升专业化水平。要抓住示范型服务中心（站）创建和星级评定契机，以点带面、连线成片、辐射周边，促进整体服务保障水平提升。三是思想政治工作要实现“由浅到深”。退役军人思想政治工作是党的群众工作在退役军人事务的集中体现和具体运用，思想政治工作从根本上说是做人的工作，必须持续抓、反复抓，着重在教育引导退役军人珍惜荣誉、永葆本色上下功夫见成效。要深化落实常态化联系退役军人制度，密切各级退役军人事务部门与退役军人的直接联系。要会同组织部门和基层党组织做好退役军人党员组织关系转接、党员组织生活、日常教育管理等工作。要持续加强典型引领，深入宣传退役军人战“疫”抗洪等方面的先进事迹，建强做优“最美退役军人”品牌，扎实推动学习宣传活动“七进入”（进企业、进农村、进机关、进校园、进社区、进军营、进网站）。四是系统队伍建设要实现“由新到强”。我们的干部职工新人多、来源广。新有新的特点，广有广的优势。两年多的实践表明，这是一支靠得住、信得过、有本事的队伍。要把旗帜鲜明讲政治作为根本要求，切实加强各级党组织建设，坚持用习近平新时代中国特色社会主义思想武装头脑、指导实践、推动工作，持续巩固深化“不忘初心、牢记使命”主题教育成果，进一步筑牢服务中国梦强军梦的思想根基。要把提升队伍素质作为最紧迫任务，大力提升干部职工学用结合能力、统筹协调能力、综合调研能力、群众工作能力、狠抓落实能力，不断增强干事创业本领。要把锤炼过硬作风作为重要保障，加强党风廉政建设和反腐败工作，深化“作风建设年”活动成果，下大气力纠治形式主义、官僚主义，将严的标准和要求贯穿各项工作的全过程，教育引导广大干部职工励精图治、继续奋斗。此外，各级还要进一步健全规章制度，规范开展业务，扎实做好安全保密、人民防线、新闻宣传、政务信息等基础性工作。

同志们，让我们更加紧密地团结在以习近平同志为核心的党中央周围，以习近平新时代中国特色社会主义思想为指导，深入学习贯彻习近平总书记关于退役军人工作重要论述，增强“四个意识”、坚定“四个自信”、做到“两个维护”，统筹规划、狠抓落实，推动新时代退役军人工作高质量发展！

推进退役军人工作在法治轨道上行稳致远
——在《退役军人保障法辅导读本》上的署名文章

钱　锋

（2020年12月）

2020年11月11日，十三届全国人大常委会第二十三次会议审议通过了《退役军人保障法》。这是退役军人工作领域的第一部专门法律，从立法层面明确了新时代退役军人保障工作的地位作用、方针原则、主要任务、工作体制、法律责任等，为维护退役军人合法权益、让军人成为全社会尊崇的职业提供了有力法律支撑，填补了我国退役军人工作法律空白，在退役军人工作法治建设史上具有里程碑意义。我们要抓住学习贯彻《退役军人保障法》的有利契机，在新的起点上谋划布局退役军人工作法治建设，充分发挥法治引领、规范和保障作用，把新时代退役军人工作更加有力地推向前进。

一、充分认识退役军人工作法治建设的重要意义

党的十八大以来，习近平总书记高度重视全面依法治国工作，将其确定为党领导人民治理国家的基本方略，并作出一系列重大决策，提出一系列新理念新思想新战略，为新时代退役军人工作法治建设指明了方向、提供了根本遵循。我们要深入学习贯彻习近平法治思想，立足加快建设社会主义法治国家的时代背景，构建以《退役军人保障法》为主干的新时代退役军人工作法治体系，为实现建设中国特色社会主义法治体系、建设社会主义法治国家的总目标做出积极贡献。

（一）加强退役军人工作法治建设，是加强党对退役军人工作全面领导的内在要求

习近平总书记强调，社会主义法治必须坚持党的领导，党的领导必须依靠社会主义法治；全面依法治国是要加强和改善党的领导，健全党领导全面依法治国的制度和工作机制，推进党的领导制度化、法治化；要通过法定程序使党的主张成为国家意志、形成法律，通过法律保障党的政策有效实施。这深刻阐明了党的领导和法治的关系这一核心问题。退役军人工作是党领导下的工作，必须把党的领导贯穿法治建设全过程，把党的意志主张通过法律法规固化下来，推动党中央各项决策部署在退役军人事务领域得到全面有效贯彻落实。这次制定出台《退役军人保障法》，注重把党中央的决策部署及党领导退役军人工作建设发展的基本经验和实践成果通过法定程序固化为法律规范，并在总则中

专门明确“退役军人保障工作坚持中国共产党的领导”，进一步强化了党的领导在退役军人工作中的统领性、全面性、决定性地位，有利于在退役军人事务领域强化党的领导意识、把党的领导落实到退役军人工作全过程和各方面。

（二）加强退役军人工作法治建设，是推进退役军人事务领域治理体系和治理能力现代化的重要依托

习近平总书记强调，法治是国家治理体系和治理能力的重要依托；法治体系是国家治理体系的骨干工程；只有依法治国才能有效保障国家治理体系的系统性、规范性、协调性。这既深刻论述了法治建设对推进国家治理体系和治理能力现代化的重大作用，也深刻揭示了中国特色社会主义法治体系的重要地位。良法是善治的前提。退役军人工作是国家治理体系的重要组成部分，党的十九届四中、五中全会都明确提出“健全退役军人工作体系和保障制度”，《退役军人保障法》对健全完善退役军人教育培训、移交安置、抚恤优待等作出了明确规定，为当前和今后一个时期退役军人事务领域治理体系和治理能力现代化指明了发展方向、提供了法律支撑。我们必须牢固树立良法善治的现代法治观，按照既定方向，沿着既定路径，努力建设更加完善、更加成熟、更加定型、更加规范的政策制度体系，加快推进退役军人事务领域治理体系和治理能力现代化。

（三）加强退役军人工作法治建设，是深化退役军人工作改革创新的迫切需要

习近平总书记强调，做好改革发展稳定各项工作离不开法治，改革开放越深入越要强调法治；要坚持在法治下推进改革，在改革中完善法治。深化党和国家机构改革两年多来，退役军人工作组织管理体系基本健全，工作运行体系不断完善，政策制度体系初步成形。随着改革向纵深推进，各种潜在问题逐渐浮出水面，破解一些多年积存顽疾的难度越来越大，牵一发而动全身的改革特点更加明显，面临不少难啃的硬骨头。迫切需要发挥法治的引领作用，坚持立法先行，加快退役军人工作各方面政策法规的立改废释，以顶层设计牵引改革实践；迫切需要发挥法治的规范作用，让各项改革在法定权限或授权内，按法定程序实施，确保于法有据；迫切需要发挥法治的促进作用，对比较成熟的改革经验和行之有效的改革举措，及时上升为法律法规规章，推动改革向深度广度拓展；迫切需要发挥法治的保障作用，以法律法规的刚性约束保证改革顺利推进。《退役军人保障法》应时而出，这既是改革进程的产物，也是深化改革的保障，必将引领退役军人工作在改革创新中更好发展。

（四）加强退役军人工作法治建设，是破解退役军人工作突出矛盾问题的制度化方案

习近平总书记强调，全面推进依法治国是解决党和国家事业发展面临的一系列重大问题的根本要求；要不断提高运用法治思维和法治方式深化改革、推动发展、化解矛盾、维护稳定的能力。长期以来，党和国家在退役军人管理保障方面想了很多办法，但目前矛盾问题依然不少，很重要的原因在于法治基础比较薄弱。一方面，政策制度不够健全，退役军人工作政

策制度很多形成于十几年甚至几十年前，涉及领域广，矛盾积累多，系统性、平衡性、衔接性不够，短时间内难以根本扭转。另一方面，法治监督不够严密，新的退役军人管理保障体制机制刚刚建立，监督体系还在逐步健全完善，有法不依、执法不严、违法不究的现象仍然存在。再一方面，法治氛围不够浓厚，涉及退役军人工作的政策法规宣传普及力度不够，部分人员尊法学法守法用法、依法维护权益的意识有待加强。《退役军人保障法》直面退役军人工作矛盾问题，突出同退役军人权益联系最直接最密切的事项作出明确规范，为防范化解矛盾问题提供了法律依据。要以《退役军人保障法》为牵引，在退役军人事务领域全面推进科学立法、严格执法、公正司法、全民守法，推动退役军人工作矛盾问题的长效解决。

二、系统把握退役军人工作法治建设的宝贵经验

退役军人工作伴随人民军队成立而产生，在革命、建设、改革的不同历史阶段，其政策制度始终与当时的形势任务相适应，并在长期实践中不断充实完善，为《退役军人保障法》的顺利出台和贯彻实施打下了良好基础，也为新时代退役军人工作法治建设积累了丰富的实践经验。

（一）革命战争年代，退役军人工作规章制度初显雏形

建军之初，我们党在极端艰苦的环境中，依然高度重视退役军人安置和保障工作，并结合实际出台了早期的政策制度。

1.红军时期。出台《中国工农红军优待条例》《红军抚恤条例》《优待城市红军家属办法》等规定，实行实物分配、代耕土地、税赋减免等优待政策。由于当时普遍处于严酷的战争环境，有的未能完全有效实施，但这种有益的探索形成了我们党早期退役军人工作政策制度的萌芽。

2.抗日战争时期。党中央将“优待抗日军人的家属”写入中国共产党抗日救国十大纲领，党的七大把“加强优待抗属，抚恤伤亡，安置残废军人及退伍军人的工作”列入党的军事问题决议，陕甘宁边区政府和各根据地先后制定《抗日军人退伍及安置暂行办法》《优待抗日军人家属条例》《关于处理残废军人及年老军人的指示》《关于荣誉军人处理的指示》等。这一时期党的退役军人工作克服重重困难，相关政策得到较为全面的贯彻落实，极大鼓舞了军心士气。

3.解放战争时期。各解放区民主政府相继修订了一系列法规，如东北的《优待革命军人家属条例》、华北的《革命军人家属优待条例》、晋察冀的《关于成立边区荣誉军人管理委员会的决定》等，进一步明确荣誉军人、伤残军人、军人家属、烈士家属享受的各类优待和其他照顾政策，随着解放区的不断扩大，迅速向全国扩展，为人民军队的发展壮大和新中国的诞生起到了积极促进作用，也为我国退役军人工作政策制度的完善发展奠定了坚实基础。

（二）新中国成立后，退役军人工作法律法规持续发展

从新中国成立到党的十八大前，退役军人

工作法律法规建设随着社会主义建设、改革、发展历程，经历了一个螺旋式上升、波浪式前进的过程。

1.重要奠基期。新中国成立之初，我军实行大规模精简整编，毛泽东同志亲自签署人民解放军复员工作的决定，推动出台各项转业复员军人安置和保障政策。先后颁布我国第一部《中华人民共和国兵役法》，制定《革命残废军人优待抚恤暂行条例》《革命烈士家属、革命军人家属优待暂行条例》《中国人民解放军军官服役条例》《复员建设军人安置暂行办法》等，对退役军人回乡生产、分配工作、医疗保障、伤残抚恤等作出明确规定，退役军人工作法律法规架构初步搭建。

2.修复调整期。"文革"期间，已经建立起来的优抚保障、军转安置等制度遭到严重破坏，各项工作几近停滞。改革开放后，退役军人工作坚持围绕中心、服务大局，全面修复各项制度机制，制定颁布《中华人民共和国国防法》《军人抚恤优待条例》《革命烈士褒扬条例》《退伍义务兵安置条例》《关于军队转业干部工资待遇问题的实施办法》等一系列法律法规，拥军优属、抚恤优待、军休安置、退伍转业等工作得以迅速恢复完善。

3.规范加强期。从20世纪90年代末开始，随着我国市场经济不断发展、改革开放纵深推进，军事政策制度、干部人事制度、劳动就业制度、职工养老和医疗保险制度、住房制度等发生重大变化。退役军人工作紧跟形势对政策制度作出调整完善，颁布《中华人民共和国军人保险法》，制定《军队转业干部安置暂行办法》《退役士兵安置条例》《烈士褒扬条例》，两次修订《军人抚恤优待条例》，并配套制定了系列政策性文件，较好发挥了服务保障作用，对推动国防和军队建设、推进改革开放和社会主义现代化国家建设贡献了力量。

（三）进入新时代，退役军人工作法治建设不断完善

党的十八大以来，以习近平同志为核心的党中央高度重视退役军人工作，习近平总书记亲自决策组建退役军人管理保障机构，在退役安置、双拥共建、烈士褒扬、优待抚恤等方面作出的一系列重要论述，为做好新时代退役军人工作提供了根本遵循。在党中央的坚强领导下，各级各部门坚持以习近平新时代中国特色社会主义思想为指导，深入学习贯彻习近平总书记关于退役军人工作重要论述，认真落实党中央、国务院决策部署，把健全政策制度体系作为优先任务，着眼长远加强顶层设计，立足当前解决突出问题，退役军人工作法治建设取得了新的成绩。

1.立法工作取得重大突破。顺应实践发展要求和广大退役军人期待，在退役军人管理保障机构组建伊始，就把制定出台《退役军人保障法》摆上重要议事日程。在近三年里，深入调查研究，广泛征求意见，开展专题论证，反复讨论修改。在全国人大常委会会议审议期间，社会各界高度关注、踊跃参与，公开征集意见13万余人次、80余万条。对这些意见能吸收尽量吸收，充分体现了科学立法、民主立法的法治精神，保证了立法质量和效率。出台《中华人民共和国英雄烈士保护法》，对传承弘扬英雄烈士精神、爱国主义精神，培育和践行社会主义核心价值观发挥重要作用。

2.顶层设计规划有序推进。中央层面制定出台加强新时代退役军人工作的有关意见，明确当前和今后一个时期退役军人工作的目标方向、重点任务。对接军事政策制度改革，研究制定退役军人工作政策制度配套改革方案措施，启动《退役军人安置条例》《军人抚恤优待条例》《烈士褒扬条例》等支撑性法规的制定修订，顺利推进退役军人事务领域“十四五”规划编制工作，事关退役军人工作长远发展的政策制度“四梁八柱”基本搭建。

3.配套政策措施逐步健全。着眼改革急需、工作急用、退役军人急盼，中央层面制定出台思想政治、移交安置、就业创业、教育培训、待遇落实、优待抚恤、褒扬纪念等各类政策性文件60余件，地方配套出台细化政策措施近600件，逐步丰富政策制度体系内容结构。坚持立改废并举，全面清理清查退役军人事务领域的规范性文件800余件，为完善政策制度摸清了底数。

4.依法行政能力普遍提高。协调建立系统、部门、军地密切协作的合力共为机制，建立督查督办、约谈问责等措施办法，推动责任逐级压实、压力层层传导。开展“作风建设年”“思想政治工作年”“基层基础基本建设年”等系列活动，落实退役军人事务系统干部教育培训规划，常态化组织岗位任职培训、政策法规研讨、法律骨干集训等，结合实际开展法律服务和普及宣传，各级干部运用法治思维和法治方式开展工作的意识和能力不断增强。

退役军人工作政策制度体系的演变发展进程，特别是《退役军人保障法》近三年的制定出台过程和体现的立法精神启示我们：加强退役军人工作法治建设，必须坚持以习近平新时代中国特色社会主义思想为指导，深入学习贯彻习近平总书记关于退役军人工作重要论述，确保退役军人工作法治建设的正确方向；必须坚持党的领导，制定退役军人工作各项政策法规，都要贯彻党的路线方针政策和决策部署，体现党的意志主张；必须坚持为经济社会发展服务、为国防和军队建设服务的方针，尽力而为、量力而行，使各项保障与经济发展相协调、与社会进步相适应、与国防和军队建设要求相衔接；必须坚持退役军人主体地位，把体现退役军人利益、反映退役军人愿望、维护退役军人权益、发挥退役军人作用落实到法治建设全过程；必须坚持改革创新，积极适应形势发展变化，跟进调整完善政策制度，保持法治体系的及时性、系统性、针对性、有效性；必须坚持问题导向，以解决影响退役军人工作长远发展的突出矛盾问题为牵引，在破解顽症难题中不断完善治理体系、提升治理能力。

三、全面推进退役军人工作法治建设的重点任务

当今世界正经历百年未有之大变局，国际环境日趋复杂，不稳定性不确定性明显增加；中华民族伟大复兴向前迈出了新的一大步，我国将进入新发展阶段，开启全面建设社会主义现代化国家新征程，但不平衡不充分问题依然突出；国防和军队现代化建设进入关键时期，军队组织形态实现重大变革，退役军人工作法治建设面临的机遇和挑战都有了新的发展变化。

全面依法治国战略的加快推进为退役军人工作法治建设提供了有利契机，市场经济体制不断完善、经济实力持续增长为退役军人保障制度提

质优化提供了基础支持，军事政策制度、干部人事制度、社会保障制度改革的全面实施为健全完善退役军人工作政策制度体系提供了方向牵引，退役军人管理保障体制的健全完善为政策制度改革提供了必备条件，特别是《退役军人保障法》的出台为加快推进退役军人工作提供了有力的法律支撑。同时也面临诸多挑战，意识形态领域斗争尖锐复杂，从制度机制层面加强退役军人思想政治引领的任务更加紧迫；全面深化改革进入攻坚期和深水区，城乡之间、区域之间、不同时期退役军人之间保障制度差距较大，历史遗留问题错综复杂，从法规制度源头上解决任重道远；经济下行压力加大，社会就业形势严峻，通过提高保障水平完善政策制度的增量改革空间变小；广大退役军人对新的管理保障机构抱有很高期望，希望短时间内解决长期积累的矛盾问题，对保持政策定力、科学合理设计政策制度体系带来压力。

我们要坚持以习近平新时代中国特色社会主义思想为指导，深入学习贯彻习近平总书记关于退役军人工作重要论述，深刻认识新时代退役军人工作法治建设面临的新形势新挑战，立足中华民族伟大复兴战略全局和世界百年未有之大变局，以党的领导为根本保证，以实现退役军人事务领域治理体系和治理能力现代化为目标，以维护退役军人合法权益为出发点和落脚点，以推进《退役军人保障法》全面贯彻实施为重点，以政策制度改革为抓手，坚持科学立法、依法行政、促进守法一体推进，系统谋划、前瞻设计、创新发展，加快形成完备的法律规范体系、高效的法治实施体系、严密的法治监督体系、有力的法治保障体系，推动退役军人工作法治建设高质量发展。

（一）全面推进科学立法、民主立法

《退役军人保障法》作为一部基础性法律，为健全完善各项行政法规和规章制度指明了方向、明确了任务、提供了依据。要结合贯彻实施《退役军人保障法》，推动出台《退役军人安置条例》，加快修订《军人抚恤优待条例》《烈士褒扬条例》，制定涵盖退役军人思想政治、移交安置、培训就业、服务管理等各方面的政策措施。要对照《退役军人保障法》相关条款，对已出台的规章制度进行系统清理，确保协调配套。要提高立法民主化水平，拓宽专家学者、退役军人等参与政策制定的渠道和途径，广泛听取各种利益群体的意见，健全公众意见采纳情况反馈机制，广泛凝聚社会共识。要坚持立法行为和立法内容的合法性，制定各项政策制度都应按照法定权限和程序组织，都应以《中华人民共和国宪法》为核心，在《中华人民共和国国防法》《退役军人保障法》等范围内设计，不得越权立法、下位法突破或抵触上位法。

（二）严格规范依法行政

《退役军人保障法》专门用一个章节对各级各部门开展退役军人工作的法律责任作出明确规范。特别是各级退役军人工作主管部门作为退役军人事务领域最主要的执法主体，负有严格贯彻实施法律法规的重要职责，必须做到严格规范公正文明执法。要强化法治思维，牢固树立法律至上、法律面前人人平等、权由法定、权依法使等基本法治理念，想问题、作决策、办事情必须守法律、重程序、受监督，不得违法行使权力，更不能以言代法、以权压法、徇私枉法。要建立权

责统一、权威高效的依法行政机制，把《退役军人保障法》作为行政决策、行政管理、行政监督的重要标尺，在退役军人事务系统大力推行权力清单、责任清单、负面清单制度，加快推进机构、职能、权限、程序、责任法定化。要严格规范文明执法，退役军人工作每项业务都涉及个人切身利益，要合理把握自由裁量权，提高行政执法的满意度，最大限度维护退役军人合法权益。

（三）加强执法监督管理

《退役军人保障法》规定，国家实行退役军人保障工作责任制和考核评价制度。退役军人工作主管部门及其工作人员履行职责，应当自觉接受社会监督。这既明确了严密法治监督体系的工作重点，又为推动政策落地提供了监督依据。要加强督导督查，严格落实退役军人事务核查督办办法，把退役军人工作法治建设成效纳入政绩考核指标体系，强化责任落实。健全行政复议案件审理机制，纠正违法或不当行政行为，增强行政复议的专业性、透明度和公信力。要严密社会监督，坚持以公开为常态、不公开为例外原则，完善政府信息公开制度，在符合保密规定的范围内大力推进退役军人工作决策公开、执行公开、管理公开、服务公开、结果公开，提高执法透明度，保障群众知情权。要畅通舆论监督，建好用好电子信箱、热线电话，加强与报刊、电视、网络媒体互动，健全涉退役军人工作的信息发布、纠错问责等机制，及时回应广大退役军人和社会公众关切。

（四）依法化解矛盾纠纷

《退役军人保障法》规定，建立健全退役军人权益保障机制，畅通诉求表达渠道，为退役军人维护其合法权益提供支持和帮助。退役军人的合法权益受到侵害，应当依法解决。公共法律服务有关机构应当依法为退役军人提供法律援助等必要的帮助。这要求我们加快建立党委政府主导、部门密切协作、社会积极参与的退役军人权益保障机制。要建立健全矛盾问题预警机制，及时收集分析热点敏感信息，做好形势会商研判、信息通报共享、问题联动处置等各项工作。要推广运用新时代“枫桥经验”，完善有机衔接、互动协调的多元化纠纷解决机制，建立人民调解、行政调解、司法调解衔接联动的工作体系，总结“老兵调解室”等经验做法，加强退役军人法律援助、司法救助，推动矛盾问题就地及时化解。要改进信访工作制度，畅通退役军人诉求表达、利益协调和权益保障渠道，建立信访事项首办责任制，完善行政诉讼、复议制度，用好退役军人网上信访系统，推进通过法定途径处理信访事项、在法治框架内解决矛盾纠纷。

（五）营造良好法治环境

《退役军人保障法》规定，县级以上人民政府退役军人工作主管部门应当通过广播、电视、报刊、网络等多种渠道宣传与退役军人相关的法律法规和政策制度。这是推进法治建设的长期基础性工作。要按照“谁执法谁普法”“谁管理谁普法”“谁服务谁普法”的责任制要求，深入开展退役军人工作法治宣传教育，加强法律服务站、普法志愿者队伍等建设，提高法律法规和政策制度普及率。要通过以案释法加强警示教育，建立违法惩戒机制，提高广大退役军人依法反映问题、依法维护权益的意识和行为自觉。要大力培育宣传退役军人工作法治建设先进单位和个人典型，带动形成办事依法、遇事找法、解决问题用法、化解矛盾靠法的良好法治环境。

（六）构建法治保障体系

推动以《退役军人保障法》为主干的各项法律法规贯彻实施，需要有力的法治保障体系。要强化理论保障，贯彻中国特色社会主义法治理论，用好退役军人工作专家库、合作院校和科研机构等优质社会资源，深入开展退役军人事务领域重大问题、基础性问题研究攻关，为推动法治建设提供理论支持。要强化人才保障，持续开展退役军人事务系统干部法律法规培训，定期举办法治专题讲座，常态化组织《中华人民共和国宪法》《中华人民共和国民法典》等通用法律学习，熟练掌握《退役军人保障法》及配套政策法规，提高系统人员法治素养和专业水平。要强化基础保障，充分借助信息技术、人工智能、大数据等新手段，推行“互联网+退役军人服务”，实行法规规章、规范性文件动态管理，执法数据全程留痕，法律事务网络化、便捷化服务，提高法治保障信息化水平。

青年干部要勇当党的事业建设发展的先进分子
——在部机关青年干部学习座谈会上的讲话

方永祥

（2020年5月27日）

今天召开青年干部学习座谈会，是我部读书月活动的一项重要安排。5月5日是革命导师马克思诞辰，延安时期党中央把这一天定为全党的“干部学习节”，要求各单位在此期间总结学习情况和经验，毛泽东同志亲自担任高级学习组组长，以加强对党的高级干部学习的组织领导。部党组决定在5月份开展读书月活动，就是要继承发扬党的光荣传统，建设学习型机关，依靠学习走向未来。

建部两年多来，青年同志积极投入我部组建、建设、发展各项工作，是我部启新奠基、起步开局的见证者、参与者、开拓者。2018年4月12日，我们搬到这里办公，所有楼层都是大开间，什么硬件设施都没有，可以说是“白手起家”。尽管如此，我部坚决贯彻党中央、国务院决策部署，4月16日正式挂牌运行，4月17日就“开门营业”。2年来，在党中央、国务院的坚强领导下，在部党组和绍骋部长的正确带领下，在各级党员干部的共同努力下，我部工作取得丰硕成果：召开全国退役军人工作会议，习近平总书记亲切接见全国退役军人模范代表；《退役军人保障法》已经国务院、中央军委提报全国人大；制定印发了40多份法规政策；完成军转干部、退役士兵、复员干部、军休干部和退休士官安置任务；举办专场招聘会4400余场次，组织退役军人技能培训95万人次、报名高职扩招54万人；大力宣扬老英雄张富清等先进典型，表彰和宣传“最美退役军人”，开展“清明祭英烈”“寻找英雄”等活动，推进形成崇尚英雄的社会氛围；完善服务保障体系，64万多个退役军人服务中心（站）覆盖到村（社区），重点优抚对象抚恤补助标准逐年提高，优抚对象基本优待目录清单公开发布，与有关企业签署优抚合作协议；让3900多万块光荣牌走进千家万户，建成退役军人基本信息体系，完成了基本信息库建设；编制《2019—2022年全国退役军人事务系统干部教育培训规划》，举办省部级专题研讨班、市县级局长示范培训班、系统师资培训班等52期，培训6000多人次；带动各地举办培训班410期，培训5.6万人次。两年来，部退役军人工作的组织管理体系、工作运行体系、政策制度体系建设取得了重大成果，取得这些成绩，我们都会感受到强烈的光荣感、成就感。

成绩的取得，根本在于有以习近平同志为核心的党中央坚强领导，得益于部机关、事业单位和系统上下全体党员干部的努力奋斗，其中包含部机关广大青年干部的辛勤付出。两年多的建部史既是一部创业史，也是一曲青春之歌。在与大家朝夕相处、共同奋斗的工作中，我深深感到，我部青年干部有情怀、爱学习、肯吃苦、能战斗、讲奉献，勇挑重担、履职尽责，为退役军人事业启新奠基发挥了重要作用，这段经历必将成为每名干部人生履历中浓墨重彩的一笔。我代表部党组向大家表示衷心感谢！

借此机会，与大家进行交流分享，谈三个问题。

第一个问题，谈一谈我们为何而来

习近平总书记指出，“青年的价值取向决定了未来整个社会的价值取向，而青年又处在价值观形成和确立的时期，抓好这一时期的价值观养成十分重要。这就像穿衣服扣扣子一样，如果第一粒扣子扣错了，剩余的扣子都会扣错”。我部青年同志“为何而来”是一个重要问题，就像扣第一粒扣子一样，关乎我们的初心使命、目标方向，体现我们的价值选择、精神境界。我们为何而来呢？

第一，为党的退役军人事业启新奠基而来。我们党历来高度重视人民军队建设和退役军人工作。红军时期就有很多优良传统，如“双抢”（指农村夏天抢收庄稼抢种庄稼）的时候要组织帮助军人家庭；乡村开大会时军属可以坐前排；打土豪给军属分好的田地；等等。这是最有力最直接的拥军优抚，一直贯彻和支撑着中国革命取得伟大胜利。党的十八大以来，习近平总书记狠抓从严治党、从严治军，在古田召开全军政治工作会议强调军队要正本清源、重整行装再出发。习近平总书记亲自决策、亲自推动组建退役军人事务部，我们要深刻领会总书记的战略考量，时刻铭记在新起点上推进党的退役军人事业发展的历史使命，为实现“让服务对象满意，让退役军人成为全社会尊重的人，让军人成为全社会尊崇的职业”这一共同目标而来。

第二，为退役军人事务领域治理体系和治理能力现代化而来。组建退役军人管理保障机构，目的是要把退役军人工作全面抓起来，建立健全组织管理体系、工作运行体系、政策制度体系，满腔热忱为退役军人服务。一个时期以来，随着经济社会发展、利益格局调整和思想观念转变，退役军人工作面临的矛盾问题日益凸显。这要求新时代要不断改进创新服务管理保障工作，建立健全集中统一、系统完备、职责清晰、运行高效的体制机制。大家来到部里工作，肩负着推进实现退役军人事务领域治理体系和治理能力现代化的重大职责。

第三，为发挥广大退役军人作用、服务广大优抚对象而来。管理好服务好退役军人的根本目的，是为了更好地发挥广大退役军人在经济社会和国防军队建设中的作用。退役军人曾经在部队受过各种专业训练，是将来应急应战的重要后备力量，也是社会建设的重要人力资源，怎么让他们更好融入社会，成为各行各业行家里手，真正成为我党长期执政的坚定力量，需要我们设计完善各类政策，更好地与新时代发展要求相适应。大家来到部里工作，要用我们的劳动指数、辛苦指数，换取广大退役军人和优抚对象的幸福指数、获得指数。

第四，为更好服务国防和军队现代化建设、服务经济社会发展而来。“兵者，国之大事也。”强国梦与强军梦密切相关，强国梦蕴含强军梦，强军梦支撑强国梦。实现党在新时代的强军目标，提升我军现代化水平和打赢现代化战争的能力，关键在人，要通过做好退役军人工作，让整个社会尊重英雄、崇尚英雄，让各类优秀人才向往军营、安心从军。要通过我们的工作，解决广大官兵的后顾之忧，激发昂扬向上的军心士气，激励更多优秀人才投身军营，助力人民军队有效履行崇高使命，汇聚起全面建设世界一流军队和实现中华民族伟大复兴的磅礴力量。

第二个问题，谈一谈青年干部的优势和机遇

青年是整个社会中最积极、最有生气的力量，国家的希望在青年，民族的未来在青年。今天，中国特色社会主义进入新时代，中华民族伟大复兴展现出前所未有的光明前景。作为新时代中国青年，作为退役军人事务部的青年干部，既处在“海阔凭鱼跃，天高任鸟飞”的人生阶段，也肩负着“天将降大任于斯人”的时代使命。青年阶段带来的是优势，时代使命带来的是机遇。我认为最大的优势有两点：

第一，年轻就是你们的优势。你们是“早晨八九点钟的太阳”，学历层次高、接受新生事物快，正处于人生的前半程、事业向上的爬坡期，具有各种可能性和较强的可塑性。面对各种自我展示的机会，你们敢于抢着上，上台表演落落大方、开会发言利利索索，展现出国家民族越来越强盛、个人生活越来越向好的自信自尊。你们知识储备丰富、视野格局开阔、思想思维活跃，在与你们探讨工作时，常常受到启发，感到既受益又高兴。

第二，有理想、有追求，能奋斗、敢胜利。回顾这2年，有很多事让我们印象深刻，展现了你们追求理想、敢打能拼的精神面貌。比如：在出台重大政策、组织全国性会议、举办重大纪念活动、敏感时期维护社会稳定时，不少青年干部担任主力、冲在一线。在去年中央和国家机关职工运动会中，青年干部作为我部参赛主力取得出色成绩，充分展现了单位的凝聚力、战斗力。

关于青年干部最大的机遇，我认为来自四个方面：

第一，大时代。从党的十九大到二十大，是“两个一百年”奋斗目标的历史交汇期。今年要实现第一个百年奋斗目标、全面建成小康社会，明年是建党100周年，2027年是建军100周年，2035年要基本实现社会主义现代化，2050年要建成富强民主文明和谐美丽的社会主义现代化强国。未来30年，将是实现“中华民族伟大复兴”中国梦的关键时期，我部80后和90后青年干部，目前最大的40岁、最小的21岁，与“两步走”战略安排在时间上高度重合，在这个伟大历史阶段挑大梁、唱主角，既是使命所系，也是职责所在。

第二，大平台。习近平总书记2019年在中央和国家机关党的建设工作会议上指出，“中央和国家机关离党中央最近，服务党中央最直接”。这里起点高、平台大，是真正的政策高地、信息高地、人才高地、成长平台。在这里你们得以跟随党和国家最新的前进脚步，参与全国性政策的创制，感受最前沿的任务牵引。如果没有在这个平台上倾注全部的热情、智慧和担当，就会耽误党和人民的事业，也会错过不可多得的成长机会。同志们一定要倍加珍惜，殚精竭虑为党和国家工作，全心全意为人民服务，用奋斗的青春为实现国家繁荣昌盛做出积极贡献。

第三，大需要。退役军人事务部全新组建，新机构、新使命，需要培养造就一大批担当退

役军人工作的行家里手。我们有许多高峰需要翻越、许多难关需要攻克、许多空白需要填补，这让青年干部既经历了“风吹浪打”“爬坡过坎”的挑战考验，也锤炼了打硬仗、扛重活、攻难关的过硬本领。青年干部要适应这种大需要，抓住这个大机遇，用好这个练兵场，把自己锻炼培养成退役军人工作战线的一名尖兵。

第四，大奋斗。习近平总书记指出，“中华民族伟大复兴，绝不是轻轻松松、敲锣打鼓就能实现的”。近日，习近平总书记在出席全国人大十三届三次会议解放军和武警部队代表团全体会议时又强调，“要坚持底线思维，全面加强练兵备战工作”。我们部直接服务国防和军队建设，肩负着助力实现强军目标的光荣使命，要求青年干部更加自觉地锤炼斗争精神、增强斗争本领、提高担当能力。青年干部不能只活在自己的空间里，要有“先天下之忧而忧，后天下之乐而乐”的精神境界和情怀，拥抱初心使命来奋斗。

第三个问题，谈一谈青年干部怎么成为党的事业建设发展的先进分子

习近平总书记说过，“青年兴则国家兴，青年强则国家强”。青年时期是世界观、人生观、价值观形成的重要阶段，大家也面对着青年时期的不少共同问题，需要我们正确树好世界观、人生观、价值观和政绩观、得失观、苦乐观、义利观。

第一，坚守初心如磐的理想信念。习近平总书记指出，“为中国人民谋幸福，为中华民族谋复兴，是中国共产党人的初心和使命，是激励一代代中国共产党人前赴后继、英勇奋斗的根本动力”。我们自己的初心是什么？小时候父母曾经问过，小学、初中、高中老师也曾经问过，当时我们的初心最纯。大学毕业走向工作岗位后，开始面对名利考验，须特别注意守住共产党人的初心使命。一要搞好理论武装、坚定信仰信念。中国共产党之所以伟大、光荣、正确，很重要的原因是党的理论不断创新完善，不断强化科学引领。如果在党的理论武装上不够重视，没有很好地跟进学习，甚至当作可学可不学，那你的成长只能是一时，不可能是一直，更不可能成为合格、优秀的党员领导干部。二要把人生追求融入党的伟大事业中。要与党的事业、退役军人的事业同融入、同进取，发挥自己、提高自己、贡献力量。在革命、建设、发展各个时期，国家都需要这种牺牲自我、大公无私、为党尽忠的人。三要不断看齐、提高党性修养。自觉向习近平总书记看齐，向党的基本理论、政策、制度看齐，在不同年龄段、不同职位、不同环境下都要经常看齐，提高党性修养，弘扬共产党员的先进性、纯洁性。

第二，保持奋斗进取的精神状态。一要追求卓越。梦想属于每一个人，青年干部应该敢想敢干、敢于追梦。要树立质量意识、品牌意识、精品意识，想问题、干工作始终瞄着一流水平，使自己经手的每项工作都经得起检验，真正做到让组织满意、让群众满意、让自己满意。二要迎接挑战。人的本领是在不断战胜困难中提高的，要把每次任务当成自己最好的机会、最大的锻炼，遇事不推脱、敢于挑重担，在不断的爬坡过坎中行稳致远。要直面挫折磨难，经得住委屈寂寞，在顽强奋斗中不断砥砺自我、提高自我，不断书写人生的壮丽篇章。三要保持热情。机关工作要求干部严谨低调、谦虚谨慎，但这并不意味着因循守旧、淡漠激情。要时刻保持年轻人的青春活

力，心中要有一团火、身上要有一股劲，始终保持初生牛犊不怕虎的勇气、敢叫日月换新天的豪气，不要让暮气过早地代替了朝气、锐气。

第三，成为独当一面的行家里手。一要善于学习。勇于发扬“挤”“钻”的钉子精神，牢记“选择学习就是选择进步，荒废学习就是荒废青春，抓住学习就是抓住未来”的道理，以青春易逝、不学则退的紧迫感，如饥似渴地学习，持之以恒地学习，有滋有味地学习，绝不因工作忙、担子重而放松，绝不满足于浅尝辄止、一知半解。二要善于实践。坚持学以致用、知行合一，争做本职工作的行家里手，争做“挑大梁”的良才。在加强政策研究力、文字表达力、机关协调力、工作落实力上下功夫，自我加压、敢于吃苦，提高机关工作的过硬本领。三要善于总结。陈云同志说过，我们党就是靠总结吃饭的。同志们要勤于思考、善于总结。善于总结要学会经常跟自己对话。人生会遇到许多矛盾问题和挑战，很多坎能不能过得去，很重要的是能否正确总结自己、敢于校正自己，自己要能教育自己、战胜自己。人的一生，自己是最大优势也是最大敌人，要善于在总结中不断加强自我净化、自我完善、自我更新、自我提高。

第四，培养律己奉献的作风品格。一要明德。很多人出问题，都与德不配位有关。从年轻时候开始，就要把锤炼优良品德作为成长之基。明大德，做到对党和国家绝对忠诚、绝对纯洁、绝对可靠。二要修身。自觉反对形式主义、官僚主义，反对自由主义、功利主义，革除特殊思想和行为，做到严以修身、严以用权、严以律己，谋事要实、创业要实、做人要实。要弘扬优良传统作风，传承红色基因，践行令行禁止、雷厉风行，英勇顽强、敢打必胜，争先创优、争当模范。三要律己。严于律己就是锤炼自己、保护自己。党员领导干部严于律己，就会一直走正道、创辉煌；反之就会中途掉队，甚至走进“高墙”。年轻干部处在事业和家庭的上升期，更要学会管住自己，抵制各种诱惑，坚持用党纪法规约束自己的行为。四要奉献。做好为党的事业牺牲奉献的心理准备，保持长期吃苦的行动自觉和昂扬斗志，以清晨之问、静夜之思的状态，以案不积卷、事不过夜的标准，抢抓时间干事创业。

重视选拔培养年轻干部，是我们党的优良传统。习近平总书记指出，“把青年一代培养造就成德智体美劳全面发展的社会主义建设者和接班人，是事关党和国家前途命运的重大战略任务，是全党共同的政治责任”。好干部既是自己努力干出来的，更是组织培养锤炼出来的。部党组高度重视青年干部的培养工作，绍聘部长多次强调司局长、处长要重视培养青年干部，做好传帮带。部机关在抓好青年干部的锻炼培养和选拔使用方面多措并举，积极贯彻中组部《2019—2023年全国党政领导班子建设规划纲要》，2019年印发了《2019—2022年全国退役军人事务系统干部教育培训规划》；注意在文化上加强熏陶，专门成立青年干部理论学习小组；组织选派青年干部“进老区进军营”；结合主题教育，组织青年干部开展“阅读红色经典”“重温烈士家书”“部史部风演讲比赛”等活动，这些都为青年干部提供成才条件。各单位要认真落实绍聘部长要求，切实把培养教育青年干部作为义不容辞、刻不容缓的政治责任，充分信任青年、热情关心青年、严格要求青年、积极引导青年，为他们的成长成才树梯、搭台、铺路。

在长三角区域退役军人事务一体化发展座谈会上的讲话

方永祥

（2020年10月14日）

习近平总书记高度重视长江三角洲区域一体化发展，2018年11月亲自对外宣布将其上升为国家战略，今年8月又亲自主持召开座谈会并发表重要讲话。上海、江苏、浙江、安徽三省一市各级退役军人事务部门在同级党委政府领导下，坚决贯彻落实习近平总书记重要指示和党中央决策部署，自觉强化责任担当，积极主动实践探索，在退役军人服务保障、就业创业、权益维护、教育管理等方面，加强政策联动，促进资源共享，密切协调配合，退役军人工作协同发展取得初步成效。对这项工作，退役军人事务部党组和孙绍骋部长高度重视，多次研究讨论退役军人工作融入国家发展战略、服务长三角一体化发展的问题，要求机关加强调研指导，给予大力支持。今天，三省一市专题召开座谈会，共同签署合作备忘录，这是深入贯彻落实习近平总书记重要指示和中央决策部署的一件大事，也是退役军人事务领域的一件好事，标志着长三角退役军人事务一体化发展迈出了关键一步。

我就推进长三角退役军人事务一体化发展谈三点意见，与大家作个交流。

一、深刻认识长三角退役军人事务一体化发展的重大意义

实施长三角一体化发展战略，是以习近平同志为核心的党中央作出的重大决策部署，是习近平总书记亲自谋划、亲自部署、亲自推动的重大战略举措。构建长三角退役军人事务一体化发展新格局，对于贯彻落实党中央、国务院区域协调发展战略部署，实践体现共建共治共享社会治理理念，推进退役军人事务领域治理体系和治理能力现代化，具有重要的现实意义。第一，这是退役军人工作服从服务国家发展战略的必然要求。推进长三角一体化发展，在国家经济社会发展全局中，具有十分重要的地位和作用。这一发展战略，涵盖经济、社会、科技、生态、民生各个领域，要求以一体化的思路打破行政壁垒、提高政策协同，促进高质量发展。退役军人工作担负着“服务经济社会发展、服务国防和军队建设”的重任，只有积极适应这一新的发展思路、发展理念，大力推进一体化发展，才能更好地融入国家发展战略，确保各项发展规划在退役军人事务领域得到贯彻落实；也只有大力推进一体化

发展，才能更好地发挥职能作用，引领激励广大退役军人投身经济社会建设，为推动长三角一体化发展担起退役军人工作的使命责任，作出退役军人工作的历史贡献。第二，这是做好新时代退役军人工作的现实需要。退役军人事务系统组建两年多来，在习近平总书记和党中央、国务院的坚强领导下，在军地各级的共同努力下，组织管理体系、工作运行体系、政策制度体系不断健全完善，一系列重点难点问题得到有效破解，各项工作平稳起步、良好开局，取得明显成效。但也要看到，退役军人工作局面稳定的基础还比较脆弱，历史遗留问题较多，政策制度碎片化的问题没有彻底解决，特别是区域发展不平衡的矛盾仍然存在，服务保障的整体水平还有待提高。长三角地区虽然经济社会发展水平较高，退役军人工作创新亮点多、发展基础好，但也同样存在发展不平衡、不协调等问题。推动退役军人事务区域一体化发展，有利于实现政策均衡、打破地域差异，有利于推动资源共享、提高服务质量，有利于形成比较优势、提供示范带动，提升退役军人工作协同发展水平。第三，这是推动退役军人工作高质量发展的重要抓手。长三角地区是我国经济最具活力、开放程度最高、创新能力最强的区域之一，也是城市精细治理的示范区，创新创业创造的活力区，区域一体化发展的先行区。近年来，长三角地区一体化进程全面提速，在社保、税务、金融、科创、教育等方面的合作不断深化，已经实现了60多项政务服务事项跨省通办。这一地区历来是改革开放的排头兵，20世纪八九十年代，安徽小岗村开创“家庭联产承包”责任制先河，江苏“华西村”建设新农村成为共同富裕的典范，浙江千军万马发展个体私营经济开创温州模式，上海浦东新区开发开放成为全国改革开放的前沿阵地。这些为实现退役军人工作高质量发展奠定了坚实基础。同时，长三角退役军人事务一体化发展，对于对接和服务国防和军队建设，特别是助力东部战区军事斗争准备有重大的军事意义。我们相信，长三角地区有显著的区位优势、雄厚的经济基础、完善的社会保障作基础，有坚强的组织领导、先进的发展理念、创新的管理手段作支撑，退役军人事务一体化发展一定能够厚植沃土、生根发芽、开花结果，开创高质量发展的“长三角模式”。

二、科学把握长三角退役军人事务一体化发展的总体要求

习近平总书记在推进长三角一体化发展座谈会上的重要讲话，深刻阐明了一体化发展的战略目标、重点领域和发展要求。中央印发的《长江三角洲区域一体化发展规划纲要》，对当前和今后一个时期的发展作出了全面部署。我们要深刻领会习近平总书记的战略擘画和中央的决策部署，准确把握推进退役军人事务一体化的总体要求。具体来讲：1.目标定位是，要在更高的起点上，贯彻习近平总书记关于退役军人工作重要论述，落实中央的方针政策和部署要求，维护军人军属合法权益，努力让退役军人成为全社会尊重的人，让军人成为全社会尊崇的职业。2.具体任务是要做到“5个更好”，通过一体化发展，更好地落实“两个服务”方针，为经济社会发展、国防和军队建设提供更加有力的支持；更好地服务退役军人，使他们方便快捷、优质高效地享受改革发展红利，获得感、幸福感、安全感进一步

提升；更好地加强教育管理，确保退役军人思想稳定、纯洁可靠，始终团结凝聚在党的旗帜下；更好地促进作用发挥，使广大退役军人真正成为全面建成小康社会的有生力量，成为国防动员、应急应战的骨干力量；更好地推动双拥工作，全力解决“三后”问题，充分激发广大官兵练兵备战的热情，服务部队集中精力备战打仗。3.工作重点是要做到“3个加强”，推进退役军人工作一体化发展，既要注重体制机制的系统整合，也要把握工作的着力重点，在一些重要领域下功夫求实效。要在加强党的全面领导上下功夫，通过建立健全一体化制度，推动各级党委退役军人事务工作领导机构建设得到进一步加强，决策议事协调作用得到更好发挥；要在加强服务管理质效上下功夫，充分发挥长三角地区资源优势，切实增强退役军人思想政治工作针对性实效性，不断提高退役军人移交安置、权益维护工作质量，努力拓宽教育培训、就业创业渠道，持续加大拥军优属、拥军支前力度，使各项重点工作在一体化发展中得到更好落实；要在加强基层基础基本建设上下功夫，带头学习推广新时代“枫桥经验”，相互取长补短，全面加强服务保障体系建设，不断提升工作队伍能力素质和作风形象，在提高一体化服务的精准度、一体化管理的规范化上见成效。4.基本路径是要做到“3个注重”，要注重政策措施联动，在落实好国家各项政策法规的基础上，加强区域协调沟通，出台重要政策措施相互通气形成共识，确保区域内各项政策内容相对统一、待遇标准相对平衡；要注重优质资源共享，既要共融共享退役军人事务系统内部资源，又要发挥长三角地区教育、科技、文化资源丰富，就业市场广阔、红色资源厚重的外部优势，为退役军人和其他优抚对象提供优质高效服务保障；要注重情况信息互通，积极构建“互联网+退役军人服务”综合服务管理平台，加快数据资源整合利用，实现退役军人事务“一网通办”“跨省通办”，同时加强区域信访信息预警管控，及时防范化解退役军人事务领域重大风险挑战。

三、着力提升长三角退役军人事务一体化发展的质量效益

推进退役军人事务区域一体化发展是一个新生事物，没有现成的经验可循，三省一市的做法是很好的实践探索。希望你们以合作备忘录的签署为起点，下大力抓好相关内容和制度的落实，并随着实践的不断深化拓展，进一步丰富合作内容，拓宽合作渠道，完善合作机制，走出一条创新共建、协同共进的退役军人工作新路子。一是要加强统筹谋划。按照国家规划，长三角一体化发展到2025年要取得实质性进展，2035年要达到较高水平。我们要按照统一部署，规划退役军人事务一体化发展的目标任务和方法路径，画好时间表、路线图，加强组织领导，细化任务分工，层层压实责任，确保一体化发展顺利起步、行稳致远。要结合编制退役军人事业发展“十四五”规划，把一体化发展的相关内容纳入进来通盘考虑，进一步加强规划统筹衔接，增强发展的整体性、协调性。要聚焦重点领域、重点对象，针对当前工作中存在的矛盾问题和薄弱环节，找到推进一体化发展的突破口和发力点，列出需要一体推进的事项清单，以钉钉子精神一项一项抓好落实。要注重加强理论研究，对一体化发展的重点课题、重大项目进行调研论证，增强

推动发展的科学性、前瞻性。二是要完善合作机制。充分发挥年度例会、日常联络等制度的作用，建立更加多元、务实高效的合作交流机制，探索创新区域合作的制度保障、利益协调、激励约束、资金分担和信息共享等机制，不断拓宽合作领域、完善合作方式。要勇于打破行政藩篱和地区界限，甘于贡献优质资源区域共享；善于借鉴推广区域内一切先进经验做法，把一地优势变为区域优势，推动退役军人工作水平整体提升。要处理好共性与个性的关系，既要打造一体化发展的共性底色，也要保持各地区发展的个性特色，还要尊重基层和群众的首创精神，鼓励探索实践，形成百花齐放、交相辉映的发展格局。要处理好政策的协调性与差异性的关系，三省一市经济社会发展状况不尽相同，制定政策措施既要寻求“最大公约数”，最大限度实现协调统一，也要尊重各地实际，做到统筹兼顾，防止因地区差异、“水土不服”而引发新的矛盾问题。三是要发挥示范效应。长三角退役军人事务一体化发展，具有很强的带动和示范效应，希望你们当好开路先锋，边干边摸索，边干边总结，形成更多可复制、可推广的创新成果，辐射带动全国退役军人工作高质量发展。在成功建立一体化模式的基础上，可考虑进一步延伸区域合作范围，推动合作发展向域外周边地区延伸，最大限度扩大一体化发展改革成果。在发挥区域优势的同时，也要加强与京津冀、粤港澳大湾区和其他省区市的交流合作，吸收各地所长，不断提高一体化发展的质量水平。

同志们，长三角退役军人事务一体化发展前景十分美好。希望三省一市坚决贯彻落实习近平总书记重要指示和党中央决策部署，深刻领悟贯彻总书记在深圳经济特区建立40周年庆祝大会上的重要讲话，不忘初心、牢记使命，以时不我待的精神投入改革发展的伟大实践，开拓创新、砥砺奋进、埋头苦干，努力开创长三角地区退役军人工作新局面，为实现全国退役军人工作高质量发展作出更大贡献。

充分发挥军地合力做好退役军人工作的政治优势
——在《退役军人保障法辅导读本》上的署名文章

方永祥

（2020年12月）

做好新时代退役军人工作，是军队和地方的共同责任。《中华人民共和国退役军人保障法》（以下简称《退役军人保障法》）在总则中明确规定，“中央和国家有关机关、中央军事委员会有关部门、地方各级有关机关应当在各自职责范围内做好退役军人保障工作”“军队各级负责退役军人有关工作的部门与县级以上人民政府退役军人工作主管部门应当密切配合，做好退役军人保障工作”。贯彻施行《退役军人保障法》，必须站在政治和全局的高度，认识军地合力做好退役军人工作的特殊重要性，在实践中做好军地合力这篇大文章。

一、深刻认识军地合力做好退役军人工作的重大意义

习近平总书记强调指出，最伟大的力量是同心合力；军地合力，军民同心，我们就一定能实现“两个一百年”奋斗目标、实现中华民族伟大复兴的中国梦，共同创造更加美好的未来。这一重要论述，深刻阐明了发挥军地合力对推进党的事业的重要意义，我们必须自觉贯彻这一重要论述，用于指导做好退役军人工作的具体实践。

（一）军地合力做好退役军人工作是我党我军优良传统和政治优势的集中体现

新民主主义革命时期，我们党从红军初创开始就确立了官兵一致、军民一致原则，要求红军部队与根据地政权和人民群众团结一致、血肉相连。1943年初，党中央、毛泽东同志及时推广陕甘宁边区“拥军优抗、拥政爱民”运动做法，军地间探索建立定期召开会议制度，及时研究解决问题。解放战争中，人民群众拥军热情高涨，仅淮海战役中就有支前民工543万人，陈毅元帅曾讲道：“淮海战役的胜利是人民群众用小车推出来的。”社会主义革命和建设时期，我国退役军人工作进入制度化规范化发展阶段，中央通过成立复员委员会、国务院退伍军人和军队离退休干部安置领导小组等领导机构或建立“联席会议”等制度机制，加强统一领导，军地共同参与，密切团结协作，有力服务保障了志愿军抗美援朝出国作战、军队大幅精简整编等重大任务，一批批退役军人充实到各行各业中，发挥了重要作用。改革开放以来，党的工作重心转移到经济

建设上来，军地聚焦服务经济社会发展、服务国防和军队建设，合力推动退役军人工作深入全面开展，加速法规、政策、理论、实践探索完善，《国防法》《兵役法》等对退役军人权益保障作了明确规定，《军人抚恤优待条例》《退役士兵安置条例》等相继出台，广大退役军人在改革开放和社会主义现代化建设中开拓进取，发挥了应有作用。党的十八大以来，习近平总书记从实现中国梦、强军梦的战略高度，立足国际战略格局和国家安全形势的深刻变化，把退役军人工作同建设巩固国防和强大人民军队一体谋划推进，亲自谋划设计、亲自部署推动组建退役军人工作组织领导和管理保障机构。各级按照中央统一部署，大力加强退役军人工作组织管理体系、工作运行体系、政策制度体系建设，形成了在党的集中统一领导下，军地各有关部门分工明确、协调有方、配合有力的工作新格局，退役军人工作进入高质量发展新阶段。2019年11月，军地有关部门召开宁夏军地合力做退役军人工作经验推广交流会，并就军地合力推动退役军人有关工作作出部署。

（二）增强军地合力是做好退役军人工作的内在要求

退役军人工作一头连着军队、一头连着地方，坚持退役军人工作服务经济社会发展、服务国防和军队建设的“两个服务”方针，是军地双方的共同责任。一方面，军队为保持和提升战斗力水平，需要保持正常的新陈代谢，部分官兵定期退出现役是一种常态。做好退役军人工作，维护军人军属和退役军人合法权益，解决好现役军人后路后院后代问题，服务保障好退役军人，有利于稳军心、固长城，有利于营造全社会关心关爱和尊崇军人的浓厚氛围，有利于影响和激励更多优秀适龄青年从军报国。同时，国防和军队建设客观要求配套加强战时拥军支前、优抚安置、烈士褒扬等政策措施研究储备，确保遇有情况退役军人工作能快速反应、跟得上去、保障得好。另一方面，广大退役军人经受过党和军队的严格教育训练及重大任务磨炼考验，是社会主义现代化建设的重要力量，是服务经济社会发展的人力资源富矿。军地合力推动广大退役军人从军事人力资源向经济社会建设人才资源转化，确保广大退役军人妥善安置、合理使用、人尽其才、各得其所，积极性主动性创造性得到充分调动，才能更好地引领和服务保障广大退役军人在新的岗位和奋斗中创造幸福生活，为经济社会发展再建新功。以上两个方面，相辅相成、不可分割，统一于实现中国梦强军梦的伟大实践，需要军地合力推动、同心落实。

（三）增强军地合力是加强新时代退役军人工作的现实需要

新时代退役军人工作作为中国特色社会主义伟大事业的重要组成部分，必须适应全面深化改革新形势，紧跟国家治理体系和治理能力现代化新步伐，对接深化国防和军队改革新进程，加快构建退役军人工作新格局。坚持和完善中国特色社会主义制度、推进国家治理体系和治理能力现代化，要求军地共同探索完善合力做好退役军人工作的新制度机制。党的十九届四中、五中全会都明确指出，要“健全退役军人工作体系和保障制度”。健全军地合力做退役军人工作制度机制，是推进国家治理体系和治理能力现代化的有机组成部分，推进组建退役军人管理保障机构这项跨军地改革走深走实，就要将军地合力这一根本要求贯穿建立健全退役军人事务组织管理体系、工作运行体系、政策制度体系各领域和全过程，在党的坚强领导下，充分凝聚军地各级合力，推动实现党委领导、政府主导、军队协力、社会参与的新时代退役军人工作格局。实现党在新时代的强军目标，赋予军地合力做好退役军人工作新的使命重任。党的十九大报告强调，“力争到二〇三五年基本实现国防和军队现代化，到本世纪中叶把人民军队全面建成世界一流军队”。退役军人工作直接服务国防和军队建设，面对党在新时代强军目标的新部署，只有深度对接深化国防和军队改革新要求，主动承接军队练兵备战打仗对退役军人工作的服务保障需求，无缝衔接做好军事政策制度改革的“下游”保障配套工作，积极稳妥合力破解困扰部队的矛盾问题，才能为部队集中精力抓备战打仗解压减负，为强军兴军提供有力支撑。回应好广大退役军人和其他优抚对象对美好生活的向往，要求军地合力把退役军人相关工作做得更加扎实有效。党的十九大报告强调，“组建退役军人管理保障机构，维护军人军属合法权益，让军人成为全社会尊崇的职业”。军人军属和退役军人为国防事业做出了牺牲奉献，理应受到尊崇优待。围绕让退役军人成为全社会尊重的人、让军人成为全社会尊崇的职业的工作目标，要求军地各级共同贯彻新发展理念，坚持以人民为中心的发展思想，更好地维护好军人军属和退役军人的合法权益，在更宽领域、更高水平合力推进服务保障工作，更好实现广大退役军人和其他优抚对象对美好生活的向往，为实现中国梦强军梦做出应有贡献。

二、科学把握军地合力推进退役军人工作的内涵要义

军地合力推进退役军人工作是一个重大理论和现实课题，内涵十分丰富，涵盖了党、政、军、民等各方的合力，要科学把握其内在机理，紧紧扭住“深化思想认识—加强组织领导—完善政策法规—狠抓工作实效”四个关键环节和核心要害，同心合力、同频共振、持久用力。

（一）深化思想认识突出同心合力

军地合力推进退役军人工作，首先要从思想根子上筑牢军地合力的思想基础和情感共识。要深入学习贯彻习近平新时代中国特色社会主义思想，学习贯彻习近平强军思想和习近平总书记关于退役军人工作重要论述，深刻领会习近平总书记和党中央组建退役军人管理保障机构的战略意图，真正认清做好退役军人工作是国之大事、民之关切，是增强“四个意识”、坚定“四个自信”、做到“两个维护”的具体体现。要着眼维护国家安全、政治安全、军事安全、社会稳定和改革发展，自觉从政治和全局上筹划和开展退役军人相关工作，推动退役军人工作在政治、经济、社会和军事效益上产生更大叠加效应。“志合者，不以山海为远”。当前，学习宣传贯彻《退役军人保障法》，需要军地各方不断深化认识、凝聚共识，主动防止和克服认识偏差，防止把做好退役军人工作当作单纯业务、当作退役军人事务单个部门的工作、当作额外负担，真正强

化思想合力，带着强烈责任和深厚感情，携手推进各项工作落实。

（二）加强组织领导突出统合有力

《退役军人保障法》的公布施行，要求军地各方进一步运用法治思维和法治方式，深化军地合力推进退役军人工作的探索创新，不断增强军地合力推进退役军人工作的系统性、规范性、协调性。坚持在法治轨道上积极稳妥推进军地合力各项工作，自觉把有利于加强党对退役军人工作的领导、有利于经济社会发展以及国防和军队建设、有利于提升退役军人和其他优抚对象的获得感幸福感荣誉感，作为筹划决策和检验评估工作的重要依据。着力建强相关工作领导及办事机构，探索推进军地合署办公，强化专业精干、顺畅运转、务实高效的制度机制和队伍力量。加强与党委议军、军民融合、国防动员、双拥共建、信访联席等制度机制衔接，加强与军地各相关单位、部门和社会力量的沟通联系，建立健全军地合力的长效机制和工作平台，调动激发军地合力的主动性、创造性，实现集智聚力共同做好退役军人工作的生动局面。

（三）完善政策法规突出同向发力

贯彻落实《退役军人保障法》、做好退役军人工作，需要制定和完善一系列配套政策制度。着眼有效释放政策制度效能，主动对接政治建军、改革强军、科技强军、人才强军、依法治军要求，制定设计好衔接军事政策制度改革的退役军人工作政策制度“工具箱”，细化完善系统配套方案措施。主动对接干部人事制度、住房、医疗、就业创业等相关领域改革，尽可能缩短政策变现时间差，努力让服务对象更好更快享受改革发展红利。对军地互涉的重要法规、重大政策，共同开展调研、跟踪督导问效，形成法规政策落实工作闭环。积极推进退役军人工作政策制度“立改废释备”，把“厘清过去、做好当前、开创未来”贯通起来，前瞻思考、全局谋划、战略布局、整体推进，着力增强军地合力贯彻《退役军人保障法》各项政策措施的系统性、针对性和可操作性。

（四）狠抓工作实效突出齐心协力

一分部署，九分落实。军地合力做退役军人工作必须坚持以钉钉子精神抓落实，坚持问题导向、目标导向、结果导向，在联动、联合、联手上下功夫。联动会商推进，在处理需要军地合力推进的各项工作中，始终做到多算政治账、大局账、国防账、安全账，敢于触及深层次矛盾问题，心往一处想、劲往一处使，朝着事业要前进、矛盾要化解的共同目标想办法、找对策、多商量、同推进。联合调查研究，围绕出台政策、破解难题，共同深入部队、深入基层、深入军人军属和退役军人中问计寻策，共同协调争取有关部门和单位的支持，在联合调研、协调对接中增强工作实效。联手破解难题，把军地同忧、责任共担、交叉互跨的复杂棘手问题作为切入点和突破口，尽力而为、量力而行，积极回应好退役军人和其他优抚对象的所急所忧所盼，努力把难题清单转化为军地合力“成绩单”。

三、牢牢扭住军地合力推进退役军人工作的着力重点

军地合力体现在退役军人工作的各领域、全

过程，应紧贴新时代退役军人工作的目标任务，始终把握协调配合的着力重点，确保军地相关工作有机衔接、深度融合。

（一）在加强党的领导上下功夫

退役军人工作政治性、政策性较强，要坚持党对军地合力推进退役军人工作的全面领导，充分发挥党的理论优势、政治优势、组织优势、制度优势、体制优势和群众工作优势，统筹各方资源，狠抓工作落实，确保党总揽工作全局、协调军地各方。要强化各级党委退役军人事务工作领导机构作用发挥，健全完善军地自上而下强化党对退役军人工作领导的制度机制，压实各级做好退役军人工作的政治责任，把党的领导贯彻到退役军人工作的各方面全过程，确保军地合力推进退役军人工作的正确方向，确保中央决策部署要求不折不扣落到实处。要大力弘扬军政军民团结优良传统，加强军地横向协调协作、纵向贯通衔接，汇聚军地各方资源力量，形成统一领导、各负其责、协同推进、齐抓共管的工作格局。

（二）在聚焦“两个服务”上下功夫

军地合力推进退役军人工作，必须聚焦服务经济社会发展、服务国防和军队建设“两个服务”的方针，切实突出重点、破解难题、确保实效。抓好配套政策制度。持续推动《退役军人保障法》贯彻落实，加快推进《退役军人安置条例》《军人抚恤优待条例》《烈士褒扬条例》等制定修订工作。鼓励支持军地各级结合经济社会发展水平等实际，因地制宜制定相应实施意见。破解重大现实课题。探索构建军人服役期间所做贡献的评估指标体系，联动研究推动退役军人荣誉制度体系建设，深入研究论证军人公墓建设等现实课题，推动军地职业技能资格资质互认，健全完善解决军人后顾之忧的刚性制度规定。更好服务备战打仗。跟进服务部队调整组建、移防换防、演习训练，在训练场地建设、训练资源保障、训练伤残抚恤、演训任务矛盾化解等方面给予有力支持，落实好家属随军随调、军人子女入托入学等优抚优待政策。进一步发扬拥军支前优良传统，探索完善相关方案措施，构建军地衔接、平战一体、转换有序的工作运行机制。着力化解遗留问题。抓紧破解部分离退休军人和伤病残士兵滞留部队问题，依法依规、积极稳妥解决好住房保障、医疗待遇等问题，探索完善制度化安置政策制度机制。进一步精准精细做好“参战、参加核试验”退役军人优抚优待工作，健全落实参战退役军人特别优待机制。

（三）在实现“尊崇尊重”上下功夫

融合军地资源优势，维护军人军属和退役军人合法权益，让退役军人成为全社会尊重的人，让军人成为全社会尊崇的职业。弘扬英烈精神。自觉用党领导创造的革命文化激励人民，深入贯彻落实《英雄烈士保护法》，合力用心用情讲好革命故事、英雄和烈士故事，坚定唱响主旋律、弘扬正能量。积极推动英烈宣传进平台、进课堂，加强对青少年革命传统教育，确保世代传承红色基因、守护英雄精神。维护合法权益。运用法治思维、法治方式维护退役军人合法权益，带着感情和责任做工作，坚持与经济发展相协调、与社会进步相适应，制定体现尊崇军人、尊重退役军人的政策举措，加强军地司法、信访等部门协调联动，依法有序维护合法权益，主动及时为困难退役军人提供援助，不断提升广大退役军人的幸福指数。加强典型宣传。深入宣传退役军人中的老英雄、道德楷模、行业标兵、大国工匠、创业模范等先进典型，展示退役军人在各条战线的良好精神风貌，使之成为培育和践行社会主义核心价值观的生动教材。常态化组织开展“最美退役军人”宣传、“模范退役军人”表彰等活动，在党报党刊开设退役军人宣传专栏，用好互联网平台，讲好退役军人故事。制度化开展全国双拥模范城（县）、模范单位和模范个人表彰宣传。强化荣誉激励。邀请模范退役军人参加党和国家以及地方重大庆典、纪念活动，落实好符合条件的退役军人名录和事迹编辑录入地方志规定，组织实施好重大节日走访慰问、退役欢迎仪式、送立功喜报、悬挂光荣牌等工作，全面营造尊崇军人、尊重退役军人的社会氛围。

（四）在发挥退役军人作用上下功夫

军地合力推动退役军人由军事人力资源向经济社会发展重要力量转化，服务保障广大退役军人在中国特色社会主义事业中作出更大贡献。激励和引导广大退役军人成为巩固党长期执政的可靠力量。运用各种有效平台和方式，组织广大退役军人深入学习贯彻习近平新时代中国特色社会主义思想，不断增强“四个意识”、坚定“四个自信”、做到“两个维护”，搭建军地红色资源共育平台，创新丰富军地联教载体，教育引导广大退役军人永远听党话、跟党走。强化退役军人党员作用发挥，搞好针对性培养培训，鼓励支持符合条件的优秀退役军人选聘为党的基层组织、社区和村专职工作人员。激励和引导广大退役军人成为经济社会发展的重要力量。进一步强化刚性措施、拓展安置渠道，军地协作优化退役移交安置程序，探索完善“直通车”式安置办法，鼓励支持退役军人参加边疆建设工作。进一步增强教育培训针对性有效性，落实高职院校扩招和职业技能提升相关行动计划，组织全员适应性培训，上好回归社会的第一课，下大力提高就业技能培训覆盖率、资质证书获取率和稳定就业率。在基层公务员考录、军队文职人员和国防教育机构岗位招考等时机优先选用符合条件的退役军人。激励和引导广大退役军人成为应急应战的后备力量。进一步深入挖掘退役军人军事潜力，力争把具有相关专业技能和受训经历的退役军人底数掌握清，优先编入预备役和基干民兵队伍，践行“若有战、召必回”的誓言。持续激励广大退役军人珍惜荣誉、不辱使命，在基层治理、乡村振兴和抗洪防灾抢险中继续贡献力量。

四、贯彻落实军地合力推进退役军人工作的基本要求

适应新形势、履行新使命，必须贯彻落实好军地合力推进退役军人工作的基本要求，确保军地合力行稳致远、取得更大成效。

（一）压实合力责任

在党的集中统一领导下，各级党委退役军人事务工作领导机构要深入学习领会习近平总书记关于退役军人工作重要论述，加强军地协力做工作的统筹协调和督促落实，推动军地“一条心”“一盘棋”。各级退役军人事务部门要切实负起具体落实的主体责任，充分发挥政治机关、行政机关、服务管理机关作用，深入一线、面向

军人军属和退役军人抓落实，及时研究新情况、解决新问题，协调推动军地相关部门密切协作、共同发力。注重发挥国防动员系统在合力推动退役军人有关工作中的桥梁纽带作用，协同辖区党委政府和驻军等各方力量，共同做好退役军人相关工作。强化社会力量有益补充作用，统筹发动新经济组织、新社会组织、志愿者服务等，更加精准规范有序服务军人军属和退役军人。

（二）落实合力机制

着眼有力有效汇聚军地推进退役军人工作合力，充分统筹军地力量、盘活军地资源、激发军地潜能，健全完善工作运转机制。坚持定期会商机制，常抓常议、及时研商退役军人相关工作。落实军地协调配合任务清单机制，扭住重点任务，建立台账、定期对账销账，逐条逐项跟进抓好落实。坚持常态化联系退役军人和其他优抚对象机制，深入广大军人军属和退役军人中，开展针对性调研，掌握军情民意，检验政策实效，务实解决难题。落实督促检查机制，军地联合加强对合力推进退役军人相关工作的效果评估，探索与评先评优工作挂钩，强化相关单位和个人抓落实的责任，提高解决问题的本领。

（三）培育合力文化

军地合力做好退役军人工作，既要靠制度保障、靠组织推动，也要靠文化凝聚。深入广泛宣传以习近平同志为核心的党中央对退役军人工作的高度重视、对退役军人的关心关爱，不断凝聚军地合力做好退役军人工作的政治共识。充分运用军地各类新闻媒体，加强军地合力做退役军人工作宣传，丰富拓展军地合力做退役军人工作的经验做法，通报表彰军地做退役军人工作的先进集体和个人，共同打造尊崇军人、尊重退役军人的特色文化品牌、主题文艺作品和公益广告，让“爱我人民爱我军”深深扎根、不断开花结果，为实现中国梦强军梦持续凝聚磅礴力量。

在退役军人事务部2020年全面从严治党暨党风廉政建设工作会议上的讲话

林国耀

（2020年4月1日）

中央纪委四次全会结束后，部党组第一时间就召开党组会议传达学习了会议精神。最近一段时间，部党组坚决贯彻习近平总书记重要指示批示和党中央决策部署，统筹推进疫情防控和业务工作，切实强化党组织的政治优势、组织优势，各项工作有序有效推进。今天，召开部全面从严治党暨党风廉政建设工作会议，深入学习贯彻中央纪委四次全会精神，充分体现了部党组高度的政治自觉和强烈的责任意识、担当精神。绍骋同志将代表部党组对今年部内全面从严治党和党风廉政建设作出部署，要认真抓好落实。下面，我讲三点意见。

一、深刻领会中央纪委四次全会精神，进一步增强全面从严治党的自觉性和责任感

中央纪委四次全会，是在决胜全面建成小康社会、决战脱贫攻坚的关键时刻召开的一次十分重要的会议。习近平总书记在会上的重要讲话，站在实现“两个一百年”奋斗目标的历史交汇点上，深刻总结了新时代全面从严治党的历史性成就，深刻阐释了我们党实现自我革命的成功道路、有效制度，深刻回答了管党治党必须“坚持和巩固什么、完善和发展什么”的重大问题，对以全面从严治党新成效推进国家治理体系和治理能力现代化作出了战略部署，为当前和今后一个时期全面从严治党和党风廉政建设工作提供了基本遵循。赵乐际同志代表十九届中央纪委常委会作的工作报告，紧扣“坚持和完善党和国家监督体系、为全面建成小康社会提供坚强保障”这一主题，就坚持和完善党和国家监督体系、推动新时代纪检监察工作高质量发展提出了明确要求。我们一定要深入学习、深刻领会、坚决贯彻，切实把思想和行动统一到党中央决策部署上来。重点把握以下三个方面：

（一）深刻领会长期执政条件下我们党实现自我革命的成功道路和有效制度，自觉长期坚持并不断巩固发展

习近平总书记在中央纪委四次全会上指出，党的十八大以来，我们以前所未有的勇气和定力

推进全面从严治党，极大增强自我净化、自我完善、自我革新、自我提高能力，探索出一条长期执政条件下解决自身问题、跳出历史周期率的成功道路，构建起一套行之有效的权力监督制度和执纪执法体系，这条道路、这套制度必须长期坚持并不断巩固发展。

关于“成功道路”“有效制度”，习近平总书记概括了“四个坚定不移”“四个坚持”。一是坚定不移从严管党治党，坚持以伟大自我革命引领伟大社会革命。二是坚定不移用党的创新理论武装全党，坚持以科学理论引领全党理想信念。三是坚定不移维护党中央权威，坚持以“两个维护”引领全党团结统一。四是坚定不移推进党风廉政建设，坚持以正风肃纪反腐凝聚党心军心民心。

习近平总书记指出，全面从严治党是新时代党治国理政的一个鲜明特征，既是政治保障，也是政治引领。这“四个坚定不移”“四个坚持”，是党的十八大以来全面从严治党实践探索的经验总结，是全面从严治党取得的历史性、开创性成就的集中体现。加强自身监督、实现党自我革命，必须牢牢把握“四个坚定不移”，坚决做到“四个坚持”，推动全面从严治党持续向纵深发展。

（二）深刻领会把严的主基调长期坚持下去的总要求，认真贯彻中央纪委四次全会作出的全面从严治党各项部署

中央纪委四次全会指出，过去一年，在以习近平同志为核心的党中央坚强领导下，纪检监察工作坚定稳妥、扎实有效，在高质量发展上取得新的成绩，全面从严治党取得新的战略性成果，反腐败斗争压倒性胜利不断巩固拓展。同时全会认为，当前反腐败斗争形势依然严峻复杂，全面从严治党永远在路上，必须把“严”的主基调长期坚持下去，一以贯之、坚定不移全面从严治党。

习近平总书记就以全面从严治党新成效推进国家治理体系和治理能力现代化作出部署，对纪检监察工作贯彻落实十九届四中全会精神提出六项要求，赵乐际同志对贯彻落实习近平总书记重要讲话精神、做好今年纪检监察工作作出八项具体部署，我们要深入学习、深刻领会、全面贯彻。结合部里实际，把“严”的主基调长期坚持下去，推进全面从严治党向纵深发展，要重点把握五个方面：

一是坚持思想教育从严，把“不忘初心、牢记使命”作为加强党的建设的永恒课题和全体党员、干部的终身课题，持之以恒用习近平新时代中国特色社会主义思想武装头脑、指导实践、推动工作。二是坚持政治监督从严，聚焦落实“两个维护”这一根本任务，做到党中央重大决策部署到哪里、政治监督就跟进到哪里，把习近平总书记重要指示批示和党中央决策部署不折不扣落到实处。三是坚持作风建设从严，深化治理贯彻党中央决策部署只表态不落实、维护群众利益不担当不作为、困扰基层的形式主义官僚主义等问题，严查享乐、奢靡问题，以优良作风保障各项工作高质量发展。四是坚持日常监督从严，紧盯“关键少数”、关键岗位，围绕权力运行各个环节，强化对权力运行的制约和监督，实事求是运用“四种形态”，完善发现问题、纠正偏差、精准问责有效机制。五是坚持反腐惩恶从严，持续营造和维护风清气正的政治生态。对党的十八大

以来不收敛不收手，严重阻碍党的理论和路线方针政策贯彻执行、严重损害党的执政根基的腐败问题从严查处。

（三）深刻领会习近平总书记对各级领导干部提出的要求，从知行合一的高度修身律己、严以用权、廉洁齐家

一是必须正确行使权力。强调各级领导干部手中的权力都是党的执政权的一部分，必须始终用来为人民谋幸福，确保公正用权、依法用权、廉洁用权。二是必须坚持求真务实。强调党员干部要坚决杜绝形形色色的形式主义、官僚主义，要深入基层、深入群众，真抓实干、尽心尽责。三是严格按制度履职干事。强调要严格按照制度履职尽责、善于运用制度谋事干事，既要防止滥用权力的渎职行为，也要杜绝不用弃用权力的失职行为。同时，要同违反制度的行为作坚决斗争。对这些要求，每个领导干部都必须时刻铭记在心，真正把自己摆进去，时时对照检查、反思反省，从知行合一的高度修身律己、严以用权、廉洁齐家，永葆清正廉洁的政治本色。

二、科学研判形势，以全面从严治党新成效推动退役军人工作开拓新局面

2019年，部内全面从严治党和党风廉政建设与退役军人事务工作一样，开局好、起步稳，打下了高质量发展的坚实基础。部党组政治坚强，切实增强“四个意识”、坚定“四个自信”、做到“两个维护”，扛起全面从严治党主体责任，把管党治党作为基础工程，坚持初始即严、一严到底，不断加强党风廉政建设和反腐败工作，努力营造和维护积极向上、干事创业、风清气正的政治生态。各级党员干部特别是领导干部对“两个责任”的认识不断深化，纪律和规矩意识不断增强，良好的部风正在形成。

同时，也要看到，退役军人事务系统从上到下组建时间都不长，机构新，队伍新，职能和业务不断拓展，总体上还处在人员磨合和业务融合过程中。虽然系统上下历史“包袱”少，但决不能盲目乐观。漠视风险，就是最大的风险。看不到问题，本身就是问题。要始终保持头脑清醒，牢固树立风险意识和底线思维，立足党和国家工作全局，立足新时代全面从严治党新形势，全面审视我们的业务、队伍和纪律、作风状况。驻部纪检监察组和部党组坚持每半年就部内全面从严治党和党风廉政建设工作会商一次，一项重要内容就是分析形势、查找存在的问题。对标对表党中央全面从严治党要求和退役军人事业发展需要，还存在一些问题和不足，决不能掉以轻心。

贯彻落实中央纪委四次全会部署，做好今年部内全面从严治党和党风廉政建设各项工作，要一以贯之深入学习贯彻习近平新时代中国特色社会主义思想，一以贯之坚决做到“两个维护”，一以贯之贯彻落实全面从严治党方针和要求，坚持“不敢腐、不能腐、不想腐”一体推进，坚持全面从严、一严到底，以全面从严治党新成效为推进退役军人事务领域治理体系和治理能力现代化、开创退役军人事务工作新局面提供坚强保障。结合部里实际，要突出抓好以下四个方面：

第一，要进一步提升政治站位，坚决贯彻落实习近平总书记重要指示批示和党中央重大决策部署。退役军人事务部作为中央国家机关的组成部门，身处“两个维护”的第一方阵，必须带

头增强“四个意识”、坚定“四个自信”、做到“两个维护”，自觉在思想上政治上行动上同以习近平同志为核心的党中央保持高度一致。部党组已对今年工作作出了全面部署，提出了一系列重点任务，这是落实习近平总书记重要指示批示和党中央重大决策部署的具体化。要把抓落实作为开展工作的主要方式，紧紧扭住工作中的突出矛盾和问题，切实把各项任务一项一项抓好。

当前一项重大政治任务，就是深入学习贯彻党的十九届四中全会精神，对于退役军人工作来说，重中之重是推进退役军人事务领域治理体系和治理能力现代化。这次新冠肺炎疫情是一次危机，也是一次大考，既是对国家治理体系和治理能力的考验，也是对退役军人事务领域治理体系和治理能力的考验。退役军人事务领域是一个整体、一个系统，如何才能实现有效治理，是部机关和各级退役军人事务部门的共同课题。习近平总书记对退役军人工作作了一系列重要论述和指示批示，党中央出台了一系列重大政策和决策部署，为推进退役军人事务领域治理体系和治理能力现代化指明了方向，提供了根本遵循。部机关是全系统的“司令部”，要当好“火车头”，坚决贯彻落实习近平总书记重要指示批示，着力在完善退役军人工作制度体系上下功夫，进一步建立健全退役军人事务工作组织管理体系、工作运行体系、政策制度体系；着力在强化制度执行上下功夫，围绕退役军人移交安置、就业创业、优待抚恤、权益维护、褒扬激励等方面强化制度执行力；着力在增强治理能力上下功夫，推动制度优势转化为治理效能。要认真解决退役军人反映强烈、损害退役军人利益的突出问题，把维护合法权益和困难帮扶援助结合起来，把脱贫攻坚任务落实到位。

第二，要敢管敢严、长管长严，把从严教育管理监督干部的要求落到实处。部里同志来自多个单位，各自的工作习惯、作风、纪律规矩意识各不相同、参差不齐，必须坚持从严约束管理。建部以来，在对干部的教育管理上制定了一系列制度，今年要在严格执行上下功夫，确保制度刚性。要在强化监督上下功夫，从部党组到各部门各单位的主要负责同志、分管领导、各处负责人，都要敢于“瞪眼”“黑脸”，敢于坚持原则，注重抓早抓小、防微杜渐，让监督常在、形成常态，让干部习惯在严格监督和约束下工作生活。要在进一步完善管党治党制度上下功夫，结合部里实际，从教育、监督、管理、问责等方面进一步建立健全制度机制，让主体责任、监督责任顺畅运转、贯通协同、形成合力。要建立健全巡视制度，探索开展内部巡视工作。要深入贯彻《中国共产党党内监督条例》，统筹监督力量和资源，支持保障机关纪委、各单位纪委履行监督职责、严格执纪。

第三，要进一步强化风险意识，不断深化业务和廉政风险防控。退役军人事务领域风险多、情况复杂，其中一个突出特点，就是业务风险与廉政风险相伴相生。一定要强化忧患意识和底线思维，时刻紧绷防范风险这根弦。同时，要做实防控工作。一方面，退役军人工作基础还不够坚实，要更加注重源头治理、系统治理、依法治理、综合治理，在这些方面多想办法，努力化解各种风险。另一方面，要深化廉政风险防控，深入梳理廉政风险点，及时制定完善防控措施，健全分事行权、分岗设权、分级授权、轮岗交流、政务公开等制度，强化权力监督制约，让权力运行有监督、受约束。

第四，要进一步增强斗争精神，持之以恒正风肃纪反腐。目前部内还没有发现严重违纪违法问题，但也不能有丝毫松懈。对我们来讲，全面从严治党的要求是一样的，有贪必肃、有腐必惩的决心是坚定的，必须对违纪违法“零容忍”，持之以恒正风肃纪。一是必须旗帜鲜明抵制歪风邪气。各级党员干部在大是大非面前、在重大原则问题上要旗帜鲜明、立场坚定，决不能拿原则做交易。面对歪风邪气要敢于发声，敢于站出来说话，敢于表明自己的态度，不能沉默失语，更不能无动于衷、退避三舍。对违反纪律等不良行为要坚决斗争、坚决纠正。二是要坚持正确选人用人导向。要切实严格执行《党政领导干部选拔任用工作条例》，严格选人用人标准，加强对选人用人工作的领导，坚持“信念坚定、为民服务、勤政务实、敢于担当、清正廉洁”好干部标准和忠诚干净担当要求，严把政治关、品德关、能力关、作风关、廉洁关。要加强在斗争一线考察识别干部，对表现突出的干部要大力褒奖、大胆使用，对不担当不作为、失职渎职的要严肃问责。三是部内专兼职纪检干部要忠实履职尽责。坚守职责定位，坚持执纪必严、违纪必究，坚持纪在法前、纪严于法，强化监督、铁面执纪、严肃问责。要实事求是用好“四种形态”，坚持抓小不放松、抓早不放手、抓快不放缓，持之以恒正风肃纪，使铁的纪律成为党员干部的日常习惯和自觉遵循。

习近平总书记在中央纪委四次全会上强调，要深刻把握党风廉政建设规律，一体推进不敢腐、不能腐、不想腐。这不仅是反腐败斗争的基本方针，也是新时代全面从严治党的重要方略。不敢腐、不能腐、不想腐是相互依存、相互促进的有机整体。“不敢”是前提，强调以严格执纪执法增强制度刚性，使党员、干部心生敬畏；“不能”是关键，强调科学配置权力，建立并实行完备的制度、严格的监督；“不想”是根本，强调思想教育，夯实思想根基。部里目前整体仍处于打基础、厚根基的阶段，要认真落实一体推进“三不”这一重要方略，落实把“严”的主基调长期坚持下去的要求，做到教育从严、监督从严、执纪从严，织密制度的笼子，强化对权力运行的制约和监督，使党员、干部因敬畏而“不敢”、因制度而“不能”、因觉悟而“不想”。

三、认真抓好落实，推动部内全面从严治党和党风廉政建设不断深入

习近平总书记强调，“一分部署，九分落实”。抓落实是实现工作高质量发展的前提保证，体现的是党员、干部的斗争精神和担当作为，要把抓落实放在重要位置，采取有力措施，确保各项工作落地见效。

第一，发挥“头雁效应”带头落实。全面从严治党，党委负主体责任，纪委负监督责任，既是党中央的明确要求，也是党内法规的刚性规定。近日，中共中央办公厅印发了《党委（党组）落实全面从严治党主体责任规定》，围绕选好用好干部、纠正损害群众利益问题、从源头上防治腐败、支持执纪执法机关工作、主要负责同志做好廉洁从政表率等进一步明确党委（党组）的11项具体责任。部内各级党组织首先是部党组和各级领导干部，要切实学习好贯彻好落实好。主要负责人作为全面从严治党第一责任人，要带头落

实管党治党的政治任务，带头完成党中央、中央纪委国家监委全面从严治党和党风廉政建设工作安排，既要挂帅又要出征，做到重要工作亲自部署、重大问题亲自过问、重点环节亲自协调、重要案件亲自督办。要强化守土有责、守土担责、守土尽责的政治担当，进一步明确、细化全面从严治党任务清单和工作举措，层层传导压力，管好班子、带好队伍、抓好落实，支持、指导和督促领导班子其他成员、下级党委书记履行全面从严治党责任，发现问题及时提醒纠正。领导班子其他成员要根据工作分工对职责范围内的全面从严治党工作负重要领导责任，按照“一岗双责”要求，领导、检查、督促分管部门和单位全面从严治党工作，对分管部门和单位党员干部从严进行教育管理监督。各级领导干部都要管好自己，以身作则、率先垂范，当好廉洁从政的表率；管好家人和身边的工作人员，严格教育、严格约束，督促他们遵纪守法，严防出现“裙带腐败”“衙内腐败”。

第二，弘扬优良作风促进落实。习近平总书记在统筹推进疫情防控和经济社会发展工作部署会议重要讲话中强调，“干部政治上过不过得硬，就要看关键时刻靠不靠得住”“关键时刻冲得上去、危难关头豁得出来，才是真正的共产党人”。这是对党员干部的要求，也是我们党的优良作风。抓全面从严治党必须实打实、硬碰硬，敢于斗争、真抓实干，坚决防止弄虚作假、阳奉阴违等问题，防止推诿扯皮、消极应付等形式主义官僚主义问题。建部即将满两年，每一个单位和部门、每一名同志都要回头审视，是否存在对党中央重大决策部署不敬畏、不在乎，表态多调门高、行动少落实差，不担当不作为、敷衍塞责等问题，有没有把说了当做了、把做了当做好了的现象，是不是只满足于开会、讲话、提要求，习惯于开会部署、听取汇报、组织检查，有没有真正严督细考、跟踪问效、具体管用的招数。要深化“作风建设年”活动，坚决贯彻落实中央八项规定精神，驰而不息纠正“四风”特别是要坚决克服形式主义、官僚主义，以优良的作风促进各项任务落实落细。

第三，加强贯通协调确保落实。习近平总书记强调，推动主体责任和监督责任一贯到底，把负责、守责、尽责体现在每个党组织、每个岗位上。抓好今年各项任务落实，部内各级党组织和领导干部都要强化政治担当，积极主动作为，做到责任贯通、工作协调、运转顺畅。去年1月，部党组专门出台《关于支持配合保障驻部纪检监察组履行职责的规定（试行）》（以下简称《规定》），将部党组履行主体责任同支持配合保障驻部纪检监察组履行监督职责紧密结合起来，从七个方面作出规定并细化为56项分工任务，明确了责任部门（单位）、内容、要求和时限等。我们在日常工作中，在与各司局、各单位交流互动过程中，就执行《规定》进行了沟通提醒，督促进行了自查。总的来看，执行情况是好的，但仍然存在思想重视不够、认识不到位、执行不到位的情况。各司局、各单位要进一步提高认识，高度重视，进一步细化完善落实措施，切实将《规定》执行到位。部机关纪委要加强督促检查。驻部纪检监察组将加大对此的监督检查力度，对执行情况进行通报，推动实现主体责任和监督责任相互贯通，在全面从严治党上同向发力，确保今年各项任务落实落地。

今年，驻部纪检监察组将深入贯彻中央纪委

四次全会精神，充分发挥监督保障执行、促进完善发展作用，以派驻监督工作的高质量发展，推动部全面从严治党向纵深发展。重点抓四个方面：一是以“两个维护”为根本任务，加强政治监督。重点抓好习近平总书记关于退役军人工作重要论述和指示批示精神以及党中央关于退役军人工作重大决策部署贯彻落实情况的监督检查。推动深入学习贯彻十九届四中全会精神，推进退役军人事务领域治理体系和治理能力现代化。二是以强化权力运行的制约和监督为抓手，加强日常监督。针对重点领域开展专项监督检查，督促切实维护退役军人和优抚对象合法权益。加强对贯彻落实中央八项规定精神的监督，深化整治形式主义、官僚主义。督促进一步梳理业务流程、排查廉政风险，切实规范工作程序、完善制度机制，防止决策失误、权力失控、行为失范。三是持之以恒正风肃纪。加强信访举报工作，精准处置问题线索，坚持对违纪违法问题“零容忍”，切实维护党纪国法的严肃性。四是进一步落实深化派驻机构改革要求，完善体制机制，推动监督贯通协同。加强与部党组协同，推动部党组和部内各级党组织落实主体责任。督促建立健全巡视工作领导体制、工作机制，探索开展内部巡视。加强与部机关纪委协同，加强业务指导，督促部机关纪委和直属单位纪检机构履职尽责。

同时，也欢迎大家对我们的工作进行监督，多提意见建议，共同推动退役军人事务部全面从严治党和党风廉政建设取得新的更大成效，为决胜全面建成小康社会、决战脱贫攻坚作出贡献。

强化政治引领　创新服务管理 奋力谱写新时代军休工作新篇章
——在全国军休服务管理工作会议上的讲话

朱天舒

（2020年11月20日）

今年，面对突如其来的新冠肺炎疫情，在党中央的坚强领导下，疫情防控工作取得了重大战略成果，决胜全面建成小康社会、决战脱贫攻坚也将如期实现。党的十九届五中全会为未来五年社会主义现代化建设规划了蓝图，部署了任务。在这样的背景下，经部党组批准，我们在上海召开这次全国军休服务管理工作会议，意义重大。会议的主要任务是，深入学习党的十九大和十九届二中、三中、四中、五中全会精神，贯彻落实习近平总书记关于退役军人工作重要论述，进一步明确方向、做实工作、推动改革。下面，我讲四点意见。

一、学懂弄通做实习近平总书记关于退役军人工作重要论述

习近平总书记关于退役军人工作重要论述，体现了对军休干部的政治关怀和深厚感情，把对军休工作的规律性认识提升到了理论高度，是军休工作宝贵经验的深刻总结。我们要结合实际学思践悟，努力做到学懂弄通做实，切实把学习成果转化为工作实践，扎实做好服务保障工作，让党中央放心，让军休干部满意。

二、认真总结新时代军休工作的新进展

军休服务管理工作起始于20世纪50年代后期，伴随着党领导的革命、建设、改革伟大实践不断发展完善，60多年来，军休工作体制机制不断健全，机构队伍逐步壮大，服务管理水平持续提升，有力服务部队备战打仗。党的十八大以来，以习近平总书记为核心的党中央高度重视军休工作，习近平总书记作出一系列重要指示批示，指引军休工作始终沿着正确方向前进，王沪宁、孙春兰等中央领导同志多次作出批示，并研究部署推进相关工作。

退役军人事务部组建以来，全国军休系统深入学习习近平新时代中国特色社会主义思想，坚决贯彻落实习近平总书记关于退役军人工作重要

论述，继承优良传统、发扬实干精神，不断推进军休工作取得新进展新成效。

（一）接收安置良性循环

出台政策文件，放宽审定条件，简化交接流程，加快移交进度，着力解决军休干部和伤病残军人移交安置难点问题。连续两年高质量完成军休干部接收安置任务，接收安置人数逐年增加，切实服务部队聚焦练兵备战。北京建立一站式交接服务大厅，符合条件的军休干部实现即审即接。辽宁主动与部队对接，明确交接程序，规范工作标准，高质量完成接收安置任务。

（二）尊崇优待逐步增强

完善阅读文件、参加重要会议和重大活动、通报情况、参观学习、走访慰问等制度，换发新式离退休证件，有效落实军休干部政治待遇。加强文化建设，举办全国军休干部文艺会演，各地开展形式多样的文化活动，展示爱党爱国爱军的精神风貌，激励广大军休干部发扬优良传统，永葆政治本色。邀请80名军休干部参加新中国成立70周年庆祝系列活动，部分参加“致敬”方阵接受全国人民致敬。徐文涛等3人被评为“最美退役军人”，陈荣超等22人被评为“全国模范退役军人”，王从保、蔡建勋被评为“全国离退休干部先进个人”，天津市军队离休退休干部关心下一代工作委员会被评为“全国离退休干部先进集体”，去年全国退役军人工作会议期间，朱再保、王成邦2名老同志受到习近平总书记亲切接见，北京连续5年组织开展年度十大“北京军休榜样”培树宣传活动，军休干部荣誉感尊崇度得到彰显。

（三）保障水平显著提升

积极协调军地有关部门，建立健全取暖补贴、离退休生活补贴、住房物业服务补贴等三项制度，彻底解决货币补差遗留问题，大幅提高军休干部保障标准。将武警跨军地改革6个警种1.6万名军休干部的人员经费统一纳入中央财政，理顺保障渠道。中央财政下达军休经费大幅提高，为军休干部安享幸福生活提供了有力保障。

（四）服务管理持续创新

大力推进军休信息化建设，升级军休安置服务管理信息系统，开发军休服务信息化平台（网络“军休所”），以信息化推动军休工作现代化。积极引入社会服务资源，不断壮大服务力量，满足军休干部养老、医疗、助餐、出行等需求，吉林出台加强军休服务管理工作10条意见，上海、浙江、山东、陕西等省份率先开展社会化服务、智慧养老、医养结合等工作，江苏积极构建军休机构与社区、社会组织、社会工作联动服务体系，受到军休干部好评。新冠肺炎疫情防控期间，全国军休系统织密防控网络，积极协调有关部门确保患病军休干部及时入院救治，扎实做好生活服务，27个省份实现军休干部“零感染”，湖北省武汉市军休干部患病率远低于其他老年群体，切实保障广大军休干部健康安全。

（五）硬件设施不断改善

推进军休机构服务用房建设，联合军队出台政策文件，明确机构服务用房和军队集中统建安置住房同步规划、同步建设、同步移交，协调中央财政安排专项经费，持续加大机构用房保障力度。各地结合实际，加强统筹规划，盘活现有资源，推进重点项目建设，对集中活动场所实施安装扶手、铺设坡道、加装电梯等适老化改造，积极探索养老、疗养等服务保障设施配套建设。据统计，建部以来，各地适老化改造军休小区项目575个，加装电梯279部，江西、青海等地对全省军休机构进行整体改造，广西投入专项资金对20多个军休机构进行适老化改造，为军休干部活动创造良好条件。

（六）作用发挥更加充分

广大军休干部充分发挥自身独特优势，在开展国防教育、传播红色基因、助力脱贫攻坚、关心下一代、志愿服务等方面作出了积极贡献。有的军休干部不忘初心、忠心向党，比如：面对惊涛骇浪挺身而出、为保卫国家重点实验平台壮烈牺牲的“全国优秀共产党员”宋月才烈士。有的军休干部牢记宗旨、为国利民，比如：“前半辈子保卫国家、后半辈子播种希望”，二十年如一日资助希望小学的“全国模范退役军人”陈荣超。有的军休干部奉献不止、以德化人，比如：倾尽毕生积蓄、出资1000万元支持教育和公益事业的“2020年感动中国十大人物”马旭和颜学庸夫妇，中国退役军人关爱基金会首批捐赠者也是两位不愿署名的军休干部。在这次新冠肺炎疫情防控中，原北京小汤山医院副院长、军休干部邓传福紧急驰援武汉指导火神山、雷神山医院筹建。还有许多军休干部默默无闻支持抗疫，累计捐款捐物达7000余万元，广大军休干部以实际行动坚守初心使命，矢志奋斗终身。

多年来，军休工作在开拓中前进，在创新中发展，形成了一整套政策制度，建立了一整套工作机制，积累了一整套实践做法。这些都为军休工作创新发展奠定了坚实基础，提供了重要支撑。各级要在总结工作实践中认识和把握军休工作特征规律，在谋划事业发展中尊重和遵循这些特征规律，以科学严谨的态度、开拓创新的精神、求真务实的作风，持续推进新时代军休工作谋新篇、开新局。

三、深入推进军休重点任务落地落实

当今世界正在经历百年未有之大变局，当代中国正处于近代以来最重要的发展时期。我们即将实现第一个百年奋斗目标，开启全面建设社会主义现代化国家的新征程，国防和军队改革也正在深入推进。军休服务管理工作必须坚持以习近平新时代中国特色社会主义思想为指导，深入学习贯彻十九届五中全会精神和习近平总书记关于退役军人工作重要论述，以“十四五”退役军人服务和保障规划为牵引，以建立健全组织管理、工作运行、政策制度“三个体系”为目标，以党委领导下的行政部门、服务体系、社会力量“三驾马车”为支撑，以贯彻落实《进一步提升军休干部服务管理水平的通知》为抓手，着力加强思想政治建设、创新服务管理模式、发挥军休干部作用，满腔热情做好服务保障工作，不断增强军休干部荣誉感归属感获得感。

（一）加强军休思想政治建设

思想政治工作是党的优良传统和政治优势，是做好军休服务管理工作的重要保证。要始终把政治建设摆在首位，进一步明确军休干部参加政治学习、严肃党内政治生活、严守政治纪律和政治规矩等方面的要求，并落实到军休干部政治待遇、党组织建设、党员管理、参加社团组织、著书立说等具体事项中。要持续强化理想信念教育和社会主义核心价值观培塑，引导军休干部传承弘扬民族精神和时代精神，特别是在弘扬伟大的抗疫精神和抗美援朝精神中立标杆、作表率。要高度关注网络意识形态新阵地，建立军休网络舆论引导机制，打造军休网络评论员队伍，弘扬主旋律、传播正能量。要丰富精神文化生活，通过创作文艺作品、重温红色经典、走进革命圣地等军休干部喜闻乐见的活动，引导广大军休干部永远听党话、跟党走。

（二）攻坚破解滞留部队难题

军队离退休干部和伤病残军人移交政府安置，是党中央作出的重大战略决策，是服务军队实现新老更替、支持军队备战打仗的重要保证。军地各级要切实提高政治站位，着眼“随退随审、即交即接”的目标，实行军队限责解决问题、限期移交人员，地方即时办理手续、限时接续保障的办法，扎实推动移交安置工作落实，确保各项任务如期完成。

（三）创新军休服务管理模式

衡量军休工作做得怎么样，关键要看军休干部满意不满意。各地要把军休服务管理作为一项重点任务，加强军休机构建设，丰富军休服务内容，调动整合各种资源，创新服务管理模式，切实满足广大军休干部对美好生活的新期待。要加强基础设施建设，针对军休干部养老需求，军休机构在建设和改造过程中要突出适老化要求，为军休干部打造和谐舒适休养环境。要强化活动场所功能，争取在每个军休机构开办“军休大学”，落实软硬件保障，常态化开设课程，为军休干部打造精神文化生活新平台，实现军营大学校与军休大学堂的无缝衔接。要拓宽服务保障渠道，对接好组织、民政、财政、卫健、驻地军队等部门，汇聚军地医院、老干部活动中心、养老机构、社工组织、志愿服务等力量，为军休干部提供多元化精准化服务。要加大开放融合力度，军休机构要发挥桥梁纽带作用，将军休服务与社区服务相衔接，就近就便为军休干部提供服务。坚持开门办所，与驻地学校联教联学，组织青少年走进军休所聆听军休干部讲“四史”和人民军队光荣传统史。

（四）加快军休老旧小区改造

今年国务院办公厅专门印发指导意见，对全面推进城镇老旧小区改造工作作出部署，要求把移交政府安置的军队离退休干部住宅小区优先纳入改造规划。退役军人事务部会同住建部、国家发改委、财政部等部委，正在积极推动军休小区改造。据不完全统计，2000年前建成的军休小区有1486个，涉及单元楼4740栋，这是改造工作的重点。各地要抓住国家全面实施老旧小区改造的有利契机，将需要改造的军休小区全部纳入当地改造项目储备库并优先安排，明确年度目标，细化任务要求，落实工作责任，力争用3至5年时间实现军休小区面貌整体改善。同时，要把项目改造和后期维护管理统筹考虑、一体谋划，健全制度措施，落实经费保障，确保设施设备建成适老、合用、称心，打造和谐舒适休养环境。

（五）激励军休干部奋斗终身

军休干部具有丰富的政治智慧、人生阅历、

实践经验和群众基础，要鼓励引导他们建功新领域。要积极打造“军休智库”，摸清军休干部人才底数，鼓励军休干部在调查研究、咨询参谋、建言资政等方面发挥人才智力优势，在服务国家中彰显更大的军旅价值。要继续开展“军休志愿服务”，建立志愿服务工作机制，组织政治过硬、身体健康、经验丰富的军休干部开展常态化志愿服务，继续为社会发展贡献力量。要勇于担当“社区政委”角色，积极参与基层治理，广泛联系群众，帮助调解矛盾，培育像“小巷总理”“兵支书”一样的军休干部基层骨干力量。要发掘整理“口述历史”，组织军休干部讲革命传统、讲奋斗历程、讲专业成果，特别是加快挖掘“三老”“三红”等红色历史，有计划地编纂形成军休特色史料，以生动感人的方式讲好故事、传承精神。要担当老龄社会“领头雁”，认真研究人口老龄化背景下的军休工作，发挥军休干部示范带动作用，引领养老生活新风尚，为中国老龄社会治理作出军休贡献。

四、全面加强军休系统自身建设

军休系统是做好军休工作的主力军。目前，全国共有军休服务管理机构1809个，工作人员1.7万人，配备车辆3000余台，军休系统机构数量多、人员规模大，改革后面临机构转隶、人员调整、工作模式变化、老龄化进程加快等现实情况。加之，目前还有大量离退休军人和伤病残士兵滞留部队、无军籍职工等待移交。这些都对军休工作提出了更高的要求。面对新形势新任务，各级军休系统必须以高度的责任感使命感紧迫感，加强自身建设，夯实基层基础，提升基本能力，为做好军休工作提供强力保障。

（一）加强军休系统党的建设

各级党委政府要把军休工作作为一项政治任务摆上重要位置，定期研究部署，各级退役军人事务部门负责同志要善于通过发挥领导小组作用来推动军休工作，每年至少推动研究两次军休工作，及时解决重大问题，确保中央有关决策部署不折不扣落实到位。要加强军休工作人员思想政治建设，进一步坚定理想信念，强化宗旨意识，锤炼过硬作风，全心全意为军休干部服务。要加强军休机构党组织建设，在军休机构基层党委领导下，军休干部和工作人员党支部要协同发力，宣传政策理论、化解矛盾风险，努力构建奋斗奋进的军休氛围。要探索创新军休干部党支部设置和活动，推动建设一批“五好”军休干部党支部，使之成为组织、凝聚、教育军休干部的坚强堡垒。

（二）开展基层基础基本建设

要切实加强军休力量建设，建立健全军休管理机构，省级和副省级、计划单列市退役军人事务部门要设立军休处室，其他市县退役军人事务部门至少要有专岗专人负责军休工作。要加强基层建设，坚持重心下移，充实基层力量，改善服务保障条件，加大对基层指导力度，切实解决基层困难。尊重基层首创精神，及时总结推广创新经验做法。要夯实基础工作，健全规章制度，强化服务对象基础数据归集分析，摸实摸清工作底数，为精准服务、科学决策提供支撑。要强化基本能力，提高解决实际问题的能力，对标对表习近平总书记强调的“七种能力”，要敢用脚底功夫落实“墙上”氛围，要善用融汇资源探索融合保障，要真用“暖心活”解决“揪心事”，并全面建立以军休干部满意度为主要标准的考核制度，对军休机构及其负责人进行测评，不断激发工作活力。

（三）发挥好信息化平台作用

为适应网络时代的军休服务保障，要积极推进“军休服务+互联网”。4月以来，“军休所”网络平台已在天津、浙江等9个省份启动试点，取得了较好成效。各地要深刻认识网络“军休所”的重要意义，紧紧扭住思想政治建设这个“牛鼻子”，通过提供信息资讯、生活服务等方式，增加平台“黏性”，实现对军休干部的管理更加组织化、引领更加时代化。明年“七一”前平台将在全国正式开通上线，各地要及早谋划，着眼军休干部网络生活需要，丰富服务内容，挖掘本地资源，增值地方特色，实现军休服务线上线下无缝链接。

（四）强化军休系统交流互鉴

比较看，我国的军休政策制度保障范围全面，标准水平较高，服务网络完善，与其他国家相比具有特色优势。当然，我们也要看到我国军休工作还面临区域发展不平衡、社会化程度不高、保障机制单一等难题，特别是机构改革后，系统和队伍全新组建，服务能力亟待提高。要完善教育培训制度，加强全系统思想政治、政策法规、业务知识等方面的训练，努力培养一支新型军休工作队伍。要定期组织交流学习，评选优秀军休实践案例，形成更多可复制可推广的创新成果，辐射带动全国军休工作。要加强国际交流合作，通过“走出去、请进来”等方式，学习借鉴有关国家在优待、养老、医疗等方面的适宜做法，为完善我国军休政策制度提供借鉴参考。

最后，我再次突出强调，要全面深入学习领会党的十九届五中全会精神。党的十九届五中全会是在全面建成小康社会胜利在望、全面建设社会主义现代化国家新征程即将开启的重要历史时刻召开的一次十分重要的会议。全会审议通过的规划《建议》，充分体现了以习近平同志为核心的党中央谋划未来的远见卓识和继往开来的历史担当，深刻指明了今后一个时期我国发展的指导方针、目标任务、战略举措，对于动员和激励全党全国人民继续抓住用好重要战略机遇期，推动全面建设社会主义现代化国家开好局、起好步，具有重大而深远的意义。全国军休系统要认真组织学习，迅速汇聚起奋斗“十四五”、奋进新征程的强大力量。

同志们，大道至简，实干为要。当前军休工作正处在改革发展的历史新起点上，责任重大、使命光荣。让我们更加紧密团结在以习近平同志为核心的党中央周围，不忘初心、牢记使命，担当作为、真抓实干，不断谱写新时代军休工作新篇章，为全面建设中国特色社会主义现代化强国贡献军休力量！

奋斗新征程　开拓新气象
推动退役军人服务保障工作高质量发展
——在全国退役军人服务中心主任会上的讲话

朱天舒

（2020年12月24日）

这次全国退役军人服务中心主任会议的主要任务是：深入贯彻习近平总书记关于退役军人工作重要论述和党的十九届五中全会精神，认真落实全国退役军人事务厅（局）长会议部署，围绕把握新发展阶段、贯彻新发展理念、构建新发展格局，全面贯彻《退役军人保障法》，研究抓好新年度工作、推动退役军人服务保障工作高质量发展。

过去的一年，是退役军人服务保障体系全局开端、实体运行、重点突破、创优争先的奠基之年，也是在抗击新冠肺炎疫情的背景下，发挥服务体系职能作用、引领广大退役军人建功作为的奋斗之年。一年来，退役军人服务系统坚持以习近平新时代中国特色社会主义思想为指导，增强“四个意识”、坚定“四个自信”、做到“两个维护”，深入贯彻“五有”和“全覆盖”重要指示精神，坚决落实中央领导同志要求，全面落实退役军人事务部党组年度工作部署，在地方各级党委、政府的正确领导和大力支持下，服务机构建设愈加巩固，“基层基础基本建设年”活动深入扎实，示范型服务站点打造有力。各级服务机构勇于作为、主动作为、创新作为。思想政治引领、就业创业服务、常态化联系退役军人、风险矛盾防范化解攻坚等工作扎实有效。面对突如其来的新冠肺炎疫情，广大退役军人闻令而动志愿服务一线，再现了军人的担当和风采。一年来，服务体系全体干部职工，恪尽职守、勤学苦练、真诚奉献，各项工作有声有色，取得了显著成效。这些成绩的取得，是党中央、国务院坚强领导的结果，是退役军人事务系统拼搏奋斗的结果，是服务体系全体同志共同努力的结果。

每年召开全国退役军人事务厅（局）长会议的同时召开全国退役军人服务中心主任会议，形成这样的制度安排，既体现了部党组对服务体系建设的重视，也有利于强化协作、合力共为、同步落实，有利于服务系统进一步统一思想、凝聚力量、推动工作。下面，我就贯彻落实全国退役军人事务厅（局）长会议精神，精准做实2021年全国退役军人服务体系高质量发展工作，讲四点意见。

一、坚持把尊法学法用法守法作为服务体系建设的根本要求

2021年，是开启全面建设社会主义现代化国家新征程、向第二个百年奋斗目标进军的开局之年，是《退役军人保障法》颁布施行的第一年。我们必须深刻认识到，只有依法保障才是服务体系建设最基础、最可靠的制度保障，必须将法治的根本要求贯穿服务体系建设始终。

一是要尊法。法律是治国之重器，法律面前人人平等，任何组织或者个人都不得有超越法律的特权。习近平总书记指出，“只有内心尊崇法治，才能行为遵守法律。只有铭刻在人们心中的法治，才是真正牢不可破的法治”。党的十九届五中全会明确，要“健全退役军人工作体系和保障制度”。十三届全国人大常委会第二十三次会议审议通过了《中华人民共和国退役军人保障法》，将于明年1月1日起施行。各级服务体系要深入学习贯彻习近平法治思想，认真学习贯彻退役军人事务领域的相关法律，坚持法律至上，自觉尊重、维护、遵守法律，切实增强法律意识，树立法律神圣的尊严和威信。要坚定自觉尊法，弘扬社会主义法治精神，坚决维护法律权威，树立社会主义法治理念，提高运用法治思维和法治方式深化改革、推动发展、化解矛盾的能力，确保服务体系建设始终沿着法治轨道行稳致远。

二是要学法。《退役军人保障法》共10章85条，对退役军人工作进行了全面系统的规范，是退役军人工作领域的根本大法，是组织开展退役军人工作的根本遵循。《退役军人保障法》第六十五条规定：“国家加强退役军人服务机构建设，建立健全退役军人服务体系。县级以上人民政府设立退役军人服务中心，乡镇、街道、农村和城市社区设立退役军人服务站点，提升退役军人服务保障能力。”第六十六条规定：“退役军人服务中心、服务站点等退役军人服务机构应当加强与退役军人联系沟通，做好退役军人就业创业扶持、优抚帮扶、走访慰问、权益维护等服务保障工作。”《退役军人保障法》把“建成什么样的服务体系、履行什么样的职能任务、做好什么样的服务保障工作”固化为法律要求。我们要坚持把学法懂法作为履职必备条件，全面理解、深刻领会、准确把握《退役军人保障法》的精髓要义、基本内涵、总体要求，特别是要学深悟透对退役军人服务体系建设的原则规范，不断强化法治思维，提升法律素养，真正让法治精神深植于脑、内化于心。要把学习《退役军人保障法》和相关法规政策作为当前服务体系的重要工作和业务学习的首要内容，全面学、专题学、重点学，切实做到人人皆知、条条皆熟，牢固树立敬畏法律、学习法律的意识，让整个服务体系通过学法，切实做到依法决策、依法行事、依法管理。

三是要用法。《退役军人保障法》的颁布施行，标志着退役军人工作领域政策制度顶层设计已经基本完成。我们要时时处处以法律为准绳，定位法治、布局法治、厉行法治，从内心深处把坚持依法办事作为政治责任、行事习惯、自觉追求，真正做到“法定职权必须为、法无授权不可为”，切实把维护广大退役军人合法权益落实到退役军人服务保障工作的各个方面。就服务保障体系工作，国家层面已经出台了部分规范性、制度性文件规定，还将按照法律要求作进一步的修改完善，并将继续研究制定和建立健全相关的配

套政策规定。各级服务机构也要结合本地实际，加强普法宣介，推动地方党委、人大、政府将退役军人服务体系法治建设纳入重要议事日程，把《退役军人保障法》落地落细落到位，力争在人员、编制、经费、履职等方方面面，得到更加有力的地方性法规政策支撑。

四是要守法。法律的生命力在于实施，法律的权威也在于实施。我们要深入开展“法律政策落实年”活动，在服务体系大力开展“尊法、学法、用法、守法”活动，通过集中轮训、以案代训、分层组训、实践锤炼等方式，培养提高退役军人服务体系工作人员的法治思维、法治能力。要坚持用法治理念去思考和解决问题，教育引导广大退役军人养成遇事找法、办事依法、解决问题靠法的行为习惯。要依法规范运行，在处理、化解涉及广大退役军人重大切身利益的矛盾问题上，要坚守法律底线，时刻以法律为准绳，始终做到不偏不倚、公平公正，依法维护退役军人的合法权益。各级服务机构既要坚定不移、矢志不渝地维护法律权威、履行法定职责，更要充分运用法律赋权，更加精准精细地推动服务体系建设、做好退役军人服务保障工作，切实让广大退役军人充分感受到法律保障的力度、法治尊崇的温度。

二、坚持把推动高质量发展作为服务体系建设的根本目标

党的十九届五中全会明确提出，要“以高质量发展为主题”。习近平总书记强调，“新时代新阶段的发展必须贯彻新发展理念，必须是高质量发展”。客观分析服务体系两年来的建设发展形势、面临的机遇挑战，我们要深刻认识到，服务体系从无到有、从有到优，各项工作正在由量变转向质变，已经进入精细建设、精准服务、提质增效的新阶段，必须以编制退役军人服务体系“十四五”规划为抓手，加强科学统筹、顶层设计，将高质量发展的高要求、高标准贯穿服务体系建设始终。

一是要持续建设高质量体系。要高标准建好服务机构，强化示范型创建活动的引领作用，把退役军人服务中心（站）建设管理评估作为重要抓手，推动服务机构创品牌、建精品，推动服务体系建设上层次、上台阶。北京、吉林、江苏、广东、湖北、贵州、陕西等省份做了实践探索。国家退役军人服务中心反复总结提炼各地实践经验，坚持“因地制宜、因级制事，以评促建、正向激励”的原则，正在设计全国退役军人服务中心（站）建设管理指导标准及评估办法，并即将组织实施。考虑各级服务中心（站）工作职责不同，五级指标各有侧重，其中省、市两级侧重统筹协调、指导督促、平台建设、资源整合；区县级侧重落实政策、就业创业、阵地建设、赋能激励、权益维护；乡镇（街道）、村（社区）作为直接面对服务对象的两级，侧重尊崇关爱、走访慰问、帮扶援助、教育管理、矛盾就地化解。要通过梯次递升的建设管理评估，高标准加强督导检查和动态验收，一把尺子量到底，确保各级服务机构硬件过硬、软件配套、服务优质、作用明显，不断把服务体系建设的质量和效能推向新高。

二是要持续打造高质量阵地。要全力打造让党中央放心、让服务对象满意的“退役军人之家”。天津、河北、陕西、山东、安徽、江西、

福建、海南、宁夏等地注重以基层乡镇（街道）为重点，用心用情用力打造“退役军人之家”。退役军人服务机构，首先是政治机构，是团结引领广大退役军人成为党执政兴国可靠力量的政治阵地；是服务国防和军队建设、储备国防后备力量的军事阵地；是赓续人民军队优良传统、传承红色基因的文化阵地。要持续坚强其“日常管理、促进就业、走访慰问、帮扶援助、法律咨询、矛盾化解、思政教育、健康照护、志愿服务”等服务意志，并在主动实践中不断丰富增强其“建档立卡动态管理、就业创业精准促进、网格联系保障服务、优抚帮扶解困济危、合法权益全程维护、矛盾诉求调解处置、政治军事文化弘扬、社会资源融合统筹、志愿力量组织协调”等服务功能。要突出强化思想政治引领，落实全国退役军人思想政治工作会议精神，创新教育方法模式，结合纪念中国共产党成立100周年，沿着中国共产党的奋斗足迹，深入挖掘红色资源，建设100个红色精品“退役军人之家”，引领广大退役军人深入学习党史、军史、新中国史、改革开放史、社会主义发展史，学懂弄通做实习近平新时代中国特色社会主义思想，教育引导广大退役军人始终听党话、坚定跟党走。

三是要持续促进高质量就业。稳就业是对退役军人最大的服务保障。北京、上海、辽宁、山东、江苏、浙江、广东等地服务体系不等不靠、主动作为，把促进退役军人就业创业始终放在突出位置抓紧抓好。各级服务机构都要强力促进退役军人充分就业，加强供需连接，更多采取“定制化”岗位对接、“定单式”招录培训、“定向型”就业创业实训，联系“独角”“头部”等大型招聘机构，协调各类开发区、功能区及实力雄厚的大型企业等，安排提供更多更好更优质的就业岗位。要创新就业服务模式，强化动态服务，精准促进人岗相适、人事相宜，做好职业设计和推荐，推动实现退役军人高质量就业。要深化区域协作，推广长三角、珠三角、京津冀等区域联合推荐就业模式，借助各地经济开发区蕴藏的巨大政策优势、人力资源需求潜能，推动形成退役军人就近就地就业的新格局。

四是要持续开展高质量帮扶。各级服务机构要进一步树牢宗旨意识，坚持以退役军人为中心，满腔热忱为退役军人办好事办实事。今年以来，黑龙江、四川等地的“大走访”活动深入开展，各省有关“四尊崇、五关爱、六必访”要求广泛落实，浙江的新时代“枫桥经验”大力推广，江西的“尊崇工作法”得到普遍借鉴。明年要进一步在强化精准服务上下功夫，加快“退役军人服务+互联网”信息化平台建设，扎实抓好退役军人建档立卡工作，结合“全国困难退役军人帮扶援助服务系统”的正式上线，精准识别困难退役军人及其家庭，让他们在政策性兜底的基础上享有更及时、更优厚的帮扶救助。要进一步在强化精细服务上下功夫，持续深入做好常态化联系退役军人工作，竭力打造温馨、暖心的服务场所，认真细致做好即将开展的优待证申领、制发工作，让退役军人普遍享有荣誉感、归属感、获得感。要进一步在强化精心服务上下功夫。目前，全国已有部分省份设立了关爱基金，并开展了重点帮扶，收到了良好效果。中国退役军人关爱基金会也于年内改设成功并通过3A认证。这方面我们还需要进一步动心思、用心力，精心扩大基金规模、精心帮扶困难退役军人，大家一起努力，持续开展好、共同促进好高质量帮扶，使其成为退役军人服务体系关爱退役军人的一个重要支点。

五是要持续培育高质量队伍。服务机构拥有近百万人的专兼职工作队伍，提升服务工作的质量和效益，最终要靠高素质的工作队伍。要把加强能力建设作为基础工程，广泛开展大学习大培训大练兵大比武活动，全方位、全要素提升队伍能力素质。要抓好专业培训，继续推行下沉两级培训的做法，搞好全员普训、骨干轮训、专岗专训，全面提升队伍的专业化水平。要在实践中磨砺，采取以老带新、上挂下派、轮岗换班等行之有效的办法，切实增强队伍会做工作、能打硬仗的过硬本领。要健全激励机制，通过选任考评、推先评优、表彰奖励，充分激发队伍干事创业的活力。要培育优良作风，深入整治服务工作中存在的形式主义、官僚主义，求真务实、用心用情用力提供优质服务，真正让广大退役军人感受到尊重，让军人职业受到全社会尊崇。

三、坚持把夯实安全发展基础作为服务体系建设的根本任务

明年是中国共产党建党100周年。我们要时刻绷紧安全弦，把维护安全稳定的紧迫任务贯穿服务体系建设始终。

一是要集中攻坚化解重复访。要严格落实领导干部包案制度，从根子上推动解决重复访问题，要切实强化领导干部的包案责任，以责任到位确保化解到位。要加强跟踪督办，坚持列清单、建台账，继续落实信访通报制度。对重复访问题，坚持“反复办、复次推”，挂账督导督办、集中力量攻坚，按节点跟踪、按时限验收，不解决问题决不撒手。

二是要坚持部省协同“云推进”。要健全制度机制，固化部省协同“云推进”的制度，固定参会人员的层级、范围，建立健全领导干部、机关干部轮流接访、定期接访机制。要加大工作力度，充分发挥“云推进”平台的作用，聚焦退役军人信访工作中的积案和重难点问题。要强化督导问效，采取“大随机”的办法，不打招呼地确定一周一市“云推进”的对象，进一步增强各地做好退役军人信访工作的紧迫感、责任感。

三是要突出建强用好服务站。要围绕真正落实“五有”和“全覆盖”要求，依“法”坚持不懈巩固和加强服务机构建设，特别是要“建强、用好”乡镇（街道）退役军人服务站。借鉴广东省汕头市经验做法，全市在镇街机构改革中只保留党群服务中心和退役军人服务站两个事业单位，且镇街服务站长、党（工）委退役军人事务工作领导小组办公室主任由武装部长兼任，真正落实了“全生命周期”服务保障。要围绕深入落实“四尊崇、五关爱、六必访”，坚持好发展好新时代“枫桥经验”，并通过“百千万”工程，继续立足基层遴选100名优秀主任（站长）、创建1000家标杆型和10000家示范型服务中心（站），不断增强基层供给能力。要围绕加快落实服务站“九大功能”，并引领推行以“网格化联结”实现“常态化联系”等有效做法，主动服务保障、主动教育管理、主动引导激励，真正做到“诉求合理的解决问题到位、诉求无理的思想教育到位、生活困难的帮扶救助到位、优势潜能的作用发挥到位”。

四是要构建基层治理新引擎。做好退役军

人服务管理和保障工作，提升基层服务站点的治理能力，要在发挥“三支力量”上下功夫。要培育壮大“兵支书”队伍，充分发挥他们在退役军人中间的骨干引领作用、辐射带动作用，不断提升基层治理效能。各地要充分借鉴贵州省及安顺市“兵支书”经验做法，与组织部门、民政部门充分对接，紧紧抓住明年“两委”换届契机，扩大基层“兵支书”和“两委委员”占比，把优秀党员退役军人的作用充分运用好、发展好、巩固好，不断在乡村振兴、城市治理和经济社会发展中作出更大贡献。要培育壮大“志愿者”队伍，激励引导退役军人发扬人民军队的优良传统，积极参与社会志愿服务，浓厚社会崇军尚武文化，有力服务经济社会发展。山东聊城特战救援队、陕西鄠邑“利剑突击队”、广州“红棉”和深圳“红星”及各地战“疫”、战汛、战贫志愿服务队等广泛发挥了作用、赢得了荣誉。今后，需要进一步将“应急型”转化为“常态化”的志愿力量，助力基层社会治理。要培育壮大“网评员”队伍，大力弘扬正能量，为退役军人事务开展营造良好的舆论氛围。要把各级退役军人服务中心（站）打造成为退役军人网络空间思想政治工作“古田力量”的“基本盘”和“根据地”。

五是要落实管理保障信息化。要严格落实洛阳会议对退役军人信息化工作的部署安排，加强统筹、科学设计、周密实施，强势推动退役军人服务领域信息化建设往前赶、往实处落。要加强信息化硬件配套，着眼必备、着眼急需、着眼打通断点，积极争取财政资金支撑保障，竭力为所有服务站点配备上信息化终端设备。要建立联通六级服务综合信息网络平台，开通和完善门户网站、手机App、微信公众号等信息渠道，加强软件开发应用，研究开发相关的管理软件、服务程序、应用端口，推动实现服务业务管理精细化、文件流转电子化、工作监管常态化、信息传送网络化。

四、坚持把汇聚强大工作合力作为服务体系建设的根本方法

习近平总书记强调，“最伟大的力量是同心合力”，“军地合力，军民同心，我们就一定能实现‘两个一百年’奋斗目标、实现中华民族伟大复兴的中国梦，共同创造更加美好的未来”。从工作特点上看，退役军人工作涉及军地、牵涉各方，涵盖就业、教育、住房、医疗、养老等很多领域，具有很强的跨界性、关联性。从工作体系上看，做好退役军人工作，行政部门、服务体系、社会组织，“三驾马车”缺一不可。实践表明，发挥退役军人服务保障体系的职能作用，关键是要搞好协调统筹，必须将聚合多元力量贯穿服务体系建设始终。

一是要做到统合有力。做好退役军人服务保障工作，首要的力量来源于坚强的组织领导。各级党委退役军人事务工作领导小组是统筹协调退役军人工作、督导落实各项任务、推动形成工作合力的重要机制。要紧紧依靠各级党委退役军人事务工作领导小组办公室来统合各方力量。各级服务机构要加强向领导小组的请示报告，力争退役军人服务工作列入议事日程，争取得到领导小组成员单位的合力支持和强力推动落实。要加强与有关制度机制的衔接，建立健全军地之间、部门之间合力共为的长效机制和工作平台，实现集

智聚力共同做好退役军人服务工作的生动局面。要加强与党政职能部门的密切联系，既要从情感上争取他们的理解支持，又要从制度上建立有效的共商、共议、共担协作机制，确保遇事不推诿、不扯皮、全力以赴解决。

二是要注重协作聚力。通过融入协作、通力合作，实现“一加一大于二”的效应，达到事半功倍的效果，是充分发挥“退役军人之家”功能作用的基本方法。要顺畅协作、高效运行，乡镇（街道）服务站在机构单设的同时，在资源上、工作上要加强与基层党群服务中心、综治办的聚合联动，通过互相利用工作场地、互相开设服务窗口、互相融合服务功能、综合布设文化环境，推动实现退役军人服务工作聚合效应的最大化。要强化协作、全面发展，社会治理是全面治理，社会发展是全面发展，要把“退役军人之家”建设，同各地的思想政治教育基地、精神文明建设基地、国防教育基地、平安社会建设等紧密联系起来，做到协作有力、互相促进、共同提高。

三是要精准靶向用力。要牢牢把握服务体系“九大功能”的发挥，理清工作思路，统筹工作力量，规划工作抓手，狠抓工作落实，着力建设功能完备的“退役军人之家”。要牢牢把握工作重点，抓住阵地建设这个核心、就业创业这个根本、优抚帮扶这个关键、权益维护这个焦点、队伍建设这个基础、信息化建设这个支撑，在各种要素资源配置上全力以赴，真正抓紧抓好、抓出成效。要牢牢把握大局大势，围绕中央决策部署，着眼实施创新驱动、乡村振兴、军民融合战略，推动“一带一路”建设，援疆援藏、固防兴边，扎实做好各项服务性、保障性、延伸性、事务性工作，引导发挥好退役军人的优势特长，发挥他们在社会主义现代化建设中的生力军作用，确保与中央大政方针、战略决策同步同向。

四是要善于多元借力。做好退役军人服务保障工作，要注重整合资源、融合力量，充分借助和发挥群团组织、社会组织的力量作用。要善于借助工会的力量，充分发挥退役军人的骨干作用。要善于借助团委的力量，做好青年退役军人的引领。要善于借助妇联的力量，扎实做好军人军属的工作。要善于借助社会志愿者队伍的力量，推动老兵退役志愿队伍与其他志愿队伍充分融合。要善于借助社会组织的力量，盘活用好社会资源，运用好市场、公益、慈善、司法援助等多种途径，做实做强各级退役军人关爱基金，鼓励律师、心理工作者、社会工作师等专业人士志愿服务退役军人，进一步拓宽社会组织参与退役军人服务工作的通道平台，让更多的组织力量、机构力量、社会力量、专业力量、志愿力量参与到退役军人服务保障工作中来。

五是要突出同向发力。做好退役军人服务保障工作，要严格落实体系层级责任，充分激发内生动力。“四中心两站”六级服务机构，一级有一级的功能作用，一级有一级的职责任务，既要各司其职、各负其责、各尽其能，更要打造一级抓一级、一级对一级负责的闭合工作链条，形成整个服务体系发挥职能作用的强劲合力。省级服务中心要发挥统筹一方、协调有力的战略指挥部功能，市、县一级服务中心要建成执行有力、攻坚破难的前沿指挥所，街道乡镇和社区村服务站要打造成为服务优质、温馨和谐的“退役军人之家”。整个服务体系要切实坚持系统观念、切实贯彻“过紧日子”思想，齐心协力、同向发力，汇聚起做好退役军人服务保障工作的磅礴力量。

同志们，奋斗新征程、开拓新气象，让我们更加紧密地团结在以习近平同志为核心的党中央周围，深入学习贯彻习近平总书记关于退役军人工作重要论述，以更加奋发有为的精神状态、求真务实的工作作风，奋力开创新时代退役军人服务保障工作高质量发展的新局面，以优异成绩迎接中国共产党成立100周年！

切实做好退役军人思想政治和权益维护工作
——在《退役军人保障法辅导读本》上的署名文章

朱天舒

（2020年12月）

《退役军人保障法》将“维护退役军人合法权益，让军人成为全社会尊崇的职业”列为立法总则的第一条；同时还规定，“退役军人应当继续发扬人民军队优良传统，模范遵守宪法和法律法规，保守军事秘密，践行社会主义核心价值观，积极参加社会主义现代化建设”，并专列“褒扬激励”一章，对加强退役军人思想政治工作提出明确要求。这充分彰显了思想政治和权益维护在退役军人工作中的重要地位。我们要深入学习领会《退役军人保障法》部署要求，扎实做好退役军人思想政治和权益维护工作，引导广大退役军人胸怀“两个大局”，建功伟大时代，为全面建设社会主义现代化国家的新征程续写“两个奇迹”新篇章。

一、思想政治和权益维护是退役军人工作的生命线

思想政治工作是党的优良传统和政治优势，是培养人、塑造人的工作。权益维护工作是贯彻落实以人民为中心发展思想的具体举措。退役军人思想政治和权益维护互为关联、相互促进，统一于促进退役军人全面发展、实现军事人力资源向经济社会发展人才资源有效转化的目标要求。加强退役军人思想政治和权益维护工作、充分发挥退役军人在各项事业发展中的生力军作用，对于巩固党的执政基础、促进经济社会发展具有重要意义。

（一）思想政治工作是坚定退役军人始终跟党走信仰根基的重要举措

意识形态工作是为国家立心、为民族立魂的重要工作。当前，世界正处于百年未有之大变局，意识形态领域斗争尖锐复杂。退役军人思想政治工作必须突出对党忠诚，引导退役军人自觉热爱党、拥护党、忠诚党，不断增强政治意识、大局意识、核心意识、看齐意识，坚决维护习近平总书记党中央的核心、全党的核心地位，坚决维护党中央权威和集中统一领导。毋庸置疑，加强退役军人思想政治工作，坚定退役军人信仰根基，有利于积极弘扬社会主义核心价值观，有效应对经济全球化、思想多元化、社会网络化带来的各种挑战和考验，切实把广大退役军人始终凝聚在党的旗帜下，巩固党长期执政的政治基础。

（二）思想政治工作是传承军队政治工作生命线的延长线

革命的政治工作是革命军队的生命线。人民军队政治工作萌芽于大革命时期，创立于建军之初，奠基于古田会议。1929年12月的古田会议，确立了“思想建党、政治建军”的原则，使党领导的新型人民军队定型奠基。1944年，毛泽东同志在修改谭政同志报告初稿时亲笔加上了一句话：共产党领导的革命的政治工作是革命军队的生命线。1981年6月，中共十一届六中全会通过的《关于建国以来党的若干历史问题的决议》明确提出了“思想政治工作是经济工作和其他一切工作的生命线”的重要论断。2014年10月，习近平总书记在古田又深刻指出“紧紧围绕我军政治工作的时代主题，加强和改进新形势下我军政治工作，充分发挥政治工作对强军兴军的生命线作用”。退役军人经过人民军队“大熔炉”淬炼，退役后必须在“铸牢军魂”的军队政治工作延长线上，通过思想政治工作的“无缝衔接”，把军人“执干戈以卫社稷”的战斗精神，转化成为退役军人“干戈聚家、犁耕沃土”的建功情怀，自立自强，创造美好生活。

（三）权益维护工作是推进退役军人工作政策制度改革的基本任务

退役军人事务部成立以来，着力构建以《退役军人保障法》为主干，以行政法规、部门规章和规范性文件为配套的政策制度体系，对退役军人权益维护工作进行体系化制度设计，搭建起全新的政策框架，为保障退役军人合法权益奠定坚实制度基础。推进退役军人工作政策制度改革，重要内容就是推动权益维护政策制度更加成熟定型，加快形成中国特色退役军人权益维护政策制度体系，切实保障退役军人合法权益，真正让退役军人成为全社会尊重的人，让军人成为全社会尊崇的职业。

（四）权益维护工作是激励退役军人奋斗新时代的有效保障

始终坚持将接收安置好退役军人作为维护权益的重要内容，按照妥善安置、合理使用、人尽其才、各得其所的原则，优化安排工作、扶持就业创业、退休、供养等多种安置方式，推动安置政策法规落地落实，让退役军人回到地方就能够有业可就、有业可创。建立健全退役军人权益维护保障机制，落实优待保障、荣誉激励、精准帮扶等工作措施，让退役军人从军队到地方的角色转换过程中，能够赓续人民军队优良传统，永葆革命军人本色，保持英勇顽强作风，增强遵规守纪自觉，保持爱军精武素质，并发扬光大成为建功新时代的奋斗精神。

二、积极探索“无缝衔接”的思想政治工作方法

培养“四有”革命军人是军队思想政治工作的重要内容，退役军人思想政治工作要在延长线上跟军队思想政治工作实现“无缝衔接”，军队思想政治工作怎么要求革命军人，退役军人思想政治工作也应该怎么要求。

（一）在传承弘扬人民军队优良传统中“无缝衔接”

认真贯彻落实中央关于加强退役军人思想政

治工作的决策部署，坚持常态化组织退役军人深入学习习近平新时代中国特色社会主义思想，在学懂弄通做实习近平总书记于退役军人工作重要论述上下功夫。人民军队政治工作的长期实践形成了一整套优良传统，退役军人思想政治工作必须大力传承并自觉运用。要积极做好部队与地方教育的衔接，实现从军营到地方精神传承的“无缝衔接”。

引导广大退役军人永远铭记军魂，把在部队养成的好传统、好品格、好作风发扬光大，自觉在重大考验中践行初心使命，诠释对党忠诚。激励引导退役军人始终保持“人民子弟兵”的价值追求，把国家和人民利益放在第一位。通过形式多样的主题活动，持续升华精神境界，正确对待个人遇到的困难挫折，不盲目攀比，不消极懈怠，保持积极向上精神状态，以甘于奉献为荣，始终坚守“若有战，召必回”的使命责任，努力在全面建设社会主义现代化国家新征程中实现自身价值。

（二）在激发建功新时代奋斗精神中“无缝衔接”

突出立足本职、建功立业，投身改革、创新创业，诚实守信、实干争先，终身学习、提升素质的奋斗精神。从退役后适应性培训阶段，就将建功新时代奋斗精神植入全生命周期管理全过程。依托现行退役军人职业教育平台，在为退役军人提供定制化就业创业服务的同时，将“奋斗教育”嵌入始终，实现入职教育与就业岗位的“无缝衔接”。

引导退役军人干一行、爱一行、专一行，学习新知识，掌握新本领，在工作中精益求精、争创一流，努力成为所在领域的行家里手。教育广大退役军人发扬改革创新精神，自觉做改革的支持者、实践者，创新的参与者、践行者。鼓励社会各界支持帮助退役军人创新创业，持续优化退役军人创新创业环境。深入贯彻落实《退役军人保障法》中关于抚恤优待、褒扬激励的规定，建立健全与军队荣誉激励制度相衔接的退役军人奋斗精神激励机制。持续开展“最美退役军人”学习宣传活动，讲好“最美退役军人”故事，展示“最美退役军人”风采，激励广大退役军人崇尚最美、学习最美、争当最美。

（三）在加强退役军人党员教育管理中“无缝衔接”

《退役军人保障法》规定，“接收安置单位和其他组织应当结合退役军人工作和生活状况，做好退役军人思想政治工作和有关保障工作”。规范党员组织关系管理，退役军人服务保障机构应在退役军人集中报到时段设立专门窗口，提供“一站式”服务。对未落实组织关系的退役军人党员，要及时梳理排查、妥善解决，确保每一名退役军人党员都能及时顺利实现组织关系转接，牵引退役军人思想政治工作，实现“战斗堡垒”转换的“无缝衔接”。

基层党组织要组织退役军人党员参加“三会一课”、主题党日等组织生活，定期与退役军人谈心谈话，掌握思想情况，解决实际问题，做好思想引导。各级退役军人服务中心（站）要及时掌握辖区内退役军人中流动党员情况，通过组织关系一方隶属、参加多重组织生活的方式，规范流动党员就近就便参加党组织生活，针对性做好思想政治工作。要重视在退役军人中发展党员，坚持成熟一个发展一个，切实把优秀退役军人团结和凝聚在党的旗帜下。同时，注重培养发展退役返校大学生党员，引导他们在高校思想政治工作中发挥积极作用。

（四）在发挥服务保障机构政治功能中“无缝衔接”

各级退役军人工作主管部门要认真贯彻落实《退役军人保障法》关于退役军人服务体系建设的规定，在加强对退役军人先进事迹宣传的同时，指导服务保障机构牢记习近平总书记的殷殷嘱托，秉持“做好退役军人的事”的服务宗旨，做实思想政治和服务保障工作，不断提升退役军人获得感幸福感安全感，在发挥服务体系政治功能中实现“无缝衔接”。

各级退役军人服务中心（站）要加强与退役军人联系沟通，做好退役军人就业创业扶持、优抚帮扶、走访慰问、权益维护等服务保障工作。突出“军旅”特色和“尊崇”主题，建设“口述历史”“荣誉室”“光荣榜”和宣传栏等文化阵地，营造“家”的政治文化环境。要持续改进“尊崇工作法”，营造社会尊崇氛围。优抚医院、光荣院要在提供医疗和供养服务的同时，注重做好心理慰藉、健康咨询和思想疏导工作。军休机构要通过举办军休大学等平台提供良好学习教育、文化活动条件，引导广大军休干部在提升国民国防意识、传承优良传统方面继续发挥作用。

（五）在学习推广新时代“枫桥经验”中“无缝衔接”

坚持和发展新时代“枫桥经验”，强化就地及时解决实际问题的能力，真正把退役军人的事当作“家里事”，用心用情用力服务保障。着眼以“解心”带动“解事”，热情开展面对面沟通交流，满腔热忱做好退役军人经常性思想引导工作，形成退役军人矛盾问题多元调处化解机制，在解决现实问题中推动解决思想问题，在服务退役军人“事心双解”中实现“无缝衔接”。

要深入了解辖区内退役军人家庭状况、思想变化、实际需求，及时做好政策解释、帮扶援助和思想疏导工作。各级退役军人工作主管部门要畅通诉求表达和权益保障通道，强化法治意识、法治思维，引导广大退役军人自觉遵守法律法规和各项制度规定，依法有序理性反映诉求。加强退役军人保障工作信息化建设，积极搭建上下贯通的退役军人信息系统平台，全面推行“退役军人+互联网”服务模式，为提高退役军人服务保障能力提供精准支持。

三、切实维护退役军人合法权益

依法维护退役军人合法权益是做实退役军人思想政治工作的基础。有针对性地做好权益维护，有助于实现思想政治工作的过程和效果。要加快构建权益维护保障线、尊崇线、激励线、兜底线、法治线，努力实现退役军人社会尊崇有氛围、合法权益有保障、特殊困难有帮扶、反映诉求有渠道，切实把党和政府对退役军人的关心关爱落到实处。

（一）推动政策法规落地落实是维护合法权益的根本

政策知晓是政策落实的前提。《退役军人保障法》第六十九条对退役军人政策法规宣传作出了规定。要将有关政策法规宣传解读纳入退役军人全员适应性培训、职业技能培训的必修课程，增强退役军人对政策法规知晓度。各级退役军人服务中心（站）要把宣传解读政策法规作为第一岗位责任，设置政策咨询窗口，耐心细致解疑释惑。探索以乡镇（街道）为单位，由基层退役军人服务站结合辖区每位退役军人特点，为其量身推送“政策服务包”，提供定制化“菜单式”政策服务。

维护退役军人合法权益就是要真正落实有关政策法规。一方面，要着力确保重点政策落地落细。把做好退役军人就业创业工作作为重中之重，加大政策优惠扶持力度，研究制定个性化落实措施，使有就业创业意愿的退役军人能够实现就业创业。加大符合政府安排工作条件退役军人安置政策落实力度，畅通安置渠道、提高安置质量、加强安置保障。扎实做好退役军人优待工作，营造爱国拥军、尊崇退役军人浓厚社会氛围。另一方面，要切实推进普惠政策优先落实。依法维护退役军人作为社会公民的合法权益，社会普惠政策应予优先优惠保障。注重部门协同、资源整合，在司法救助、涉法涉诉、社会救助、法律援助、住房保障、就业创业、医疗救助、心理疏导、助残帮扶等方面，建立齐抓共管、联动发力机制，让广大退役军人在民生保障方面得到更多实惠。

（二）开展精准帮扶援助是维护合法权益的紧要

帮扶援助是退役军人保障兜底线、救急难的紧要工程。《退役军人保障法》提出，“国家建立退役军人帮扶援助机制，在养老、医疗、住房等方面，对生活困难的退役军人按照国家有关规定给予帮扶援助”。要依托国家退役军人信息化平台，为生活困难退役军人全面建档立卡，定期对生活、就业、身体、家庭等状况进行摸排，根据退役军人实际困难程度和具体需求，立足救急解困、雪中送炭，突出精准识别、精准帮扶，构建动态管理的分层分类梯度帮扶机制。

各级党委退役军人事务工作体系要积极推动建立退役军人帮扶援助工作机制。加强社会救助资源统筹，在退役军人基本生活保障、就业、教育、医疗、住房、临时救助和产业扶持等方面找准切入点，逐步实现退役军人事务与民政、人力资源社会保障、医保等部门共享救助信息，健全困难排查、受理分办机制，使困难退役军人享受更多救助资源、解决更多实际问题。用足用好最低生活保障制度，使符合条件退役军人应纳尽纳，获得基本保障。发挥中国退役军人关爱基金会的带动效应，依法有序建立地方各级退役军人关爱基金，提高筹措能力和管理使用效能，实现资金安全和可持续发展。探索社会保障和商业保险相结合的项目和方式，使困难退役军人得到更多保障，增强抵御风险能力。逐步形成政府主导、各方参与、方式多元、渠道多样的帮扶援助体系。

（三）打造“退役军人之家”是维护合法权益的基础

《退役军人保障法》提出，“国家加强退役军人服务机构建设，建立健全退役军人服务体系。县级以上人民政府设立退役军人服务中心，乡镇、街道、农村和城市社区设立退役军人服务站点，提升退役军人服务保障能力”。各级退役军人事务部门要加强统筹协调，全面系统构建退役军人权益保障基层治理新格局。突出基层导向、问题导向，坚持重心下移、尊重基层首创，在县级和乡镇（街道）创建“示范型退役军人服务中心（站）”，重点在乡镇（街道）打造“退役军人之家”，用“退役军人之家”承载维护合法权益的保障功能。

“退役军人之家”建设要全面推进就业创业服务、信息动态管理、远程维权服务、政治文化阵地、司法援助服务、心理调适慰藉、医疗康养咨询、组织志愿服务、困难帮扶服务等功能建设，进一步营造“家”的环境、尽到“家”的责任、给予“家”的慰藉、体现“家”的关爱、提升“家”的能力。乡镇（街道）级退役军人服务站更具“向上奠基、向下传导”功能，要着力打造功能完备的“退役军人之家”。要认真贯彻落实国家发展改革委《关于加快开展县城城镇化补短板强弱项工作的通知》要求，将“退役军人之家”融入同级党群服务中心，做到资源共享、优势互补，有条件的地区积极建立独立服务场所。

（四）建立权益维护保障机制是维护合法权益的关键

《退役军人保障法》对建立健全退役军人权益保障机制作出了规定，“退役军人的合法权益受到侵害，应当依法解决。公共法律服务有关机构应当依法为退役军人提供法律援助等必要的帮助”。要充分依托各级退役军人服务中心（站），建立退役军人权益维护与人民调解、行政调解、司法调解等联动机制，形成问题联解、矛盾联调、工作联动的局面。推动落实基层工作联系点制度、系统干部职工联系退役军人制度，重点联系功臣模范退役军人、生活困难退役军人、有实际诉求退役军人，常态化做好联系对象的沟通联系、感情联络、帮扶解困、心理疏导等工作。同时，做好困难退役军人司法救助工作，为退役军人维护合法权益提供法律服务。

积极探索建立权益维护考核评估制度。研究依托第三方专业力量，加强对退役军人权益维护成效的评估。重点围绕退役军人政策落实、受社会尊崇、发挥作用、满意度等情况进行综合评估，有针对性地完善退役军人政策法规。加强退役军人事务核查督办工作，进一步细化通报、约谈、督办、问责、追责等具体情形。坚持综合督查和专项督查相结合，及时梳理问题清单，跟踪指导整改落实。要强化综合考核评价，将退役军人权益维护工作作为双拥模范城（县）考评重要内容，注重发挥平安建设（综治工作）考评的导向作用，强化考评结果运用，推动退役军人权益得到更好保障。

四、系统推进思想政治和权益维护工作能力建设

切实加强退役军人思想政治和权益维护工作，必须系统推进退役军人事务系统的工作能力建设，将“思想政治工作年”活动与“基层基础基本建设年”活动结合起来，并作为“十四五”期间的重点工作，持续推进下去。只有这样，才能更好地适应新时代新阶段退役军人工作的发展需要，顺应广大退役军人对美好生活的向往。

（一）提升思想政治引领能力

1.持续强化思想理论武装。要深刻学习领会习近平总书记关于退役军人工作重要论述，通过“古田军号”公众号，适时推送时政资讯、政治理论、政策法规等内容，引导广大退役军人不断增强“四个意识”、坚定“四个自信”、做到“两个维护”。

2.积极构建媒体资源矩阵。适应移动互联网时代的传播规律，持续加强与中央和地方主流媒体的合作，把退役军人思想政治工作融入各类主题宣传之中，形成宣传矩阵声势，提升整体引领能力。

3.创新营造重要节庆纪念日尊崇氛围。基层各级退役军人工作行政部门、服务中心（站）要依托红色教育资源，打造退役军人思想政治和权益维护教育基地，提升尊崇氛围营造能力。

（二）完善服务体系供给能力

1.建强服务体系。持续创建示范型退役军人服务中心（站），持续培育千家标杆、万家示范，全国双拥模范城（县）的示范型退役军人服务中心（站）2020年要达到本地总数的60%以上，2022年达到90%以上；其他地方2020年要达到30%以上，2022年达到70%以上。

2.拓展服务功能。充分发挥中国特色社会主义政治和制度优势，围绕全面推进退役军人事务领域治理体系和治理能力现代化，部际统筹、省级推进、市县发力、乡村做实，加强退役军人服务体系供给能力建设，努力实现从“有”向“优”的转变，夯实基层基础，提升服务能力，使之真正成为“退役军人之家”。

3.推动交流互鉴。通过专题培训、现场观摩、实地见学、轮岗锻炼等形式，加强业务培训，积极推广各地开展思想政治和权益维护工作的好经验好做法，推动全国性交流互鉴，促进服务保障体系能力素质整体提升。

（三）增进骨干队伍带动能力

1.发挥“兵支书”引领带动作用。结合基层“两委”换届，推动更多优秀退役军人依法依规进入基层“两委”班子，充实“兵支书”队伍；围绕构建“在过程中培养、在实践中锻炼、向能力上聚焦”工作机制，推动“兵支书”成为推进乡村振兴、巩固基层政权、完善基层治理的重要力量。

2.发挥“志愿者”文明创建作用。加强对退役军人志愿服务工作组织架构、运行模式、协调管理、作用发挥的理论研究和实践探索，系统规范志愿服务活动开展，提升退役军人参与志愿服务活动的社会影响力。

3.发挥“网评员”舆论引导作用。建设退役军人事务系统网评员实训基地，提升网络舆论引导能力，巩固网络意识形态工作主导权和主动权，弘扬正能量，维护退役军人的良好形象和合法权益。

（四）加强社会协同保障能力

1.加强部门协作。建立健全各级党委退役军人事务工作领导机构成员单位密切协作的工作机制，完善信息共享、资源互补、重点工作重大问题会商等制度，实现合力共为、同向发力。

2.重视军地联动。探索市（县）、乡镇（街道）人武部干部参与退役军人服务中心（站）

工作模式，着力把基层退役军人服务中心（站）打造成军地密切协作、有机衔接的共建共育共享阵地，共同做好退役军人思想政治和权益维护工作。

3.完善部省协同。积极借鉴河北“部省联动”化解突出矛盾问题、河南“整省推进”思想政治工作试点先行的有益探索、实践经验，将“一周一省（市、区）云推进”作为部省协同的重要平台，常态化持续推进，并示范带动省市、市县、县乡协同，合力做好退役军人思想政治和权益维护工作。

4.鼓励社会参与。《退役军人保障法》第十条提出，国家鼓励和引导企业、社会组织、个人等社会力量依法通过捐赠、设立基金、志愿服务等方式为退役军人提供支持和帮助。要规范退役军人关爱协会、基金会等社会组织运行，加强必要监管，发挥应有作用。要动员更多社会力量参与退役军人思想政治和权益维护工作，形成强大的社会保障能力。

在首届全国退役军人创业创新大赛决赛颁奖典礼上的讲话

常正国

（2020年11月12日）

今天，我们在广州举办首届全国退役军人创业创新大赛颁奖典礼，共同见证了广东省退役军人就业创业服务联盟的诞生。受绍骋部长指派，我谨代表退役军人事务部、大赛组委会，向获奖企业和团队表示热烈祝贺！向所有参赛退役军人、专家评委表示诚挚问候！向共同主办决赛的广东省人民政府、各协办承办单位，以及宣传报道大赛情况的媒体朋友们，表示衷心感谢！

退役军人经过部队历练，具有过硬的政治素质、坚强的意志品质和严格的纪律观念，是党和国家的宝贵财富。习近平总书记高度重视退役军人就业创业，作出一系列重要指示批示，强调要做好退役军人就业创业工作。这充分体现了以习近平同志为核心的党中央对退役军人的关心厚爱，也为我们做好退役军人就业创业工作指明了方向。

为深入学习贯彻习近平总书记关于退役军人工作重要论述，贯彻落实党中央、国务院关于大力推进“大众创业、万众创新”的决策部署，今年1月退役军人事务部启动首届全国退役军人创业创新大赛。本届大赛积极响应创新驱动、精准扶贫、乡村振兴等国家重大战略部署，同时推动退役军人创业项目与产业链、创新链、资金链、人才链、服务链有效对接。大赛启动后，广大退役军人踊跃参加，全国共有8000多个项目团队报名，在各地初赛、复赛和全国决赛中涌现出一大批退役军人创业创新典型。特别是代表各地参加决赛的各支队伍，涵盖5G、人工智能、智慧农业、现代服务业等多个领域，既展现了退役军人这支宝贵人力资源的强大实力，也为推动形成以国内大循环为主体、国内国际双循环相互促进的新发展格局注入了强劲动力。

当今世界正经历百年未有之大变局，我国经济已由高速增长阶段转向高质量发展阶段。退役军人创业创新，既面临许多困难挑战，更迎来难得发展机遇。希望广大退役军人继续发扬人民军队的光荣传统和优良作风，勇于成为新时代创业创新的生力军，为经济社会发展作出积极贡献；希望广大退役军人创业者大力弘扬企业家精神和工匠精神，追求卓越，打造越来越多的“中国军创”品牌，在激烈的竞争中赢得市场、赢得全社会尊重；希望社会各界都能积极为退役军人就业创业提供有利条件和支持，促进退役军人由军事人力资源向经济社会发展重要力量转化，帮助更多退役军人成长成才、创业圆梦。

同志们，大赛虽已结束，但退役军人创业创新正扬帆起航，加强退役军人服务保障工作、“让军人成为全社会尊崇的职业”这一光荣实践永远在路上。让我们携起手来，奋力谱写新时代退役军人就业创业新篇章，为实现强国梦强军梦作出新的更大的贡献！

深入学习贯彻党的十九届五中全会精神 奋力推进退役军人事务工作再有新作为
——在部党组理论学习中心组学习会议上的发言

常正国

（2020年11月19日）

按照部党组理论学习中心组第四季度学习安排，我认真学习了习近平总书记在党的十九届五中全会上关于中央政治局工作的报告，在第二次全体会议上的讲话，关于规划《建议》的说明以及党的十九届五中全会公报，也研读了《建议》稿。一年来，以习近平为核心的党中央全面贯彻党的十九大和十九届二中、三中、四中全会精神，坚持稳中求进工作总基调，科学研判“时”与“势”，辩证把握“危”与“机”，打赢了一场场硬仗，抵御了一个个风险，取得了一个个胜利，推动“五位一体”战略布局、“四个全面”战略布局取得新的重大进展。下面谈三点体会。

一、党的十九届五中全会意义重大，举世瞩目

从全局和战略的高度来充分认识、准确把握全会的重大意义和精神实质，可以用“四个重大”来概括。

一是具有重大历史性意义。全会取得的重大成果，作出的顶层设计，顺应时代和实践要求，反映人民意愿和期待，充分体现了以习近平同志为核心的党中央谋划未来的远见卓识和继往开来的历史担当，对动员全党全国各族人民满怀信心迎接中国共产党成立100周年，继续用好战略机遇期，奋力书写新的发展奇迹，为全面建设社会主义现代化国家开好局、起好步，推进中华民族伟大复兴的历史进程具有重大意义。二是具有重大全局性意义。全会通过的规划《建议》，深入分析了我国发展环境面临的深刻复杂变化，清晰展望了2035年的远景目标，明确提出了“十四五”发展的指导方针、发展目标、重点任务和重大举措，通篇贯穿着解放思想、实事求是、变革图强的精神，贯穿着对继承和创新、政府和市场、开放和自主、发展和安全、战略和战术等重大关系的辩证认识和科学把握，在理论上、制度上、实践上都有新的重大突破，既是全面贯彻习近平新时代中国特色社会主义思想的纲领性文献，又是习近平新时代中国特色社会主义思想的最新发展，是今后一个时期我国经济社会

发展的行动指南和基本遵循。三是具有重大战略性意义。习近平总书记在全会上的重要讲话和规划《建议》，把握大局、总揽全局，立足现实、着眼长远，紧紧抓住我国社会主要矛盾，创造性提出了许多新思想新观点新论断新要求，进一步升华了我们对经济社会发展规律的认识，丰富发展了当代中国马克思主义政治经济学。四是具有重大世界性意义。中国坚定不移走中国特色社会主义现代化之路，创造了世所罕见的经济快速发展奇迹和社会长期稳定奇迹。全会提出的社会主义现代化之路，将为那些既希望加快发展又希望保持自身独立性的国家和民族所学习借鉴。全会还提出了我国未来实行高水平对外开放的举措，将为世界各国提供更大的市场、更多的机会。这既有利于中国自身的发展，又有利于形成更加公正合理的世界经济治理体系，推动构建人类命运共同体。

学习好贯彻好落实好全会精神，既是当前和今后一个时期的首要政治任务，也是我们退役军人事务系统不断增强“四个意识”、坚定“四个自信”、做到“两个维护”的具体体现。一是深入思考学。通过学习全会精神，深刻认识全会的时代意义、理论意义、实践意义、世界意义，深刻体悟全会彰显和贯穿的坚定理想信念、真挚为民情怀、高度自觉自信、无畏担当精神、科学思想方法，努力把每一点都领会深、领会透，做到知其言更知其义，知其然更知其所以然。二是系统贯通学。强化系统观点，把学习全会精神同学习习近平新时代中国特色社会主义思想贯通起来，同学习党史、国史、社会主义发展史贯通起来，同落实十八大以来党中央作出的各项战略部署贯通起来，准确把握全会的理论逻辑、历史逻辑、实践逻辑。三是结合实际学。紧密结合新时代新实践新要求，紧密结合思想和工作实际，把自己摆进去、把职责摆进去、把业务摆进去，更加自觉地用习近平新时代中国特色社会主义思想指导实践、推进工作、破解难题，把学习全会精神成果转化为担当作为的动力，转化为推动工作不断取得新进展的实效。

二、全会确立的战略目标举措，是我们党新时代理论和实践创新的总结升华

从党近百年的奋斗史可以感悟出，我们党总能够在重大关头作出正确的战略安排，引领中国革命、建设、改革事业不断走向新胜利，取得新成功。这次全会确立的“十四五”规划和2035年远景目标，统筹中华民族伟大复兴战略全局和世界百年未有之大变局，从各个领域提出了一系列创新理念和举措。比如，确立全面建设社会主义现代化国家在“四个全面”战略布局中的引领地位；明确提出以推动高质量发展为主题、以深化供给侧结构性改革为主线，把科技自立自强作为国家发展的战略支撑，把扩大内需作为战略基点；强调把新发展理念贯彻到发展各领域和全过程，把安全发展贯彻到发展各领域和全过程；首次提出把全体人民共同富裕取得更为明显的实质性进展作为远景目标；对构建以国内大循环为主体、国际国内双循环相互促进的新发展格局作出战略部署，明确了主攻方向和重要着力点，等等。这些战略性理念和举措，聚焦突出问题和明显短板，回应人民群众诉求和期盼，对于牢牢把握发展主动权、重塑竞争新优势，确保我国发展行稳致远具有重大意义。

我对全会作出的战略部署和确立的目标任务有三点体会。第一，这是接力赛、总体赛。这些战略安排在时段上承接了党的十三大提出的“三步走”战略，但又做了细的划分，体现了很强的战略定力和历史耐心，标注出承前启后的历史方位、继往开来的前进方向，有利于明确前进方向，凝聚社会共识，把短期、中期、长期发展目标衔接协调统一起来，增强战略一致性。第二，这是时间表、路线图。全会明确了每一阶段经济、政治、文化、社会、生态文明建设等方面的总体要求、目标任务、时间节点，赋予改革开放和社会主义现代化建设更高的标准、更丰富的内涵、更广阔的前景。第三，这是动员令、冲锋号。全会不仅谋划未来5年发展，还勾画未来15年发展愿景，明确全面建成社会主义现代化强国的宏伟目标，充分表明我们党的责任担当，吹响了全面建设社会主义现代化国家的号角，鼓舞人心、催人奋进。

三、全面贯彻落实全会精神，切实做好新时代退役军人工作

党的十九届五中全会擘画了国家未来发展的宏伟蓝图，也给退役军人事务系统推进建设发展提供了科学指南。我们要结合贯彻落实孙部长近期几次会议的要求，围绕工作职能，强化战略思维，深入思考退役军人工作构建什么样的新格局，把谋当下和谋未来统一起来，不折不扣把全会精神和党中央、国务院有关决策部署落到实处。

第一，深学细研习近平总书记关于退役军人工作重要论述。党的十八大以来，习近平总书记对退役军人工作作出一系列重要指示批示，深刻回答了新时代退役军人工作中带有方向性、根本性、战略性的重大问题。全会上，习近平总书记在报告中再次强调“开展双拥工作，加强军人军属、退役军人和其他优抚对象优待工作，解决部分退役士兵社会保险问题，建立退役军人服务保障体系，深化退役军人工作政策制度改革，修订退役军人安置条例”；在规划《建议》中指出“健全退役军人工作体系和保障制度”。我们要认真学习、深刻领会、全面贯彻，时时刻刻将习近平总书记重要指示批示作为谋划工作、思考问题、破解难题的根本遵循。

第二，结合分管工作精心编制“十四五”退役军人事务规划。对标对表全会精神，力争准确把握新发展阶段、新发展理念、新发展格局，与分管领域同志一道做好退役军人事务组织管理体系、工作运行体系、政策制度体系相关工作，指导分管部门切实做好“十四五”退役军人事务规划相关部分的编制工作和下步实施，共同做好未来五年退役军人工作。

第三，不断提升退役军人就业创业工作水平。围绕增强教育培训的实效性，一方面继续推动将退役军人教育纳入国家学历教育和职业教育体系，提升退役军人学历层次和就业竞争力。另一方面探索打造从退役前到退役后的“全链条”培训模式，促进退役军人尽快融入社会，实现稳定就业。围绕促进退役军人就业创业，一是全面梳理已出台政策，全面掌握落地见效情况；二是继续完善政策体系，推动有关文件尽快出台；三是通过行业合作、部企合作等方式，不断拓宽退役军人就业渠道。

第四，进一步做好褒扬纪念相关工作。抓紧

配合《退役军人保障法》出台，研究修订《烈士褒扬条例》以及纪念设施管理、烈士公祭、安葬等具体办法，调研起草加强新时代褒扬工作的指导意见。按照中央部署要求，持续做好烈士纪念设施规划建设修缮管理维护工作，研究出台纪念设施归口管理相关意见，大力弘扬英烈精神，发挥好爱国主义教育阵地作用。加快推进组建“国家烈士遗骸DNA鉴定实验室”，建设一支专业化工作队伍，做好境外烈士遗骸搜寻保护工作。稳慎推进军人公墓建设标准等研究，借鉴国外先进经验，加快出台军人公墓建设的指导意见。

健全教育培训政策体系　助推退役军人就业创业
——在《退役军人保障法辅导读本》上的署名文章

常正国

（2020年12月）

就业是民生之本、稳定之基，就业创业始终是广大退役军人最关心最直接最现实的利益问题。以习近平同志为核心的党中央高度重视退役军人就业创业。党的十八大以来，习近平总书记多次作出重要指示批示，为我们做好退役军人就业创业工作指明了努力方向、提供了根本遵循。《中华人民共和国退役军人保障法》（以下简称《退役军人保障法》）将退役军人就业创业和教育培训作为组成部分，单列两章17条，充分体现了退役军人就业创业工作的重要地位，也为我们继续做好退役军人就业创业工作提供了法治保障。我们要深入学习领会，认真抓好贯彻落实。

一、提升政治站位，深刻认识做好新时期退役军人就业创业工作重要意义

《退役军人保障法》规定："国家采取政府推动、市场引导、社会支持相结合的方式，鼓励和扶持退役军人就业创业。"促进退役军人就业创业，对于更好实现退役军人自身价值、助推经济社会发展、服务国防和军队建设以及维护社会稳定具有十分重要的意义。

第一，做好退役军人就业创业工作是实现"让军人成为全社会尊崇的职业"的必然要求。习近平总书记指出，没有一支强大的军队，就不可能有强大的祖国；建设一支听党指挥、能打胜仗、作风优良的人民军队是党的强军目标。面对错综复杂的国际形势，深入贯彻习近平强军思想，全面实施人才强军战略，亟需大量高素质专业化的军事人才。做好退役军人就业创业工作，帮助退役军人就业创业、实现个人价值，才能更好激励现役军人安心服役，有效履行新时代军队的崇高使命，从而吸引更多高素质人才积极投身国防和军队建设，真正将"让军人成为全社会尊崇的职业"重要指示落实到位。

第二，做好退役军人就业创业工作是助推退役军人由军事人力资源向经济社会发展重要力量转化的有效途径。习近平总书记指出，要把广大退役军人工作和生活保障好，激励他们为改革发展和社会稳定作出积极贡献。退役军人经过人民军队"大熔炉"的淬炼，在军队是维护国家安全的坚强柱石，回到地方是社会主义现代化建设的生力军。如何发挥好这支"生力军"作用，首要

就是“就业”。退役军人就业创业工作不是单纯的业务工作，是党的领导下服务经济社会发展、服务国防和军队建设的政治任务。做好退役军人就业创业工作，为他们在新的岗位上建功立业创造条件、搭建舞台，让他们成为中国特色社会主义的建设者，是全国退役军人事务系统的重要职责和光荣使命。

第三，做好退役军人就业创业工作是维护退役军人合法权益和社会大局稳定的重要举措。习近平总书记指出，退役军人管理保障是关系军队稳定和社会大局稳定的大问题。就业是最大的民生，也是退役军人的核心关切。广大退役军人把青春和热血奉献给党和国家，为国防和军队建设作出了重要贡献。把退役军人服务好保障好，帮助他们实现稳定就业和成功创业，是维护退役军人合法权益的题中之义，也是维护社会大局稳定的必然要求。《退役军人保障法》作为专门保障退役军人权益的首部法律，内涵丰富，体系完备，特别是以“法”形式专章规范了退役军人就业创业的原则要求、具体内容和方法路径，这必将为我们进一步提升退役军人就业创业工作的法治化规范化水平，维护好广大退役军人合法权益提供更加有力保障。

二、坚持问题导向，进一步把准退役军人就业创业工作难点痛点

习近平总书记指出，要坚持问题导向，把问题作为研究政策的起点，把工作的着力点放在解决最突出的矛盾和问题上。退役军人事务部组建以来，始终坚持以退役军人为中心，紧贴就业创业需求，狠抓就业创业质量，科学谋划、务实推进、积极创新，退役军人就业创业工作稳定起步、开局良好。但同时，我们也要深刻分析把握退役军人就业创业工作面临的矛盾问题。

教育培训方面。一是教育培训资源分布不均衡。由于各地经济社会发展水平不同，东西部之间、省与省之间、省域内各市县之间，客观存在着教育资源分布不均衡、培训水平参差不齐等问题，这直接影响了教育培训实际效果。二是经费保障不足且来源单一。按照目前政策规定，退役军人教育培训资金主要由中央财政保障，不足部分由地方财政解决。部分兵源大县（市）为欠发达地区，限于财政条件等因素，经费保障还存在一定困难。三是教育培训主体合力不够。一方面，一些地区承训机构和企业没有实现有效对接，企业对教育培训参与度不高，用人不育人；另一方面，部分退役军人觉得自己经过部队锻炼，已经能够适应社会，不愿参加教育培训。这些情况也制约着退役军人教育培训工作的有效开展。四是专业课程设置针对性不强。退役军人教育培训教材体系还没有完全建立起来，教育培训和退役军人就业创业需求有所脱节。一些承训机构的教学方式和课程内容较为陈旧，跟不上技术进步和产业发展步伐，“学的用不上，用的学不到”，与就业的耦合性不强。五是教育培训成果转换机制有待完善。由于军地任务不同，退役军人服役期间所学的部分军事特种技能，在地方难以完全转化生效，军地证书互认等教育培训成果转换还不够顺畅。

就业创业方面。一是总体就业创业形势复杂多变。疫情影响下经济内外循环不畅，部分行业尚未全面恢复，就业岗位大幅减少，直接影响到退役军人就业。退役军人创办的企业多为小微企

业，抵抗疫情冲击韧性较弱，部分企业出现经营困难。二是退役军人就业预期有待引导。部分退役军人倾向于到机关事业单位、国有企业高级专业技术和管理岗位工作，对进入传统农业、工业制造业、服务业、基层一线等岗位就业有各种顾虑，加之军地薪资待遇存在差距，导致军人退役后存在着从军事技能到职业技能、从部队到地方的不同程度落差。三是就业创业扶持政策有待集成。一些地区扶持退役军人就业创业的担保贷款、公益性岗位、就业创业补贴、公务员和事业单位招录等平台和资源分散在多个部门，还没有完全形成互动共融的政策矩阵效益。四是就业供需对接空间有待拓展。退役军人就业与职业技能培训、企业用人需求之间的信息平台还没有完全建立起来，一定程度存在着“梗点”“堵点”，在精准掌握就业创业底数、提供针对性个性化服务方面还有很大发掘空间。五是扶持就业创业的社会合力有待加强。社会组织和民营企业在提供就业创业咨询、投融资对接、项目咨询以及吸纳退役军人就业方面存在诸多优势，目前这方面工作还需进一步发掘和深化。

三、坚持目标导向，进一步健全完善退役军人教育培训体系

习近平总书记指出，要聚焦老难题和新挑战，认真谋划“十四五”时期发展的目标、思路、举措。贯彻落实《退役军人保障法》，退役军人教育培训要以提高就业质量为导向，紧密围绕社会需求，为退役军人提供有特色、精细化、针对性强的培训服务；要建立学历教育与职业技能培训并行并举的退役军人教育培训体系和协调机制，统筹规划教育培训工作，打通从教育培训到实现就业创业的渠道。

第一，配合做好退役前培训。《退役军人保障法》规定：“军队退役前，所在部队在保证完成军事任务的前提下，可以根据部队特点和条件提供职业技能储备培训；部队所在地县级以上地方人民政府退役军人工作主管部门应当按照国家有关规定为现役军人所在部队开展教育培训提供支持和协助。”各级退役军人事务工作部门要积极配合部队做好退役前相关培训，协调地方相关部门，主动联系当地驻军，准确掌握即将退役军人实际需求。特别是要结合“送政策进军营”活动，依托“线上+线下”多种渠道，努力实现区域内驻军单位全覆盖。同时，军地相关职能部门要合力推动建立专业与职业对应目录，促进服役期间和退役后教育培训成果衔接互认、有效转化。

第二，提高适应性培训普及率。《退役军人保障法》规定：“国家采取措施加强对退役军人的教育培训，帮助退役军人完善知识结构，提高思想政治水平、职业技能水平和综合职业素养，提升就业创业能力。”适应性培训作为退役军人进入社会的“第一课”，对退役军人强化党性锻炼、转变身份角色、了解国情社情、掌握相关政策、规划职业生涯具有现实意义。持续做好退役军人适应性培训，一是进一步明确经费来源和标准，健全完善教育培训经费保障体系；二是进一步规范培训课程设计，突出思想政治引领，针对性开展心理引导，指导退役军人设立合理就业预期。三是进一步丰富教学培训手段，多采用退役军人喜闻乐见的教学方式和易于理解接受的话语体系，让课程内容更加

深入人心；四是进一步增强培训实际效果，联合相关部门开展人才测评，主动提供就业推荐、职业培训项目推介等服务，及时对培训效果质量开展评估。

第三，提升职业技能培训效果。《退役军人保障法》规定："国家依托和支持普通高等学校、职业院校（含技工院校）、专业培训机构等教育资源，为退役军人提供职业技能培训。"各级退役军人事务工作部门要建立退役军人培训台账，建立健全培训资金省级统筹机制和管理保障机制，实现培训待遇省域内通兑，动员组织退役军人按规定自主选择培训机构、培训专业。探索开展东西部对口协作，跨地域发挥优质培训资源和经济发达地区能更多吸纳技能人才就业的优势，探索在发达地区建立国家退役军人培训基地。落实好《退役军人就业创业培训工作管理指南》，鼓励、规范市场竞争，实现动态管理，扩大优质资源供给，为退役军人提供多样性课程选择。抓紧研究出台加强新时代退役军人教育培训工作的指导意见，发挥好政策引导作用，提高多种技能培训占比，提升高技能人才比例。

第四，普遍提升学历水平。随着我国教育事业的迅速发展，高等教育学历已经成为市场选人用人的一项基础条件。部队这所大学校锻造了退役军人的优秀品格，但继续提升学历水平和文化素质仍然是大多数退役军人的迫切需求。《退役军人保障法》规定："退役军人在接受学历教育时，按照国家有关规定享受学费和助学金资助等国家教育资助政策。"近年来，国家出台一系列优惠政策，支持退役军人提升学历，从单列计划、单独招生到加分投档、免试入学，从贷款代偿、学费减免到助学补助，涉及招生入学、待遇资助等多个方面。当前，要重点做好政策措施的落地见效，并不断改革完善相关政策举措，引导退役军人积极参加学历教育；推动建立行业教育合作机制，加大符合退役军人就业特点的行业系统院校招生力度，力争在体育助教、基层警察、应急消防等专业招生中有所突破，以专业教育促进退役军人入行就业；总结推广退役军人参与1+X证书制度试点，学习储备多种职业技能，拓展就业创业领域；规范培养过程，严把教学质量关，将教学成效作为重要因素纳入院校考核评优的指标体系，大力提高退役军人文化水平、综合素质，促进全面发展。

第五，构建终身教育培训体系。推行终身职业技能培训，是促进退役军人知识型、技能型、创新型人才建设的重要手段。在培训方向上，着力提升职业素养，增强从业能力、通用职业素质和求职能力等综合性培训；着力适应技术换代，实施适应产业升级和技术进步趋势的项目制培训；着力推动等级晋升，支持退役军人参加高技能等级培训；着力拓展职业上升空间，鼓励用人单位定期组织退役军人参加岗位技能提升和知识更新培训。在保障措施上，将退役军人培训纳入国家终身职业技能培训政策和组织实施体系，建立与大型企业就业培训合作机制，建设全国退役军人网络学习平台，为退役军人终身学习和不断提升能力素质提供支撑。

四、坚持结果导向，进一步促进退役军人稳定就业和成功创业

习近平总书记指出，干事业就要有钉钉子精

神，要以踏石留印、抓铁有痕的劲头抓下去，善始善终、善作善成，让人民群众不断看到实实在在的成效和变化。《退役军人保障法》规定：“各级人民政府应当加强对退役军人就业创业的指导和服务。”我们要认真学习、深刻领会、全面贯彻习近平总书记的重要指示批示精神，深入贯彻落实习近平强军思想和习近平法治思想，贯彻落实好《退役军人保障法》，紧紧牵住退役军人就业创业工作这个“牛鼻子”，进一步促进退役军人稳定就业和成功创业，不断增强退役军人的荣誉感获得感幸福感。

第一，健全政策制度体系。经过两年多的发展，退役军人就业创业工作政策制度体系已经初步形成，但由于有些政策在我部组建前由多个部门实施，导致某些方面还存在“碎片化”问题。在政策制度建设方面关键是“推进落实”和“补齐短板”，要以实施《退役军人保障法》为契机，进一步推动机关、企事业单位、社会组织等落实退役军人在公平基础上优先、在普惠基础上优待的就业政策。精心编制“十四五”退役军人服务和保障规划中就业创业和教育培训部分，谋划好未来五年退役军人教育培训、就业创业工作。全面深入调查研究，摸清扶持退役军人就业创业政策执行情况，健全土地、金融、税费、项目、技术等创业支持政策集成优化，推进现有政策制度落地见效。

第二，大力挖掘岗位供给。今年以来，为畅通退役军人就业渠道，退役军人事务部积极探索“权威推荐+自主选择”相结合的就业模式，分三批与66家大型企业开展就业合作，共为退役军人提供20.5万个优先就业岗位。要跟进抓好三批已签约企业就业岗位落实情况，不断完善助力签约企业发展优惠措施。进一步拓展“教培先行、岗位跟进”的行业合作就业模式，重点在应急、公安、教育等领域取得新进展。总结推广“兵支书”经验做法，引导广大退役军人到城乡基层村、社区就业。以贯彻落实第七次中央西藏工作会议、第三次中央新疆工作会议精神为契机，鼓励支持退役军人到少数民族地区和艰苦边远地区建功立业。探索区域合作就业模式，在国家重大战略发展区域和沿边沿海地区指导建立退役军人就业创业园地，支持退役军人到开发区就业创业。

第三，加强就业服务保障。《退役军人保障法》规定：“县级以上地方人民政府退役军人工作部门应当加强对退役军人就业创业的宣传、组织、协调等工作，开展就业推荐、职业指导，帮助退役军人就业。”做好就业服务保障是各级退役军人事务部门的重要职责之一。要加快退役军人就业信息化建设，努力构建“互联网+退役军人”服务平台，推动就业资源共享和信息有效对接。建立健全退役军人就业台账，精准掌握退役军人就业情况，重点摸排未就业退役军人信息，有针对性提供差异化、多元化帮扶援助。鼓励各地结合退役军人自身需求，开展“线上+线下”退役军人专场招聘。规范指导各级各类退役军人就业促进社会组织，支持他们依法依规促进退役军人就业。建立健全退役军人就业形势定期综合会商评估机制，加强失业动态监测预警。

第四，营造良好创业环境。《退役军人保障法》规定：“县级以上地方政府投资建设或者与社会共建的创业孵化基地和创业园区，应当优先为退役军人创业提供服务。有条件的地区可以建立退役军人创业孵化基地和创业园区，为退役军人提供经营场地、投资融资等方面的优惠服务。”各级退役军人事务部门要继续在支持退役军人创业创新上下大功夫，要巩固深化全国退役军人创业创新大赛成果，建立国家退役军人创业项目库，委托第三方为退役军人创业企业或项目跟进做好政策咨询、创业培训、投资融资、税费政策等专业服务。定期发布全国退役军人创业光荣榜，激励优秀退役军人企业家通过创业带动更多就业。不断加大创业培训指导等服务力度，提高创业成功比例。常态化开展退役军人就业创业先进典型宣传，大力营造有关部门鼎力支持、全社会合力共为的良好氛围。

全国退役军人工作

退役军人事务部工作情况

2020年，退役军人事务部坚持以习近平新时代中国特色社会主义思想为指导，全面贯彻党的十九大和十九届二中、三中、四中、五中全会精神，深入学习贯彻习近平总书记关于退役军人工作重要论述，坚决落实党中央、国务院决策部署，统筹疫情防控和退役军人工作，砥砺前行、开拓创新，圆满完成各项任务。

一、落实中央决策部署坚决有力

增强“四个意识”、坚定“四个自信”、做到“两个维护”，坚决贯彻以习近平同志为核心的党中央关于退役军人工作的决策部署，确保政令畅通、落实到位。一是坚决贯彻落实习近平总书记重要指示批示。对习近平总书记重要指示批示及时召开会议传达学习、研究贯彻举措，建立督查制度，实行台账管理，坚决落实落地。对其他中央领导同志指示批示，建立台账，落实到位。二是推动出台《退役军人保障法》。配合做好立法调研、征求意见、修改审议等工作，推动《退役军人保障法》颁布，召开电视电话会议、印发通知，部署抓好宣传解读和贯彻实施。三是召开双拥模范表彰大会。组织新一届双拥模范创建工作，举行全国双拥模范城（县）命名暨双拥模范单位和个人表彰大会，习近平总书记亲切会见全体代表，李克强总理参加会见并在表彰大会上讲话，对进一步巩固军政军民团结作出部署，王沪宁同志参加会见。四是加快做好社保集中补缴。组织开展专项调研，加大督促指导力度，截至年底全国已受理申请近290万人，185万余人完成补缴，有效解决部分退役士兵后顾之忧。五是学习推广新时代“枫桥经验”。印发专门实施意见，召开现场推进会，开展示范型服务中心（站）创建工作，推动服务保障体系从“有”到“优”转变。

二、“三个体系”逐步健全完善

围绕建立健全“三个体系”，着力固根基、扬优势、补短板、强弱项，不断提升退役军人事务治理能力和水平。一是健全组织管理体系。加强行政部门、服务机构、社会力量“三驾马车”建设，落实“五有”和“全覆盖”要求，县级以上3267个行政机构全部组建到位，建成服务中心（站）64万多个，设立接收社会组织360多家。部机关组建烈保中心、信息中心，成立专家咨询委员会、思想权益研究中心。二是健全工作运行体系。深化军地相互支持需求“双清单”制度，推广宁夏军地合力做退役军人工作经验，部署系统援藏、援疆工作。深入开展“基层基础基本建设年”活动，推进信息化工程国家平台和地方平台建设，建成国家退役军人基础信息数据库，实现业务线上线下融合办理。三是健全政策制度体系。《退役军人安置条例》《军人抚恤优待条例》《烈士褒扬条例》制订修订紧前推进，“十四五”退役军人工作专项规划基本成形，政策制度“四梁八柱”基本搭建完成。

三、应对新冠肺炎疫情积极有为

面对突如其来的新冠肺炎疫情，我们坚决贯彻中央决策部署，闻令而动、向战而行。一是驰援“武汉保卫战”。第一时间从江西、浙江、山西抽组医疗队奔赴湖北荣军医院，圆满完成救治任务，实现出院患者零返院、医疗安全零差错、医务人员零感染，医疗队临时党支部被授予“全国抗击新冠肺炎疫情先进集体”称号。二是稳妥做好烈士褒扬。指导湖北及时评定首批抗疫牺牲烈士，激发一线抗疫人员斗志。配合做好全国哀悼活动，推出“战‘疫’英烈录”专题报道。三是精准出台支持政策。针对疫情主动制定安置就业、双拥共建、帮扶援助等10余项特殊举措，出台支持湖北退役军人工作一揽子措施，协调解决防控一线军人家庭实际困难。四是动员退役军人投身疫情防控。全国各级服务机构联防联控、守土尽责，积极动员退役军人、志愿者服务队参与一线防控。共有257万多名退役军人积极参与抗击新冠肺炎疫情，44930家退役军人创办企业为抗击疫情踊跃捐款捐物，退役军人创办企业捐赠财物总价值达18.62亿元。全系统投入24.6亿元，走访慰问退役军人298.6万人次。

四、思想权益工作成效明显

坚持全心全意为退役军人服务，切实维护服务对象合法权益，引导他们始终听党话、跟党走。一是强化思想政治引领。印发加强退役军人思想政治工作的意见，扎实开展“思想政治工作年”活动，落实工作人员常态化联系退役军人制度，建优建强“最美退役军人”学习宣传活动品牌，召开现场会大力推广基层“兵支书”经验做法，发挥优秀退役军人骨干带头作用。二是持续开展矛盾攻坚化解。部省协同推动工作重心下沉到市县，到20个省份蹲点调研、带案下访。规范通报约谈挂牌督办工作，部机关挂账督办重点事项，带动各地排查矛盾隐患。三是扎实做好帮扶援助。联合有关部门印发司法救助意见，全面摸清困难退役军人底数，上线运行帮扶服务系统，指导各地设立关爱协会、救助基金，组织开展社会关爱行动。

五、安置就业任务顺利完成

坚持妥善安置、合理使用、人尽其才、各得其所的原则，扎实做好安置就业工作。一是落实年度安置任务。克服疫情影响，联合下达计划分配军转干部、安排工作退役士兵和退出消防员安置计划。进一步完善推广“直通车”式安置办法，超计划完成中央单位安置任务。二是切实提高安置质量。协调央企系统提供工作岗位，积极推进“阳光安置”，强化退役士兵安置“一站式”服务，指导各地做好伤病残人员接收和待遇落实工作。三是积极扶持就业创业。搞活退役军人教育培训市场，培训58万余人次，印发退役士兵就业岗位目录参考，与66家央企和大型民企签约合作，为退役军人提供20万余个就业岗位，举办首届全国退役军人创业创新大赛。四是加强军休服务管理。印发提升军休干部服务管理水平和改善居住条件的通知，努力解决军休干部所需所盼。

六、优抚褒扬水平不断提升

坚持抚恤优待本质属性，增强褒扬激励功能，让广大服务对象切实感受到党和政府的关心温暖。一是完善抚恤优待政策。出台加强优待工作的意见，出台为立功受奖军人家庭送喜报工作办法，修订光荣院管理办法，协调解决残疾军人出行、公务员伤残保障等问题。二是提高待遇保障标准。连续第16年提高部分优抚对象抚恤补助标准，平均提标幅度10%。三是大力弘扬英烈精神。圆满完成纪念抗战胜利75周年、抗美援朝出国作战70周年相关活动，公布第三批国家级抗战名录，高规格举行第七批在韩志愿军烈士遗骸迎回安葬仪式。出台异地祭扫服务意见，指导有序做好疫情形势下清明祭扫工作。四是加强服务保障设施建设。推动将优抚医院、光荣院、烈士纪念设施、军人公墓建设纳入“十四五”时期社会服务设施兜底线工程。开展烈士纪念设施信息采集，出台境外烈士纪念设施保护管理办法，有序推进境外烈士纪念设施保护管理和遗骸搜寻。

七、机关党的建设全面加强

始终坚持以政治建设为统领，将旗帜鲜明讲政治作为根本要求，全面推进“三个机关”建设。一是持续强化理论武装。组织46次党组会、党组理论学习中心组集体研讨，系统学习习近平总书记重要指示批示和中央最新精神，深刻领会习近平新时代中国特色社会主义思想的丰富内涵和精神实质，用以武装头脑、指导实践、推动工作。二是大力推进政治建设。制定部党组工作规则，落实坚定维护习近平总书记党中央的核心、全党的核心，坚定维护党中央权威和集中统一领导的各项制度。落实意识形态工作责任制，深入开展政治机关意识教育，制定加强和改进机关党建实施意见及机关党委、纪委工作规则，推进党支部标准化规范化建设，专项整治“灯下黑”问题。三是全面推进从严治党。认真学习贯彻党内法规执行责任制规定，压实各级党组织主体责任，深化“作风建设年”活动成果，制定整治形式主义官僚主义的意见为基层减负，制定部权力运行流程图和廉政风险防控措施汇编，开展监督检查和整改落实，全力支持配合保障驻部纪检监察组工作。四是加强干部队伍建设。坚持新时代党的组织路线和新时期好干部标准，扎实做好干部选拔任用，选优配强班子队伍；通过转任、调任、考录、接收安置军转干部等多种方式充实人员力量；制定出台人事管理制度10余项，加强规范化、制度化建设。持续推进系统干部教育培训，开设“退役军人事务部大讲堂”，组织线上线下培训班59个，指导各地举办培训班842期，16万余人次参训。

政策法规

2020年，退役军人政策法规工作紧紧围绕深入学习贯彻习近平新时代中国特色社会主义思想和习近平法治思想，贯彻落实习近平总书记关于退役军人工作重要论述和指示批示精神，积极推进各项工作。

一、推动出台《中华人民共和国退役军人保障法》

11月11日，十三届全国人大常委会第二十三次会议审议通过《中华人民共和国退役军人保障法》，习近平主席签署国家主席令予以公布，自2021年1月1日起施行。退役军人事务部按照科学立法、民主立法、依法立法的要求，会同有关部门大力推进《中华人民共和国退役军人保障法》立法工作。6月、10月，十三届全国人大常委会第十九次会议、第二十二次会议进行了两次审议，全国人大宪法和法律委员会、全国人大常委会法制工作委员会广泛征求意见，扎实开展调研，深入开展研究，加强沟通协调，不断完善草案。《中华人民共和国退役军人保障法》是我国第一部专门规范退役军人工作的法律，是中国特色社会主义法治建设的又一重要成果，在我国退役军人工作发展史上具有里程碑意义，标志着退役军人保障工作进入了法治化的新阶段。

二、制定《境外烈士纪念设施保护管理办法》

2月1日，退役军人事务部、外交部、财政部、中央军委政治工作部令第2号公布了《境外烈士纪念设施保护管理办法》，自2020年4月1日起施行。《境外烈士纪念设施保护管理办法》共20条，对境外烈士纪念设施保护管理的总体要求、管理体制机制、保护内容方式、相关责任等作出具体规定。

三、修订《光荣院管理办法》

4月10日，退役军人事务部令第3号公布了《光荣院管理办法》，自2020年6月1日起施行。修订后的《光荣院管理办法》共37条，加大了对集中供养对象的优惠力度，扩大了服务对象范围，优化了光荣院申请入院流程。

四、开展政策法规清理工作

11月6日，退役军人事务部令第4号公布了《退役军人事务部关于废止和宣布失效一批政策性文件的决定》，废止105件政策性文件，宣布115件政策性文件失效，自公布之日起施行。

五、全面落实普法责任

全面落实“谁执法谁普法”的普法责任制，坚持宣传和服务结合、线上与线下结合，组织动员电视、广播、报纸、网络等新闻媒体，全方位、多角度、立体式宣传，充分运用互联网新媒体，通过发布短视频、微动漫创新方式，增强普法效果。《退役军人保障法》通过后，退役军人事务部紧锣密鼓开展系列学习宣传贯彻活动，及时编写《退役军人保障法》释义、《退役军人保障法辅导读本》；以退役军人事务部、军委政治工作部负责人名义发表答记者问；在《人民日报》发表评论文章；制定学习宣传贯彻实施方案，印发各地和有关部门；和军委政治工作部联合召开电视电话会议；制作退役军人政策法规动漫宣传片，在退役军人事务部门官网、官微推广宣传。

六、加强退役军人工作规律研究探索

推进基础理论研究和课题攻关，编印《2018年理论研究课题成果汇编》《2019年理论研究课题成果汇编》，印发2020年部课题研究计划。加强专家智库建设，成立退役军人事务部专家咨询委员会，召开部专家咨询委员会成立大会暨第一次全体会议。

七、加强行政复议工作

2020年，行政复议工作坚持“以人为本，复议为民”，以高度的政治责任感和强烈的历史使命感，切实履行法律赋予的行政复议职责，积极办理行政复议案件，化解行政争议，促进各级机关依法行政。

思想政治和权益维护

2020年，思想政治和权益维护工作紧紧围绕贯彻习近平新时代中国特色社会主义思想和习近平总书记关于退役军人工作重要论述，攻坚克难，开拓创新，为推动高质量发展奠定坚实基础。

一、扎实做好退役军人思想政治和党员教育管理工作

（一）建立健全退役军人思想政治政策制度机制

研究制定《关于加强退役军人思想政治工作的意见》，制定印发《关于做好关怀“最美退役军人”工作的意见》，形成完善党员教育管理机制、荣誉表彰激励机制、先进典型宣传机制、骨干队伍带动机制、矛盾攻坚化解机制、日常走访慰问机制等6项机制。依托中国社会科学院大学开展司校合作，设立退役军人思想政治和权益维护研究中心，开展理论研究、政策解读和专题调研工作。

（二）推进退役军人党员教育管理工作

在《关于加强退役军人思想政治工作的意见》中，从规范组织关系转接、严格党员组织生活、加强流动党员管理、发挥先锋模范作用、重视在退役军人中发展党员等5个方面对退役军人党员教育管理工作进行规范。同时，指导各地会同组织部门和基层党组织加强退役军人党员教育管理，2020年度退役军人党员组织关系转接率达到100%。

（三）开展退役军人先进典型宣传

与《光明日报》合作开设“退役军人先进典型”专栏，在人民网军事频道开设“最美退役军人”专题网页，与中央广播电视总台国防军事频道《老兵你好》栏目建立长期合作机制，形成部内外媒体多管齐下的传播态势。

发布了2020年度“最美退役军人”先进事迹，1600余家主流媒体、微信公众号重磅报道，其中，学习强国客户端刊发的消息浏览量超560万次，新浪微博话题阅读量达1.6亿次。“最美退役军人”品牌优势逐步彰显。

会同中央广播电视总台国防军事频道推出特别节目《忆往昔还看今朝——抗美援朝英雄赞歌》；委托中国报告文学学会传记创作委员会组织作家和记者，深挖厚掘人物事迹和一手素材，组织出版报告文学；会同新华社发布“纪念抗美援朝70周年——致敬最可爱的人”系列图片报道，媒体采用量累计超过2万家次，网络浏览量超过1亿次；会同军事博物馆同步推出同名专题

影像展，日均观众近1万人；与腾讯合作推出抗美援朝老兵“云团聚”活动，创新推出“背后即是祖国，我们绝不后退”创意H5和抗美援朝老战士“云团聚”直播，在腾讯看点平台内获得3亿次以上曝光。

主动发掘并宣传退役军人战“疫”事迹，全方位、立体化、多层次推广，形成全媒体展现、多平台联动的正面宣传态势。加强文艺创作，会同中央宣传部宣传教育局指导制作抗疫歌曲MV——《永远是个兵》，短时间内点击量超过600万次。

（四）发挥退役军人骨干带动作用

加强与中央组织部、民政部对接沟通，协调推动在基层组织换届时，注重从优秀退役军人中培养选拔基层组织带头人，进一步充实基层“两委”队伍。总结推广安顺实践经验，召开“退役军人村干部决战脱贫攻坚和推进乡村振兴现场交流会”，学习交流贵州安顺、山东临沂、浙江嘉兴等地的经验做法。研究制定《退役军人志愿服务工作方案》，指导各地结合当地实际，因地制宜组建志愿服务队伍，开展志愿服务活动。

（五）加强思想政治阵地建设

指导各地加强退役军人“荣誉室”“光荣榜”、宣传栏、文化广场建设，注重发掘创作彰显退役军人情怀与担当的影视剧、歌曲、微视频等。推动各地依托当地革命纪念馆、纪念地和烈士纪念设施等红色教育资源，组织退役军人开展缅怀先烈、重温革命历史等主题教育活动。

二、强力推进退役军人服务保障体系建设

（一）建强服务保障体系

截至年底，全国共建成退役军人服务中心（站）64万多个，配备专兼职工作人员97.82万名。其中落实编制10.98万个、到位9.77万人。以基层退役军人服务中心（站）建设为重点，在全系统学习推广新时代“枫桥经验”，印发实施意见，明确基层退役军人服务中心（站）建设75项标准。8月下旬，在浙江召开学习推广新时代“枫桥经验”现场推进会。11月下旬，在河北召开部分省份学习推广新时代“枫桥经验”座谈会，指导推动有关地方进一步深入细致做好服务保障体系建设相关工作。

（二）开展示范创建活动

在全国开展示范型退役军人服务中心（站）创建活动，全年有24516个退役军人服务中心（站）达到示范标准，河北、辽宁、江苏、浙江、江西、山东、湖南、广东、四川、贵州达标数量超过1000个。通过各地申报、视频评审等流程优中选优评出基层退役军人服务中心（站）“百名优秀主任（站长）”。

（三）宣传推广先进经验

以工作简报、信息专报等形式刊发100个乡镇（街道）退役军人服务站经验做法。组织“媒体记者走进‘退役军人之家’”活动，邀请20余家主流媒体和自媒体，深入山东、浙江基层服务中心（站）采风。

三、规范督办维护合法权益

（一）规范通报约谈挂牌督办工作

印发《关于规范退役军人事务通报约谈挂牌督办工作的通知》，细化通报、约谈、挂牌督办事项和程序，精准压实主体责任，推动退役军人事务核查督办工作的制度化、规范化。

（二）开展平安建设（综治工作）考核评价

着重选取关系平安中国建设的事项进行考评，重点从推广“枫桥经验”、促进就业安置等维度，制定考评项目和细则，组织开展2019年度退役军人事务领域平安建设（综治工作）考评工作。

（三）印发《关于加强退役军人司法救助工作的意见》

会同中央政法委、最高人民法院、最高人民检察院、公安部、司法部联合印发《关于加强退役军人司法救助工作的意见》，加大司法过程中对困难退役军人的救助工作力度。

（四）帮扶困难退役军人

与民政部、原国务院扶贫办进行数据比对，初步摸清全国困难退役军人数量。上线运行全国困难退役军人帮扶援助服务系统，实行动态管理。协同中国退役军人关爱基金会、中华慈善总会、中国老龄事业发展基金会、中国教育发展基金会开展“情暖老兵·关爱帮扶”公益行动，共筹措各类善款2400万元，帮扶4766人，集中开展受疫情和汛情影响困难退役军人帮扶救助行动、老年困难退役军人康养慰藉行动、困难退役军人子女助学助医行动等3项具体行动。印发《关于做好春节期间困难退役军人帮扶援助工作的通知》和《关于进一步加强新冠肺炎疫情防控期间困难退役军人帮扶援助工作的通知》，要求各级退役军人事务部门为退役军人帮扶济困、排忧解难。据统计，2020年春节元旦期间，全国各级退役军人事务部门共投入困难帮扶援助资金10.6亿元，走访慰问帮扶退役军人170.3万人次；各地共投入抗疫救助资金14亿元，帮扶受疫情影响困难退役军人128.3万人次。

四、积极主动做好信访工作

（一）认真做好信访工作

印发《关于进一步落实退役军人信访事项首办责任制的通知》，进一步压实首办责任。部省联动，实地到河北、山东、河南等20个省份蹲点调研，深入基层、现场办公。

（二）加大培训工作力度

7月，通过“再启航”平台，以网络直播形式举办了2020年第1期退役军人信访工作培训班，覆盖了全国各级退役军人事务部门和服务中心（站）。9月，分别在山西太原和山东烟台举办了2期全国退役军人信访工作培训班，每期涵盖15个省（区、市），相关退役军人事务部门思想权益（信访）处、退役军人服务中心负责人及业务骨干共350人参训。

规划财务

2020年，规划财务工作坚持以习近平新时代中国特色社会主义思想为指导，紧紧围绕退役军人工作大局，坚持问题导向，积极发挥职能作用，着力打基础、抓重点、破难点，推动各项业务工作平稳有序开展。

一、注重全局谋划，推进构建“十四五”退役军人事务领域规划体系

（一）积极建言献策

积极参与国家总体规划研究，协调推动《中华人民共和国国民经济和社会发展第十四个五年规划和2035年远景目标纲要》相关章节集中表述退役军人工作，对退役军人事务领域“三个体系”建设、安置就业、优抚保障、军休服务、英烈褒扬、双拥创建等工作作出规划部署。

（二）加强统筹衔接

深入贯彻习近平总书记关于“十四五”规划编制工作的重要指示，全面落实党的十九届五中全会决策部署，认真总结退役军人工作历史经验特别是退役军人事务部门组建以来的实践成果，汇聚各方力量，深入调查研究，广泛听取意见，加强前瞻性思考和系统性谋划，编制形成“十四五”退役军人工作专项规划。积极参与“十四五”公共服务规划等其他国家级专项规划编制工作，统筹推进退役军人事务信息化规划等配套专项规划编制工作，推动构建“十四五”退役军人事务领域规划体系。

（三）突出重点项目

聚焦退役军人服务保障设施薄弱环节，协调将优抚医院、光荣院、烈士纪念设施、军人公墓建设纳入“十四五”时期社会服务设施兜底线工程，加大中央预算内投资对相关项目支持力度；协调将“退役军人服务”纳入加快开展县城城镇化补短板强弱项工作社区综合服务设施项目统筹建设。

二、夯实工作基础，提升管理水平

（一）加强资金保障

坚决落实部党组的决策部署，围绕中心，服务大局。优化部门预算结构，强化财政资金保障。在财政大幅压减支出的情况下，积极沟通反映部门特殊情况，保障了重点项目和新组建单位的新增预算安排。加大结转资金的使用消化力度，有效保障了重点工作的顺利开展。积极推进中央预算内投资计划的落实实施。

（二）推进内控建设

成立部内部控制领导小组，健全规范部内部

控制组织体系、管理机制，夯实内部控制工作基础。狠抓预算执行。通过部领导召集预算执行调度会，召开预算执行督促会，定期通报等，紧盯重点项目、重要节点督促预算执行进度。建立考核机制，加强部门预算和中央转移支付资金绩效自评和重点项目绩效评价工作。加强政府采购管理，建立内部审计制度，做好审计问题整改落实。完善优化财务预算一体信息化系统，提升精细化管理水平。

（三）提升统计服务水平

健全规章制度，夯实统计工作基础。进一步修订完善，建立了退役军人事务统计调查制度，形成了“统一组织、分工协作、分级负责”的退役军人事务系统统计工作机制。加强队伍建设，提升系统统计能力。举办两次统计业务培训班，对系统9000多名统计相关工作人员开展业务培训，定期更新《统计填报常见问题解答》，实时指导统计工作开展。组织部内和全系统学习贯彻落实《防范和惩治统计造假弄虚作假重要文件选编》文件，提高依法统计意识。有序开展工作，形成统计调查成果。形成覆盖全国各级退役军人事务单位、隶属关系清晰的统计调查体系，有序开展2019年年报和2020年季报统计工作。首次试编退役军人事务统计年报，为退役军人事务工作推进提供数据服务。

三、坚持统筹协调，系统推进退役军人网信工作

（一）立足长远规划，稳步推进全国退役军人网信工作

一是高质量完成年度退役军人网信工作。制定退役军人事务部2021年网络安全和信息化工作要点，推进落实中央网信委2020年关于退役军人工作的任务部署；推动将“十四五”退役军人事务信息化工作纳入“十四五”国家信息化规划。二是优化工作模式，促进数据共享。建立数据共享机制，汇聚军委政治工作部提供的退役军人数据，市场监督总局提供的退役军人企业家数据，以及民政部、国务院扶贫办提供的困难退役军人数据，进一步丰富国家退役军人基础信息数据库数据内容；与公安部开展数据比对，有效提升数据质量。三是加强对地方信息化建设的指导力度。组织召开全国首次退役军人事务系统信息化工作会议；编制印发退役军人基础电子档案等6项标准规范；与安徽、浙江、广西等省份开展信息化工作座谈。在重庆、吉林试点部省数据交换，推进部省两级信息系统协同共享。

（二）贯穿安全主线，着力提升网络安保水平

一是注重提升网络安全意识。通过“线上科普+线下体验”的形式，举办退役军人事务部首届网络安全宣传周活动；召开网信工作推进会，组织部机关各司（局）、直属单位与河北、山东、贵州等地退役军人事务部门交流网络安全工作典型经验做法。二是加强网络安全风险隐患排查。组织开展网络安全专项检查和部机关、直属单位进行网络安全自查。

移交安置

2020年，退役军人移交安置工作按照有利于国家改革发展稳定大局、有利于国防和军队建设、有利于维护退役军人合法权益的总要求，贯彻以人民为中心的发展思想，贯彻新发展理念，以解决矛盾问题为导向，以对接军队改革为牵引，以完善制度机制为核心，以加强服务管理为保障，克服新冠肺炎疫情不利影响，圆满完成各项工作任务。

一、有序推进部分退役士兵社保补缴工作

坚持正确工作方向。根据工作安排，研究起草关于加快推进部分退役士兵社会保险补缴工作有关情况的报告，总结工作成效，明确下步工作方向。加大督促指导力度。2次下发通知，强调时间节点、任务要求，组织开展2轮次专项调研，紧盯进度较慢地区，全面指导推进各地工作。规范集中补缴收官。印发通知对规范养老保险集中补缴收官工作作出部署，提出要求。截至2020年底，全国已受理申请近290万人，185万余人完成补缴，成效明显。

二、研究起草《退役军人安置条例》

加强组织领导，牵头军地相关单位成立起草领导小组，组建工作专班，及时启动起草工作。强化顶层设计，深入研究移交安置重大理论和实践问题；加强重点攻关，专题研究设计方案；多次召开会议广泛征求意见，加强与成员单位沟通协作，深入听取各级移交安置工作同志意见建议，研究形成《退役军人安置条例》初稿。

三、圆满完成年度移交安置任务

着力提高岗位质量，不断健全“阳光安置”工作机制，注重发挥退役军人作用，促进人岗相适、人尽其才。一是狠抓计划下达。会同军地有关部门下达计划分配军转干部、安排工作退役士兵和退出消防员、复员干部、重度残疾退役士兵安置计划，以及军转干部随调随迁配偶子女计划等，确保及时准确；复核下达中央企业接收退役士兵岗位计划，岗位数量逐年递增。二是狠抓指导推进。组织召开中央单位接收安置军转干部工作培训会，稳妥组织2000余名北京地区转业干部参加统一考试。指导中央单位超计划完成军转干部接收安置任务。通过按月调度、定期通报、及时约谈等方式，指导各地做好退役军人报到接收、岗位落实、待遇保障和教育管理等工作。三是狠抓改革创新。完善推广“直通车”式军转干部安置办法，扩大试点省份，全国和中央单位共

有5000余名转业干部通过“直通车”方式落实安置岗位。探索开展安排工作退役士兵特殊岗位“双向选择”、央企岗位计划调剂使用等工作，促进人岗相适、供需平衡。紧跟疫情防控要求，首次采取线上+线下融合模式，完成中央单位军转干部专业培训。

各地严格落实政策规定，创造性开展工作，圆满完成了2万多名计划分配军转干部和5万多名政府安排工作退役士兵安置任务。广东在军转干部安置中注重服役贡献考核赋分，区分职务职级类别精准安置，对专业技能人才优先安置，全年党政机关和参公单位的接收安置比例达90%以上。江苏推广实施公安政法基层单位接收安置军转干部“提前免试录用”办法，全省共提前免试录用了400多名军转干部，既满足了军转干部进入公务员队伍的愿望，又充实加强了公安基层单位警力。辽宁、贵州部分地市通过专项招聘的办法将符合条件的安排工作退役士兵安置到事业单位管理岗位和专业技术岗，为事业单位安置退役士兵作了有益探索。重庆采取提高市级事业单位比例等措施，保证事业单位安置政府安排工作退役士兵比例略有提高。江西、广西连续6年安置到行政事业单位的退役士兵比例达90%以上。陕西加大岗位筹集力度，按照不低于应安置人数的1.3倍提供安置岗位，扩大安排工作退役士兵的选择面。

此外，按照中央有关部署要求，积极创新举措办法，较好保证了跨军地改革任务高质量推进。

就业创业

2020年，退役军人就业创业工作深入贯彻习近平总书记关于退役军人工作重要论述，认真落实党中央、国务院决策部署，积极有效克服新冠肺炎疫情冲击，自主就业退役军人教育培训、就业创业和服务保障等各项工作都取得了新成效。

一、政策制度创制迈出新步伐

针对制约就业创业、教育培训的机制性瓶颈问题，首次全面梳理出涉及44个部门单位的58项政策点，逐项研究协商沟通，初步摸清政策创新方向。单独或联合有关部门制定印发《退役士兵就业岗位目录参考》《退役军人就业创业培训工作管理指南》《关于规范退役军人就业创业指导团队建设的通知》《关于应对新冠疫情有效促进退役军人就业创业工作的意见》《关于做好2020年高职扩招专项工作的通知》《关于深入实施农村创新创业带头人培育行动的意见》等9个政策文件，覆盖了就业创业系统主要业务，不断完善政策制度体系。

二、学历教育取得新突破

一是明确高职（大专）毕业退役军人2022年专升本免试入学的政策，对形成入伍、服役、上大学的良性循环具有重大意义。二是协调有关部门解决2011年以前退役士兵高职扩招在学学费资助问题；动员33万名自主就业退役士兵参加2020年高职扩招，录取23万人。三是与交通运输部签署“浪花计划”合作框架协议，组织19家教育机构、60余家航运企业参与的海员岗位培养计划，提供岗位3000多个，为行业合作积累经验。

三、打造培训工作新亮点

一是适应性培训开局良好。出版发行《自主就业退役士兵适应性培训读本》，为士兵退役的角色转换提供有效指导。全年培训19.5万人。二是强化培训机构管理。强化市场导向，加强规范指导。据统计，目前各省签约4300多家承训机构，基本满足了本地退役军人培训需求。三是提高创业培训质量。制定政策，明确创业指导团队入选标准、职能作用等原则，解决成员来源单一、遴选程序疏漏等问题。四是线上培训扩面增效。应对新冠肺炎疫情，提供54家优质线上技能培训平台和覆盖100个以上职业（工种）的数字培训资源，近20万名自主就业退役士兵参训受益。五是开展信息采集项目风险排查、安全保密风险评估和管理规范性检查，加强安全保密教育。

四、促进就业形成新格局

一是解决就业信息不对称问题。指导各地利用退役军人常态化联系机制了解就业状况，启动全国就业创业信息系统，组织线上招聘；指导各地与有关部门合作，利用官网、微信公众号等渠道，主动收集汇总辖区企业岗位信息，促进就地就近就业，信息“堵点”基本打通。二是广泛争取社会支持。联合国务院国资委、中国银保监会、中国证监会、全国工商联发出《关于共同促进自主就业退役军人就业的倡议》，号召各级各类国有企业、金融机构、民营企业积极吸纳退役军人就业。三是创新就业合作模式。采取“权威推荐+自主选择”方式，先后三批与43家大型国有企业、23家知名民营企业签约，直接提供的20多万个就业岗位中年度达成就业意向11万人；带动全国各地与企业签约，直接提供49.3万个就业岗位。四是拓宽岗位供给渠道。联合应急管理部，实施消防员面向退役军人单列计划招录5000多名；推进“兵支书”工作，支持优秀退役军人到村居“两委”任职；推动民警、辅警等岗位招录。

五、扶持创业呈现新局面

一是联合农业农村部印发文件，将优秀返乡退役军人纳入农村创新创业带头人培育行动重点对象，享受政府扶持。二是举办首届退役军人创业创新大赛。以“立创业创新潮头展退役军人风采”为主题，共有8429个参赛企业（团队）、3万多名退役军人参赛，引导创业带动就业，在全国军创市场主体中引起强烈反响。三是完善创业孵化服务。鼓励各地加强退役军人创业孵化基地、园地、园区和专区建设，为退役军人创业提供经营场地、水电减免、人力资源、宣传推介等服务；探索社会资本设立退役军人创业基金，为退役军人提供投融资服务。

六、服务保障提升新水平

一是顺利完成2020年度自主择业军转干部、复员干部接收安置工作。大幅提高退役金标准，并确保及时准确发放到位。指导各地做好接收审档、待遇核定和服务保障工作。二是会同人社部、军委后勤保障部研究制定《关于开展退役军人养老保险关系转移接续清理工作的通知》，对《军人保险法》颁布实施后，退役军人养老保险关系转接情况进行全面清理，维护退役军人合法权益。

七、激励宣传等工作机制作出新探索

一是在《人民日报》设立刊发退役军人就业合作企业光荣榜和退役军人创业光荣榜，在中央电视台《新闻联播》报道3次就业创业重大信息，部里择优刊发22期推广各地就业创业经验做法，极大地调动了各方积极性。二是探索构建行政机关、事业单位、社会组织“三驾马车”密切合作、互通互助、协同推进就业创业工作的新格局。三是推进退役军人管理保障学科建设，完成首批硕士研究生招录和二级学科设立，协调设立博士点，逐步强化理论基础。四是开展《退役军人管理保障专业研究生培养方案研究》《退役军人就业创业政策严格及启示研究》《支持退役军人创办中小微企业和开发区就业创业研究》等三个课题研究。

军休服务管理

2020年，军休服务管理工作以习近平新时代中国特色社会主义思想为指导，全面落实全国退役军人工作会议和全国退役军人事务厅（局）长会议精神，扎实开展“思想政治工作年”和“基层基础基本建设年”活动，坚持以军休干部为中心、聚焦服务备战打仗，着力加快解决滞留部队问题、加速提升服务管理水平、加紧老旧小区条件改善、加大政策制度研究力度、加强自身能力素质建设，较好完成了年度工作目标任务。

一、全力做好移交安置工作

着眼改革强军需要，加快军休人员移交安置步伐，更好服务备战打仗。

一是深入分析问题原因。年初克服疫情影响，组织专门力量，准确理清移交安置基础数据，深入剖析历史滞留成因，梳理现行政策制度，从当前和长远发展提出政策制度改革设想，形成相关报告及时上报。

二是制定出台专门文件。经赴陆军、战支部队和北京、上海等多个军地单位实地调研，组织军地11部门进行数轮会商，研究形成专门文件以中共中央办公厅、国务院办公厅、中央军委办公厅名义印发。同时，会同军委政治工作部、后勤保障部有关业务部门，进行政策细化，形成专门配套文件，提高指导实践的有效性、针对性。

三是圆满完成安置任务。及时下发通知，组织指导各地抓紧开展年度安置去向审定工作，会同军委政治工作部组织召开移交安置工作推进会，协调解决重难点问题，研究推进任务落实的措施办法，实现军地有效沟通衔接。建立军地会商周报制度，及时跟踪检查督导，确保任务如期保质完成。

二、加速提升服务保障水平

坚持以落实政治待遇、生活待遇为切入点，全力解决军休老干部“急难愁盼”问题，切实提升军休人员荣誉感、归属感和获得感。

一是制定出台政策文件。着力解决军休干部所需所急所盼的重难点问题，会同军地6部门印发《关于进一步提升军休干部服务管理水平的通知》，从加强政治引领、规范教育管理、扩大服务供给、提升医疗服务、建立疗养制度、拓展保障渠道、完善监督考评7个方面提出31条具体措施，推动构建开门办所、融入社会、购买服务、资源共享的服务保障新模式。

二是召开全国军休大会。会议以学习党的十九届五中全会精神、贯彻习近平总书记重要论述为主题，系统谋划军休工作发展方向，研究部署当前重点改革任务，推动各项举措落实落地，组织现场观摩交流经验，开创军休服务管理新局面。

三是打造军休服务信息化平台。作为“互联网+退役军人服务”的重要组成部分和先期试点项目，经系统研发、动员部署、试点运行、深入推动，引入优质服务资源，与政治引领、资讯信息、医疗健康、社会养老等资源有效对接，实现了线下服务与线上服务的有机结合，实现了服务管理的全天候、全时段、全覆盖，为军休干部提供多层次、多元化优质优惠服务，受到军休干部广泛好评。

四是做好新冠肺炎疫情防控。下发通知进行部署，层层传导压力抓紧抓实，指导各地织密防护网络，全力把疫情对军休干部的影响降到最小，切实保障了广大军休干部的健康安全。赴湖北省慰问受疫情影响的军休干部和家属，转达部领导关心关怀，赠送慰问金，广大军休干部备受鼓舞倍感温暖。同时，广大军休干部发挥优势作用，积极投身抗疫一线，开展志愿活动，累计捐款7000余万元，为疫情防控贡献了军休力量。

五是全面落实各项待遇。组织全国军休干部纪念中国人民志愿军入朝作战70周年，遴选100余名军休干部代表参加中央纪念大会等系列活动，举办纪念章颁发仪式、制作口述历史视频资料、广泛宣传英雄事迹。走访慰问“八一勋章”获得者李中华、全国模范退役军人陈荣超等，组织200名全国军休功臣到海南疗养，陆续为军休干部换发新式离退休证。积极协调财政部、军委后勤保障部等部门，按时足额下达军休经费，为军休干部安享幸福生活提供了有力保障。

三、加紧基础设施条件改善

为回应广大军休干部的热切期盼，下力研究解决军休干部最关心最急迫的重难点问题。

一是竭力协调推动政策出台。通过调查摸底、研究论证、反复协调，会同国家发改委、财政部、自然资源部和住房城乡建设部等5部门，制定出台《关于做好军休干部住房小区居住条件改善有关工作的通知》，从提高站位、多措并举、压实责任、严密组织等方面明确了一系列政策措施。

二是多措并举推动落地见效。指导各地对2000年以前的军休小区纳入属地更新改造计划，按照“尽力而为、量力而行”的原则，用足用好棚户区改造、城镇老旧小区改造等政策渠道，采取拆旧建新、拆低加高、置换回迁、加装电梯等方式，稳步做好老旧小区提质升级和更新改造工作。

三是扎实做好服务用房建设。加强与军队有关方面的沟通对接，统筹做好军休服务用房配套建设，确保与军队统建项目同步规划、同步设计、同步建设。积极适应老龄化的趋势，通过改建、扩建、翻建等多种措施，做好现有军休服务用房的适老化升级改造，为军休干部生活养老提供便利。

拥军优抚

2020年，拥军优抚工作坚持以习近平新时代中国特色社会主义思想为指导，攻坚克难、守正创新，积极适应军地改革新形势，努力满足广大服务对象新期盼，各项工作有序推进，成果丰硕。

一、优抚政策体系更加完善

深入贯彻习近平强军思想，着眼让军人成为全社会尊崇的职业，服务部队备战打仗，坚持体现贡献、体现尊崇、体现激励的政策导向，与19部门联合印发《关于加强军人军属、退役军人和其他优抚对象优待工作的意见》，构建优待体系框架，为今后一个时期优待工作提供基本遵循；修订公布《光荣院管理办法》，扩大对象范围，加大优惠力度，优化入院流程；与军委政治工作部、国防动员部联合制定《立功受奖军人家庭送喜报工作办法》，营造尊重关爱功臣模范的浓厚社会氛围。启动《军人抚恤优待条例》《优抚医院管理办法》等法规政策的修订制定工作，逐步建立健全优抚政策体系的“四梁八柱”，做好优抚政策的顶层谋划。

二、服务保障水平继续提升

围绕做好“六稳”工作、落实“六保”任务，加大统筹协调力度，“八一”前再次以平均10%的幅度提高部分优抚对象抚恤补助标准，确保优抚对象在疫情影响、经济下行压力较大的形势下，基本生活得到有效保障。组织部分优抚对象及家属在河北省优抚医院开展短期疗养活动，体现国家和社会对革命功臣的关心关爱。加快推进优待证制发工作，深入调查研究，反复修改论证，广泛征求意见，就《退役军人、其他优抚对象优待证服务管理办法（试行）（征求意见稿）》面向社会公开征求意见。积极拓展社会优待，指导各地促进政策落实落地，为军人军属、退役军人和其他优抚对象提供优先、优质、优惠的服务。

三、现代化管理能力明显提高

推动优抚资金按月发放，加强资金使用管理；研究建立享受国家定期抚恤补助优抚对象年度确认制度，采取上门服务和线上自助相结合的方式完成年度确认，让广大优抚对象享受到更加方便快捷的服务。印发《退役军人事务部关于换发〈残疾军人证〉等证件的通知》，8月1日起启动残疾人员证件换发工作，整体提高证件质量，更好保障相关对象优待待遇落实及合法权益维护。全面总结信息采集工作情况，实现信息采集常态化运转。深入推进优抚事业单位改革发展，鼓励地方探索创新，积极做好“十四五”规划优抚医院、光荣院项目准备工作。

四、崇军拥军氛围日益浓厚

10月21日，习近平总书记给四川省革命伤残军人休养院全体同志回信，向他们致以诚挚问候。总书记回信后，迅速印发《关于学习贯彻习近平总书记重要指示精神 进一步做好革命功臣优抚工作的通知》，要求各地传达学习习近平总书记回信，深入贯彻总书记重要指示精神，进一步抓细抓实革命功臣优抚工作。2020年适逢抗战胜利75周年、抗美援朝出国作战70周年，按照党中央要求，会同有关部门走访慰问参加过抗日战争的老战士、抗战烈士遗属代表、抗美援朝老战士等，会同军委政治工作部向志愿军老战士、老同志、烈士家属和拥军支前模范致慰问信，组织抗美援朝老战士、老同志代表参加纪念抗美援朝出国作战70周年大会，进一步彰显老战士、老同志以及烈士遗属等的突出功绩，大力弘扬英雄精神。

五、双拥工作成效进一步彰显

一是隆重举办双拥命名表彰大会。2020年10月，经党中央、国务院、中央军委批准，经过周密精心组织筹备，组织召开全国双拥模范城（县）命名暨双拥模范单位和个人表彰大会。习近平总书记亲自接见与会代表并合影留念，李克强总理出席大会并讲话。充分体现了党中央对拥军优属、拥政爱民工作的高度重视。对于大力弘扬我党我军优良传统，巩固和加强军政军民团结产生重大而深远的影响。

二是协调解决军地实际困难。指导各地双拥办开展“情系边海防官兵”活动，累计惠及官兵家庭4.2万余户，全国双拥办直接推动解决老人就医、困难救济、法律援助等实际困难1200余项，受到官兵广泛好评。开展双拥系统对口支援西藏边防连队试点，协调指导江苏省双拥办对口支援西藏边防连队。持续深化推广战区拥军支前试点经验，指导北部战区及战区范围内四省一区进行拥军支前军地需求对接。推动落实军地互提需求、互办实事的“双清单”制，积极协调解决军地相关难点问题。

三是营造双拥浓厚社会氛围。广泛宣传双拥模范表彰大会相关情况及双拥模范创建工作中经验做法和典型事迹，做好新年春节、“八一”期间双拥工走访慰问及宣传工作，组织慰问海军潜艇基地官兵、西藏一线2个边防连队、湖北荣军医院、武汉光荣院和部分优抚对象，大力营造关心国防、热爱军队、尊崇军人、爱护人民浓厚氛围。

六、凝聚力量抗击新冠肺炎疫情

把打赢疫情防控阻击战作为体现责任担当的“试金石”，按照退役军人事务部党组决策部署，遴选江西、山西、浙江三省荣军医院共40名医务人员组成退役军人事务系统援鄂医疗队驰援武汉。医疗队全体队员与湖北省荣军医院医务工作者密切协作、并肩战斗40余天，共治愈确诊病例315人，实现出院患者零返院、医疗安全零差错、医务人员零感染的三“零”目标，圆满完成救治任务。2020年9月8日，退役军人事务系统医疗队临时党支部获“全国抗击新冠肺炎疫情先进集体”称号。充分发挥双拥工作优势支援湖北疫情防控工作，全国双拥办派出专人赴武汉现地开展军地协调，深入了解5000多名军队一线人员实际情况。在此基础上，指导各地双拥办大力开展“五个一”（组织一次走访、建立一张联系卡、发送一封慰问信、赠送一个拥军包、解决一批现实困难）活动，走访慰问疫情防控一线军队人员家庭，协调解决实际问题1000余件次，为他们解决了后顾之忧。发动拥军企业、社会组织、模范个人等捐款捐物达3亿多元，为一线军队医务人员解决生活用品紧缺的困难，军政军民团结伟力充分彰显。

褒扬纪念（国际合作）

2020年，褒扬纪念与国际合作工作以习近平新时代中国特色社会主义思想为指导，认真落实习近平总书记关于退役军人工作重要论述，围绕推动退役军人工作高质量发展，坚决贯彻落实党中央、国务院决策部署，坚持疫情防控与褒扬纪念统筹研究推进，守正创新、攻坚克难，各项重点任务稳步推进。

一、圆满完成中央交办任务

一是为纪念中国人民抗日战争暨世界反法西斯战争胜利75周年，大力弘扬伟大抗战精神，及时公布第三批80处国家级抗战纪念设施、遗址名录和185名著名抗日英烈、英雄群体名录。经统计，公布后的6天内有超过150家主流媒体宣传报道，阅读量达到2.45亿人次。二是为纪念中国人民志愿军抗美援朝出国作战70周年，高规格举行第七批在韩志愿军烈士遗骸迎回安葬仪式。此次共迎回117位在韩志愿军烈士遗骸、1517件遗物，是除2014年首次迎回外，近年迎回烈士遗骸、遗物数量最多、仪式规格最高、社会反响最热烈的一次，对于缅怀志愿军先烈、弘扬伟大抗美援朝精神，在全社会凝聚强大正能量具有重要意义；联合举办“铭记伟大胜利　捍卫和平正义——纪念中国人民志愿军抗美援朝出国作战70周年主题展览”；会同相关部门隆重举行以习近平总书记名义向中朝两国四地志愿军烈士纪念设施敬献花篮仪式。

二、统筹做好疫情防控和烈士褒扬工作

一是科学研判疫情形势，及时部署跟进烈士评定工作。贯彻落实党中央、国务院决策部署，第一时间对妥善做好新冠肺炎疫情防控牺牲人员烈士褒扬工作进行部署安排。会同军队有关部门印发《关于妥善做好新冠肺炎疫情防控牺牲人员烈士褒扬工作的通知》，指导各地妥善做好烈士评定工作，重点指导湖北省在清明节前评定14名疫情防控殉职人员为烈士，并妥善做好公布、宣传等工作，在退役军人事务部门户网站、中华英烈网和百度平台推出“战‘疫’英烈录”专题和“战‘疫’英雄赞”栏目，配合做好4月4日全国哀悼活动，激励和鼓舞抗疫一线工作人员斗志，为坚决打赢疫情防控的人民战争、总体战、阻击战提供了强大精神动力。二是坚决克服疫情影响，做好清明烈士祭扫组织服务工作。科学研判新冠病毒肺炎疫情对清明期间烈士祭扫工作的影响，创新祭扫方式，积极应对挑战。1月31日及时印发通知，指导各地纪念设施实施临时性闭

园措施。2月21日印发《关于做好“致敬·2020清明祭英烈”网上祭扫活动的通知》，推出“云祭扫”形式向英烈致敬，充分运用“互联网+”技术，广泛开展网络祭扫、远程代为祭扫等各种线上祭扫活动。3月23日印发《退役军人事务部办公厅关于有序做好疫情防控形势下清明烈士祭扫工作的通知》，指导各地结合疫情防控形势充分利用现代化信息技术，为烈士亲属和社会各界祭扫群众纪念缅怀英烈提供便利。清明期间，共计3.2亿人次参与网上祭扫，互动参与近4000万人次，更新活动图文、视频等5919篇（个），推出10个国家级烈士纪念设施VR全景展示，使广大烈属和祭扫群众享受到更加安全、更有温度、更为便捷的服务，引导建立文明祭扫新风尚。三是因“势”制宜举办英烈褒扬活动。统筹考虑疫情防控常态化要求，指导各地在烈士纪念日广泛开展烈士公祭仪式、烈士光荣证颁授仪式。按照中央部署，烈士纪念日在天安门广场向人民英雄敬献花篮，组织保障在京老战士和烈士亲属代表参加活动。全国约3000个县级以上人民政府举行烈士公祭仪式，26个县级以上人民政府为新评定烈士遗属隆重举行《烈士光荣证》颁授仪式。

三、推动烈士纪念设施保护管理

一是境内烈士纪念设施保护管理持续加强。按照《烈士纪念设施规划建设修缮管理维护总体工作方案》，完成全国1582个烈士纪念设施保护单位、5053处县级以上烈士纪念设施摸排和信息采集工作。指导各地对标对表出台具体实施工作方案，推动烈士纪念设施和爱国主义教育基地、红色旅游经典景区、国防教育基地等融合发展。指导各地出台本地区《烈士纪念设施规划建设修缮管理维护实施方案》。积极推动烈士纪念设施规划建设和提质改造项目纳入国家“十四五”规划。组织开展“全国英烈讲解员网上培训”，受训人员近2000人，加强从业人员职业发展体系建设和专业人才队伍培养，提高服务管理和展陈讲解等专业素养。二是规范异地祭扫工作。联合公安部、财政部、交通运输部、文化和旅游部印发《关于做好烈士亲属异地祭扫组织服务工作的意见》，建立健全长效工作机制，为烈士亲属提供全方位服务保障。指导各地结合实际制定具体实施办法和辖区内祭扫规范，切实做好烈士亲属异地祭扫组织服务工作。三是境外烈士纪念设施保护管理与遗骸搜寻鉴定工作持续开展。出台《境外烈士纪念设施保护管理办法》，印发《〈烈士纪念设施规划建设修缮管理维护总体工作方案〉境外工作贯彻落实措施》，制定《境外烈士纪念设施工程项目管理工作规程（试行）》，不断健全境外烈士褒扬政策制度。稳步实施推动在朝鲜、赞比亚、老挝、缅甸、埃塞俄比亚、苏丹等国境外烈士纪念设施修缮保护工程。

四、营造褒扬英烈浓厚氛围

为更好弘扬红色传统，传承红色基因，统筹考虑疫情防控常态化要求，有序开展纪念缅怀英烈活动，讲好英烈故事。一是做好烈士评定备案工作，共备案160名烈士，并呈报党和国家功勋荣誉表彰工作委员会。二是联合宣传、网信、文物、档案管理等部门组织“追寻先烈足迹”短视频征集展示活动，烈士陵园等200余家单位及广大网民积极报送作品1.4万余件，截至活动结束时，微博话题阅读总量达3.6亿次，各短视频平台的视频总播放量突破10亿人次。三是自8月底至10月开展“红色九月　彪炳历史　照亮未来”系列主题宣传教育活动，以抗战胜利纪念日、烈士纪念日、中国人民志愿军抗美援朝出国作战纪念日为时间节点，协调《人民日报》、新华社、中央广播电视总台等多家媒体平台，并以退役军人事务部官网、中华英烈网、地方媒体网站为宣传阵地，排浪式开展崇尚英雄、缅怀先烈的纪念宣传活动，在全社会营造致敬英烈、关爱烈属的浓厚氛围。

五、做好国际交流合作及涉港澳工作

疫情期间，向韩国、朝鲜、塞尔维亚捐赠防疫物资为其防疫提供帮助与支持；委托香港新社联、澳门街坊总会等港澳社团组织代为走访慰问在港澳烈属和老战士，并转交慰问信与慰问金；面向退役军人事务系统开展网络直播授课，介绍有关国家退役军人事务领域工作经验做法；对有关国家和地区退役军人工作、烈士褒扬纪念情况进行深入调研，部分研究成果通过《中国退役军人》杂志公开发表。

退役军人教育培训

2020年，退役军人教育培训工作坚持以习近平新时代中国特色社会主义思想为指导，深入贯彻习近平总书记关于退役军人工作重要论述和重要指示批示精神，全面落实全国退役军人事务部厅局（长）会议精神，围绕“基层基础基本建设年”相关要求，推动各项工作平稳有序开展。

一、加强基层基础基本建设

一是深化教育培训工作研究。将“退役军人教育培训发展规划”列为年度课题，委托浙江大学开展研究，进一步探索教育培训工作的发展方向，丰富理论基础。

二是推进培训中心系统建设。举办退役军人事务部以来首期培训中心系统工作人员培训班，来自各地行政部门、培训中心和其他事业单位有关人员参加培训，加强沟通交流，提升整体工作水平，凝聚教育培训工作力量。

二、有序开展退役军人培训工作

一是认真组织计划安置军转干部培训。依托“再启航”平台，以网络形式组织2020年北京地区计划安置军队转业干部全员适应性培训。联合清华大学举办中央单位接收安置军转干部专业培训，采取集中面授、网络授课和社会实践相结合的方式，开设党政管理、社会事业和企业发展3个培训班次。

二是积极开展退役军人就业创业培训。采取线上线下相结合的形式，举办全国退役军人就业创业示范培训班，探索部队与地方、政府与企业、国家层面与省区市、线上与线下相结合的培训新途径，累计15000余名拟退役士兵参加培训。组织召开退役军人就业创业培训服务工作座谈会，中央军委政治工作部有关部门、部分省区市退役军人事务系统、有关社会组织负责人和部分企业、退役军人代表共计45人参会，进一步理清做好退役军人就业创业培训服务的思路。

三是创新开展退役军人“全媒体运营师”职业技能培训。与国家广播电视总局教育培训基地合作，依托“再启航”在线学习平台，面向湖北省退役军人免费举办为期15天的“全媒体运营师”网络培训，支援湖北省退役军人工作。其间共计3032名湖北省退役军人参训，近2000名学员通过考试并获得《全媒体运营师》职业能力等级证书，为提高退役军人就业能力、拓展就业渠道起到了积极作用。

四是与部队合作开展“送政策、送技能、送岗位”进军营专场培训活动。赴某集团军进行政策宣讲，该军旅级以上单位即将退出现役的1000

多名士兵通过视频方式参加培训。此次培训作为示范，通过“再启航”平台要求全国退役军人事务系统进行观摩学习。同时，在火箭军所属部队也开展了此类活动。

五是为各省区市与部队提供网络培训项目。为多个省区市提供退役军人线上培训服务，依托“再启航”在线学习平台和中心优质网络课程资源，向有需求的省地市退役军人提供适应性培训、专业培训等课程。

三、稳步推进培训教材体系建设

一是培训教材编写和修订工作持续进行。编写出版《自主就业退役士兵适应性读本》；组织编写全国退役军人模范系列丛书（8本），被推荐为第五届全国党员教育培训教材展示交流活动的示范教材。组织编写退役军人就业创业指导书籍，向各省发行；《退役军人安置工作实用手册》面向退役军人事务工作部门发行。

二是与社会优质资源积极开展合作，探索教材开发新模式。与教材研编试点单位合作研发退役军人电子教材，已开发4门电子教材，协调研究编写退役军人法律类教材。

四、围绕系统需求加强服务保障

一是组织2020年中央单位和北京市市级单位接收安置军转干部统一笔试。克服疫情防控挑战，保障考试圆满顺利进行，并为安置工作提供全程数据信息服务。

二是保障退役军人事务系统工作人员培训。组织全国系统工作人员网络培训，2020年共组织直播30余场，累计参训20万余人（含录播培训）。组织24场系统工作人员网络培训，累计培训1.4万人。为湖北省退役军人事务系统工作人员开设网络培训专区，向湖北省3000余名系统干部开放培训课程。

三是提供相关信息化服务。协助制作《退役军人服务保障体系建设纪录片》并在全国退役军人事务系统学习推广新时代“枫桥经验”现场推进会上播出。为北京市接收安置符合政府安排工作的退役士兵、北京市复员干部和自主就业退役士兵、广东省计划分配军转干部等提供电子预落户、安置选岗服务，为火箭军干部局开发火箭军随军家属信息管理系统。发挥“中国退役军人网”作用，积极为退役军人及其他优抚对象提供综合服务。

退役军人服务中心（站）建设

2020年，退役军人服务中心（站）建设工作坚持以习近平新时代中国特色社会主义思想为指导，深入学习贯彻习近平总书记关于退役军人工作重要论述和服务保障工作重要指示批示精神，按照党中央、国务院决策部署，主动克服新冠肺炎疫情影响，攻坚克难，真抓实干，服务中心（站）建设迈出坚实步伐，服务保障工作取得扎实成效。

一、实体性基础建设不断夯实

以深入开展“基层基础基本建设年”活动为牵引，采取季度任务清单、常态联络指导、总结推广经验、深入一线督查等多种方式，持续推进“五有”“全覆盖”要求走实走深走细。在机构设置上，全国建成退役军人服务中心（站）64万多个，有的地方还在退役军人相对集中的开发区、功能区、企业、商圈等设立退役军人服务站点，机构覆盖面不断拓展，横向到边、纵向到底、覆盖全域的退役军人服务体系已经建立。在人员配备上，通过核定编制、指定专人负责、政府购买服务、志愿服务等方式，编配专兼职工作人员近百万名，服务工作队伍不断壮大。在财物保障和信息化建设上，各级持续投入资金，完善办公和服务场所，加快推进“互联网+服务”，为退役军人服务中心（站）实体高效运行提供有力保障。

二、法规性制度建设不断完善

着眼健全法规政策，积极推进退役军人服务中心（站）建设入法工作，国家加强退役军人服务机构建设等内容，专章专条纳入《中华人民共和国退役军人保障法》，实现有法可依。着力加强标准化建设，从国家层面制定省、市、县、乡、村五级退役军人服务中心（站）建设管理指导标准，协同推进示范型退役军人服务中心（站）创建工作，辐射带动退役军人服务机构建设水平整体提升。着眼规范工作运行，指导各级普遍完善工作职责、细化服务清单、优化服务流程、建立服务台账、健全运行机制，确保各项工作有序有效展开。各省（区、市）和新疆生产建设兵团结合属地特点，从服务场所建设、基本业务开展、工作运行保障等方面，普遍制定出台相关文件规定，有力促进退役军人服务体系标准化规范化。

三、功能性服务效能不断增强

聚焦就业创业扶持、优抚帮扶、走访慰问、

权益维护等职能，完善拓展退役军人服务中心（站）“九大功能”，整合服务资源，创新服务模式，积极开展“一站式”“最多跑一次”“全生命周期”、网格联络等集成化、人性化、精准化服务，用心用情用力打造“退役军人之家”。举办省及地级市服务中心主任和业务骨干“千人大培训”，各省“下沉两级”组织各类培训110余万人次，有效增强了能力素质。深入学习推广新时代“枫桥经验”，“面对面、心贴心”帮助退役军人解决一大批合法合理诉求，就地化解矛盾问题能力明显增强；着眼稳就业、保就业，积极协助退役军人就近就便和高质量就业创业30余万人，及时帮扶援助困难退役军人90余万名，帮助大批退役军人摆脱困境；建立健全联系沟通机制，普遍加强对服务对象的常态化联系和走访慰问，有效增强了退役军人荣誉感归属感获得感。

四、政治性引领作用不断彰显

扎实开展“思想政治工作年”活动，着力强化政治文化环境建设，突出党中央对广大退役军人的关心关爱，在服务场所显著位置悬挂习近平总书记重要论述以及军队10位挂像英模画像等，普遍打造退役军人荣誉墙、设立军旅实物陈设室，围绕“纪念抗美援朝出国作战70周年”组织画册制作、主题展览、英模报告、缅怀先烈等系列活动，及时为参战老兵颁送荣誉纪念章，协助培育“最美退役军人”“兵支书”，学习宣传他们的先进事迹，让退役军人“兵”至如归、精神永继、奋斗不息。着力强化退役军人党员教育管理，及时为退役军人党员接续组织关系，设立党员学习室、党建活动室，完善运行“退役军人微课堂”公众号，引导退役军人党员不断发挥先锋模范作用。着力强化退役军人志愿服务，按照“一村社一队伍”的模式，积极构建“村村有队伍、县市有品牌”的退役军人志愿服务品牌，组织动员300余万名退役军人在疫情防控、抗汛救援、脱贫攻坚、乡村振兴、基层治理等方面发挥积极作用，有效彰显了退役军人的本色担当。

烈士纪念设施保护和烈士遗骸搜寻鉴定

2020年，烈士纪念设施保护中心（烈士遗骸搜寻鉴定中心）工作坚持以习近平新时代中国特色社会主义思想为指导，深入学习贯彻习近平总书记关于退役军人工作重要论述和重要指示批示精神，围绕烈士褒扬工作部署安排，积极发挥服务性、延伸性、辅助性职能作用，推动组建和各项业务工作有序开展。

一、实现快速组建、有序运转

4月16日，退役军人事务部烈士纪念设施保护中心挂牌成立。按照“三个机关”建设要求，以“三个体系”建设为统揽，坚持党建引领，推动党的组织建设逐步完善；通过选调、公招、军转和转隶等工作，人员队伍快速组建；注重建章立制，推动中心内部规范运行；加强对接学习、调研交流，充分厘清工作职责，实现中心快速组建、有序运转。

二、原厦门接待站转隶工作顺利完成

积极与相关司局单位沟通协商，研究制定《原厦门接待站划转接收工作方案》；牵头注销登记清算工作，推动完成原厦门接待站《清算公告》发布，商请福建省退役军人事务厅协助推进解决转隶工作；研究明确原接待站机构注销工作任务清单及完成时限，稳妥推进房屋租赁纠纷问题的解决。有序推进结余资金划转、银行账户注销、房屋产权变更、税务登记注销、社保公积金清缴以及第三方事务所清算审计等工作，实现人员平稳转隶、资产顺利接收。

三、参与烈士褒扬重点工作成果初显

参加以习近平总书记名义向丹东抗美援朝纪念塔敬献花篮活动，纪念缅怀志愿军烈士。参与第七批在韩志愿军烈士遗骸迎回安葬系列工作：参加部级代表团工作组赴韩执行交接仪式相关工作，协助起草重要文稿，筹划宣传工作并协调媒体做好宣传报道，配合协调与海关、边检、民航、军委机关、国药集团等有关部门为烈士遗骸遗物运输、通关、疫情防控等提供支持和保障。协助在部门户网、中华英烈网等平台，做好“弘扬、追忆抗战精神”系列宣传活动。梳理、审校第三批抗战名录，并做好《抗战记忆——第三批国家级抗战纪念设施、遗址，著名抗日英烈、英雄群体简介》编辑出版工作。

四、国家烈士遗骸DNA鉴定实验室组建工作有序推进

围绕国家烈士遗骸DNA鉴定实验室组建工作，与中央军委政治工作部、军事科学院等相关单位多次沟通协调，研究起草实验室组建工作方案，将组建实验室工作列入军地协调事项清单，积极推动实验室挂牌工作。积极对接军事科学院，着手对已迎回第七批在韩志愿军烈士遗骸进行DNA鉴定工作，让烈士“无名变有名”。

五、烈士遗骸搜寻基础研究工作逐步开展

以借智借力发展为理念，围绕烈士遗骸搜寻队伍建设工作，先后赴军事科学院、国家文物局、中国社会科学院、北京大学、西北大学等军地多家单位走访座谈，学习了解国家级队伍组建经验及工作开展情况，初步建立与军地有关单位的工作对接机制。起草国家烈士遗骸搜寻发掘操作规程和工作规范，推动基础工作研究。起草搜寻队组建及烈士遗骸搜寻保护整体工作方案，推进常态化搜寻队伍组建工作。

六、烈保组织体系建设不断健全

着眼加强烈保组织体系建设，主动了解各地烈保组织机构成立动向和工作推进情况，并建立信息交流平台，及时做好挂牌成立、工作开展相关的宣传工作。12月22日，四川省成立全国第一家省级烈士纪念设施保护中心。各省之间加强交流互鉴，目前，天津市滨海新区、福建省长汀县等已成立烈保组织机构。做好与已成立烈保组织机构的工作交流，共同开展烈士纪念设施保护、遗骸搜寻发掘、史料收集、英烈精神弘扬等研究工作。

退役军人工作信息化建设

2020年，退役军人事务信息化工作初步形成信息系统涵盖全部核心业务、工作网络覆盖全部退役军人事务行政部门、数据库包含全部退役军人基础数据的新局面。

一、统筹协调整体推进

一是召开全国退役军人事务系统信息化工作会议。召开会议研究部署融入电子政务、引领网络舆情、通办优待服务、推进网络职教等新时代退役军人事务网信工作的主要任务，确立统一标准体系、统一技术服务、统一调度指挥、统一密级管理的信息化建设原则，对加强退役军人事务系统信息化队伍建设提出要求。

二是稳步推进全国退役军人事务系统信息化机构队伍建设。组建退役军人事务部退役军人信息中心，作为承担国家级退役军人信息化建设的专门机构；推动6个省（区）成立信息中心、数据管理中心等信息化专门机构，6个省（区、市）在退役军人服务中心设立信息化科室；完善议事协调机制，指导全国31个省（区、市）和新疆生产建设兵团的退役军人事务厅（局）成立网络安全和信息化领导小组。

三是推进全国退役军人工作信息化建设加速实施。全国退役军人信息化工程国家平台（一期）项目获正式批复。印发基础电子档案信息项、退役军人事务数据元、视频会议系统互联互通、应用支撑平台建设等6项规范，指导和保障全国退役军人工作信息化建设科学、规范、有序开展。深入了解各地退役军人部门的信息化建设进度和问题困难，对各地信息化建设的设计规划提出意见建议。

二、数据汇聚应用深入开展

一是建成国家退役军人基础信息数据库。不断丰富退役军人数据库信息，通过数据交换平台，打通基础信息数据库与军休、安置、信访等核心业务系统的数据通道，实现数据共享、清理和整合。

二是启动退役军人和其他优抚对象建档立卡。制定《退役军人和其他优抚对象基础电子档案信息表》《退役军人和其他优抚对象基础电子档案信息项》等建档立卡标准规范，完成建档立卡系统主体功能开发。根据业务办理的不同场景，完成建档立卡系统与优待证管理等业务系统的整合对接，实现数据互通共享和联动更新，为全面开展建档立卡工作做好技术准备。

三是数据分析应用水平显著提升。推动部门间数据共享应用。扩充数据平台功能，研发“以图搜人、以图识人”等人工智能应用，完成军休、就业创业、常态化联系退役军人数据展示大屏设计。面向部机关推出信息查询服务，全年提供数据查询服务495.17万次，变更服务75.71万次，身份认证服务10.58万次。

三、互联网服务推陈出新

一是在线政务服务更加丰富高效。在部政务服务平台上扩展服务大厅、新闻发布、个人主页、事项办理、进度查询等系统功能。研发新增统一好差评、政务服务事项、投诉建议、统一搜索等子系统。新接入自主择业年审、社保补缴在线申请、就业创业平台、退役士兵安置央企计划等服务事项，实现服务事项的“一网通办”。

二是线上就业创业服务逐步推广。完成就业创业信息系统（一期）在天津、吉林等17省（区、市）试点运行。根据试点情况进一步优化功能，新增统计台账、教育培训和就业创业工作台账等栏目。起草《全国退役军人就业创业信息系统招聘平台管理办法》等配套文件，制定《退役军人就业创业信息系统运营分工方案》，保障线上服务合法合规、安全高效。

三是军休服务移动应用日臻成熟。完善军休服务移动应用，完成与京东商城等社会服务、浙江“浙军休”和上海“叮咚买菜”等第三方服务的对接，不断扩充优质服务内容。先后在北京市、湖北省等9省（市）11地区开展军休服务管理机构工作人员和军休干部试点工作。截至年底，累计访问超过280万次。

四是网上祭扫服务方式创新升级。开展“致敬·2020清明祭英烈”专项活动，新增网上纪念堂、家庭追思会、直播代祭扫、祭英烈云展播等多种方式。全年共有3.2亿人（次）参与网上祭扫，近4000万人（次）参与线上互动。

四、业务管理信息化能力不断提升

一是推动移交安置全流程线上办理。建成军转安置子系统，在天津、新疆开展试点工作。不断优化退役士兵移交安置服务管理信息子系统、中央企业岗位计划子系统，实现年度安置计划和人员名单线上线下同步下达以及中央企业岗位计划核报、下发、调整的统筹开展。

二是线上开展困难退役军人帮扶援助。建成全国困难退役军人帮扶援助服务系统，实现帮扶信息统一汇聚、帮扶工作在线统筹、帮扶成效实时监管。截至年底，通过系统帮扶援助16478人，提供服务20935次。

三是实行常态化联系退役军人在线管理。建成全国常态化联系退役军人信息管理系统，对任务单位、联系对象、联系行为、联系情况等进行统一在线管理。在数据平台建设常态化联系工作专题展示模块，对联系对象类别、各地工作进度等情况进行实时统计展示。

四是推行视频会议工作模式。保障疫情期间就业创业合作企业“屏对屏”签约、统计业务“云培训”等工作顺利开展。建立视频会议技术保障模式，保障全国退役军人事务系统学习推广新时代“枫桥经验”现场推进会、一周一省云推进、全国退役军人事务系统信息化工作会议以视频会议形式顺利召开。初步搭建覆盖各级退役军人服务体系的移动视频会议系统。

五是拓展部机关网络综合办公应用。优化公

文管理子系统，升级完善系统运行架构，调整公文办理流程，排查解决运行速度问题，进一步提升公文运转效率。扩展模块，推出综合办公系统2.0版，有力保障“非接触式”办公。

五、网络安全水平显著增强

一是网络安全意识不断加强。举办退役军人事务部首届网络安全宣传周活动，加深干部职工的网络风险防范意识。组织召开退役军人事务部网信工作视频推进会，推动退役军人事务系统网络安全工作高质量发展。

二是网络安全防护能力优化升级。建成退役军人事务部网络安全运维管理平台，全面形成一体化的安全运维管控能力，提升安全防护和运维执行效率。定期开展网络安全专项检查，督促各单位开展自查自纠，排除网络安全潜在隐患。

三是网络日常运行维护扎实开展。建立退役军人事务部机关信息化设备服务保障方案，对信息化设备建立单独台账管理，安排专人定期巡检。组织网络安全应急演练，模拟各类网络攻击场景，排练、检验各类网络安全突发事件处置流程，有效提升各单位网络安全应急处置能力。严格执行部机关网络运行维护制度，全力做好“两会”等重要时期的网络安全保障工作。

地方退役军人工作

北京市

2020年，北京市统筹推进疫情防控和退役军人工作，立足“四个中心”，提升“四个服务”，努力提升退役军人事务领域治理能力水平，取得新的进展和突破。

一、机构建设情况

党的领导全面加强。市委常委会、市政府常务会专题听取退役军人事务工作汇报。调整充实领导小组，新增成员单位，明确成员单位工作职责。各级普遍召开党委（党组）会、领导小组专题会、退役军人工作会，有力落实中央、市委决策部署和领导小组工作安排，接连推出系列“组合拳”式改革创新举措，以高度的政治自觉和责任担当扎实做好退役军人工作。

落实“五有”“全覆盖”要求，将退役军人服务保障体系建设作为“一把手”工程强力推进。市、区两级行政机构全部组建到位，从市到社区（村）建成四级退役军人服务中心（站）7010个，首都退役军人“四级五有”服务保障体系顺畅有序运行。全市打造示范型服务中心（站）239个，北京市被列为全国学习推广新时代“枫桥经验”示范区。开展服务体系标准化建设，推动《退役军人服务中心（站）服务与运行规范》北京市地方标准立项，逐步构建起建设有参数、服务有规范、工作有标尺的标准体系。积极打造服务品牌，组建2223支、2.4万名退役军人参加的“首都老兵”志愿服务队，在化解矛盾、抢险救灾、疫情防控、服务冬奥会和冬残奥会等方面发挥积极作用。

二、政策制度工作

深入贯彻落实中央有关文件，结合工作实际，在充分调查研究的基础上，制定出台涵盖思想政治、移交安置、就业创业、待遇保障、褒扬纪念、权益维护等方面的60项落地举措。制定各类政策制度文件40多份，着力推动以制度建设促进退役军人工作落实，不断提高全市退役军人工作法治化、规范化水平，全市退役军人工作更加有章可循。“十四五”时期退役军人服务和保障规划首次列入市级一般专项规划，编制工作取得积极进展。

三、思想政治和权益维护工作

坚持把党的政治、组织和群众优势转化为工作优势，注重发挥典型示范引领作用，引导广大退役军人建功新时代、奋斗新征程。深入开展“思想政治工作年”活动，一体推进加强阵地建设、党员教育管理、荣誉激励、密切联系群众、完善协作机制五个方面工作，思想政治工作能力水平不断提升。开展北京市优秀退役军人、退役军人工作先进集体和先进个人评选表彰活动。广泛学习宣传“全国模范退役军人”“最美退役军人”“北京市优秀退役军人”，发掘选树退役军人先进典型参与“百姓宣讲团”宣讲，直播点击量过万，社会反响良好。深入挖掘“兵支书”在基层治理中的先进事迹，编撰《北京市退役军人风采录》。

坚持发展新时代“枫桥经验”，突出风险评估，开展形势研判，坚持“零报告”制度。深入开展信访隐患排查工作，许多矛盾问题及时得到化解。高度重视退役军人“接诉即办”工作，全年自办件响应率、解决率、满意率均达100%。建立退役军人事务系统常态化联系退役军人制度，市、区两级退役军人事务系统与1000多名退役军人及其他优抚对象结成对子，及时了解他们的思想状况和困难问题。深化平安北京建设工作考评，加大退役军人工作考核评价权重，强化结果运用，切实维护退役军人的合法权益。

组织10万余名退役军人参与疫情防控，构建起疫情防控一线的“硬核力量”。发动党员干部群众支援抗疫工作，为防疫捐款390余万元。深入挖掘宣传疫情防控工作中涌现出的感人事迹和先进典型，激励广大党员干部和退役军人进一步发挥先锋模范作用。

四、移交安置工作

健全完善“直通车”“阳光安置”机制，推进“一站式”报到手续办理服务。全年接收安置计划分配军转干部1400余人，政策执行准确、工作严谨有序、档案转递安全。面对疫情带来军转干部考试难以组织实施等难点，积极担当作为，较好完成了工作任务。主动配合部队克服困难，探索滞留部队军休干部移交方式，受到军委办公厅高度肯定。克服疫情影响，顺利组织军转干部和退役士兵全员适应性培训，选拔推荐军转干部参加中国人民大学、北京工商大学专项培训。

五、就业创业工作

出台职业技能培训实施办法，每人每年最多可享受3次免费技能培训。自主择业军转干部清华大学高级研修班培训按期落实。组织首届北京市退役军人创业创新大赛，首批35个市级大赛决赛获奖项目全部纳入军民融合项目资源供给库，推荐参加全国大赛的2个项目，分别获得一等奖和三等奖，北京市退役军人事务局荣获优秀组织奖。推动退役军人进入政府应急救援力量体系，积极协调公安、应急管理等部门开展专项或单列计划招录招聘。疫情期间，举办退役军人网络招聘月活动，近300家企业累计提供岗位9400余个，国有企业岗位占比超过40%。协调京东、滴滴等多家企业开展专项招聘，2020年全市举办各类线上线下招聘活动近40场，2000多家企业提供岗位3万多个，1800余人达成就业意向，为退役军人提供更多就业机会。

六、军休服务管理工作

组织军休干部参加国家重大政治活动，安

排1300名军休干部和无军籍职工疗养。军休干部实现持卡就医、实时结算，解决了广大军休干部多年期盼。疫情期间军休干部看病吃药、买菜购物等难题得到及时解决。充分发挥政府、企业等作用，推动军休老旧小区改造建设和加装电梯工作。推进部分退役士兵社保补缴工作。多元化开展困难退役军人、残疾军人帮扶援助，着力解决生产生活难题。投入几千万元为全市优抚对象发放物价补贴，为残疾军人发放护理费、购置辅助康复器具。各级财政和社会资金先后投入几百万元，向困难退役军人发放防疫用品、“暖心菜篮”和生活必需品，实时提供健康指导和精神抚慰。

七、双拥工作

务实创新推进新时代双拥工作，14个区被命名为全国双拥模范城（县），1个单位和2名个人受到国家表彰，取得历史性突破。扎实做好巩固后方、助力抗疫等工作，全市投入1亿多元为驻京部队办实事、解难题，向驻京部队赠送抗疫防护用品24.6万件。常态化开展为从北京市入伍的义务兵父母投保综合福利保障险。与中国工商银行北京分行举办“献礼人民解放军、万里长征云上行”双拥主题线上健步走活动，4万余人参与。与北京演艺集团签订战略合作框架协议，为军人军属和退役军人提供文化优惠服务。开展“情系边海防官兵”关爱行动，营造尊崇军人的浓厚氛围。拟定社会化拥军企业目录，动员社会组织参加拥军活动，不断营造千行万业齐拥军的社会氛围。举办“爱军强体固国防”健身职业岗前培训班，受到军人军属和退役军人青睐。多渠道推进随军家属就业安置，与在京14家银行签署合作协议，促进随军家属就业。

八、褒扬纪念工作

采集全市4000多处烈士纪念设施信息，校核完善烈士英名录1.6万余条信息。2处抗战纪念设施和1名抗日英烈、1个英雄群体新增入选国家级名录。举办“中国人民志愿军抗美援朝出国作战70周年”主题活动，按照国家规定颁发纪念章，推出主题宣传片《不朽的功勋》，组织志愿军老战士、烈士亲属代表参加抗日战争和抗美援朝战争纪念系列活动。完善“北京烈士纪念设施电子地图”，在《北京日报》刊登《“清明祭英烈”活动倡议书》，组织开展“致敬·2020清明祭英烈”祭扫纪念活动，60余万人次参与网络祭扫。推荐参加全国英烈讲解员大赛，1人荣获二等奖。组织开展“追寻先烈足迹”短视频征集活动，北京市退役军人事务局荣获优秀组织奖。为丢失纪念章的黑龙江籍抗美援朝老战士补送纪念章，人民网、新华网等100余家网络媒体关注报道。

九、自身建设情况

自觉用习近平新时代中国特色社会主义思想武装头脑，认真学习《习近平谈治国理政》第三卷，悟深悟透习近平总书记关于退役军人工作重要论述的丰富内涵和精神实质，切实增强贯彻落实的自觉性、坚定性。深化“不忘初心、牢记使命”主题教育，注重加强党的建设，党的组织功能和党员先锋模范作用发挥明显。坚决落实党中央和市委市政府关于疫情防控工作的决策部署要求，成立疫情防控领导小组，制定疫情防控方案，筹措资金发放各类防疫物资，确保全系统疫情防控工作落实落地。局系统分2批选派党员和入党积极分子42人次参加4个社区疫情防控工作，历时146天。

优化干部管理体系，理顺工作机制，规范选拔任用，扎实开展各类学习培训，组织线上线下培训班37个，干部队伍专业结构和能力结构得到有效改善。持续推进政务信息系统“入云、上链、汇数”和各项业务系统信息化建设项目，党政机关电子公文系统建设顺利实施，政务服务水平和履职效能稳步提升。大力推进全面预算绩效管理，健全完善财务内控体系，完成财务集中管控平台建设。加强退役军人事务领域信息宣传，全年各类新闻媒体共刊登北京市退役军人工作相关新闻1600余条次。

天津市

2020年，天津市退役军人事务系统统筹推进疫情防控和退役军人事务工作，思想政治工作深入扎实，年度安置任务完成圆满，服务保障水平不断提升，权益维护工作稳妥推进，自身建设得到加强，各项工作取得明显成效，实现“双战双赢”。

一、机构建设情况

组织对市委退役军人事务工作委员会组成人员进行调整，指导各区委退役军人事务工作委员会开展工作。制定成员单位工作职责和联络员工作职责、军地合力推动退役军人有关工作的措施、退役军人事务领域重大风险防控工作的实施方案等制度。

各级退役军人服务中心（站）着重围绕服务体系实体化运行，开展示范站建设，推进退役军人之家共建共享，全面做好权益维护服务，服务退役军人能力水平有效提升。开展示范型退役军人服务站创建。举办3期创建示范型服务站培训班，315名基层站长骨干参训。开展示范型服务站“全覆盖”验收，达标率达97.6%以上。组织全市业务技能比武培训活动。选拔区级业务骨干1000名、市级业务能手100名，有效激发基层工作热情。

各级关爱退役军人协会拓展党和政府工作的外延，发挥参谋助手和桥梁纽带作用。依托党群服务中心、社区活动场所等载体，与军休所、关工委“五爱”教育基地、工会“职工之家”、大型企业协作，推广关爱退役军人协会、退役军人服务站和“退役军人之家”“三位一体”的设立模式。2020年，全市已建立“退役军人之家”2000多个，其中街镇一级168个。推进走访慰问帮扶退役军人常态化制度化，解决退役军人的“急难愁盼”问题。搭建退役军人就业创业机制，建立政府部门、协会、管理机构、人力公司、职业院校五方合作促进就业机制，形成岗位提供、教育培训、就业服务一体化。

二、思想政治和权益维护工作

扎实开展“思想政治工作年”活动，组织召开全市退役军人“兵支书”经验交流暨退役军人思想政治工作联席会议，深入总结“兵支书”在决战脱贫攻坚、推进乡村振兴、基层矛盾化解等方面的典型做法。

持续开展“最美退役军人”学习宣传活动，蓟州区退役军人李锁荣获2020年度全国“最美退役军人”称号。推荐3名抗美援朝出国作战先进典型、3名退役军人村干部典型。组织开展“兵支书”微视频大赛活动，《“兵支书”李锁“锁定”金山路》微视频荣获三等奖。积极推动评选表彰工作，印发《关于开展天津市退役军人事务工作评选表彰的通知》。

深入学习推广新时代“枫桥经验”，持续开展退役军人矛盾问题攻坚化解工作。

三、移交安置工作

召开天津市退役军人安置工作会议，举办“双向选择”洽谈会和招聘会，为接收单位和退役军人搭建交流互动平台。采取“考核选调”“积分选岗”相结合的方式，坚持重德才、重实绩、重贡献导向，不断提升安置质量和水平。制发《2020年天津市军队转业干部安置工作服务手册》，详细介绍安置政策、工作流程、安置计划，推动“阳光安置”机制落实落地，圆满完成安置任务。认真组织计划分配军队转业干部全员适应性培训、岗前专业培训和进高校专项培训，扎实开展“穿上军装是保卫者，脱下军装是建设者，都是中国特色社会主义事业奋斗者”专题教育活动，积极帮助退役军人提升能力素质、尽快适应社会。

四、就业创业工作

印发《关于应对新冠疫情有效促进退役军人就业创业工作若干措施的通知》等政策文件。

制定出台教育培训承训机构管理办法，共有28家培训机构、248个培训专业纳入市级目录清单，指导各区制定区级目录。全市共9938名退役军人参加线上线下培训。积极推进高职扩招工作，1253名退役军人被录取。指导各区开展新退役的自主就业退役士兵适应性培训。

全市共组织退役军人线上线下招聘活动222场次，参与单位3484家，帮助3500余名退役军人达成就业意向。专门拿出数十个公务员岗位、事业单位岗位、100个公安辅警岗位，面向本市退役军人定向招聘。

推选出35名“退役军人创业先进人物”、30家“吸纳退役军人就业先进单位”。积极开展全国退役军人创业创新大赛选拔推荐工作。全市退役军人创业新项目参加全国大赛，获得新兴产业组“优胜奖”，天津退役军人局获得“优秀组织奖”。退役军人崔洪金、衡飞荣登“全国退役军人创业光荣榜”。

推动就业创业基地建立。将积极承担职业技能培训任务的8所职业院校确定为“天津市退役军人职业技能培训基地”。筛选2个就业创业园地明确为“市级退役军人就业创业园地”。

五、军休服务管理工作

承担全国军休服务App试点任务，完成人员培训、资讯发布、社会服务拓展等工作。召开军休干部移交安置工作军地联席会，加强军地对接，畅通工作渠道，全年接收安置军休干部和退休士官251人。在全市17个军休所中开展军休服务管理机构星级评定。印发《天津市军队退休干部护理费发放暂行规定》，进一步完善军休服务管理体系。举办“不忘初心跟党走，凝心聚力再出发”为主题的军休干部书画展。疫情期间，408名军休人员积极下沉社区参与联防联控，5396名军休干部共捐款430余万元。天津市军休关工委号召各区军休干部全年捐款100余万元，资助300多名家庭贫困学生，河西区军休所军休干部高衡荣获“全国关心下一代工作先进个人”。

六、拥军优抚工作

春节、“八一”、纪念抗战胜利75周年和抗美援朝出国作战70周年活动期间，组织走访慰问驻津部队官兵和优抚对象代表。开展关爱功臣活动，为116名抗日战争时期在乡老复员军人、伤残人员及烈属发放一次性慰问金。组织全市双拥部门为部队送去价值123万元生活物资，慰问担负发热门诊任务的部队医院医务人员，走访慰问近200名赴武汉抗疫一线军队医务人员，协调解决赴武汉军队医务人员实际困难。动员近20余家拥军企业和数百名拥军个人为湖北省荣军医院和武汉市优抚医院捐赠各类医疗物资。11个区被命名为全国双拥模范城，1个单位被授予“全国爱国拥军模范单位”称号，2名个人被授予“全国爱国拥军模范”称号。召开双拥模范城（县）授牌及双拥模范单位和个人表彰大会，通报表彰131个“天津市爱国拥军模范单位”、45个“天津市拥政爱民模范单位”、181名“天津市爱国拥军模范”、45名“天津市拥政爱民模范”。

会同市财政局调整完善优抚对象抚恤补助自然增长机制，完成2020年度优抚对象抚恤补助调标工作。大幅度调整义务兵家庭优待金标准，全市统一标准。完成2020年度一至四级和部分五至六级残疾军人护理费调标工作。做好优抚对象数据核查审定、伤残人员残疾等级评定和专项核查、优抚对象医疗保障工作。完成各类抚恤金、补助金等专项资金发放。

七、褒扬纪念工作

开展“致敬·2020清明祭英烈”代为祭扫烈士活动，共为1万余名烈士（含无名烈士）代为祭扫，擦拭墓碑3527座。大力倡导网上祭扫，组织开展各种网上祭扫纪念活动。在盘山烈士陵园举行天津市纪念中国人民抗日战争暨世界反法西斯战争胜利75周年抗日英烈祭扫活动，在市烈士陵园举行向革命先烈敬献花篮仪式。首次举行《烈士光荣证》颁授仪式，分管市领导为烈士遗属代表颁授《烈士光荣证》。着力提升烈士纪念设施管护水平，印发《天津市烈士纪念设施规划建设修缮管理维护实施方案》。北方局旧址纪念馆入选第三批国家级抗战纪念设施名录。

八、自身建设情况

修订完善《中共天津市退役军人事务局党组贯彻落实意识形态工作责任制若干措施》，推动意识形态工作责任制落实落地。2020年5月，成立局网络安全和信息化办公室。

动员全系统和广大退役军人积极投身抗疫斗争。疫情期间，全市退役军人事务系统680余名党员干部下沉社区参与联防联控，7.7万名退役军人以不同形式投身疫情斗争，捐款捐物达4315万元。

支持和配合驻局纪检监察组工作，做好“双联双评”监督检查，查摆不作为、慢作为等问题，努力营造干事创业的浓厚氛围、风清气正的良好政治生态。

河北省

2020年，河北省退役军人事务系统持续深化“六个全覆盖”“三个常态化”，扎实推进退役军人工作开拓创新，圆满完成各项目标任务。

一、机构建设情况

严格落实“六有”“四化”“五过硬”要求，扎实推进“两站三中心”标准化、制度化、规范化建设，着力实现从“有”到“优”的跨越。在乡镇（街道）内设机构大幅精简情况下，继续单独设立乡级退役军人服务站，持续抓好开发区和人数较多的自然村服务站建设，加强工作人员实名制管理。依托信息和视频一体化平台，各级服务中心（站）全年开展培训1100多场，参训18万人次。集中打造全国示范型服务中心（站）1810家，占县乡两级中心（站）总数的72%，实现了县级服务中心创建全覆盖。全省累计投入1亿多元，对创建单位的硬件设施进行了优化提升，使其“军”的特色充分彰显、“家”的氛围更加浓厚。创新性出台乡村两级服务站服务事项清单，细化乡级站任务为9项37条、村级站为9项33条，让基层工作人员知道“干什么”“怎么干”“什么时机干”。

二、思想政治和权益维护工作

扎实开展“思想政治工作年”活动，全面加强退役军人党员教育管理工作。优化基层服务中心（站）党组织设置，推行组织关系接转“一站式”服务，全年共接转组织关系1.4万人次。探索在城市街道社区设立功能型党支部，丰富退役军人党员组织生活。依托退役军人党员教育管理系统，建立流出地、流入地退役军人服务站双向共管机制，充分运用针对退役军人的优先优惠服务政策包，吸引退役军人主动到流入地报到，有效提高退役军人流动党员管理水平。截至年底，全省纳入台账管理的退役军人流动党员达5万多人次。分两批对3.4万名“兵支书”及后备人才进行培训，不断提升退役军人参与基层社会治理的能力。面对疫情影响，省退役军人事务厅及时发出倡议，全省退役军人组建各类志愿服务组织3600个，投身抗疫一线达21万人，捐款捐物8700万元。

坚持做好退役军人权益维护工作，全面学习推广新时代“枫桥经验”。深入落实省退役军人事务厅等5部门《关于加强困难退役军人帮扶援助工作的实施意见》，用足用好低保、医疗救助、临时救助、保障房、农村危房改造等政策，对生活困难的退役军人和其他优抚对象，开展“一对一”帮扶，取得了良好效果。印发《关于进一步加强和规范关爱退役军人基金会的通知》等文件，提高各地基金会规范化管理水平，更好发挥其应急保障作用。组织省、市、县（市、区）关爱退役军人基金会联合开展“情暖燕赵——关爱退役军人功臣”活动，对在部队服役期间荣获个人三等功以上奖励、个人被战区（原大军区）以上单位授予荣誉称号的退役军人，以及在乡老复员军人中落实社会救助政策后生活仍有困难的人员，给予专项资助。2020年，全省188家关爱退役军人基金会累计救助困难退役军人4243人，发放救助金1314万元。

三、移交安置工作

严格落实安置政策，科学合理编制安置计划，各地实际提供的安置岗位均超出应安置人数，为退役军人提供了更多选择。坚持“阳光安置”，突出“在部队表现好，回地方安置就好”的鲜明导向，为现役官兵安心服役、专谋打赢提供有力保障。对军转干部，采取档案评分和文化考试相结合的方式，团职干部按照分数由高到低依次公开选岗进行安置；营职以下及专业技术干部，采取单位自选与按志愿分配相结合的方式进行安置。对符合政府安排工作条件退役士兵，严格按照国家打分标准由部队考核赋分，依据积分排序，公开进行选岗，增强了安置工作公信力和执行力。

四、就业创业工作

坚持把就业创业作为“一号工程”，按照“摸底数、抓培训、促就业、强保障”的思路，全力做好各项工作。通过集中报到、参加培训和招聘会、登录网上招聘平台等时机，切实摸清退役军人技能特长、培训需求和求职意向。开展全员适应性培训2万余人、订单定向定岗式培训6628人、在线培训68.6万人次，帮助2360名退役军人成功报考高职院校。常态化开展网上招聘活动，组织4800多家用人单位，发布岗位13万个。采取“双推双选”方式，专场开展有一技之长的退役军人网上招聘，组织348家用人单位，发布岗位1.6万个。协调省委组织部把退役大学生士兵纳入省公务员定向招录计划，协调省应急管理厅拿出170个计划专项招聘退役军人，协调省公安厅招聘辅警时对退役军人放宽招聘条件。与顺丰等9家大型企业签订合作协议，每年可提供就业岗位6000多个。与建设银行系统846家优质客户合作，发布就业岗位1.2万个。推动全省成立就业创业促进会170家，吸纳1万余名退役军人就业。2020年，共帮扶2.36万名退役军人实现就业。

五、军休服务管理工作

坚持“即退即审、即交即接”工作机制，通过传达文件、会议精神，走访慰问、座谈交流、组织授课等方式，切实落实好军休干部各项政治待遇；按时下达各类军休安置补助经费，全面落实军休人员生活待遇。持续开展基础数据统计摸底工作，对全省军休干部信息进行采集录入，为加强管理和服务保障奠定了基础。出台《厅直属军队离退休干部休养所工作规范》，修订《军休所管理委员会职责》等10项管理规定，进一步提高军休工作规范化、制度化水平。推动省直驻石军休干部全部纳入石家庄市医保统筹管理。组织开展首届河北省军休干部书画摄影作品展。

六、拥军优抚工作

做好全国双拥模范城（县）、单位和个人考评推荐工作，全省共有17个市（县）被命名为全国双拥模范城（县），1个单位被表彰为全国爱国拥军模范单位，2人被表彰为全国双拥模范。持续深化社会化拥军工作，市、县两级全部成立社会拥军志愿服务组织201个，吸纳会员单位3.5万个，发展志愿者230余万人，形成地方党委政府主导、社会力量积极参与的“双轮驱动”拥军优属新模式。“八一”期间，集中开展“传承红色基因拥军情”“百城万店拥军行”和“助力强军·服务国防”关爱基层部队官兵万里行等活动，共走访慰问驻冀部队2100余个次、退役军人和其他优抚对象534万人次，发放慰问金（品）2亿元。

认真落实国家优抚政策，及时提高全省部分优抚对象抚恤和生活补助标准。按照退役军人事务部统一部署，圆满完成优抚数据集中审定工作。积极协调财政部门下拨2020年度优抚对象抚恤补助、医疗补助和义务兵家庭优待金14.20亿元，并为152所光荣院发放冬季取暖补贴1520万元。组织省直3所优抚医院与联勤980医院签署共建协议，持续提高优抚医院医疗保障水平。印发《河北省优抚医院医疗优待办法》，为退役军人提供更多优惠医疗服务项目。圆满完成全国16个省（区、市）111名优抚对象和89名陪护和领队人员的短期疗养任务。

全面落实退役军人公共服务优待办法，退役军人门票免费景区达到310个，开通优先通道1万多个，开设优先窗口2.3万个，设置优先标识4.2万个，新制作发放优待证3.07万个。全省新悬挂光荣牌2.64万块，送立功喜报2.16万份。会同省委宣传部、省军区政治工作局选树“最美退役军人”10名、“最美双拥人物”8名、“最美军嫂”10名。在厅网站设立“光荣榜”，大力宣传166名荣立二等功以上现役军人先进事迹。

七、褒扬纪念工作

积极争取中央和省财政资金支持，维修改造16个烈士陵园，推动7处烈士纪念设施入选第三批国家级抗战纪念设施、遗址名录，25名河北籍烈士（群体）入选著名抗日英烈、英雄群体名录。精心组织清明节网上祭扫、“9·30”烈士纪念日等活动，进一步营造褒扬英烈、弘扬正气、激励后人的浓厚氛围。

八、社会保险接续工作

按照“一门受理、协同办理”的要求，推行受理申请、身份认定、养老医疗核查、缴费资金核算“一体化”服务，让数据多跑路、退役士兵少跑腿。面对疫情影响，积极推进“无接触”方式开展线上办公，通过开通“退役军人社保补缴专线”、设立“退役军人缴费专项通道”等措施，做到工作不停止、服务不停摆，2020年3月底，社会保险接续任务全部完成。

山西省

2020年，山西省退役军人事务系统深入学习贯彻习近平总书记关于退役军人工作重要论述，坚持疫情防控和推动工作两不误，精心谋划，攻坚克难，各项工作取得新成效、迈上新台阶，为推动全省退役军人工作高质量发展奠定坚实基础。

一、机构建设情况

（一）组织管理体系

省、市、县三级退役军人部门大力加强机构队伍建设，落实“五有”“全覆盖”要求，着眼“一站式窗口式、标准化规范化”目标，推动全省五级退役军人服务中心（站）立体贯通、功能完善、实体运行，创建示范型退役军人服务中心（站）845个。

（二）工作运行体系

明确省委退役军人事务工作领导小组成员单位职责，调整优化机关内设机构和职能职责，将退役军人工作纳入地方党委政府年度目标责任制和平安建设考核内容，制定退役军人事务核查督办、通报约谈、挂牌督办等制度规定，出台军地合力共同做好退役军人工作具体措施，推进军地合署办公，开展综合考核和督导检查，强化结果运用。

（三）政策制度体系

统筹规划退役军人工作长远建设，对服务保障、安置就业、优待抚恤、烈士褒扬等工作作出制度性安排，出台退役士兵待安置期间服务管理、改进计划分配军转干部安置、促进退役军人就业创业等政策性文件18个。选聘法学教授、律师、现役军人及退役军人代表等90人，组成“山西省退役军人政策法规专家库”，推动退役军人工作法治化规范化。

（四）事业单位改革

全省退役军人事务系统375个事业单位，完成重塑性改革任务。省退役军人事务厅直属事业单位为省退役军人服务中心、省军队转业干部服务中心、省军队离退休干部休养所、省荣军医院4个。

二、思想政治工作

一是教育管理方面。深入开展“思想政治工作年”活动，实行常态化联系退役军人制度，设立退役军人教育基地79个，退役军人志愿服务队56个，积极引导广大退役军人听党话、跟党走。各级退役军人服务中心设立专门窗口，为退役军人党员转接组织关系提供“一站式”服务。

二是典型宣传方面。激励广大退役军人弘扬正能量、建功新时代，挖掘推介退役军人先进典型，全省各级评选“最美退役军人”827人、“优秀退役军人”117人、“优秀退役军人党员”57人，1人当选全国“最美退役军人”、1人被评为全国“平安卫士”。评选2020年度“山西最美退役军人”10名。联合主流媒体报道山西省退役军人典型事迹。

三是尊崇尊重方面。常态化开展走访慰问、悬挂光荣牌、颁发荣誉奖章、邀请参加重大庆典等活动，举办纪念抗战胜利75周年、抗美援朝出国作战70周年主题活动，健全退役军人系统“一网两微”新媒体矩阵，发挥山西综合广播“老兵服务热线”作用，大力营造参军受尊崇、退役受尊重的浓厚氛围。

四是权益维护方面。开展2019年度退役士兵安置工作“回头看”，回访退役士兵240名，解决个案问题91例。按时足额发放生活困难补助1.416亿元，对有特殊困难的进行个案救助、结对帮扶、健康体检。

五是抗击疫情方面。向全省退役军人发出倡议，65232名退役军人投身防控一线，捐款捐物1370余万元。聚焦“五严五防”，强化防控举措，全省军休干部、在院荣军、伤残军人和医护人员“零感染”。指导省荣军医院选调13名医务骨干，参加退役军人事务系统首批援鄂医疗队，出征武汉抗击疫情。

三、移交安置工作

充分发挥山西省退役军人安置工作领导小组统筹领导作用，军转干部安置创新“直通车”方式，在公平公正前提下促进人才资源优化配置。严格退役士兵“阳光安置”，深挖安置潜力，配套计划编制，前置培训用人单位，着力提升岗位质量。

扎实做好《退役士兵待安排工作期间服务管理工作的意见（试行）》，明确由县级退役军人服务中心负责统一办理退役士兵待安置期间社保转移手续、发放生活补助、组织党员活动、开展教育培训等，并将待安置期间现实表现作为优先选岗的重要依据。

四、就业创业工作

一是平台推动方面。启动就业创业网络一体化服务下沉试点，依托乡、村两级退役军人服务站，采集辖区内退役军人参加培训、退役复学、就业意愿等信息，精准服务。完善山西省退役军人就业信息服务平台功能，开展“云招聘”“微直播”活动，5606家企业提供就业岗位42843个，3800余人达成就业意向。

二是教育培训方面。贯彻落实省委、省政府“人人持证、技能社会”提升工程建设要求，创新自主就业退役士兵异地技能培训模式，与49家省级异地承训机构签约合作。对2019年度自主就业退役士兵开展全员适应性培训，并组织有意愿的3481名退役士兵参加职业技能培训。

三是自主创业方面。以“退伍不褪色、创业赢未来”为主题，举办“建行杯”山西退役军人创业创新大赛，评选出13个优秀项目给予重点扶持，带动提升退役军人创业成功率。全面落实退役军人创业税收扶持政策，推动建立退役军人创业园区和创业孵化基地，打造低成本、全要素、一站式创业服务平台。

五、优待抚恤工作

一是优待抚恤方面。健全优待抚恤政策制度，出台《山西省伤残抚恤管理工作实施细则》。配套落实优抚对象补助经费13.2亿元，惠及20余万人。关爱优待退役老兵，为463名抗战老兵及烈士遗属上门体检、发放“康复大礼包”，为2423名在乡抗美援朝老战士配发康复辅助器具。

二是社保接续方面。联合人社、财政、医保等部门组建工作专班，全力做好部分退役士兵社会保险接续工作，采取实地督导、视频调度、通报约谈等方式，确保各地按时间节点完成目标任务。

六、军休服务管理工作

印发《关于进一步加强省直军休服务管理工作的通知》，细化服务措施，加强日常服务管理，不断提高军队离退休干部服务水平。坚持“只要部队交得出，地方就能接得下”原则，形成“随退随审、即交即接”工作机制，实现安置去向审定常态化。应采尽采、应换尽换做好军休换证数据采集工作。

七、褒扬纪念工作

依托各类媒体开展“山西革命烈士家书”讲述“山西英烈故事”、征集“追寻先烈足迹”短视频等活动，编发“山西著名抗战英烈”宣传册。出台《山西省烈士纪念设施规划建设修缮管理维护总体工作实施方案》及具体措施，指导各地强化组织保障、细化职责任务、部门协同落实。开展“致敬·2020清明祭英烈”活动，适应常态化疫情防控要求，推行“云祭扫”“代祭扫”，网上祭扫达1000余万人次。指导各级在烈士纪念日举行敬献花篮仪式，山西省7处抗战纪念设施、遗址和5位英烈入选国家名录。

八、双拥工作

一是拥军活动方面。在春节、八一等节日期间，广泛开展拥军慰问活动，省、市赠送慰问品价值1700余万元。组织慰问疫情防控一线军队人员家庭65户，解决子女入学、家属就业等方面问题11个。开展“情系边海防官兵”拥军优属活动，建立官兵家庭信息台账，“一对一”联系，全覆盖走访慰问。加强与驻晋金融机构、电信运营商合作，拓宽拥军优待事项范围。

二是双拥创建方面。深入开展全国双拥模范城（县）创建活动，坚持查于日常、督在一线、考有标准，做细压实市县创建工作，加强跟踪管理、评价指导和科学推荐，在全国双拥模范城（县）命名暨双拥模范单位和个人表彰大会上，山西省10个市、1个县被命名为全国双拥模范城（县），1个模范单位、3名模范个人受到表彰。

九、自身建设情况

一是理论武装方面。坚持把学习贯彻习近平新时代中国特色社会主义思想作为主线贯彻全年，组织全厅深学细研习近平总书记关于退役军人工作重要论述，举办理论学习中心组集体学习31次，辅导讲座6次，交流研讨4次。

二是党的建设方面。坚持全面从严管党治党，推进“不想腐、不能腐、不敢腐”机制建设，大力支持综合派驻纪检监察组工作，严格监督执纪问责，排查廉政风险点36个，制定管控措施77项。积极配合省委巡视工作，切实担起巡视整改主体责任，围绕4方面11类34个问题，制定整改措施111项，整改任务全部落实。

三是队伍建设方面。以“五型机关”建设为抓手，举办首届全省退役军人系统全员线上培训暨岗位技能“云竞赛”，组织选拔赛200余场，4万余人次参与。举办业务培训12次、“送政策下基层”宣讲2场，2200余人参训。

内蒙古自治区

2020年，内蒙古自治区退役军人事务系统有效应对新冠疫情影响，着力健全组织管理、工作运行、政策制度三个体系，深入开展“思政政治工作年”“基层基础基本建设年”和矛盾问题攻坚化解工作，各项重点任务有序落实。

一、机构建设情况

2020年以来，全区退役军人事务工作坚持党对退役军人事务工作的集中统一领导，及时研究完善议事协调运行机制，明确成员单位职责，部署推动重点工作，先后制定《领导小组2020年工作要点》《领导小组成员单位退役工作工作职责》《联络员工作职责》，印发《规范退役军人事务通报约谈挂牌督办工作制度》，定期调度通报研究退役军人工作。将退役军人工作列入对盟市党政领导班子综合考核评价内容，作为全国全区双拥模范城（旗县、市区）考评重要内容，推动所有盟市、旗县党委退役军人事务工作领导小组组长调整由党委书记担任。不断健全政策制度体系，联合有关部门制定下发退役军人移交安置、教育培训、就业创业、扶持援助、伤残抚恤、烈士纪念设施修缮维护等12个政策文件，为推动退役军人工作任务落实提供有力的政策支撑。

全面建强退役军人服务体系，全区共组建退役军人服务中心121个，退役军人服务站6243个。紧紧围绕“基层基础基本建设年”活动目标任务要求和学习推广新时代“枫桥经验”工作部署，在加强组织领导、运行管理、服务保障上下功夫，着力提高退役军人服务水平。一是强化组织领导。对苏木乡镇（街道）服务站的机构设置进行统一规范，在苏木乡镇（街道）党群服务中心悬挂退役军人服务站牌子，苏木乡镇（街道）、嘎查村（社区）退役军人服务站站长全部由基层党组织负责人兼任，苏木乡镇（街道）退役军人服务站副站长由人武部部长和党群服务中心主任兼任，形成了以党建带站建、共建共治共享的工作格局。二是加强阵地建设。全面开展“全国示范型退役军人服务中心（站）”创建活动，2020年全区创建示范型服务中心（站）807家，标杆型服务站34家，3位主任（站长）被评为全国百名优秀退役军人服务中心（站）主任（站长）。三是强化服务保障。通过双拥共建促、东西互鉴推、视频调度查、样板示范引等形式，着力推动服务机构实体化、标准化、规范化，引导各级退役军人服务中心（站）聚焦主责主业，狠抓业务培训、岗位练兵和服务创新。深入开展“四尊崇、五关爱、六必访”专项行动，通过明察暗访、全区通报等方式使各级退役军人服务中心

（站）真正把服务落实落细。

二、思想政治和权益维护工作

深入学习新时代“枫桥经验”，常态化宣传时代楷模张富清、北疆楷模阿迪雅以及全国、全区模范退役军人先进事迹；开展“致敬新时代内蒙古最美退役军人”网络宣传活动，参与人数21.3万人次，传播量达872.5万次。组织“退役军人红色文化展”，参观人数近万人。评选出“全区最美退役军人”20名个人和1个集体。制作“永不褪色的军魂”抗击疫情公益宣传片和“最美退役军人事迹”展播；组织“走进新时代退役军人——不忘兵之初、模范兵支书”微视频作品征集，自治区选送的《草莓兵支书》获评全国一等奖、《草原上的军歌》获评全国二等奖。加强思想政治引领，各级退役军人事务部门共组建志愿服务队449支，25000多名退役军人参与了疫情防控、应急救援。广泛开展抗美援朝70周年宣传活动，认真做好抗美援朝纪念章发放工作，全区两批次发放抗美援朝纪念章4401枚。

认真做好联系退役军人信息系统线上运行工作，积极开展沟通联络、走访慰问、谈心谈话活动，全区各级重点联系功勋模范、伤残、烈士遗属、特困退役军人8225人；走访慰问退役军人及其他优抚对象13000余人，投入帮扶援助资金3742万余元。自治区设立退役军人关爱帮扶解困专项资金并列入2021年财政预算。

三、移交安置工作

强化政策保障，全力推行阳光安置办法，退役军人安置水平显著提升。以公开、公平、公正为原则，采取打分排序选岗阳光安置办法，安置任务全部完成。为9000多名跨军地改革集体转制部队退役军人及随调随迁配偶子女办理了落户手续，发放自主就业退役士兵地方经济补助4.12亿元，随军家属就业安置、军人子女教育政策得到较好落实。全力推进解决退役军人社保接续问题。

四、就业创业工作

把做好退役军人就业创业工作摆在突出位置。一是在退役军人教育培训上发力。针对疫情影响，下发《关于应对新型冠状病毒感染肺炎疫情支持鼓励自主就业退役士兵参与线上职业技能培训的通知》，建立并向社会公布《内蒙古自治区退役士兵职业技能培训承训机构目录》，出台《退役士兵职业技能培训承训机构认定和管理办法》《内蒙古自治区退役士兵教育培训工作实施办法（试行）》《退役军人就业创业导师团队实施意见》。分类组织3300余名自主择业军转干部和自主就业退役士兵参加适应性培训，对2200余名自主就业退役士兵进行技能培训和创业培训；1500余名高校入伍的退役士兵复学，7600余名退役士兵招入高职院校。二是在挖掘优质就业岗位上发力。搭建内蒙古退役军人就业创业信息平台，举办线上线下专场招聘会228多场次。全区各级退役军人事务部门累计开发公益性岗位3500余个，帮助3100余名就业困难的退役军人实现就业。三是在营造就业创业氛围上发力。成功举办自治区首届退役军人创业创新大赛，推动社会力量成立了“内蒙古退役军人就业创业促进会”，吸纳社会力量为退役军人开展困难帮扶、就业援助、社会优待等服务。推动相关部门落实退役军人就业创业优待政策，1000多个企业享受自主就业退役士兵税费减免政策，减免税费1468万元。

五、军休服务管理工作

军休服务管理工作稳步推进，对全区25个军休服务管理机构及军休工作人员、军休人员住房信息、无军籍职工住房信息等数据资料进行收集审核和数据录入，对全区所有军休服务管理机构基础设施建设情况进行全面摸底调查。

六、拥军优抚工作

全面落实拥军优抚褒扬政策，修订印发《内蒙古自治区伤残抚恤管理实施细则》，及时下拨发放中央和自治区优抚抚恤和生活补助金、医疗补助金、优抚事业单位补助金。与金融、交通、通信、医疗等企事业单位深度合作，为退役军人提供各种优待。推动双拥创建工作，全区13个市和旗县被命名为全国双拥模范城（旗县、市区），额济纳旗东风镇被评为全国爱国拥军模范单位，3人被评为全国双拥模范，全区67个地区被授予自治区双拥模范城（旗县、市区）荣誉称号。

七、褒扬纪念工作

加强烈士纪念设施保护，印发《内蒙古自治区烈士纪念设施规划建设修缮管理维护总体工作实施方案》，投入资金3900余万元，实施了烈士纪念设施规划建设修缮管理保护工程，4处国家级和8处自治区级重点烈士陵园改陈布展、提质改造工程、5处旗县级烈士纪念广场改扩建工程陆续启动。对全区242处烈士纪念设施进行全面普查，提前完成国家部署的烈士纪念设施精准普查任务。开展《英雄烈士保护法》线上线下宣教活动及“致敬·2020清明祭英烈”网上祭扫活动，组织编纂《内蒙古自治区烈士纪念设施名录》，在各类媒体常态化宣传英雄烈士事迹。

八、自身建设情况

着力建设增强“四个意识”、坚定“四个自信”、做到“两个维护”的政治机关，坚决落实党中央、国务院决策部署的行政机关，有力维护退役军人合法权益的服务管理机关。全力推进退役军人信息化项目建设，认真开展编制退役军人事务工作“十四五”规划，为全区退役军人服务体系接收做好基础保障。规范工作运行，建立健全深化理论武装、重要事项议事决策、规范权力运行、机关自身建设等各方面规章制度。加强队伍建设，各级先后举办各类理论和业务培训50多场次，培训人员1.2万人次。强化机关作风建设，建立廉政风险点清单，实施“马上办”、督查督办、一周工作动态清单“晒成绩单”等制度措施，建设风清气正、廉洁高效机关。

辽宁省

2020年，辽宁省退役军人事务系统按要求圆满完成年度各项任务，实现“巩固成果、完善制度、提升治理水平”的工作目标，退役军人事务领域治理体系和治理能力现代化建设开局良好。

一、机构建设情况

一是“五有”“全覆盖”要求全面落实。省、市、县、乡、村五级1.7万余个退役军人服务中心（站）全部实体化运行。“区管街用”“县管乡用”管理模式进一步巩固，服务机构建设、充实人员力量方面取得突破性成效。

二是示范创建成效显著。大力推进示范型服务中心（站）创建工作，共申报创建示范型1100家，达到示范型标准1040家，占总数的71.5%。培树了28家全国标杆型基层退役县乡两级服务中心（站）军人服务中心（站）。

二、政策法规工作

一是政策制度体系日趋健全。印发实施意见加强新时代退役军人工作，修订《辽宁省拥军优属规定》，配套制发退役军人激励关怀、教育管理、就业安置、抚恤优待、保险接续、帮扶援助、走访慰问、信息采集、身份认定及烈士评定、纪念设施管理维护等政策制度，同步开展规范性文件清理，立改废释并举。

二是制度创新因地制宜。制定印发《关于在全省国有大中型企业中建立退役军人服务中心（站）的指导意见》，推动在国有大中型企业中建立退役军人服务中心（站），依托企业工会组织发挥职能作用。全省已在21家国有企业、3家民营企业、1家事业单位建立退役军人服务中心（站）。

三、思想政治和权益维护工作

印发实施《关于加强退役军人党员教育管理工作的意见》，确保退役军人党员教育管理覆盖到位、规范有序、精准有效。

出台《关于做好关怀“最美退役军人”工作的实施意见》，礼遇老战士、老同志和烈属，关爱革命功臣、退役军人模范和困难退役军人。发放抗美援朝出国作战70周年纪念章1.8万余枚。持续开展鞍山老英雄张贵斌事迹宣传，丹东抗美援朝老战士孙景坤被中宣部授予“时代楷模”称号。

四、移交安置工作

一是提升军转干部安置水平。开展辽宁省军转安置政策线上进军营活动，做到服务对象“全覆盖”。采取“军地联合、省市联动、同步推进、封闭审档”的办法，顺利完成档案审查、移交工作。对150余名师团职军转干部，功臣模范、长期在边远艰苦地区及特殊岗位工作军转干部予以倾斜照顾。

二是做好退役士兵接收安置工作。采取军地联合、省市安置部门共同审档方式，按时完成档案审核工作。各地积极筹措优质岗位。下达安置岗位计划，完成1800多名由政府安排工作退役士兵接收安置任务。进一步规范退役士兵移交安置工作程序，及时开展退役士兵报到后适应性培训和党团关系转移、落户等项工作。

三是解决社会保险接续问题。按期完成部分退役士兵社会保险集中补缴工作，妥善解决了部分退役士兵未参保和断缴问题。进一步健全退役军人保险制度，军转干部安置衔接期医疗保险和由政府安排工作退役士兵待安排工作期接续社会保险问题，得到妥善解决。

五、就业创业工作

一是完善政策措施。省直6部门联合印发《关于进一步做好自主就业退役军人就业创业工作的若干意见》，省直4部门联合印发《关于做好自主就业退役军人职业技能培训工作的通知》，明确培训内容、培训对象、培训目标、培训方式及保障措施。省退役军人事务厅印发《关于应对新冠疫情切实做好退役军人就业创业工作的通知》，推出应对疫情10项措施。

二是提升就业能力。依托各类线上教育培训平台，利用就业“空窗期”组织培训，签约培训机构120家，培训1.3万余人次。自主就业退役军人可接受一次免费职业技能培训，也可申请参加当地职业技能提升行动，享受相应培训优惠。完成1万余名退役军人高职扩招和17名自主就业退役士兵高考加分身份审核工作。

三是拓宽就业渠道。全省开展线上线下招聘248次，提供岗位13万个，签订就业协议1.3万余人。签约万科、保利、顺丰等大型企业70家。辅警、监护、禁毒、校园辅导等岗位招录退役军人2372人。推荐选拔优秀退役军人党员担任基层党组织带头人。推进将返乡创业退役军人纳入返乡创业培训计划和农村实用人才带头人素质提升计划。

四是创业带动就业。举办辽宁省首届退役军人创业创新大赛，组织全省352家军创企业和团队参赛，4个团队入围全国大赛。全省命名10个退役军人创新工作室、评选3个退役军人职工职业技能培训示范基地和11个退役军人创业孵化基地，发挥典型示范引领创业带动就业作用。

六、军休服务管理工作

一是做好年度军休干部接收安置工作。继续推进“随退随审，即交即接”工作机制，进一步简化移交程序，完善“一站式”办理模式。全省军休服务管理机构提前做好各项工作准备，确保军休安置去向审定工作无缝衔接。

二是促进军休服务转型升级。细化军队离休退休干部跨地区调整服务管理关系工作，从适用对象、调整审批、调整程序、工作要求等方面明确执行细则和有关要求。开展“军休服务管理信息系统”基础数据核查和关键信息修改工作。及时足额落实军休干部各项生活待遇。

三是加紧推进军休老旧小区改造。推进各地将符合条件的军休老旧小区改造项目纳入城镇老旧小区改造计划。积极与辽宁省老旧小区改造工作领导小组办公室沟通，落实国家及省相关政策规定，对纳入地方城镇老旧小区改造计划的军休住宅小区资金缺口给予政策指导。

七、拥军优抚工作

一是优待抚恤政策全方位落实。为21万人次优抚对象发放抚恤补助资金，优抚对象生活得到进一步改善。为147.5万人次优抚对象发放价格临时补贴。全省累计悬挂光荣牌150余万个。完成276人的伤残评定和442名伤残退役军人抚恤关系转移工作，为879名残疾军人配发假肢和辅助器具1559件。与银行、保险公司等签署优抚战略合作协议，支持沈阳医学院组建辽宁省退役军人总医院，为退役军人提供优质专属服务。

二是双拥共建活动广泛丰富。沈阳等12个市和抚顺望花区被命名为全国双拥模范城（县），1家单位和2名个人被表彰为全国双拥模范单位和个人。走访慰问部队千余支、优抚对象家庭5.7万户。全省1.5万位健在的抗美援朝出国作战人员走访慰问全覆盖。组织开展“情系边海防官兵”拥军优属活动，对1200余户边海防官兵家庭建档立卡，赠送慰问金，帮助解决54件实际困难。协调社会组织和企业，为驰援武汉抗击疫情的驻辽部队医护人员捐赠60万元生活物资。

三是精准实施困难退役军人帮扶援助。省直6部门联合出台《关于加强困难退役军人帮扶援助工作的实施意见》，全省共排查出“因新冠肺炎疫情导致生活困难”等8类困难问题3.1万个，入户走访困难退役军人2.5万人次，帮扶援助困难退役军人2.8万余人次。

八、褒扬纪念工作

一是圆满完成褒扬纪念重大活动。联合举办第七批在韩志愿军烈士遗骸迎回安葬仪式活动。协助举办勿忘“九一八”撞钟鸣警、丹东抗美援朝纪念馆新馆开馆、烈士纪念日向烈士敬献花篮、纪念抗美援朝出国作战70周年敬献花篮等仪式，举办辽宁省第二届烈士光荣证颁授仪式，组织开展“致敬·2020清明祭英烈”活动。

二是做好褒扬纪念基础工作。出台实施辽宁省烈士纪念设施规划建设修缮管理维护工作方案。推荐申报国家级烈士纪念设施3个，抗战纪念设施、遗址4处，著名抗日英烈10名，英雄群体3个。制定《省本级人民警察因公牺牲复核暂行办法》，完成3名警察因公牺牲复核。

沈阳市

2020年，沈阳市退役军人事务系统以开展“思想政治工作年”“基层基础基本建设年”活动为牵引，努力夯基提质、着力攻坚克难、奋力团结拼搏，扎实推动工作，圆满完成各项任务。

一、机构建设情况

市委退役军人事务工作领导小组对全市涉及退役军人事务工作重大事项、重要工作进行总体设计、统筹协调、整体推进，充分发挥了决策议事协调作用，并研究出台《沈阳市关于加强新时代退役军人工作具体措施》。截至年底，全市共建立退役军人服务中心（站）2607个，其中标杆型退役军人服务中心（站）5个，示范型退役军人服务中心（站）167个。四级退役军人服务保障体系建设的全面完成，切实打通了服务退役军人的“最后一公里”。为抗击新冠肺炎疫情，市退役军人事务系统及时制定落实相关应对方案，建立上下联动响应的指挥工作机制，广泛发布志愿者倡议书。沈阳市退役军人成立志愿者队伍370余支，建立临时党组织100余个，参加疫情防控志愿服务近5万人次，得到人民群众高度认可；全市近万名军休干部主动捐赠现金270余万元，广大退役军人以各种形式自发捐赠大量现金和防护物资。

二、思想政治和权益维护工作

制发《深入开展“思想政治工作年”活动实施方案》，细化5个方面21项具体举措。制发《沈阳市优秀退役军人及军属先进典型选树和宣传活动方案》，评选70名优秀退役军人典型。建立常态化联系退役军人制度，在按要求对接六类重点人员的基础上，将军休干部、无军籍职工纳入市级常态化联系范围，实现服务对象全覆盖。探索依托基层党组织教育管理退役军人，建立退役军人党员教育管理试点。积极引入社会力量关心关爱退役军人，推进退役军人关爱基金筹备工作，设立退役军人法律咨询中心，携手“点点爱心”等公益团队组织定期帮扶救助困难退役军人。制作《沈阳市优秀退役军人公益宣传片》，在沈阳电视台、沈阳地铁等媒体播放。创作的微视频作品《山窝窝里的兵支书》在“走进新时代退役军人——不忘兵之初　模范‘兵支书’”微视频大赛中获得三等奖。

三、移交安置工作

接收安置计划分配军转干部300多人，落实计划安置岗位400多个，进一步完善双向选择、指令性分配、“直通车”服务安置办法，成功举办沈阳市首届计划分配军转干部双向选择对接洽谈会。下发《沈阳市人民政府关于做好2020年度退役士兵和退出消防员安置工作的通知》，下达安置计划500余个，组织召开退役士兵安置工作政策说明会，采取市、区属专项事业单位考试招聘、中央企业自主招聘、其他单位按档案积分排名选岗方式安置。接收安置符合政府安排工作条件退役士兵和退出消防员400多人，自主就业退役士兵1500多人，完成档案审核、组织关系、行政关系、户籍关系接转等工作，落实待分配补助和保险接续政策。

全力推进部分退役士兵社会保险接续工作。多次组织召开沈阳市解决部分退役士兵社会保险问题专项工作领导小组成员单位工作会议，部署阶段工作任务，研究解决共性问题。向接收安置单位下发了《关于部分退役士兵社会保险补缴工作有关问题的通知》，明确补缴责任、缴费要求以及无缴费能力认定办法。全市共受理退役士兵养老保险接续2.5万余人，养老保险办结2.3万余人。

四、就业创业工作

先后举办大型专场招聘会5场，总计提供就业岗位3800余个，入场求职退役军人8300余名，初步达成就业意向1300余人。成功举办沈阳市首届退役军人网络专场招聘会，采用线上招聘模式，利用云面试等手段确定用工对象，提供就业岗位1000余个，吸引关注5.5万余人次，接收简历5200余份，初步达成就业意向1500余人。与“智联招聘”开展战略合作，上线“沈阳市退役军人网络招聘平台”，常态化为退役军人提供线上招聘服务。

广泛开展自主就业退役士兵线上、线下培训活动，开展退役军人职业技能培训15个班次，参训1100余人，530余名培训合格后的退役士兵被用人单位争相聘用。举办沈阳市首届“建行杯”退役军人创业创新大赛，承办全省退役军人创业创新大赛复赛，沈阳市在辽宁省退役军人创业创新大复赛中，获得一等奖2个、二等奖3个、三等奖2个。加大对退役军人企业、创业孵化基地与创新工作室的扶持力度，制发《沈阳市退役军人创业示范企业管理办法》，将316家退役军人创业企业纳入名录。蓝凌军创及鑫百亿军创2个孵化基地入选“辽宁省退役军人创业孵化基地”，4家由退役军人创建的创新工作室入选“辽宁省退役军人创新工作室”。

五、军休服务管理工作

建立健全军休干部多部门联动接收机制，充分发挥“一站式”服务优势，共接收军休干部、士官350多人。邀请军休干部参加重大纪念活动，满足军休干部了解政策、参与政治的热情。认真落实军休干部的生活待遇，发放工资、津贴补贴、遗属补助费、荣誉金、降温费、取暖费、军粮差价及住院伙食补助等各类补助费。

加大老旧房屋及基础服务设施的维修改造力度，投入资金用于休干活动用房、自管住宅楼和生活园区的维修改造和日常维护，使11个休养所的27处活动用房、25栋住宅楼、4个生活园区，总计2.9万平方米得到改造。为军休干部申请财政医疗资金，组织军休干部参加年度体检1万余人次。疫情期间，军休干部积极响应党的号召，广泛参与防疫防控工作，主动捐赠现金280余万元。

六、优待抚恤工作

继续做好退役军人和其他优抚对象信息采集工作，悬挂光荣牌26.6万块。全年申报各类评残人员93人，接收部队伤残退役人员131人，审批其他优抚对象25人。

制发《沈阳市退役军人事务局等18部门关于加强军人军属、退役军人和其他优抚对象优待工作的实施意见》《关于做好2020年征集入伍义务兵家庭优待金和退役后自主就业经济补助金发放工作的通知》《关于提高一级至四级残疾军人和因患精神病被评为五级至六级残疾等级的退役军人护理费标准的通知》等，切实抓好贯彻落实。

七、双拥工作

全市走访慰问部队232个，召开军政座谈会174次，组织联欢会、文艺演出73场次，走访慰问优抚对象3656户，困难退役军人4099户，抗疫一线部队人员家庭203户，发送慰问信3510件、春联年画1万件，发放慰问金646.07万元。建立工作台账，开设绿色通道，帮助驻沈部队解决随军家属安置、土地确权、土地证和房屋产权证办理等7个问题，协调军人子女入学，对32名疫情防控一线军队人员子女入托入学给予优先照顾，为1492名随军未就业家属发放生活补助。全力做好“第九轮”双拥模范城创建工作，对13个区、县（市）进行检查考核，制作专题录像片、工作剪影等，在国家、省市主要媒体宣传双拥工作成果，开通《沈阳双拥》微信公众号，刊发信息87篇。沈阳市被评为全国双拥模范城。

八、褒扬纪念工作

制发《沈阳市烈士纪念设施规划建设修缮管理维护工作方案》，推动沈阳抗美援朝烈士陵园提质改造工作，按时完成一期工程，积极筹划二期工程。圆满完成第七批在韩志愿军烈士遗骸迎回安葬仪式、纪念中国人民志愿军抗美援朝出国作战70周年敬献花篮仪式，并受邀在“再启航”全国网络平台宣讲“沈阳经验”。严密组织“9·30”烈士纪念日系列活动，先后承办辽宁省暨沈阳市向烈士纪念碑敬献花篮仪式、辽宁省烈士光荣证颁授仪式。做好“中国人民志愿军抗美援朝出国作战70周年纪念章”发放工作，共发放纪念章2061枚，补充申报605人。广泛走访慰问抗美援朝志愿军老战士及烈属，对300多人进行了走访慰问。

九、自身建设情况

坚持把加强党的理论学习摆在首位。采取多种方式深入学习落实《退役军人保障法》以及国家和省退役军人工作会议精神，加强对全系统干部职工的政策法规培训，在局机关独立设置双拥工作机构，认真履行干部选任有关规定，积极推进年轻干部工作。认真落实“一岗双责”，制定班子成员工作清单和重点任务责任清单；严格落实民主集中制，“三重一大”问题一律经党组会研究确定。严格执行监督执纪工作分级负责制度，强化廉政教育，落实双重组织生活，“三会一课”制度。狠抓意识形态工作、带头管阵地把导向，定期进行退役军人领域意识形态分析研判；开展“万人进万企”大走访、企业开复工等6个专项帮扶活动。

大连市

2020年，大连市退役军人事务系统贯彻新发展理念，以“四个着力”“三个推进”为引领，统筹推进疫情防控与业务工作，全面落实上级各项决策部署，较好地完成年度工作任务。

一、机构建设情况

截至年底，大连市累计组建市、区（市县）、乡镇（街道）、村（社区）四级退役军人服务中心（站）1827个，实现退役军人服务保障机构全覆盖。向社会公布全市各级退役军人服务中心（站）主要服务事项、地址、电话，方便退役军人办理业务。积极推动全市示范型、标杆型退役军人服务站创建工作，全市培树122家示范型退役军人服务中心（站），全部通过国家验收，占全市乡镇（街道）级别以上退役军人服务中心（站）总数的75%。10月，全省退役军人事务系统学习推广新时代“枫桥经验”现场推进会在大连市召开。甘井子区退役军人服务中心主任汪玲玲被退役军人事务部评为全国百名优秀服务中心主任（站长），辛寨子街道服务站被退役军人事务部评为全国精品型服务站。

二、思想政治和权益维护工作

开展“思想政治工作年”和“退役军人矛盾问题攻坚化解”活动，探索退役军人党员教育管理和退役军人思想政治工作模式。加强先进典型选树和宣传，利用媒体全方位宣传抗美援朝老英雄那启明、全国劳动模范张丽萍、全国先进工作者邢泮林、“辽宁好人·最美退役军人”范振东等英雄模范人物，联合中共大连市委宣传部、市精神文明建设指导委员会办公室开展2020年度大连市“最美退役军人”选树和学习宣传活动。加强困难退役军人帮扶援助工作，规范工作程序，制定帮扶标准，提高帮扶援助服务系统使用管理水平，通过资金（物资）帮扶、岗位帮扶、走访慰问等形式，传递党委政府对困难退役军人的关心关爱。

三、移交安置工作

大连市退役军人事务局制定《关于做好2020年全市计划分配军队转业干部安置工作的通知》和《2020年计划分配军队转业干部安置计划》，完成年度转业干部安置工作任务。采取档案考核与公开选岗相结合的退役士兵安置办法，做到安置对象、安置岗位、安置程序、考试考核成绩、安置结果“五公开”，召开2020年市内五区符合政府安排工作条件退役士兵和退出消防员教育培训和政策宣讲会，符合政府安排工作条件退役士兵全部妥善安置。开展解决部分退役士兵社会保险工作。

四、就业创业工作

举办“情系退役军人　暖心就业服务”2020年大连市退役军人网络专场招聘活动。其间，与企业沟通开发退役军人就业岗位，对接企业240余家，提供就业岗位2万个，参与退役军人1万名，通过面试1000余人，办理入职手续200余人。举办大连市2020年退役军人及现役军人家属推荐就业专场招聘会，66家企业提供行政管理、金融管理、生产制造、物业服务等1300余个就业岗位，参与应聘退役军人和现役军人家属1500余名，现场达成就业意向200余人。举办2018、2019和2020年度移交大连市辖区的自主择业军转干部3个适应性培训班，2019和2020年度移交大连市辖区的计划分配军转干部2个适应性培训班。抓好退役军人职业技能培训，制定《大连市退役军人职业技能培训实施方案》，下发《关于做好退役军人职业技能培训工作的通知》，项目制培训退役军人1600余名。落实退役军人参加全国普通高考、成人高考、研究生考试以及大学生退役士兵复读的各项优待政策。开展退役军人享受应征入伍服兵役高等学校学生国家教育资助身份审核和自主就业退役士兵2020年高考加分资格审核工作，审核完成5188人。全市1689名退役军人报名高职院校扩招考试并通过资格审核。确定大连东软信息学院等15家培训机构为合作单位，有职业技能培训意愿和有职业技能提升行动培训意愿的退役军人100%参训。组织“展退役军人风采　立创业创新潮头”大连市首届退役军人创业创新大赛，征集参赛项目29个，选拔推荐10支代表队参加辽宁省比赛，获得全省退役军人创业创新大赛30个奖项中的8个，其中一等奖1个、二等奖2个、三等奖5个。

五、军休服务管理工作

完善和落实“随退随审、即交即接”工作机制，组织召开军地联席会议，将接收安置工作优化为“一站式”服务，按计划集中审核档案、集中办理手续、集中接收安置，服务军休干部。全面落实军休干部政治待遇和生活待遇。春节、“八一”期间开展走访慰问活动，走访慰问离休、入朝参加抗美援朝战争、一等或二等功臣以上、住院和生活困难军休干部、遗孀及烈属2672名（户），并发放慰问金（品）。在市直军休服务管理机构开展军休干部休养服务需求问卷调查工作，收到有效问卷6981份，进一步了解军休干部健康状况、休养情况及服务需求。与市民政局、市卫生健康委员会和大连市老龄产业联合会等相关职能部门联合开展走访调研，探索适合军休干部的养老服务模式。出台《关于建立军休干部评价反馈机制的实施意见（试行）》，畅通军休干部需求表达途径，增强军休干部对军休服务管理工作的知晓度、参与度和满意度，提升服务管理水平。

六、优待抚恤工作

2020年，大连市享受国家定期抚恤补助的各类优抚对象26093人。1至9月，发放享受定期抚恤补助优抚对象价格临时补贴2.89万人次。大连市退役军人事务局联合30家单位出台《关于加强大连市军人军属、退役军人和其他优抚对象优待工作的实施办法》，制定覆盖现役军人、现役军人家属、残疾军人、退役军人和“三属”5类人员136项基本优待目录清单。依托社会力量开展“关爱功臣”活动，向退役军人和优抚对象提供眼病免费普查服务，为近百名患白内障的退役军人和优抚对象减免手术费用。与中国人民解放军第967医院对接，开展“关爱老兵、送医上门”义诊活动。

七、双拥工作

调整成立以中共大连市委书记、大连市人民政府市长为双组长的市双拥共建领导小组，定期召开党委议军等会议，研究解决重大问题。在局机关专设双拥工作处，增强双拥工作力量。加强双拥宣传，建立双拥永久标志30余处，全市95个爱国教育基地年接待300余万人次。出台随军家属就业、落户和军人子女入学等政策5项，推进解决驻连部队现役军人“三后”问题。提供维护军人权益服务，设13个法律援助站、150个军属之家、1666个法律援助室。加强与部队联系，开展重大节日走访慰问部队工作。完成全市36名赴鄂参加新冠肺炎疫情防控军队医务人员家庭保障和338名到大连疗养防疫医护及随员隔离疗养保障任务。完善科技拥军制度，发挥180余个国家和省级重点实验室优势，帮助国防装备革新。大连市第8次被命名表彰为“全国双拥模范城”。

八、褒扬纪念工作

制定《大连市烈士纪念设施规划建设修缮管理维护工作方案》，提升烈士纪念设施整体管理保护水平，多渠道多手段展现烈士纪念设施风貌。制定《“致敬·2020年清明祭英烈”网上祭扫宣传工作方案》，通过电视、电台、纸质媒体、网络等平台发布倡议书，引导社会各界关注英烈、学习英烈、缅怀英烈、守护英烈。在《大连日报》、《大连晚报》、大连市文明网等媒体开设清明祭扫专栏，展示英烈事迹、烈士家书、老兵回忆等文化作品，传承和弘扬英烈精神。制作“致敬·2020清明祭英烈”宣传海报，并会同大连市委宣传部制作2020年网上祭英烈微信朋友圈接力H5程序，活动期间15.6万人次参与。做好《中华人民共和国英雄烈士保护法》和《烈士褒扬条例》的普法宣传工作，编印发放宣传手册1万余册。清明节期间，通过局微信公众号和市烈士陵园微信公众号推出“英烈保护法网络有奖答题”活动，进行烈士褒扬方面的普法宣传。烈士纪念日当天，举办向英雄烈士敬献花篮仪式，缅怀先烈，各界代表1000余人参加。

九、自身建设情况

认真履行全面从严治党主体责任，建立25项党建工作制度和36项机关管理制度，不断提高机关工作规范化水平。采取多种方式开展退役军人事务系统全员培训，提升全体工作人员专业素养、政策水平和思想政治工作能力。强化反腐倡廉教育和日常监督检查，持之以恒正风肃纪，增强党员干部廉洁自律意识。

吉林省

2020年，吉林省退役军人事务系统大力加强队伍建设等基础工作，着力强化退役军人服务保障，强力推进退役军人教育管理，创新开展退役军人文化建设和新闻宣传，全省退役军人工作实现了高质量发展，取得了明显成效。

一、机构建设情况

（一）领导小组作用充分发挥

5月7日，召开了2020年度省退役军人事务工作领导小组全体会议，审议通过《关于推进城镇下岗退役军人再就业工作的意见》，强力推动城镇下岗退役军人再就业；构建退役军人信访稳定工作大格局；审议通过《吉林省退役军人党员教育管理办法》，全面加强退役军人党员教育管理；审议通过《关于在党政机关、人民团体、事业单位设立退役军人管理保障工作领导小组的意见》，延伸退役军人服务保障工作触角。

（二）行政机构建设日益强化

全省各级退役军人工作部门共新增行政编制53个，新设内设机构33个。各市（州）退役军人事务局领导班子进一步配齐配强，配备局级领导干部41名。印发《吉林省退役军人工作部门开展“基层基础基本建设年”活动实施方案》，不断加强基层基础建设。举办全省退役军人系统局（处）长培训班，处以上领导干部共11人上讲台授课，各级干部140余人参加。

（三）服务中心（站）建设规范开展

学习推广新时代“枫桥经验”，建立五级示范型退役军人服务中心（站）标杆，遴选11家先进典型，在2020年全省退役军人系统局长培训班上作了视频经验介绍。

（四）单位退役军人议事协调机构创新建立

深入贯彻落实省领导小组印发的《关于在党政机关、人民团体、事业单位设立退役军人管理保障工作领导小组的意见》《关于在全省国有企业设立退役军人服务中心（站）的意见》《关于加强非公有制企业退役军人服务中心（站）建设的指导意见》，在全省8762个党政机关、人民团体、事业单位成立管理保障工作领导小组，在221家国有企业和非公有制企业建立退役军人服务中心（站），进一步扩大退役军人服务保障覆盖面。

二、政策法规工作

全年制定出台制度性文件55个，内容涵盖了党的建设、机构建设、队伍建设、法治建设、移交安置、优待抚恤、就业创业、军休服务、褒扬纪念、双拥共建、管理激励、新闻宣传、政务运行、后勤保障等15项内容，初步实现退役军人工作规范化、标准化、科学化。印发《关于做好退役军人依法维权法律政策咨询服务的意见》，充分发动党政机关、人民团体和相关事业单位参与支持帮助退役军人依法维权，为退役军人提供解答服务。

三、思想政治和权益维护工作

（一）加大退役军人荣誉激励力度

深入开展“思想政治工作年”活动，建立常态化联系退役军人机制。出台《关于加强军人、军属、退役军人和相关工作先进单位、先进个人荣誉激励的意见》，广泛开展军人、军属、退役军人以及关爱退役军人先进单位、先进个人系列评选表彰活动。推荐的退役军人先进典型一汽集团职工张国强，被中宣部、退役军人事务部、中央军委政治工作部评为2020年全国“最美退役军人”。开展“寻访老兵足迹、讲好英雄故事、传承红色精神”主题宣传活动，抗美援朝老战士徐振明被中宣部评为“时代楷模”。

（二）广泛开展退役军人志愿服务

出台《关于加强吉林省退役军人志愿服务的意见》，为退役军人志愿服务工作的开展提供政策依据。新冠肺炎疫情期间，全省各级退役军人工作部门组织25万名退役军人战斗在抗疫第一线。长春市退役军人事务局组织退役军人疫情防控应急大队，在防控疫情工作中做出突出贡献。

（三）高标准做好困难退役军人帮扶援助

印发《关于动员社会各界帮扶援助困难退役军人工作的意见》，联合吉林省慈善总会共同发起设立“吉林省困难退役军人关爱帮扶基金”。

四、移交安置工作

设立省退役军人事务工作领导小组安置工作办公室，主管副省长兼任办公室主任，推动印发了《吉林省计划分配军队转业干部安置工作实施办法》《吉林省政府安排工作退役士兵安置工作实施办法》，确保了安置政策刚性。全年全省接收安置军转干部300余名，退役士兵700余名。

五、就业创业

坚决贯彻落实习近平总书记视察吉林时关于做好退役军人就业工作重要讲话重要指示精神，制定专项督导方案，采取“月通报、约谈、问责”等方法，强化工作落实。全年全省共开发再就业工作岗位7582个，帮扶3397名下岗退役军人实现再就业。如期完成5万余名退役士兵基本养老保险补缴和2000余名退役士兵基本医疗保险补缴。

六、军休服务管理工作

出台《关于加强全省军休服务管理工作的十条意见》，从政治尊崇、政策学习、参与管理、走访慰问等方面，切实规范军休干部服务管理工作。积极开展向军休干部报告工作，展示退役军人工作成果。组织军休干部参加各类文化活动，丰富军休干部的文化和精神生活。下拨军休资金，较好落实军休干部的政治待遇和生活待遇。

七、拥军优抚工作

（一）高位推动双拥工作

推动省委办公厅、省政府办公厅、省军区政治工作局印发《关于加强新时代双拥工作的意见》，强化对双拥工作的顶层设计。出台《吉林省双拥模范城（县）常态化考评办法》，建立常态化考评机制，将“四年一评”改为“一年一考”，加大了工作力度，提升了双拥模范城考评科学化、常态化水平。

（二）全力服务部队建设

广泛开展走访慰问驻吉部队活动，实现走访慰问驻军单位全覆盖、走访慰问退役军人类别全覆盖。创新开展“八一·向军人、退役军人报告”系列主题活动。在疫情期间，帮助全省28名疫情防控一线军队人员家庭解决实际困难。全力解决部队官兵“后路、后院、后代”问题，做好退役军人、随军家属安置，军人子女享受教育优待等工作，随军家属未就业补贴全部发放到位。

（三）高标准落实优待抚恤政策

全面总结评残工作历史经验教训，制定《吉林省退役军人残疾等级评定工作规程》，通过严密程序、加强监督、规避风险、解决争议，提高伤残评定质量，着力推进评残工作法治化。全年共完成3个批次521人的评残工作，通过程序控制和监督制约，执法质量明显提升，退役军人满意度大幅提高。

八、褒扬纪念工作

印发《吉林省烈士纪念设施规划建设修缮管理维护工作实施方案》，下拨2020年度烈士纪念设施专项补助资金，用于烈士陵园维修改造。吉林省5处纪念设施入选第三批国家级抗战纪念设施、遗址，11名英烈入选第三批国家著名抗日英烈、英雄群体名录。广泛开展“红色九月 彪炳历史 照亮未来”主题教育活动。9月30日，成功举办吉林省暨长春市烈士公祭和向人民英雄敬献花篮活动。全省各地相继举行烈士纪念活动，干部群众近15万人参加。

九、自身建设情况

出台《关于加强退役军人文化建设的意见》，对退役军人工作领域文化建设进行全面规划，着力增强退役军人工作软实力。创办《吉林退役军人》内部刊物，全年共编发6期。搭建多渠道融媒体平台和全省微信公众号矩阵。创新开展“八一·向军人、退役军人报告”系列主题宣传活动，在厅宣传平台策划发布12个系列宣传报道，宣传退役军人工作的特色亮点和经验成果。

长春市

2020年，长春市退役军人事务部门认真学习贯彻习近平总书记关于退役军人工作重要论述，在上级退役军人事务部门的有力指导下，结合市政府重点工作部署，凝心聚力、开拓创新，较好地完成了各项任务。

一、机构建设情况

围绕加强党对退役军人工作的领导，长春市组建以市委书记和市长为双组长的退役军人事务工作领导小组。依据机构改革整体方案，组建市、区两级退役军人事务部门。按照“五有”和“全覆盖”要求，进一步加强服务体系建设，全力推进人员到岗和“退役军人之家”建设工程，建成两级“退役军人之家”2822个，建设“示范型退役军人服务中心（站）”139个，服务体系建设逐步由“建成”向“建好”深入。

二、思想政治和权益维护工作

（一）思想政治工作

一是广泛开展选树典型活动。与市委宣传部联合开展首届“长春好人·最美退役军人”评选发布活动，20名退役军人受到表彰。组织开展表彰宣传退役军人在疫情防控中优秀事迹的活动，以及退役军人在脱贫攻坚战中典型事迹征集的活动。

二是走访慰问困难帮扶持续开展。开展关爱退役军人捐赠活动。对退役老兵的英雄故事进行挖掘与收集，整理成册，书名为《暖兵日记》。制定了《长春市春节前走访慰问部分困难退役军人工作方案》，共慰问困难退役军人56人。

（二）权益维护工作

一是制度建设更趋完善。与司法局联合下发《关于做好新时期退役军人法律服务工作的实施意见》。

二是量体裁衣积案化解。由市退役军人事务工作领导小组第二次全体会议审议通过，下发《关于印发〈关于促进下岗转业志愿兵（士官）再就业的实施方案〉的通知》。

三、移交安置工作

（一）圆满完成军队转业干部和退役士兵安置任务

继续完善双向选择、公开选岗、指令性分配相结合的计划分配军队转业干部安置办法，积极协调驻长各级部门共同承担安置职责，拓宽退役士兵安置渠道。推进自主就业退役士兵报到制度改革，1400余名自主就业退役士兵顺利报到。

（二）妥善安置随军随调家属

加强驻长部队随军家属安置需求调查，准确掌握人员信息情况，按照身份不变、专业对口、就地就近的原则，将随调随军家属对应安置到市、区、县所属机关和事业单位。

（三）配合办理跨军地改革集体转制部队军人及随迁配偶子女落户

加强与跨军地改革集体转制部队的沟通协调，为吉林省公安厅特勤局、吉林省出入境边防检查总站和吉林省消防救援总队共计3000余名官兵及随迁配偶子女办理落户手续。

四、就业创业工作

（一）大力扶持退役军人就业创业

创新发展长春市退役军人创业孵化基地，基地已滚动孵化退役军人创办企业170余家，累计产值超过1.5亿元，带动社会就业1700余人。基地荣获“国家小型微型企业创业创新示范基地”荣誉称号。组织召开退役军人网络专场招聘会，推荐就业岗位800余个，150余人达成就业意向。

（二）完成社保接续工作

在党委政府的高位统筹和相关市领导的具体推动下，社保、医保、民政、财政、国资委等相关部门全力支持、密切配合，完成符合条件退役士兵的申请、受理、审核、补缴任务。

五、军休服务管理工作

（一）基础工作更加规范

印制《长春市军队退休干部（退休士官）移交安置工作手册》，规范优化军休干部移交安置工作流程。针对移交人数较多的驻长部队，主动走进营区，为负责移交人员讲解移交安置政策及注意事项。

（二）服务管理更加到位

疫情期间采取“互联网+鉴定”方式对军休干部进行远程视频医学评审。通过线上视频会议、直播和线下集中开会等形式组织培训会8次，提高军休工作人员能力素质。

（三）精神生活更加丰富

疫情期间各军休所创新采取“云活动”形式，举办以书法绘画、器乐演奏、文学创作等形式为主的线上演出、作品展播活动。组织4名立功军休干部参加全国优抚对象疗养，组织15名军休干部参加烈士纪念日活动，为82名军休干部发放“中国人民志愿军入朝作战70周年纪念章”。

六、优待抚恤工作

做好“八一”和“两节”期间走访慰问工作。全年各地共慰问优抚对象3万余人（次），在全市营造浓厚的“关爱革命功臣、关心国防建设”氛围。

做好伤残等级评定相关工作。进一步规范伤残等级评定工作，下发关于在伤残等级评定工作中需要注意的事项，规范伤残等级评定工作流程，严格申报、审核、上报工作。

做好优抚对象的保障工作。全面落实“幸福长春计划”和“暖流计划”，让优抚对象感受到温暖和关爱。为全市31679名优抚对象发放特惠型消费券。做好抗美援朝70周年纪念章发放工作。

七、双拥工作

10月20日，全国双拥模范城（县）命名暨双拥模范单位和个人表彰大会在北京召开。长春市荣膺全国双拥模范城“九连冠”。加强与海军“长春”舰文化共建。连续八年开展“情系驻长官兵，关爱革命功臣”主题拥军活动。与12家银行、三大运营商协议，细化拥军措施，明确拥军责任。与一汽集团签署拥军协议，红旗品牌全部车型面向驻军部队官兵及家属提供优惠优先优待服务。与医疗机构签订协议，在军人、军属优先就医的基础上，建立就医绿色通道。与律师事务所签订协议，军人军属维军权免费。各类拥军社会组织和企业积极主动创造条件吸纳下岗伤残军人、退役军人、随军家属就业。针对部队兵员补入和离队特殊时节，组织银行上门办理金融服务，组织物流公司上门开展快递服务，组织铁路、公路、民航部门开展购票服务。在全市最繁华的商业区打造“双拥商业示范街”，200余户商家参加活动，对现役军人及军属、退役军人实行身份优先、服务优质、消费优惠“三优”服务。

下发《关于开展对抗疫一线军人家庭和全市抗疫一线军嫂大走访活动的通知》，将内容拓展为“八个一”，将全市工作在医院、各级机关、街道、社区等参加抗疫防控一线军嫂纳入走访慰问范围。举行慰问疫情防控一线军队人员家庭仪式，投入资金50余万元，走访慰问抗疫一线家庭共420户、抗疫一线军嫂403名、发放慰问信420封、解决实际问题3件、收集典型线索10个。

对2019年符合指令性安置条件的42名随军家属的档案进行了审查，并根据个人意愿和专业性质合理分配到相关单位。在原有荣立二等功军人子女享受择校政策的基础上，将飞行人员、边远艰苦地区工作军人子女纳入择校范围。

八、褒扬纪念工作

认真做好烈士纪念设施第三阶段数据采集校核工作。组织开展烈士纪念设施大调研活动，进一步摸清全市烈士纪念设施底数。利用信息手段，广泛开展清明网上祭英烈活动。2月10日至4月30日，集中开展“致敬·2020清明祭英烈”网上祭扫活动。9月30日，在长春市烈士陵园隆重举行吉林省暨长春市向英烈敬献花篮活动，3000余人参加活动，烈士公祭日期间，对长春地区75名烈属及优抚对象进行走访慰问。组织完成长春地区烈士亲属异地祭扫统计上报工作。

九、自身建设情况

严格落实党建第一责任人制度，实行“一岗双责”，形成党组成员各担党内职务、各有党建任务的领导体系。认真贯彻落实支部联络点制度，带动局属各级党组织“一把手”各负其责，抓好党建工作。

组织开展局系统2019年度“两优一先”评选；开展基层党支部星级达标创建活动，推选出五星支部2个、四星支部7个、三星支部7个。组织系统党员干部开展“下社区、上一线”活动，落实“三看四比五带头”专项行动，认真执行在职党员“双报到”制度。开展红色电影、参观“三下江南战役”纪念馆等主题党日活动。

坚持党管干部原则，着眼新时代好干部标准，营造“凭能力用干部，以实绩论英雄”的良好氛围，形成竞进有为、干事创业的良好导向。召开“一报告两评议”专题会议，完成年度干部选拔任用总结评议工作。做好干部职工队伍建设，完成档案专审全覆盖工作，完成服务中心编制结构调整工作。

黑龙江省

2020年，黑龙江省退役军人事务系统深入开展“思想政治工作和矛盾问题攻坚化解年”、“基层基础基本建设年”活动，以把政策落实好、服务保障好、权益维护好、总体稳定好、作用发挥好、双拥共建好为目标，健全退役军人服务保障制度，统筹做好常态化疫情防控形势下退役军人工作，不断推进退役军人事务领域治理体系和治理能力现代化，为服务经济社会发展、国防和军队建设作出新贡献。

一、机构建设情况

黑龙江省深入推动服务体系建设，贯彻落实中央关于学习推广新时代“枫桥经验”的重要指示精神，专门印发《开展示范型退役军人服务中心（站）创建活动实施方案》，797个县、乡两级服务中心（站）申请创建全国示范型退役军人服务中心（站），40个县、乡两级服务中心（站）申报列为国家培育千“家”标杆。

二、思想政治和权益维护工作

坚持把做好退役军人思想政治工作和解决退役军人实际问题并重，充分发挥全省退役军人服务保障机构政治功能，制定“五个好”任务目标，细化分解22项具体措施，开展“夯实基础、党员教育、荣誉激励、联系群众、完善机制”等工作。加强困难退役军人帮扶工作，以齐齐哈尔讷河市为试点，探索审批流程，梳理总结经验做法，以点带面全省推广。常态化做好退役军人思想引导、感情联络、心理疏导、帮扶援助等工作，规范运行全国常态化联系退役军人信息管理系统，分层次建立联系对接，全省已建立联系对象61.91万人，其中，重点联系对象3900多人，基本实现已采集信息退役军人常态化联系全覆盖。

三、移交安置工作

坚持以部队、用人单位、军转干部“三满意”为目标，创新安置举措，进一步健全“阳光安置”工作机制，积极探索开展军转干部专业对口“直通车”式安置，横向协同做大安置岗位“盘子”，纵向联动一体化安置，首次采取“中省直单位和哈尔滨市单位同选”的办法，一次性组织实施，全省军转干部全部安置到位并发出报到通知。全省符合政府安排工作条件的退役士兵全部安置到位。着力解决部分退役士兵岗位安置难、补助发放难、社保接续难“三难”问题。解决部分退役士兵应安置未安置、安置后未上岗历史遗留问题；大力筹措资金发放待安置、安置后未上岗期间生活补助费，靠前办理社会保险接续，全年办结率达99%。扎实做好跨军地改革集体转制部队退役军人落户工作，审核本人落户及随迁配偶（子女）落户工作稳步推进；按照国家要求，指导各地认真做好2020年夏秋季国家综合性消防救援队伍自主就业退出消防员移交安置工作，各市地接收安置筹备工作高效有序。

四、就业创业工作

采取定向招录、行业企业直招、举办专场招聘会等措施，扶持1.4万名退役军人就业。全省各级机关考试录用公务员招考计划单列218个岗位，定向招录退役大学生士兵。疫情期间为近2000名退役军人提供社区防控等阶段性就业岗位。全省各级积极举办招聘会，开展网上招聘周、招聘月活动，帮助1万余人与用工单位签订就业协议。全省各级共建立退役军人创业孵化基地43个，设立创业专区22个，扶持1257人成功创业。举办全省退役军人创业创新大赛，102家军创企业参加；推荐典型企业参加全国大赛，有2家企业分获全国退役军人创业创新大赛“精准扶贫”组三等奖、“新兴产业组”优胜奖。全年为有培训需求的3555名退役士兵和573名军队转业干部开展线上技能和专业培训。

五、军休服务管理工作

克服新冠肺炎疫情影响，采取预审移交干部电子档案方式，提前开展工作，截至年底，基本实现了符合条件的离退休人员和滞留人员“随退随审、即交即接”的年度工作目标。全省军休服务管理机构全面实施“四个一工程”，即建立一个信息库，建立军休干部信息综合档案；签订一份承诺书，军休干部遇到紧急突发事件时，工作人员10分钟内到达现场；设立一个微信群，适时向军休干部发布通知、征询意见、预约服务等；构建一张服务网，建立以医疗、物业、维修、家政等社区服务为支撑的服务体系。采取市场化运作的方式对军休机构进行翻新改造，全省各军休所均已建成了集休闲、运动、娱乐、集会、办公和服务为一体的多功能院区，有3个市的老旧军休小区纳入当地城镇老旧小区改造计划，多数军休机构被当地评为城市社区示范单位。各级军休机构积极与当地老年活动中心、街道社区沟通协调，解决军休服务站规模小、军休干部就近活动难等问题。

六、拥军优抚工作

春节和“八一”期间，走访慰问各驻省部队和优抚对象，面向部队需求赠送慰问品。省、哈尔滨市双拥办共同赴成都看望慰问民族英雄、抗日烈士赵一曼的孙女陈红女士。积极开展“情系边海防”六送活动，与全省376名边海防官兵建立“一对一”联系，帮助49名有帮扶需求的官兵解决实际困难；对接北部战区部队需求，深入推进拥军支前任务。全省13个市、县被评为全国双拥模范城（县），大庆油田有限责任公司被评为全国爱国拥军模范单位，佳木斯市博物馆日军侵华罪证陈列馆分馆馆长宋金和、立国集团董事局主席寇立国2位同志获评全国爱国拥军模范，驻省解放军某部杨德龙同志获评全国拥政爱民模范。12月22日，全省双拥模范城（县）暨双拥先进单位和个人命名表彰大会在哈尔滨召开。共有60个市县、168个单位、141名个人被评为全省双拥模范城（县）、双拥先进单位和个人。

进一步提高伤残人员、“三属”抚恤补助标准，提高在乡老复员军人生活补助待遇；提高带病回乡退伍军人、烈士老年子女年生活补助金标准；资助3万余名优抚对象就医看病、参加基本医疗保险。下拨中央事业单位补助金，支持2个优抚医院、1个光荣院、4个军供站维修改造及设备更新。全年为4万余个退役军人家庭悬挂光荣牌，累计悬挂103万余块。

七、褒扬纪念工作

圆满完成省暨哈尔滨市抗日战争胜利75周年和烈士纪念日向英雄烈士敬献花篮仪式组织承办工作。以网上祭扫形式开展“致敬·2020清明祭英烈”活动。23位抗日英烈、2处抗战纪念设施被列入第三批国家级著名抗战英烈、抗战纪念设施名录。统筹使用中央补助和省级福彩公益金2263万元，支持25个市、县烈士纪念设施维修改造。

八、自身建设情况

深入开展“基层基础基本建设年”活动，坚持问题导向，着力推进任务落实闭环，重点推进基层服务保障体系建设与业务能力提档升级。围绕“五有”全覆盖工作要求，落实编制和办公场所，配齐人员并强化经费保障，打造退役军人事务和服务保障机构的“四梁八柱”，做到“有人管事、有钱办事、有场所议事”，确保实体化运转。结合《退役军人保障法》出台，重新梳理各项政策，汇编成册，推动业务培训全面开展，组织新招录工作人员到基层服务中心（站）挂职锻炼。广泛开展退役军人宣传工作，营造浓厚尊崇氛围。

哈尔滨市

2020年，哈尔滨市退役军人事务系统紧扣“让军人成为全社会尊崇的职业”工作目标，统筹谋划、科学部署、突出重点、狠抓落实，退役军人工作扎实有序推进，移交安置、思想政治和权益维护、双拥共建、退役军人就业创业、服务保障体系建设等工作取得明显成效。

一、机构建设情况

（一）强力推进各级服务机构建设

按照上级要求，哈尔滨市共组建市、县、乡、村四级退役军人服务中心（站）3094个。全部按照上级要求配备服务及办公场所，工作机构和服务保障体系已经基本形成。

（二）典型引路推动标准化建设

确定了8家标杆型和200家示范型退役军人服务中心（站），占全市总数的64%以上。通过打造一批标杆型、示范型服务中心（站），以点带面、连线成片、辐射周边，实现服务中心（站）从“有”到“优”。

二、思想政治和权益维护工作

（一）加强对退役军人的思想政治引领

新冠肺炎疫情发生后，第一时间印发《关于积极应对新型冠状病毒肺炎疫情的倡议》，引导全市广大退役军人及退役军人工作者，积极参与疫情防控。积极发动广大退役军人党员，配合街道、社区、村屯开展疫情防控宣传、联防联控等工作。组织“橄榄绿志愿者服务队”68名志愿者，缓解了一线医护人员的工作压力。制作《盯住一扇窗守护一座城——“橄榄绿志愿者服务队”抗击疫情纪实宣传片》。

（二）多措并举开展帮扶援助工作

全力推进部分退役士兵保险接续工作，社保接续领导小组成员单位密切配合、做好衔接并有序推进。做好退役军人待安置期间生活补助费、安置后未上岗期间生活费发放工作，共为41104名退役士兵发放待安置及安置后未上岗补助。为帮助困难退役军人再上岗，开发公益岗位295个。各级退役军人事务部门深入开展帮扶救助工作，向1270名因病返贫、生活困难的退役军人提供医疗救助、低保救助。为退役军人提供法律援助，在市、县两级退役军人服务中心设置退役军人法律救助服务站。

三、移交安置工作

（一）军官转业安置工作

2020年，全面完成军官转业安置工作。采取哈尔滨市委退役军人事务工作领导小组总揽统筹、市退役军人安置领导小组组织协调、市退役军人事务局牵头落实的安置工作机制，把坚持公开岗位、公开积分、公开排名、公开结果的“四公开”原则贯穿安置工作始终，全力保证安置工作的透明度和公信力，打造风清气正的良好安置环境。

（二）随军随调家属安置工作

按照“属地管理、层级对等、专业对口、业务相近、就地就近”的工作原则，加强与编制部门及安置单位沟通协调，推动随军随调家属安置工作顺利推进。2020年度，共安置随军家属13人，随调家属6人。同时，妥善解决随军随调家属就业安置的实际困难，切实提高军转干部家属的荣誉感和获得感。

（三）退役士兵安置工作

结合哈尔滨市退役士兵安置工作实际，加强与黑龙江省退役军人事务厅以及哈尔滨市委编办、哈尔滨市财政局的协调力度，在鼓励退役士兵自主就业、妥善解决历史遗留问题方面做了大量工作。接收符合政府安排工作条件退役士兵100余人。认真落实自主就业退役士兵相关政策，严格按标准发放自主就业退役士兵相关待遇，共为600余名自主就业退役士兵发放一次性经济补助金。

四、就业创业工作

（一）拓宽就业渠道提供优质岗位

通过与重点行业和大型企业合作开展退役军人直招活动，累计召开专场招聘活动27场次，提供就业岗位超1.8万个，扶持就业1400余人。推行“不见面”服务，提供就业咨询辅导近万人次。疫情期间，各区县（市）委退役军人事务工作领导小组发挥统筹协调作用，为2828名退役军人提供社区防控等阶段性就业岗位。创新举措，前移就业服务窗口，市退役军人局、人社局联合举办“送政策、送岗位”进军营活动。

（二）增强培训力度提升就业能力

指导全市退役军人技能培训工作，全市确定34家定点承训机构，克服疫情影响，组织退役军人技能提升培训435人次，为756名新退役军人开展网上适应性培训。把高职扩招和技工学校扩招作为错峰就业、提升素质的战略举措来抓，配合相关部门加大政策宣传和发动力度。

（三）增强创业氛围提高创业意识

一是组织创业创新大赛。经过层层选拔，12支队伍分别在两个赛道（企业组、创意团队组）决赛中获奖。按照省大赛的要求，从中选拔5支队伍参加了全省大赛，分别获省大赛的2个一等奖、1个二等奖。二是组建创业导师团。邀请有丰富的企业经营管理经验、有社会责任感的业界人士组建创业导师团，目前已有39人。

五、军休服务管理工作

全年接收安置退休军官70余人，退休士官近10人，工作中，简化要件、程序、办理时限，做到了“即交即接”。全面落实已安置军队离休退休干部及军队无军籍退休职工的政治待遇和生活待遇，及时调整退休费、生活补助等待遇额度。强化军休机构基层党组织建设，重新调整四个军休机构的党总支，并按规定程序完成全部军休党支部换届改选工作，进一步捋顺基层组织框架。

六、优待抚恤工作

建立优抚对象抚恤补助标准自然增长机制，继续提高各类优抚对象抚恤补助标准并及时兑现到位。继续巩固优抚对象住房保障机制，坚持以“应修则修、应建则建”的原则，2020年，哈尔滨市共新建住房3户、维修住房22户、租房21户。扎实做好医疗保障工作，将全市3.2万余名优抚对象全部纳入相应医疗保障体系，确定了238家市级、区县级、乡镇级医疗机构作为定点，实现优抚医疗“一站式”即时结算。兑现优抚对象群众优待金。优抚对象“三难”问题得到较好解决。

七、双拥工作

加强双拥工作的组织领导，对双拥工作领导小组进行了调整和增强，建立了市、区、街、社区四级770个双拥组织。全市形成常态化、制度化慰问机制，市委、市政府领导春节、“八一”期间慰问驻哈部队，组织开展困难退役军人、优抚对象送温暖活动，重点慰问赵一曼烈士孙女陈红、“2018年感动中国人物”退役军人马旭、苏宁烈士母亲冯静轩和“活烈士”李玉安遗孀韩慎梅。持续开展“双拥在基层”“四进军营”“双学双看”“鹊桥进军营”等双拥共建活动。举行“拥军志愿单位”授牌等活动。落实拥军政策，为部队解决土地置换、不动产登记证更换、营房道路修建等实际困难。紧抓军队“三后问题”，重点关注军人“后代问题”，为军人子女解决入学问题、落实升学加分政策。哈尔滨市被命名为新一届全国双拥模范城。

八、褒扬纪念工作

认真贯彻落实《中华人民共和国英雄烈士保护法》，扎实开展褒扬纪念工作。充分发挥哈尔滨市烈士陵园红色阵地作用，全年共接待各级机关、团体、学校、企事业单位及人民群众参谒祭扫约20余万人次，参谒团体近300家，接待烈士家属近千人次。清明节期间开通微信公众号祭扫英烈平台和网上纪念馆，网上参谒祭扫人数达2万余人次。在烈士纪念日和世界反法西斯战争胜利75周年纪念日，黑龙江省和哈尔滨市联合举行向英雄烈士敬献花篮纪念活动。

九、自身建设情况

哈尔滨市退役军人事务系统坚持把政治建设放在首位，持续巩固“不忘初心、牢记使命”主题教育成果，引导广大干部职工不断增强“四个意识”，坚定“四个自信”，做到“两个维护”，充分发挥党建工作中的组织协调、督促落实、检查指导等工作。加大业务培训力度，紧紧围绕退役军人移交安置、优待抚恤、就业创业，部分退役士兵社保接续等工作，组织各区、县（市）退役军人事务部门相关人员开展集中培训，学习交流等活动，并取得了较好的效果。

上海市

2020年，上海市退役军人事务系统主动对接退役军人事务部工作要求，按照市委、市政府的决策部署，紧密结合上海实际，坚持一边抓疫情防控，一边抓业务推进，圆满完成年度工作任务。

一、机构建设情况

（一）推进服务保障体系建设

出台服务中心（站）建设和工作规范，细化四级服务中心（站）服务标准和职责清单。召开全市退役军人服务保障体系建设现场推进会。对标中央督导要求，开展服务保障体系专项调研督导。截至年底，全市已搭建起横向到边、纵向到底、覆盖全域、落点基层的服务保障网络，实现“应建尽建”。按照下沉两级培训要求，分层分类组织服务中心（站）负责人、业务骨干等培训100班次，培训工作人员2万余人次。

（二）提升网上办事能力

根据“一网通办”要求，梳理出行政权力事项38项、公共服务事项9项，编制办事指南并予公开。制定《“军人退役一件事”改革工作方案》，将退役报到、落户登记、社保转接、补助发放等12个事项，优化再造为“军人退役一件事”，实现“一次告知、一口受理、联动办理、限时办结”。

二、政策法规工作

成立11个课题组，组织开展退役军人事务领域政策研究；印发关于加强新时代退役军人工作的实施意见及任务分工方案，并召开推进会抓好贯彻落实。起草编制上海市退役军人服务和保障“十四五”规划。制定《上海市义务兵家庭优待金发放管理办法》等政策性文件11件，进一步调整完善拥军优抚政策措施。牵头召开长三角区域退役军人工作座谈会，会同江苏、浙江、安徽三省签署《长三角退役军人事务一体化发展合作备忘录》，形成长三角区域退役军人工作沟通合作机制。

三、思想政治和权益维护工作

（一）发动退役军人抗疫

制定《关于广泛动员全市退役军人积极投身疫情防控工作的实施方案》，广大退役军人和退役军人创办的企业迅速行动，投身医疗救治、社区防控、道口查验、后勤保障等疫情防控各条战线。活跃在上海抗疫一线的退役军人志愿者队伍达20余支，近3万名退役军人参与抗疫，捐款捐物价值5000万元。

（二）深入开展“思想政治工作年”活动

制定下发关于开展“思想政治工作年”活动实施方案，调研指导各区活动开展，积极推进退役军人思想工作指导员队伍建设。组织开展“‘退役不褪色　永远跟党走’上海退役军人志愿服务总队成立暨全市退役军人文明实践志愿服务项目发布仪式”，进一步规范和壮大全市退役军人志愿者队伍。开展2020年度“最美退役军人”评选表彰和学习宣传活动，评选出20名“最美退役军人”和9名“最美退役军人”提名奖；对“最美退役军人”学习宣传活动进行安排部署。建立常态化联系退役军人制度，切实做好困难退役军人帮扶援助工作，认真学习借鉴“枫桥经验”，切实维护退役军人合法权益。

四、移交安置工作

完善军转干部档案交接、审查、管理办法。开展网上“云服务”，通过网上“政策进军营”、网络咨询等方式，持续加强军转安置政策宣传和咨询服务。探索“线上+线下”相结合的培训方式，丰富培训内容，灵活培训形式。科学编制2020年军转安置计划，全力推行阳光安置，优化量化评分机制。组织2期共近500名军转干部进高校专项培训。会同市国资委编制并落实市属国企安置退役士兵计划，组织安排工作退役士兵参加适应性培训，与国有企业开展线上双选安置专场活动，完成事业单位专项招聘工作。共接收安置军转干部1000多人，符合政府安排工作条件退役士兵（含退出消防员）100多人，接收2500多名自主就业退役士兵，200多名转改文职人员和6000多名集体转制部队退役人员落户及随调随迁子女。有力有序完成退役士兵社保接续工作。

五、就业创业工作

（一）助力退役军人企业复工复产

先后深入多家退役军人创办企业、产业园区，了解落实防控主体责任和复工复产复市情况，调研企业面临的问题和需求，针对性协调解决实际困难。积极协调交通银行等拥军优抚合作金融机构，帮助退役军人创办企业解决融资2.4亿余元，助力企业渡过难关。牵头举办长三角退役军人“云招聘”活动，率先启动“云招聘”平台，携手苏浙皖三省举办线上专场招聘，破解疫情期间退役军人求职和复工企业用工“两难”问题。该活动参与企业达1102家，归集优质岗位16296个，4817名退役军人投递简历，1050名退役军人达成就业意向。目前，已实现全年常态化线上招聘。

（二）常态推进就业创业工作

制定首届退役军人创业创新大赛暨全国大赛选拔赛工作方案并组织实施。活动期间，总计361个项目报名，100个项目通过初赛晋级复赛，60个项目晋级决赛。赴宝山、闵行、杨浦等区调研退役军人就业创业促进工作和创业园区建设情况，启动退役军人创办企业情况和就业情况全面摸底调查，获取基础数据15000余条。完成部、市、区三级就业创业常态化联系工作。

六、军休服务管理工作

优化军休干部审定和接收流程，完成300多名军休干部审定和接收安置任务。积极推进军休服务管理社会化标准化建设，印发《关于加强本市军休服务管理社会化的试行意见》，按照“开门办所、融入社会、购买服务、资源共享”的服务管理新模式，为军休干部提供优质服务。对近两年内已通过局标准化试点示范的11家军休机构统一授牌，会商指导黄浦区军队离退休干部第二休养所“军休服务标准化试点”项目参加上海市标准化试点项目。

七、拥军优抚工作

（一）帮助部队援鄂医务人员解决实际困难

疫情期间，注重加强对部队援鄂人员的关心激励，及时搭建军地协同和双向沟通机制，深入开展“送温暖”活动，对海军军医大学等单位驰援武汉医疗队队员家庭进行走访慰问，协调有关区和部门着重解决49名医务人员在子女就学、家属就业等方面的现实困难。发动社会力量支持疫情防控工作，市拥军优属基金会联合“叮咚买菜”，为医护人员家庭免费供应生鲜食品；联合市拥军优属基金会为湖北省荣军医院捐赠提供一批医疗物资，为中部战区总医院、火神山医院等4家医院捐赠生活必需品。

（二）深入开展“双拥”系列活动

春节期间，协调保障市四套班子主要领导分10路走访看望驻沪基层部队，以市政府名义向驻沪部队、烈军属、转业退伍复员军人发出慰问信，向驻沪部队和烈士遗属赠送慰问品。“海军节”期间，创新开展“六个一”线上宣传，让更多市民了解海军、热爱海军。上海14个区被命名为“全国双拥模范城”，军地2个单位和4名个人受到表彰。精心组织“八一”系列双拥活动，赴东部战区和部分驻沪部队走访慰问；协调组织召开2020年上海市社会化拥军优属工作座谈会；组织开展线上双拥宣传和双拥主题征文活动，大力营造节日双拥氛围。

（三）做好优待抚恤工作

下达2019年度驻沪部队随军家属指令性安置计划。先后到市教委和虹口、杨浦区双拥办就军人子女入学优待问题进行沟通和调研；会同市教委和部分驻沪部队召开军人子女入学工作座谈会，研究相关政策措施，加强军地联系，做好军人子女教育优待工作。协调市教委、市拥军优属基金会与虹口区，在虹口外国语第一小学建立首家“爱国拥军教育特色学校”，探索试点经验。开展“情系边海防官兵”拥军优属活动，排摸本市边海防部队官兵情况，有针对性地推出“六送”活动，真心实意为官兵家庭办实事解难题，及时向3.6万名优抚对象发放临时价格补贴。

八、褒扬纪念工作

清明期间，指导各区和有关单位有序开展疫情防控形势下烈士祭扫工作，积极开展网上祭扫活动。积极推进龙华革命烈士纪念地保护利用展示及功能拓展项目，先后完成工程立项、土地平整、项目报批、绿植施工、现场推进等工作。积极做好纪念抗战胜利75周年相关工作，协调保障市四套班子主要领导分路看望慰问抗战老战士、老同志和抗战英烈遗属代表。圆满完成烈士纪念日全市党政军领导和各界群众代表向人民英雄敬献花篮仪式。修订完善关于落实烈士纪念设施规划建设修缮管理维护具体实施方案等文件，组织完成本市烈士纪念设施第三阶段数据的信息完善、校核工作，加强烈士纪念设施建设维护管理。

九、自身建设情况

疫情期间，2批各30名党员干部下沉街镇居委，顶岗开展出入证发放、重点人员防控和居家隔离人员上门服务等社区防疫工作。3批各5名机关干部下沉驻地虹口区凉城新村街道居委会，协助社区干部做好社区值守、回沪人员健康登记和口罩预约登记发放。组建疫情防控突击队，驰援浦东国际机场入境口岸。组织引导党员干部捐款捐物，自愿缴纳“特殊党费”。

成立局“四史”学习教育领导小组，制定“四史”教育实施方案，加强党组中心组学习，邀请专家作系列辅导报告，组织参观邮政博物馆等红色教育基地，不断深化教育效果。

举办专题培训班，组织参加网络培训和干部在线学习和双休日专题讲座，通过培训切实提升全员业务能力。用好退役军人事务部与局门户网站、局微信公众号等宣传阵地，加强工作成果展示，营造良好舆论氛围。

江苏省

2020年，江苏省退役军人工作以建立健全组织管理体系、工作运行体系、政策制度体系为牵引，按照“基础工作抓规范、业务工作抓提升、难点工作抓突破、重点工作创特色”的总体思路，统筹疫情防控和退役军人服务保障，守正创新、综合施策、持续发力，退役军人事务领域治理体系和治理能力不断提高，退役军人服务保障水平实现新的发展。

一、机构建设情况

江苏省委、省政府领导高度重视退役军人工作，召开省委退役军人事务工作领导小组第二次会议，并多次召开专题会议，研究部署退役军人工作，深入基层考察退役军人服务站点，推动服务保障体系建设，走访驻军部队和革命功臣、老战士。全省120多家县级以上服务中心、22000多家服务站实现实体运行，构建横向到边、纵向到底、覆盖全员的五级退役军人服务体系。

二、思想政治和权益维护工作

以开展“思想政治工作年”活动为抓手，深入推进“戎耀今生”系列活动。开展首届江苏省退役军人党员“微党课”授课竞赛活动，2300多名退役军人党员骨干登台授课，百万人次退役军人党员线上线下接受党性教育。举办江苏省首届退役军人“书画大赛”，2800多名退役军人参加，集中展示退役军人爱党爱国爱人民的情怀。举办“戎耀今生·退役军人创业创新大赛”，5支代表队在全国大赛中获奖，数量位居全国前列。开展“戎耀今生·寻迹江苏退役军人创业先锋”主题宣传活动。组织开展江苏省模范退役军人、工作模范单位及个人评选表彰活动，隆重表彰100名模范退役军人、40个工作模范单位、35名工作模范个人。联合江苏省总工会开展企业单位优秀“戎耀之家”建设活动，新认定建设对象157个。

制定出台《江苏省退役军人事务厅等5部门关于加强困难退役军人帮扶援助工作的实施意见》，强化帮扶援助工作力度。开展“一库两本账”制度建设试点，探索加强困难人员精准帮扶和重点人员教育转化工作机制。推行“大数据+网格化+铁脚板”工作模式，发挥退役军人服务中心（站）的功能作用，全省共设立“老兵调解室”5624个、聘请老兵调解员8800多人，依法有效化解各类矛盾问题1.04万件。

三、移交安置工作

江苏省在坚持“阳光安置”的基础上，进一

步扩大“特岗选拔”范围，促进人岗相适；探索“直通车”优先，满足基层用人需求；加大统筹力度，有效化解省内岗位供需不平衡矛盾，提前2个月完成近5000名计划分配军转干部和符合政府安排工作条件的退役士兵安置任务。

四、就业创业工作

推动出台《省委办公厅省政府办公厅印发关于加强和改进退役军人补贴性教育培训工作意见的通知》，出台《关于加强和改进自主就业退役军人补贴性教育培训工作意见》，培训退役军人1万多人次。出台鼓励退役士兵到村（社区）工作的指导意见，引导退役士兵到基层建功立业。落实“六稳”“六保”部署要求，开展江苏省“第二届百城联动退役军人就业专场招聘系列活动”，线上线下举办各类招聘会452场，参与单位1万多家，1.3万人签订意向协议。启动退役军人就业创业信息服务平台建设，1万多名退役军人实现上网求职应聘。

五、军休服务管理工作

江苏省全年审定军休干部、退休士官安置去向500多人，接收安置近500人。全面落实军休人员政治、生活“两个待遇”，着力推进社会化改革，搭建服务平台，拓展保障渠道，不断提高服务保障质量。有序展开军休干部集中居住老旧小区改造和军休机构服务设施建设，全年改造老旧小区2.1万平方米，新建特殊机构用房1.2万平方米，不断改善休养环境。加强军休人员教育引导，激励引导他们发挥余热，释放红色能量，献力社会治理。

六、双拥工作

强化双拥共建机制，1月21日举办了迎新春军政座谈会。高标准做好双拥创建工作，18个城（县）、1个单位和2名个人受到国家命名表彰。10月22日，江苏省全国双拥模范表彰会议在南京召开。大力支持疫情防控工作，采取集中座谈与登门入户相结合的方式，逐一慰问抗疫一线军队医务人员家庭和军队医疗机构，落实一线军队医务人员子女教育采取照顾倾斜政策。动员全省退役军人事务系统，积极筹措物资驰援在武汉的军队医护人员。全省各地常态化开展走访慰问部队、“走边防看亲人”、“城市与舰队”等活动，传递家乡党委政府和人民的关心关怀。为某边防连队建设防寒抗震钢架营区，配置防寒防冻生活物资器材，极大改善了官兵训练生活条件。

七、优待抚恤工作

2020年，江苏实有享受国家抚恤补助的优抚对象40.8万人。制订出台《江苏省伤残抚恤管理办法实施细则》《江苏省退役军人事务厅优抚信访事项听证办法》，启动《江苏省军人军属、退役军人和其他优抚对象优待办法》《江苏省光荣院管理办法实施细则》拟制工作。组织开展走访慰问优抚事业单位集中供养对象和抗美援朝老战士老同志、优抚对象短期疗养和医疗巡诊，惠及近1.5万名优抚对象。切实加强优抚事业单位建设和管理，摸清底数、优化职能，落实安全生产责任制，定期开展安全隐患排查，着力提升优抚事业单位服务保障水平。

八、褒扬纪念工作

开展“致敬·2020清明祭英烈”网上祭扫活动，举办“缅怀·致敬”清明祭英烈主题征文活动，建设“江苏崇尚　传承·英烈云平台”烈士纪念网络平台，开展“9·30”烈士纪念日活动、“红色九月　彪炳历史　照亮未来”主题宣传纪念活动、新婚夫妇向革命烈士献花活动等纪念活动，全社会尊崇军人，关爱退役军人的氛围不断浓厚。

九、自身建设情况

持续深化“不忘初心、牢记使命”主题教育，常态化开展“双周五讲堂”，运用“学习强国”等学习平台，切实加强机关理论学习。分批组织党员干部赴安徽金寨开展党性教育专题培训。采取省级退役军人系统内和军地党支部结对方式，定期开展“五个一”共建活动，打造党建品牌。突出人才队伍建设，认真组织选人用人工作“一报告两评议”，围绕年度绩效目标签订责任书并加强平时考核，采取集中培训与“线上”学习、岗位实践与课题研讨、岗位交叉与基层锻炼等措施，加快能力提升。坚持刚性约束正风肃纪，深入开展“五抓五促”专项行动和“廉政教育月”活动，采取专题培训、廉政教育、自查自纠、政治巡察等方式，强化廉政建设和作风改进。

南京市

南京市退役军人事务系统切实把做好退役军人服务保障作为提升省会城市功能和中心城市首位度的重要工作来抓，在对标找差中笃定前行、在创新实干中开拓奋进，在推动退役军人工作高质量发展上迈出了坚实步伐。

一、机构建设情况

强化党委对退役军人事务工作的领导。出台《领导小组成员单位工作职责》《领导小组成员单位联络员工作职责》和《领导小组2020年工作要点》等文件。领导小组办公室充分发挥职能作用，加大对退役军人重大工作的统筹协调。

建强退役军人服务保障体系。以示范型创建和全省标准化、规范化建设为抓手，印发《学习推广新时代“枫桥经验”推进退役军人服务中心（站）规范化建设实施方案》，落实“基层基础基本建设年”和“思想政治工作年”活动内容，结合双拥模范城（县）创建要求，组织召开全市退役军人服务保障体系建设推进会，加快推动全市服务保障体系全员覆盖、实体运行、规范服务。举办两期全市退役军人服务保障体系能力提升培训班，着力提升服务保障队伍专业素质能力。持续开展对全市各级中心（站）的业务指导，尤其加强对基层服务站的建设督导，对全市服务体系建设进行交互检查，区级服务中心和街道服务站创建全国示范型服务中心（站）达标率80%。

二、思想政治和权益维护工作

加强退役军人党员教育管理，培养退役军人思想工作骨干，在全市开展退役军人党员“微党课”授课竞赛。注重典型引领激励，会同市妇联、南京警备区政治工作处联合开展“三个最美”推选活动，评选10名“最美退役军人”和20名“最美退役军人”提名，举行南京“最美退役军人”事迹分享会，江北新区退役军人王玉军当选全国“敬老爱老助老模范人物”。在全市企业、单位深入开展优秀“戎耀之家”创建活动，遴选推荐7家企业、单位申报省级优秀“戎耀之家”。

依法及时维护退役军人合法权益。开展“排风险、建清单、除隐患、保稳定”专项行动和“百日攻坚行动”，及时了解退役军人所思所想，积极做好国家政策宣传和思想政治工作，坚决维护退役军人合法权益，督促退役军人待遇政策全面落实。

会同市财政、民政、住房、医保等部门印发南京市《关于加强困难退役军人帮扶援助工作的实施办法》，对帮扶援助对象、情形、方式、标准和办理程序作出明确。加强困难退役军人“一本账”动态管理，采取资金援助、实物援助、就业帮扶、精神抚慰、社会化援助等多种形式开展帮扶援助工作。建立常态化联系退役军人制度，常态化开展基层走访调研和退役军人联系。依托全国困难退役军人帮扶援助系统，对录入系统的1088户退役军人低保家庭进行逐一核对，并于“八一”和春节前集中上门慰问，全年帮扶慰问1238人次。

三、移交安置工作

突出重点，强化保障，统筹做好移交安置工作。全年接收计划分配军转干部700多人、政府安排工作退役士兵200多人、计划移交安置伤病残士兵4人、复员干部10人、计划分配军转干部随调家属5人。针对性地开展转业军人安置需求、安置意向和岗位计划调研，组织“走军营送政策”活动30余场，夯实安置工作基础。不断拓宽安置渠道，部、省、市、区四级累计筹措士兵安置岗位530余个，探索实施“直通车”式安置。精心组织转业干部岗前培训，加强退役士兵待安置期间的教育管理工作。加强信息化手段在移交安置工作中的应用，建成退役军人报到落户系统，结合流程优化，实现退役军人一站式办理报到与落户手续。

四、就业创业工作

做活教育培训，规范适应性培训标准和流程，开发定向式培训和就业岗位订单，开展技能培训285人次、学历教育培训1148人次，2019年接收自主就业退役军人适应性培训率100%。打造就创品牌，策划开展“戎创金陵”退役军人创业扶持系列活动，举办首届“戎创金陵”退役军人创业创新大赛，13个优胜项目晋级省赛并获得一等奖1名、二等奖3名、三等奖2名；组建31家退役军人企业在内的创业联盟，选树“戎创金陵”退役军人创业之星30名，建成3家退役军人创业孵化基地，组织“庆八一·话创业”退役军人创业沙龙、退役军人创业训练营、创业初级培训班等活动。强化服务保障，实现自主就业退役军人“一人一档”，建成集管理、查询、服务、求职、招聘、学习、创业为一体的退役军人就业创业信息服务平台，累计举办线上线下退役军人招聘活动59场，1300余家用人单位参加，近2000人达成初步意向，418人成功签约上岗。

五、军休服务管理工作

深化军休文化建设，组织开展全市军休系统“共战疫情文化同行”主题诗词、书法、绘画网络大赛，吸引全市军休干部创作近500幅作品参赛，13万人次参与网上投票；开展非遗文化进军休、军休文化进军营活动。推动军休服务线上平台建设，军休老年大学开展8个专业、18个班次的网上教学，发布各类教学视频165个，直接受众学员2000余人，“南京军休”网站及公众号共发布信息13000余条；南京军休讲师团录制云宣讲视频，官方微博发布各类信息4000余条，并在疫情防控安全前提下开展线下宣讲209场，现场直接受教人员4万人。

六、拥军优抚工作

深化双拥共建，组织召开迎新春军政座谈

会，市四套班子领导春节、“八一”走访慰问部队，组建13支拥军支前队伍，建立12家企业参与的拥军企业目录，与移动、电信、联通三家电信运营商、苏宁易购签订拥军优抚合作协议，为758名现役官兵发放医疗、困难资助金近300万元；关爱边海防官兵，与51户边海防官兵家庭建立“一对一”帮扶，荣获全国双拥模范城“九连冠”。

落实优抚政策，优抚对象抚恤补助标准连续24年增长，对退役军人和其他优抚对象、健在的参加过抗日战争以及抗美援朝出国作战的老战士、老同志普遍走访慰问。成功举办南京市首届优抚对象专属团购会。加强各类优抚对象认定和档案管理规范化建设，稳步推进残疾等级评定专项核查等工作。

疫情初期，在做好相关抚恤补助资金发放同时，对全市优抚对象疫情期间生活状况进行全面摸底，重点帮扶慰问困难优抚对象和退役军人家庭236户，发放防疫生活物资。对138名独居、行动不便的优抚对象建立一对一服务机制，由党员先锋队员、网格员等开展代购生活物资等一系列送温暖活动，为优抚对象发放“爱心消费券”，确保优抚对象生活水平不受疫情影响。

七、褒扬纪念工作

补充完善英名录和烈士褒扬系统烈士信息，制定《南京市烈士纪念设施规划建设修缮管理维护工作实施方案》，江宁区云台山抗日烈士陵园获批第三批国家级抗战纪念设施。组织“致敬·2020清明祭英烈”网上祭扫活动，做好清明期间烈士现场有序祭扫及散葬烈士墓和零散烈士纪念设施维护工作，与市委宣传部、市委党史办共同开展“清明云寻访，线上祭英烈”——南京红色文化资源点寻访阅读行动。指导有关区在烈士纪念日举行颁授“烈士光荣证”仪式，核发市退役军人事务系统抗美援朝出国作战70周年纪念章909枚。

八、自身建设工作

实施机关作风建设满意度提升工程，不断改进作风、优化服务、提升形象。制定《市退役军人事务局公务员平时考核方案（试行）》，并组织开展机关公务员平时考核工作。制定2020年度全市退役军人系统教育培训工作计划，完成了干部教育培训中期评估总结工作；组织开展全市退役军人事务系统网络培训。

严格落实党建责任制，推动全面从严治党向纵深发展。结合业务特点开启“党建+”和“主题党日+”新模式，推动党建工作与业务工作深度融合。积极配合做好市委“六保”专项巡察工作。持之以恒正风肃纪，教育引导全体党员干部永葆为民务实清廉的政治本色。深入落实中央“八项规定”精神，加强对党员干部全方位管理监督，全面筑牢拒腐防变思想防线。

浙江省

2020年，浙江省退役军人事务系统围绕实现“六稳”目标、落实“六保”任务，统筹推进疫情防控和退役军人各项工作，取得积极成效。

一、机构建设情况

省委退役军人事务工作领导小组审议通过《关于加强我省新时代退役军人工作的若干意见》《关于推进“新时代枫桥式退役军人服务站”建设的意见》等若干个文件，审定产生全省首届“模范退役军人、退役军人工作模范单位和模范个人”，全面开展“新时代枫桥式退役军人服务站”建设，建成达标236家，另有1057个服务中心（站）获评全国“示范型”服务中心（站）。

二、思想政治和权益维护工作

承办全国退役军人事务系统学习推广新时代“枫桥经验”现场推进会，推广宁波“轮值站长”做法，迭代升级军人退役“一件事”集成服务，全面梳理军人从入伍服役、退役就业到临终关怀全过程服务管理事项，试点开展退役军人全生命周期管理保障新模式，入围省政府创新案例。

举行抗美援朝出国作战70周年纪念活动，策划推出《奔向三八线》《老兵档案》《致敬“最可爱的人”》等系列报道。制定出台《关于加强退役军人思想政治工作的实施意见》，开展退役军人先进典型学习宣传。出台《关于加强困难退役军人帮扶援助工作的实施意见》，明确按照不低于10%的标准增发生活补助。

退役军人积极发挥作用，全省46万余名退役军人主动战“疫”，浙江、江西和山西组成的退役军人事务系统援鄂医疗队获评“全国抗击新冠肺炎疫情先进集体”。13万余名退役军人积极参与抗洪抢险、抗台救灾。4500多名优秀退役军人在村（社）换届后担任支部书记，占比18.3%，1.5万余名退役军人入选村（社）支部委员，成为乡村振兴生力军。

三、移交安置工作

2020年，浙江省接收安置军队转业干部1600余人。“直通车”式安置军转干部100余名，妥善安置随军家属70余名。

采取网上网下相结合方式，组织开展省直军转干部岗前培训。按照规定流程完成军队转改文职人员落户工作。出台《进一步做好由政府安排工作退役士兵待安排工作期间服务管理工作的通知》，规范报到落户、组织关系接转、适应性培训、实践锻炼等9方面内容。指导全省县级服务中心开设服务专窗，为1328名退役军人即时转接党员关系。召开由政府安排工作退役士兵（退出消防员）档案审核移交工作会议，集中组织档案审核移交。

开通“浙江退役军人移交安置掌上服务平台”“退役士兵移交安置管理平台”，省本级安置军转干部即时查阅安置政策，接收公告和发布信息留言等，退役士兵实现档案审核、信息获取、报到落户、安置选岗等全流程动态管理。

下发《部分退役士兵社会保险接续工作流程规范》，组织业务培训，开展调研督导，摸清工作底数，排查工作难点，全力推进符合条件退役士兵养老保险补缴工作。

四、就业创业工作

统筹疫情防控和就业创业工作，组织开展“线上+线下”各类招聘活动666场次，落实就业创业税收减免政策，试点开发退役军人就业创业信息系统。

下发《浙江省退役军人就业创业培训工作管理办法（试行）》，规范培训秩序，提高培训质量，全年累计组织职业技能教育培训12895名，投入经费6200余万元。退役军人报名参加高职扩招6665名，较上年增长224%。

举办“大爱前行、暖心就业”长三角地区网上专场招聘会，创新开展“直播云带岗”“互联网+”等灵活就业模式，发布企事业用工信息10万条，提供岗位1万余个，退役军人网络浏览量达100万人次。建成退役军人创业园（孵化基地）89个，进驻企业802家；组建退役军人培训机构（学院、联盟）59个，指导团队74个918人，实训基地94个。协调省建行、省中行等银行，联合出台金融支持政策，推出降本减负八项举措，对具备一定创业条件但缺乏创业资金的退役军人初次创业，提供不超过50万元额度的贷款，帮助走出“创业起步难”的困境。全年累计减免税收2.1亿元，同比增长34.1%。

举办全省首届“建行杯”退役军人创业创新大赛，设“新兴产业”“传统产业及生活服务业”和“现代农业”等3个行业赛以及“精准扶贫”“创新团队”2个专项赛，536家企业报名参赛。大赛决出的5个项目第一名全赛道参加全国总决赛，获得4个二等奖和1个优胜奖。

五、军休服务管理工作

2020年，全省实有享受待遇军休干部4715人。通过集中审定、集中会诊、集中反馈模式，进一步规范材料审定、完善接收流程、加强军地协调，有效减少部队人员到地方办理审定手续“跑”的次数。

累计新建新购机构用房3144平方米，改造机构用房18131平方米。抓住国家深入推进老旧小区改造的有利契机，推动军休干部老旧小区改造和加装电梯工作，启动和完成项目13个、改造面积8698平方米、加装电梯3台。

深入推进“全国军休服务信息化平台”试点工作，系统构建“浙军休”服务“一码一库一平台”功能框架，实现“一键智办、一站服务、一码通行”。

六、拥军优抚工作

我省11个设区市在新一轮全国双拥模范城评比中实现“满堂红”。扎实开展“情系边海防官兵”拥军优属活动，累计慰问2478户边疆海防官兵家庭，帮助168户官兵家庭协调解决现实困难和实际问题。安排专人走访慰问66户驻浙军队援鄂医护人员家庭。举办省慈善项目关爱金首发仪式，每年投入100万元资金资助200户困难现役军人和退役军人家庭。总结嘉兴、义乌等地做法，每年为农村现役义务兵父母等进行一次免费体检，全年完成体检3万余名。

结合《浙江省军人抚恤优待办法》和浙江省抚恤补助标准逐年自然增长机制，从8月1日起调整提高34万余名退役军人和其他优抚对象抚恤补助标准，实施部分优抚对象基本生活物价补贴发放工作，惠及701912人次，有效缓解享受抚恤补助待遇对象的生活困难。

指导市县整理完善2.4万余名档案核查并启动伤残证换证工作。联系医院共同做好312人伤残评定工作。组织开展辅具配送修理，惠及近900名残疾军人和在乡复员军人。在设区市内基本医疗定点单位全面开展城乡居民基本医疗保险、政府医疗救助、医疗优惠减免和优抚医疗补助的住院“一站式”结算，优抚对象医疗保障水平达到城镇职工基本医疗保险水平。

七、褒扬纪念工作

协调保障“9·30”烈士纪念日省和杭州市党政军领导及社会各界代表向浙江革命烈士纪念碑敬献花篮仪式。联合印发《浙江省烈士纪念设施规划建设修缮管理维护工作实施方案》，分步实施省烈士纪念设施基本情况核查工作，共采集县级以上烈士纪念设施138个，县级以上烈士纪念设施内的各类烈士墓、碑、亭、馆、室等设施5032处，其他零散烈士墓、碑等纪念设施2781处。

举办“传承红色基因、弘扬英烈精神”第二届全省英烈讲解员大赛，开展“红色九月　彪炳历史　照亮未来”主题宣传活动，组织开展“致敬·2020清明祭英烈”网上祭扫活动，全省各地清明期间网上悼念祭扫952.6万次。余姚市新四军浙东游击纵队司令部旧址、长兴县新四军苏浙军区旧址两处入选第三批国家级抗战纪念设施、遗址，吴复夏、张谞行、金雯、朱学勉、观杰、邱字华6位烈士入选第三批国家级抗日英烈。

八、自身建设情况

突出抓好政治机关建设，持续学深悟透习近平总书记关于退役军人工作重要论述，建立健全“不忘初心、牢记使命”主题教育长效机制，不断增强“四个意识”、坚定“四个自信”、坚决做到“两个维护”。突出抓好基层基础建设，以

"基层基础基本建设年"活动为契机，进一步加强基层指导、夯实基础工作、提高基本能力；启动开展浙江省退役军人事业发展"十四五"规划编制工作，为退役军人工作高质量发展提供可靠保证；建立常态化联系退役军人制度，持续开展"三服务"活动，全省退役军人事务系统共走访慰问56.3万余人次、解决各类问题1.6万余个。突出抓好干部队伍建设，加强干部队伍理论学习，不断提升系统干部战斗力。

杭州市

2020年，杭州市退役军人事务系统以数字化转型和体制机制建设为重点，基础工作持续夯实，服务管理能力持续提升，退役军人政策利好持续释放，拥军崇军氛围日益浓厚。

一、机构建设情况

杭州市退役军人事务局核定内设机构7个处室，即办公室（政策法规处）、思想政治和权益维护处、移交安置处、军休服务管理处、双拥工作处、优抚褒扬纪念处、机关党委（组织人事处）。下设5家正处级事业单位，即杭州市军队离休退休干部服务管理中心、杭州市军队离休退休干部活动管理中心、杭州市退役军人服务中心、杭州军用饮食供应站、杭州市革命烈士纪念馆。

二、思想政治和权益维护工作

一是建设“新时代枫桥式退役军人服务站”。全市退役军人服务中心（站）3375家，上报创建全国示范型退役军人服务站点1236家，占全市总数的37%，其中区县级、镇街级、村社级争创比例分别达100%、74%、36%。大力推进“新时代枫桥式退役军人服务中心（站）”建设，全市144家获评市级“新时代枫桥式退役军人服务中心（站）”，35家获评省级“新时代枫桥式退役军人服务中心（站）”，131家获评“全国示范型退役军人服务中心（站）”。召开全市“新时代枫桥式退役军人服务站”创建暨退役军人全生命周期服务管理工作现场推进会，融合推进新时代枫桥式服务站创建和全生命周期服务管理工作。

二是精准落实帮扶援助。聚焦帮扶援助政策落实，全市发放困难帮扶资金共计180余万元。引导和鼓励社会力量参与退役军人服务。依托基层站点健全辖区退役军人包联制度，形成常态化联系机制，全市共计入户走访困难退役军人1.2万余人次，帮助解决各类困难900余个。

三是营造浓厚的拥军崇军氛围。深挖先进典型，评选表彰30名杭州市“最美退役军人”及14名“最美军嫂（兵妈妈）”，5名优秀退役军人被评为首届“全省模范退役军人”，5个单位被评为“浙江省退役军人工作模范单位”，2名工作人员被评为“浙江省退役军人工作模范个人”。推动军队“二等功”以上人员载入地方史志。紧扣“八一”重要时点，创新开展主题为擦亮崇军之光的“崇军周”活动。

三、移交安置工作

一是做好军转干部安置。2020年，全市接收安置计划分配军转干部300余人，超过全省安置数量四分之一；安置符合政府安排工作的士兵200余人。组织200名军转干部在浙江大学华家池校区参加岗前适应性培训。

二是抓实退役士兵安置。出台《关于认真做好2019年退役士兵相关补助经费发放工作的通知》文件，首次组织退役士官与接收安置单位双向见面会，近60家中央企业、省（市）属企事业单位出席。

三是全力推进随军家属就业安置。由政府搭建平台进行市场推荐就业，计划安置随军家属155人。9月，以“拥军优属、职通未来”为主题，面向随军家属、退役军人召开专场招聘会，吸引800余名随军家属和退役军人前来应聘，其中304人当场达成就业意向。

四、就业创业工作

出台《杭州市退役军人就业创业工作实施意见》，打造就业创业云平台。全年共开展战“疫”网络招聘会、专场招聘会等两场大型招聘会，吸引400余家优质企事业单位参与，提供就业岗位1.5万余个。组织自主就业退役士兵免费学历教育和高职扩招2000余人，在“退役职通车”平台上线相关培训课程55门，参与网络培训近万人次。组织开展退役军人创业大赛和就业创业论坛，吸引204家企业、团队参与，为25个参赛项目提供贷款贴息、税收减免等多种形式的扶持。

五、军休服务管理工作

一是接收安置工作效率提升。借助“最多跑一次”改革，推出了“一站式落户”，让“数据多跑路、军休干部少跑腿”，提升军休干部接收安置的工作效率。重新梳理了接收安置清单，简化了接收安置流程，加快了接收安置进度，有力推进接收安置工作保质保量完成。

二是事业单位改革工作顺利完成。军休事业单位数量减少，由原来5个军休中心合并为2个中心。服务管理架构由原来两层架构变成现在的“军休服务处—军休中心—干休所—服务站（点）”四级架构。在上城、下城、江干、拱墅、西湖、滨江6个主城区都设有干休所和服务站。

三是文化下乡工作丰富多彩。组织军休干部开展“送文化下乡”活动18场，包括文艺活动、送医活动和红色讲学活动等。

四是信息化建设工作逐步健全。依托“杭州老兵码”信息化平台，创新研发“智慧军休”服务管理体系。“智慧军休”系统主要由“一码一库一平台”组成，杭州“军休码”于7月22日正式上线。杭州市1300多名军休干部已经激活“军休码”，申领率达到64.4%。

六、双拥工作

一是常态推进拥军优属。春节、“八一”前夕走访慰问驻杭官兵、退役军人和优抚对象2万余人次，赠送慰问金（慰问品），建成46个基层双拥示范点，连续8次被命名为省双拥模范城，成功争创全国双拥模范城“八连冠”。支持武警贵州总队定点帮扶黔南州都匀市凤啭村扶贫项目；支持陆军预备役师公寓楼整修及基本设施配套完善经费；扎实推进“慈善拥军情”活动，拨付2020年度专项资金补助经费。

二是有力帮扶支持家属。全市累计摸排并慰问杭州籍边海防士兵家庭100余户，帮助官兵家庭解决实际困难14个。做好军人子女教育优待工作，确保军人子女100%就近入读公办学校，260名官兵子女享受就近就便入学照顾和中考加分优惠政策。

七、褒扬纪念工作

一是加强优抚待遇保障力度。推进优抚“最多跑一次”改革。实现参保城居医保的优抚对象医疗“一站式”报销结算，开展“民生直达”试点工作，直接由系统按时自动发放各类抚恤补助金，进一步提高工作效率和规范性。

二是打造线上“云祭扫”。在市局官微平台成功嫁接“中华英烈网”“浙江英烈网”等功能模块，全面开展网上祭扫，为烈军属和退役军人家庭及社会各界开展祭扫活动提供便利。清明期间，杭州市参与浙江英烈网线上祭奠人数达到132万，报送清明祭英烈动态信息333篇。

三是打造智慧“体验馆”。推出“虚拟现实”（VR）全景参观纪念馆体验等活动，建成智慧“祭扫体验馆”，实现线上沉浸式参观，VR上线两周点击率即超3万次。为市革命烈士陵园400余座烈士墓擦拭墓碑、敬献鲜花，并在市局官方抖音号发布祭扫视频，总播放量超40万。

四是打造线下“服务队”。全市各烈士纪念设施保护单位推出代为祭扫烈士墓等线下暖心服务，为烈士墓敬献鲜花、擦拭墓碑。对全市306处烈士纪念设施进行实地排查和维护修缮，精准定位构建“红色记忆地标图”。

八、数字化转型工作

结合退役军人全生命周期服务管理工作，开发建设“智慧老兵”云服务平台，全国首创“老兵码”，实现“码上优抚、码上优待、码上服务”等应用场景。截至年底，全市5.1万名退役军人已申领“老兵码”，580家崇军先锋商家入驻平台（不含联锁店）。

九、自身建设情况

一是加强党建引领。中心组理论学习有序开展，意识形态工作扎实推进；公务员“一件事”改革、人事档案“数字化”工作顺利完成，局属事业单位改革顺利完成，荣退机制初步建立。“学习强国”排名在全省名列前茅。

二是组织抗疫服务。突出充分发挥各级党组织战斗堡垒作用和党员先锋模范作用、大力弘扬先进典型事迹和先锋突击队、“双万”驻点服务、严明抗疫纪律五个环节完成抗疫服务任务。其间，4批次28天参与西湖区留下街道和家园社区抗疫工作，刊发《战“疫”简报》14期，捐款200余万元，累计7人次被评为抗疫先进。

宁波市

2020年，宁波市退役军人事务系统深入开展“思想政治工作年”“基层基础基本建设年”“就业创业提升年”三大活动，退役军人工作有序推进、成效明显。

一、机构建设情况

2020年，宁波市退役军人事务局新增双拥工作处，拥军优抚和褒扬纪念处更名为优抚和褒扬纪念处，共内设1办5处，下属事业单位5家。深入开展全国示范型服务中心（站）和浙江省新时代枫桥式服务中心（站）创建，通过工作群日常督导、多部门联合督导、现场会以会促建，由市委领导小组办公室每月通报进展情况，推动各地服务站建设提质升级，已建成作用发挥较好的示范站点400余家，获评全国示范型服务中心（站）131家、省新时代枫桥式服务中心（站）28家。钱勇臻入选全国百名优秀服务中心（站）主任（站长）。

二、政策法规工作

召开全市退役军人工作会议，制定出台《关于加强新时代退役军人工作的实施意见》。按照部“政策法规落实年”相关部署，深入学习宣传贯彻《中华人民共和国退役军人保障法》，制定印发学习宣传贯彻实施方案，第一时间组织专题学习，多次针对关注度较高的优待抚恤目录清单进行研讨交流，提升退役军人工作法治化水平。系统梳理本单位自成立以来制定的各项规章制度，印发《宁波市退役军人事务局规章制度汇编》。结合“你为国尽忠 我为你尽力”“甬尚老兵·锋领港城”专题系列活动，加强针对退役军人党员的普法教育。结合“八一”、国家宪法日等重要节日，深入辖区军营为官兵开展法律援助知识讲座、解答法律咨询。

三、思想政治和权益维护工作

打造“甬尚老兵·锋领港城”思想政治工作品牌，创新“十小”工作法，制定实行退役军人学习日、轮值站长等制度。发挥好先进典型引领作用，成功推荐获评1名全国“最美退役军人”、8名省模范退役军人、5家省退役军人工作模范单位、2名退役军人工作模范个人。退役军人作用发挥更加明显，全市退役军人积极投身战“疫”一线。全市组织开展“甬尚老兵·文明有我”志愿服务活动1411次，参与人数4.15万余人次，为宁波市实现全国文明城市“六连冠”贡献退役军人力量。

四、移交安置工作

今年共接收计划安置军队转业干部400余名，由政府安排工作退役士兵、退出消防员100余名。全市计划分配团职及以下军队转业干部、由政府安排工作退役士兵安置任务均已完成。优化安置办法，保持军转安置政策连续性、稳定性，继续实行“双考”安置办法，进一步实施“阳光安置”和“直通车”安置办法，突出安置重点，始终坚持把师团职和功臣模范转业干部作为安置重点，实行先进后出、增加非领导职数等办法。实行退役士兵“单位性质、工作地点、岗位职能、薪资待遇、工休规定和录用条件”安置工作“六透明”，让退役士兵全面熟悉和掌握拟安置岗位的相关情况。

五、就业创业工作

确定2020年为退役军人“就业创业提升年”，制定下发《就业创业提升年实施方案》。充分调动市场主体和人力资源机构积极性，初步形成退役军人就业工作思路。创新“线下精准对接+线上招聘面试+云端直播带岗”全方位立体式服务，组织召开精准对接会30余场，退役军人参与25000余人次，正式签约2200余人。及时将下岗失业、就业困难的退役军人纳入再就业帮扶范围，建立个性化信息台账，实施精准兜底帮扶下岗失业退役军人174人，就业困难退役军人103人。坚持“创业是更高质量的就业”“以创业带动就业”，成立“新一产”军创企业跨界联盟，成功承办首届省“军创”大赛，宁波市参赛成绩在全省排名第一；在全国“军创”大赛上斩获两个二等奖。

深化推进随军家属“互联网+”灵活劳务，成功推广到东部战区海军舟山、上海片部队，被东部战区海军列为基层官兵暖心工程。随军家属人力资源项目组开展岗前技能培训和素质提升课程2000余次，职业技能提升培训5895人次。

六、军休服务管理工作

开展智慧军休App全国试点。按照“一个中心，两个重点，三项任务”工作思路稳步推进试点任务，以“全面完成试点工作任务”为中心，以“突出特色”和“体验反馈”为重点，完善全国军休服务App功能，推广普及应用，扩大宣传影响，增强用户活跃度，不断探索路子，先行先试，积累经验，为智慧军休App全国推进做好宁波先行先试工作。不断提高服务保障水平。全年共上门走访慰问重病、空巢、独居军休干部900余人次，坚持每月定人联系制度，营造“和谐”军休的良好氛围。充分发挥军休干部模范作用，积极主动参与疫情防控。军休干部下沉一线支援基层村社参与执勤守岗，带头开展防疫宣传，积极发动、响应爱心捐款。

七、双拥工作

宁波市实现全国双拥模范城“八连冠”，象山县第六次荣获全国双拥模范县荣誉称号，大榭开发区黄金国同志获“全国爱国拥军模范”称号。健全双拥工作机构，单设双拥工作处，建立领导小组会议、军地联席会议、定期走访慰问、军地合署办公等制度。开展春节、“八一”走访慰问驻地驻训部队活动，发放慰问金、慰问品。

开展双拥宣传，在各级媒体宣传报道200多篇，在宁波地标三江口开展双拥宣传灯光秀，举行迎新春军地座谈会、“八一”拥军会等230余场次。做好军人子女入学入园优待，95%以上军人子女上优质学校，协调驻军部队军人子女入学入园447人，军人子女中考加分75人。

八、优待抚恤工作

2020年，全市享受国家定期抚恤补助的优抚对象共计54187人，全年完成伤残军人、带病回乡退伍军人等各类审批（认定）3168人次。下发《关于做好农村现役义务兵父母等优抚对象免费健康体检工作的通知》，为全市4705名符合条件的优抚对象进行免费健康体检。适时启动优抚对象基本生活价格补贴机制，全年共为7.24万人次发放优抚对象价格补贴。全市广泛开展“微心愿”活动，以助力解困、传递爱心为出发点，引导社会各界认领实现“微心愿”687个。建立常态化联系退役军人制度，2020年全市各级开展“三服务”活动23万次，走访军创企业近600家、累计解决问题1214个。积极开展困难退役军人帮扶救助，共排摸困难退役军人1203人，开展个性化帮扶1558人次。

九、褒扬纪念工作

高度重视烈士纪念设施保护管理，全年全市对各级烈士纪念设施建设共计投入900余万元。申报提质改造烈士纪念设施两处，项目预算金额8000余万元。大力开展“致敬·2020清明祭英烈”“红色九月　彪炳历史　照亮未来”“《革命理想高于天》红色家书诵读”“‘铭记英烈　矢志传承’红色故事宣讲暨纪念中国人民志愿军抗美援朝出国作战70周年图片巡展”等主题活动，深切缅怀英雄烈士不朽功勋。针对疫情防控实际，开展“代祭扫”服务和“云祭扫”活动，设立线上祭扫平台14个，带动约150万人参与“云祭扫”。

十、改革创新工作

创新建立基层退役军人服务站“轮值站长”制度。组织一批有能力、有时间、有意愿的退役军人志愿担任“轮值站长”或组成“轮值班组”，积极发动退役军人自我服务、自我管理，最大限度地聚人气、激活力、展成效，有效提升退役军人服务保障工作水平。12月份，宁波市在浙江省推广“轮值站长”制度部署会上作独家经验介绍。截至目前，宁波市已有6400余名“轮值站长”上岗履职，办理服务站日常事务12万余件，解决退役军人急事、难事5万余件。

十一、自身建设情况

坚持把政治建设摆在首位，在局系统树立“你为国尽忠，我为你尽力”的服务理念，打造“甬尚老兵·锋领港城”工作品牌，以“讲政治、有情怀、敢担当、善作为”为要求，积极打造退役军人事务系统尊崇铁军队伍。发挥领导小组办公室作用，加大领导小组议定事项的督办力度，启动全市退役军人事业发展“十四五”规划编制，高标准推进宁波市退役军人事务领域治理体系和治理能力现代化。

安徽省

2020年，安徽省退役军人事务系统主动适应常态化疫情防控形势，坚持改革创新，狠抓“六稳”“六保”，各项工作取得积极成效。

一、机构建设情况

出台关于加强新时代退役军人工作的实施意见，明确24项具体举措及分工，进一步压实压牢职责任务。贯彻落实扎实推进长三角一体化发展座谈会精神与沪苏浙退役军人事务部门签署《长三角退役军人事务一体化发展合作备忘录》，努力实现长三角区域退役军人工作高质量发展。

建成省、市、县、乡、村五级退役军人服务中心（站）19638个。学习推广新时代“枫桥经验”，开展全国示范型服务中心（站）建设，全省共有680家退役军人服务中心（站）通过验收。建成老兵谈心室1814个，法律援助工作站896个，退役军人事务工作调解委员会645个，推动服务保障体系从“有形全覆盖”到“有效发挥作用”转变。

二、政策法规工作

实施行政规范性文件合法性审查5件，重大决策合法性审查4件。组织开展规范性文件清理工作，宣布继续有效9件，废止1件。调整制定省级权责清单5项、公共服务清单9项、市以下权责清单指导目录12项、公共服务清单指导目录29项。制定普法责任清单，实施《退役军人保障法》进机关、进企业、进军营、进学校、进乡村、进社区宣传贯彻。组织开展英烈法律知识竞赛等活动。建立退役军人法律援助咨询服务体系，形成政府法制机构人员为主体，公职律师、社会律师为补充的法律顾问队伍。

三、思想政治和权益维护工作

出台关于进一步发挥退役军人在基层社会治理中作用的意见。全省村（社区）“两委”中退役军人达1.32万人。深入发掘宣传退役军人战“贫”、战“疫”、战“洪”先进典型，全省共成立退役军人应急救援突击队、老兵突击队等各类志愿服务队5000余支，近22万人直接参与疫情防控和抗洪救灾，累计捐款捐物价值3000多万元。印发《关于将思想政治和法纪教育纳入各类培训工作的通知》。为符合条件的老战士、老同志发放“中国人民志愿军抗美援朝出国作战70周年”纪念章5300余枚。累计开发退役士兵专项岗位4.95万个，帮助3.37万名符合条件退役士兵实现再就业。

四、移交安置工作

出台做好2020年由政府安排工作退役士兵和国家综合性消防救援队伍退出消防员移交安置工作通知，印发省属国有企业接收由政府安排工作退役士兵安置工作通知，建立国有企业安置退役士兵岗位归集制度。出台《关于做好由政府安排工作退役士兵待安排工作期间服务管理工作的通知》。

积极探索开展军转干部“直通车”安置办法，实行重点安置对象直接安置、专业人才对口安置、特殊人才选调安置、具备资格转任安置、到基层一线优先安置。对功臣模范和长期在艰苦边远地区、特殊岗位服役的军转干部，在安置计划中提前选择。鼓励中直单位优先选用与行业系统工作匹配的军转干部专业人才。

军转干部安置采取以考试、考核进行量化赋分，以双向选择为主、单向选择兜底进行分配。严格执行《符合政府安排工作条件退役士兵服役表现量化评分暂行办法》，实行以单向选择为主的安置办法，量化评分，打分排序，依次选岗。圆满完成2020年度计划分配军转干部和退役士兵安置任务。

五、就业创业工作

制定关于充分发挥经济功能区岗位优势促进退役军人高质量就业创业的意见。举办首届安徽省退役军人创业创新大赛，521个项目参赛，择优选送5个项目参加全国退役军人创业创新大赛。认定第二批省级退役军人就业创业园地，全省累计建立退役军人就业创业各类园地273家。出台退役军人享受小微企业社会保险补贴和一次性创业补贴等扶持政策。打造退役军人就业创业金融服务示范平台，建设“裕农通退役军人创业服务点”216个。

印发退役军人就业起航行动实施方案，联合举办长三角地区退役军人线上招聘活动，建立安徽公共招聘网退役军人专区，上线单位1730家，提供就业岗位5.65万个。全省累计举办招聘会576场，提供就业岗位23万个，助力3.6万名退役军人实现就业。在基层公务员考录和事业单位招聘中，面向退役军人单独切块、定向招录（聘），明确基层公务员职位不低于招录总数的3%。

出台退役军人技能培训实施办法，省级退役军人技能培训人均补助标准提至2400元，累计技能培训13727人。印发《安徽省退役军人培训机构管理办法（暂行）》，发布《安徽省第一批退役军人培训机构目录》，公示227家承训机构。高职扩招录取35830人，普通专升本录取354人，免试招生成人专升本307人。完成256名2020年省直暨合肥计划分配军转干部培训任务。

六、军休服务管理工作

圆满完成军队离退休干部及退休士官移交安置任务，接收了“八一勋章”获得者王忠心。建立军队离退休干部移交安置联络员制度，进一步规范军休服务管理机构用房建设，出台军休干部服务管理关系调整相关制度。

全面落实“两个”待遇，及时下拨各类军休经费。积极推进适老化改造和老旧小区综合整治及加装电梯工作，将军休老旧小区优先纳入城镇老旧小区改造计划。对高龄、空巢、独居、孤寡、失能等特殊军休群体，积极引入社会资源，提供社会化服务。

七、拥军优抚工作

合肥等14个市被命名为全国双拥模范城，1个单位和2名个人被命名为全国爱国拥军模范单位和爱国拥军模范个人。加强双拥工作机构建设，实现省、市两级双拥专职机构全覆盖。持续推进“双拥在基层”活动，成功举办“双拥杯”军民共建系列活动。落实军地互办实事制度，实施“发挥双拥优势帮助部队解决实际问题”专项行动，开展“情系边海防官兵”拥军优属活动，走访慰问皖籍边海防官兵2000多人次。成立安徽省爱国拥军促进会，入会会员达1300多家。启动“爱心送进光荣门——安徽年度百人援助计划”项目，面向社会募集470万元，帮扶生活困难的军人军属和退役军人200多人。防汛抗洪期间，全省共组织慰问1300多批次，为抗洪部队送去慰问物资价值4000多万元。

完成4.4万户义务兵家庭登记造册，兑现优待金总额7.9亿元。为2.7万名享受国家定期抚恤补助后仍有困难的优抚对象发放纾困解难优待金。精准有效使用省级革命老区农村综合保障体系建设专项资金，帮扶68个革命老区农村困难优抚对象10余万人次。及时启动社会救助和保障标准与物价上涨挂钩的联动机制，为45万名优抚对象发放价格临时补贴。

印发关于加强困难退役军人帮扶援助工作的意见，与7.4万名困难退役军人和其他优抚对象家庭建立双重包户联系。走访慰问重点联系对象64万人次，协调解决困难问题近10万个。开展全省优抚医疗“一站式”结算平台与医保系统结算平台对接试点。开展“爱心献功臣、服务送上门”“爱心送进光荣门”品牌活动。签署《安徽省拥军优抚合作协议》的13家省级银行，设立退役军人优先窗口3070个，发放专属银行卡7.3万张，办理拥军贷款91.7亿元。全省42所光荣院完成转隶工作，全年举办短期疗养64期，服务优抚对象1877人。

八、褒扬纪念工作

为5位安徽籍烈士的遗属代表颁授《烈士光荣证》。出台安徽省烈士亲属异地祭扫组织服务工作实施办法，为异地祭扫烈士亲属提供服务保障。全省4处烈士纪念设施、5名抗日英烈，被列入第三批国家级抗战纪念设施和著名抗日英烈名录。印发安徽省烈士纪念设施规划建设修缮管理维护工作实施方案，明确全省烈士纪念设施“一中心、两群、两带”的总体建设格局。全省共采集县级以上烈士纪念设施数据11622处、零散烈士纪念设施数据10964处。

九、自身建设情况

制定《全面从严治党主体责任清单》《机关党建工作责任清单》等，开展对厅属单位的全覆盖巡察。围绕模范机关建设，深化基层党组织标准化建设，开展“双争一创”“领航计划”活动，基层组织的政治功能和组织力不断增强。加强全省系统干部队伍能力建设，举办全省退役军人工作专题培训班等15个培训班，培训人员1500人次，推荐32名干部参加退役军人事务部和各类党校调学。开展岗位练兵比武活动，全面提升业务水平和实操能力。

福建省

2020年，福建省退役军人事务系统以“思想政治工作年”“基层基础基本建设年”活动为抓手，深入开展“不忘初心担使命、退役军人立新功”实践，有力推动党中央、国务院决策部署在全省退役军人事务系统落地见效，圆满完成年度各项目标任务。

一、机构建设情况

发挥各级党委退役军人事务工作领导小组机制优势，创新推广向履新的地级市市委书记、县（市、区）委书记寄发《关于退役军人工作致新任领导干部的函》，形成省、市、县“三级书记”一起抓的良好态势。

扎实推进服务保障体系标准化规范化建设。在全省退役军人服务保障体系组织开展“五比五看”创“五有”先进单位活动，促进各级服务中心（站）规范化、实体化运转，全省有801个退役军人服务中心（站）被评为全国示范型退役军人服务中心（站），并在此基础上着力培育两个100家“五有”先进单位（县乡100家、村级100家）。依托服务中心设立退役军人法律援助工作站，探索在吸纳退役军人就业较多的企业、商会、工业园区设立退役军人服务站，在退役军人集中的村（社区）成立退役军人党支部。

将退役军人工作纳入地方党政领导班子综合考核评价内容，纳入双拥模范城（县）评比表彰、平安建设（综治工作）指标体系。出台《深化军地合力推动退役军人工作十条措施》。

二、思想政治和权益维护工作

开展“不忘初心担使命、退役军人立新功”实践，引领退役军人“八个争当”。组织引导退役军人积极参与防疫抗疫，全省迅即成立退役军人党员志愿服务队、抗疫党员先锋队453个，4万余名退役军人党员主动报名请战，30多万名退役军人投身疫情防控和复工复产。

落实常态化与退役军人挂钩联系制度，推行“12345工作法”。各级退役军人部门、服务中心（站）走访六大类重点联系对象1.3万人次，发放慰问金（品）近3000万元，帮助解决实际困难问题5300余个，解决诉求、化解矛盾1000多件。

立足古田会议旧址、红军长征出发地等，打造以红色为主线的思想政治教育培训基地、现场教学点等。开展全省“最美退役军人”学习宣传活动，共推荐征集候选对象100名，评选出“最美退役军人”10名、“最美退役军人”提名奖10名，活动网络投票参与人数达46万人次。加强“三支队伍”建设（退役军人志愿服务先锋队、兵支书“领头雁”、优秀退役军人党员示范队），发挥好基层退役军人力量。

三、移交安置工作

突出师团职安置重点，对荣立战时三等功、二等功及以上奖励和获全国表彰的给予优先择岗安置，对在艰苦边远地区和飞行、舰艇、涉核等特殊岗位工作的给予加分照顾。军地双方实行联合办公、联合督导，按照时间节点不折不扣全面完成了年度军转安置任务。加强与中央和省属国有企业逐一联系对接，搭建好企业单位和退役士兵之间的就业平台，力促退役士兵和企业单位互利共赢。

做好年度军转干部适应性培训和专业培训。组织2020年度接收安置自主择业军转干部参加国家网络课堂培训。

坚持高标准高质量落实部分退役士兵社保补缴工作，全省累计受理符合条件退役士兵28115人，其中养老保险办结率达100%。

四、就业创业工作

制定《福建省退役军人就业创业培训工作实施办法（试行）》。做好退役军人就业创业培训和就业扶持创业孵化基地挖掘和培养，推荐退役军人创业孵化基地3家。全省参加高职扩招报名的退役军人3588名，占全省报名总人数的47.4%。

举办福建省首届退役军人创业创新大赛。评选出一等奖1名、二等奖2名、三等奖4名和优秀项目奖36个，并邀请7名创业导师与获奖的企业（团队）结队，长期提供专业政策咨询和创业培训支持。常态化开展“送政策送岗位进军营”活动，为退伍老兵们提供暖心服务。

广泛开展以“抗疫情助就业”为主题的“云招聘”活动，全省各级共举办各类退役军人招聘会183场，12155家用人单位提供32万个岗位，退役军人参加招聘会63396人次，达成就业意向14040人次。开展“百日免费线上技能培训行动”，推出“云课堂”首批10门课程，共有9306人次参加培训。

五、军休服务管理工作

完成全国军休安置服务管理信息系统五级联网，实现线上办理军休干部安置去向审定、接收安置、护理费审批、军休人员基础信息查询等日常工作。发动军休干部发挥自身优势，丰富军休文化建设，举办2020年度军休干部书画摄影作品展、趣味运动会等丰富活动，全省各地共选送66幅书法作品、19幅绘画作品、38幅摄影作品。

六、双拥工作

19个市、县荣获全国双拥模范城（县），省委副书记、厦门市委书记胡昌升在全国表彰大会上作交流发言，2个单位、3名个人被表彰。出台《关于建立健全双拥工作若干机制的意见》，建立健全8项工作机制。全省各级投入10亿多元支持驻闽部队建设，帮助解决随军家属随调259名、随军家属就业539名，安排46个岗位用于专项招考，为军人子女办理就读优质学校。

深入开展“情系边海防官兵”拥军优属活

动，对1630名驻边防官兵家属走访慰问，对在闽驻高山、海岛、海军舰艇部队以及海训部队、空军轮训部队走访慰问，赠送慰问金（品）1200多万元。

发挥双拥工作机制优势，全力支援打好湖北保卫战、武汉保卫战，全省退役军人系统共捐款捐物2000多万元。对驻闽部队129名驰援武汉医护人员及其家属，落实“六个一”措施，全力做好贴心服务。做好393名援鄂回撤陆军医护人员厦门疗养保障工作。

七、优待抚恤工作

完成优抚数据核查年度审定，新增优抚对象2187人。做好伤残人员等级评定，新办、补办评定伤残人员39名、调升残疾等级8名，完成127名部队退役或移交地方安置人员换证和抚恤关系转移。做好春节期间慰问和送立功喜报工作，全省走访慰问驻闽部队、优抚对象6.5万人，上门送立功喜报2500余人次、发放奖励金近350万元。

落实新修订的《光荣院管理办法》和优抚事业单位改革发展的总体要求，加强优抚事业单位的建设服务管理。

八、褒扬纪念工作

做好“致敬·2020清明祭英烈”网上祭扫活动，并联合省教育厅、团省委、省军区政治工作局开展“特别的怀念，给特别的你——2020清明祭英烈”主题征文。开展抗日战争胜利75周年和抗美援朝出国作战胜利70周年纪念活动。报送国家级抗战遗址1个、著名抗日英烈11名、著名抗日英雄群体1个。会同人社等部门为符合条件的健在人员发放“中国人民志愿军抗美援朝出国作战70周年”纪念章。推动出台烈士纪念设施规划建设修缮管理维护和红军遗骸保护工作方案，建立全省烈士纪念设施项目库，促进保护工作规范有序开展。开展烈士纪念设施数据采集校核工作，全面摸清烈士纪念设施底数。

九、自身建设情况

利用网络平台，灵活开展干部线上培训、网上学习，共举办覆盖省、市、县三级的业务等培训班73场次，3500人次参加。会同省委组织部举办全省退役军人事务工作专题研讨班。

做好“十四五”退役军人事业发展规划编制工作，全面摸清全省退役军人工作开展情况、短板弱项和广大退役军人关心关切的焦点，切实把社会期盼、群众智慧、专家意见、基层经验充分吸收到规划编制中来。

打造“军民情”宣传品牌，宣传好退役军人政策，讲好退役军人故事，营造浓厚的工作氛围。在“福建新闻广播”推出“军民情”专题节目，在东南网开设“军民情”专栏。

厦门市

2020年，厦门市退役军人事务系统在落实上级决策部署、提升党的建设水平、推进年度重点工作、抓好疫情防控工作等各方面都体现新作为、新成效，推进退役军人事务领域治理体系和治理能力现代化。

一、机构建设情况

深入开展“基层基础基本建设年”活动，对全市6个区退役军人服务保障体系建设进行了专题调研，研究出台了《基层退役军人服务中心（站）规范化建设工作指导意见》，在全市范围内开展退役军人服务中心（站）标准化、规范化建设。在全省范围内首家举办全市退役军人工作业务培训班，组织市、6个区、38个镇（街）退役军人事务系统干部约110余人参加学习。开展退役军人建档立卡工作，各级退役军人服务中心（站）建立《退役军人接待事项登记表》《就业意向登记表》《困难退役军人基本信息卡》等“六表六册一卡”。全市1个市级、6个区级退役军人服务中心，38个（街道）、528个社区（村）退役军人站全部实体化运行。厦门市思明区中华街道思南社区退役军人服务站站长孙丽红被评为全国优秀社区退役军人服务站站长。

二、思想政治和权益维护工作

（一）注重发挥作用，广泛开展思想政治工作

制定出台关于加强新时代退役军人工作的若干措施，推进各项措施在全市各部门落到实处。广泛开展“不忘初心担使命、退役军人立新功”实践活动，全市退役军人约有12.5万余人次参与疫情防控工作，捐款捐物价值达1200余万元。持续做好常态化沟通联系工作，建立健全常态化联系退役军人制度，市、区两级局干部重点联系退役军人93人，街道和社区退役军人服务站干部对辖区退役军人实行普遍联系。加强对优秀退役军人的宣传，汇编《军魂永驻——厦门市退役军人风采录》。

健全基层社会治理体系，探索自治、法治、德治相融合的退役军人矛盾问题解决机制，总结形成更多依靠基层、依靠退役军人自身化解矛盾纠纷的经验做法。

（二）发挥协作机制，社保接续工作成效明显

与市人社局、市税务局、市医保局通力合作，开展部分退役士兵保险接续“攻坚推进月”活动，联合成立工作专班，针对各类矛盾问题，

研究对策措施，采取合法合规举措，大幅提升工作效率，部分退役士兵社保补缴工作取得良好成效。

三、移交安置工作

严格实行“功绩量化、依序择岗”和“五公开一监督”等阳光安置做法，在认真落实疫情防控要求的前提下，严密组织军转干部岗前适应性培训、营职及以下干部统一笔试和择岗选岗，圆满完成年度退役军人接收工作。有序开展年度退役士兵接收安置工作，为全市500余名自主就业退役士兵发放地方经济补助经费3700余万元。

四、就业创业工作

开展线上招聘，通过“市重点企业用工群”“市重点产业协会”等线上渠道发布信息，引导用工企业积极报名，对部分用工紧张的重点企业常态化保持电话联系，指导湖里、同安和翔安区退役军人事务局向用工企业特派专员400人次，深入企业一线走访，定向推荐退役军人就业。全年共举办21场次退役军人暨随军家属专场招聘会，用人单位提供近2.25万个工作岗位，2187人参与求职，459人达成就业意向。通过“公开招聘、考试排名、竞争上岗”的方式扶持部分就业困难退役士兵在国企、社区、辅警和其他公益性岗位就业。

全市2020年公务员考录计划继续拿出面向服务基层项目定向考录的专门职位，供符合条件的高校毕业生退役士兵报考，事业单位招聘拿出部分岗位招聘符合岗位资格条件的退役士兵和随军家属。

通过单列计划、单独招生以及学费和助学金资助等措施，为退役军人接受高等教育提供更多机会，退役士兵参加各类学历教育的在册人员164人，高职扩招入校学习约2100人。对厦门市退役军人创办的4家中型企业、199家小微企业做好常态化服务工作，联合银行、税务等部门提供专业咨询和服务，落实相关优惠政策。举办全市首届退役军人创业创新大赛，涵盖网络科技、医药健康、节能环保、文化传媒等领域的17个退役军人创业项目参与。

五、军休服务管理工作

落实好军休人员政治待遇和生活待遇，建立“网格管理、亲情服务”工作机制，针对军休干部特点，建立健康档案，推行家庭医生签约服务，定期关心和走访慰问军休干部。各军休所均组建关工委，成立老战士关爱队分队等多种服务队，与周边社区、学校等签订共建协议，积极开展帮困助学、爱国教育、义诊活动等公益活动。

六、优待抚恤工作

认真落实抚恤优待政策法规，保障军人军属、退役军人和其他优抚对象合法权益。为残疾军人、参战参试退役军人和烈士遗属、因公牺牲军人遗属、病故军人遗属等7245名优抚对象发放抚恤补助金。春节、“八一”期间走访慰问优抚对象，发放慰问金，为退役军人和其他优抚对象赠送春联71749份。协调保障市四套班子领导走访慰问部队官兵活动；对优抚对象或服兵役期间荣立二等功、战时荣立三等功以上的住房困难家庭予以适当优先分配。为部队官兵办理集体借阅证，设立“厦门市图书馆图书流通点”，开展汽车图书馆进军营服务。在各医院为军烈属和伤残军人开辟“绿色通道”。

七、双拥工作

“军地党组织联学共建活动”不断深化，首批36个市、区镇（街）党委（党组）、38个村（居）党组织与辖区驻军部队开展结对联学共建活动取得可喜成果。依托各级党校、各类学校和各种宣传阵地，开展国防教育和爱国主义教育，增强全民国防意识，夯实爱国拥军思想根基。

完善军地互提需求、互办实事的“双清单”制度，成立军地重点建设项目用地协调专项工作小组，支持移防调防和新组建部队的营区、训练场和生活设施建设。支持部队防控疫情，为驻厦各部队协调解决5.66万个医用口罩、1.2万副乳胶手套等大批医用防疫物资；全力做好300多名陆军部队援鄂抗疫医护人员及家属来厦疗养的服务保障工作。

八、褒扬纪念工作

以“褒扬纪念管理系统”为依托，采集校核各类烈士纪念设施47处、烈士墓341处，协调推动厦门烈士陵园提质改造工作，开展陵园园区地质灾害整治。组织开展“致敬·2020清明祭英烈”活动，全市12个烈士纪念设施保护单位均组织开展代祭扫服务，共祭扫烈士墓403座，代为祭扫1597位烈士，接待来厦现场祭扫的烈属67人。组织开展“特别的怀念，给特别的你——2020清明祭英烈”主题征文活动。组织开展“中国人民志愿军抗美援朝出国作战70周年”纪念章发放工作及系列宣传活动，为抗美援朝老兵颁发纪念章，在《厦门日报》等媒体对部分健在的抗美援朝老兵的英雄精神和感人事迹进行专题报道。

九、自身建设情况

坚决贯彻落实习近平总书记重要讲话和重要指示批示精神，将退役军人工作纳入党政领导班子综合考核评价，并作为双拥模范城（县）考评重要内容。向新任区委书记寄发《关于退役军人工作致新任领导干部的函》，进一步提升做好退役军人工作的主体责任意识。扎实开展“深化大学习、提振精气神”专项活动，开设“鹭岛军民情讲坛”，定期邀请专家作专题辅导，组织参观厦门海堤纪念馆，寻根习近平总书记在厦门工作期间跨岛发展战略重要指示，挖掘城市红色文化资源，推动干部传承红色基因，增强党性修养。加强退役军人系统干部党风廉政建设，强化压力传导，压紧压实党风廉政建设主体责任。

江西省

2020年，江西省退役军人事务系统紧紧围绕从更高层次贯彻落实习近平总书记关于退役军人工作重要论述和视察江西重要讲话精神，按照习近平总书记提出的“让军人成为全社会尊崇的职业”要求，以大力推广“尊崇工作法”为抓手，扎实推进退役军人各项服务保障工作，高质量完成了各项工作任务。

一、机构建设情况

将退役军人工作列入高质量发展考核内容，进一步压实了军地各级各部门的工作职责。在率先实现县级以上领导小组办公室秘书处（科、股）全覆盖的基础上，指导各级加快配齐配强领导小组办事机构工作力量。

制定了“加强基层建设、夯实基础工作、提升基本能力”3大行动计划和责任分工方案，全力推动江西省“基层基础基本建设年”活动深入开展。发布《江西省退役军人服务保障设施建设标准》；落实以政府购买服务方式为每个村（社区）配备2名退役军人工作服务专干，率先开展百名“尊崇之星”评选活动，评选乡、村两级退役军人服务站工作人员和退役军人服务专干优秀典型100名。扎实推进尊崇式“示范型”退役军人服务中心（站）创建工作，江西省共创建审核通过948家。开展“江西省退役军人‘退役不褪色　退伍不退志’示范单位”评选，评选示范单位57家。

二、思想政治和权益维护工作

联合江西省委组织部印发《关于加强我省退役军人党员教育管理的通知》，会同组织部门摸排退役军人流动党员，为3285人接续党组织关系。依托各级退役军人服务中心（站），每周组织退役军人和其他优抚对象开展1次活动、每月上1堂教育课。2020年，共举办宣传服务、拥军优属、文体娱乐、文明创建等各类活动近40万场次，讲授思想政治引领课、创业就业示范课、综合素养提升课等12.1万场。

打造新余市渝水区“老兵宣讲团”、萍乡市“龚全珍工作室”、南昌市西湖区“邱娥国工作室”、赣州市“客家人调客家事”等一批富有江西特色的退役军人思想政治工作品牌。评选2020年江西“最美退役军人”20名、“最美军嫂”10名，挖掘选树以全国模范退役军人叶进泉为代表的一批村支书助力脱贫攻坚优秀典型，编印了《江西省优秀退役军人先进事迹选编》，江西省共评选各类退役军人先进模范4400余名。

指导各地与现役军人家庭、退役军人及其他

优抚对象对接，为102.36万名退役军人建立台账，对退役军人中2.6万余名城乡低保人员、6894名特困人员和2.4万余名其他困难人员进行全面摸排，第一次较全面地掌握了年龄结构、健康状况、就业收入以及家庭困难等情况。组织开展“尊崇百万退役军人大走访、办实事”活动，共走访退役军人121万人次，上门宣传政策法规120万次，收集民情民意8.2万条，赠送信息资料14.9万份，解决实际困难2.6万个，化解矛盾纠纷1.1万件。与江西省文明办联合下发《关于组建“新长征”退役军人志愿服务队伍的通知》，组建各级“新长征”退役军人志愿服务队。全省共建立志愿服务队伍16157支，志愿者11.8万人。全省31万余名退役军人投身疫情防控一线，2.49万名退役军人组成1249支抗洪抢险队伍参与一线抗洪抢险。

三、移交安置工作

坚持高位推动军转干部安置工作，省委、省政府主要领导同志亲自审定2020年省直单位接收军转干部安置计划。全省接收安置500余名计划分配军转干部。退役士兵移交安置方面，1700余名符合政府安排工作条件的退役士兵岗位落实率达到了100%。部分退役士兵社会保险集中补缴方面，全省共受理并核查通过9.8万余人，办结率为100%。

四、就业创业工作

审核确定退役士兵免费职业教育和技能培训机构85家、特色专业344个。共组织退役军人线上线下招聘活动331次，提供岗位212347个，创新举办“直播带岗显尊崇 戎归赣鄱助起航”退役军人线上“直播带岗”活动。新冠肺炎疫情发生以来，帮助解决复工复产问题1000余个。举办首届“江西尊崇军创”退役军人创业创新大赛。授牌建立省级12个退役军人就业创业园地。积极开展“请战友回乡”活动，建立“战友回乡创业”特色园区19个，吸引443 名退役军人回赣创业，签约投资118.06 亿元。

五、军休服务管理工作

印发了《江西省退役军人事务厅关于进一步做好全省军休服务管理机构安全管理工作的通知》。完成江西省1668名军休干部信息审核及换发离休退休干部证件工作，顺利完成全省军休所更新改造任务，九江市、上饶市军休所新址如期挂牌。探索开展“军休服务管理进退役军人服务站”服务军休干部新模式，组织第十五届军休干部医疗队“老区行”义诊活动，军休人员政治待遇、生活待遇全面落实。

六、拥军优抚工作

继续提高优抚对象抚恤补助标准，提标幅度10%，惠及优抚对象近30万人。完成新一轮双拥模范城（县）创建工作，江西省被表彰为全国双拥模范城（县）13个，被表彰为全国爱国拥军模范单位1家，被表彰为全国爱国拥军模范2人。组织开展“满怀忠诚讲尊崇、百业千行共拥军”活动，推动各行各业出台专门的拥军措施，共同尊崇关爱军人军属、退役军人。与18家驻赣国有控股银行和江西省属银行签署全面战略合作协议，为退役军人就业创业提供专属金融优惠；与各大通信运营商开展合作，给予退役军人通信优先优惠服务；成立“拥军服务联盟”，退役军人在“联盟”内的企业进行餐饮、购物等消费享受专属优惠等。

七、褒扬纪念工作

2020年评定烈士2名。落实疫情防控要求，认真组织清明期间网上祭扫工作，共开通各类烈士祭扫平台112个，开展网上直播祭扫123场，浏览量突破250万次。精心组织烈士纪念日活动，各级党委、政府在当地烈士纪念场所共举办公祭活动1000场，现场参加公祭活动人数19万余人。创新开展江西省首届“尊崇杯”迎“八一”退役军人征文和书法大赛及“传承红色基因　永葆军人本色”主题征文、“红色基因代代传”主题采访、“热血初心——赣鄱英烈故事展”专题展等活动，联合邮政部门发行了烈士纪念日邮资封、纪念邮戳。

八、“尊崇工作法”

首创以“一域一队伍、一人一台账、一家一对接、一周一活动、一月一堂课、一季一走访、一年一评选”为主要内容的“尊崇工作法”。以大力推广“尊崇工作法”为抓手，扎实推进退役军人移交安置、就业创业、双拥优抚、军休褒扬、思想政治和权益维护等各项服务管理保障工作。把“尊崇”的要求、理念、思路、举措贯穿落实在“基层基础基本建设年”“思想政治工作年”始终。

九、自身建设情况

2020年，江西省退役军人事务工作坚持以政治建设为统领，全面加强党的集中统一领导。把学习贯彻习近平新时代中国特色社会主义思想作为首要政治任务，专门成立江西省退役军人事务厅习近平新时代中国特色社会主义思想学习小组和青年干部理论学习小组，开设《学习习近平新时代中国特色社会主义思想——江西退役军人工作大讲堂》，编印《习近平总书记关于退役军人工作重要论述摘编》等17本书籍，举办“牢记教导、感恩奋进——深入学习习近平总书记关于退役军人工作重要论述专题学习会”和全省退役军人事务工作领导干部专题研讨班。

把坚决做好新冠肺炎疫情防控工作作为重要政治任务，制定应急预案和严格的防控措施，对光荣院、优抚医院、军休所、烈士纪念设施等全部实行封闭式管理，对分散居住的服务对象落实专人帮扶对接，实现了集中管理的优抚对象、军休干部“零感染”。按照退役军人事务部的部署，江西省荣军医院16名医护人员参加全国退役军人事务系统援鄂医疗队，圆满完成了援鄂医疗队的集结培训、物资保障及对口支援湖北省荣军医院任务。

山东省

2020年，山东省退役军人事务系统坚决贯彻习近平总书记关于退役军人工作重要论述和中央决策部署，认真落实全国退役军人工作会议、全国退役军人厅（局）长会议精神，不折不扣把中央各项决策部署和省委省政府工作要求落到实处，推动全省退役军人工作提质增效。

一、机构建设情况

（一）体制机制建设

坚持“一盘棋”统筹，加强军地协调，探索合署办公，出台军地合力做好退役军人工作28项措施。坚持“一张表”推进，拉出“重点工作攻坚年”“思想政治工作年”“基层基础基本建设年”92项任务清单，挂图作战，销号管理。坚持“一体式”督导，把退役军人工作情况纳入地方经济社会发展综合考核，纳入省委年度督查计划，推动各项工作落实落地。实行“制度化”激励，出台《关于对在退役军人工作领域成效明显地方进行激励的实施办法》，设立具体指标和评价标准。

先后出台军地合力做好退役军人工作等19个相关文件，孤老优抚对象服务保障、伤残抚恤实施细则等20多个配套文件，逐步搭建起退役军人事务领域政策制度框架。研究制定《加强新时代退役军人工作法治建设的意见》，启动编制退役军人“十四五”规划，谋划好未来5年发展蓝图。

（二）服务保障体系建设

全省建成省、市、县三级服务中心153个，乡级服务站1824个、村级服务站76572个，退役军人服务机构全部达到基本型建设标准，1801家基层服务中心（站）被评为全国“示范型”服务中心（站），6名同志被评为全国首批百名优秀主任（站长）。

省、市、县三级服务中心全部实现办公和服务场所独立、接待与接访分离，普遍规划建设“一厅四室多窗口”，市、县两级服务中心面积平均分别达到1095平方米、515平方米。基层服务站普遍实现门前有牌子、室内有册子、墙上有制度、服务有场所。

二、思想政治工作

树立光荣感。各地敲锣打鼓送新兵、披红戴花迎返乡，光荣单送上门、光荣牌挂到家，向符合条件退役军人和老同志颁发抗美援朝70周年纪念章23593枚。

强化典型引领，评选10名“齐鲁最美退役军人”、20名“优秀兵支书”，推出10个“山东战‘疫’最美退役军人”。注重作用发挥，17206名退役军人担任村支部书记，占比达22.4%，疫情期间，全省39万名退役军人坚守一线，广大退役军人及850余家军创企业捐款捐物超过2亿元。

三、移交安置工作

严格落实安置政策，积极创新安置办法，继续扩大“人岗相适”范围，全省200多名具有专业特长的军转干部，通过“人岗相适”办法优先安排到专业对口的岗位。探索退役士兵“双向选择”改革试点，会同农业银行山东省分行录用具有专业特长的退役士兵到一级支行本部工作。首次在济南、青岛、临沂3市进行中央企业省内异地选岗试点，进一步提高央企计划使用率。

四、就业创业工作

强化教育技能培训。2020年全省开展各类培训1.58万人。推动技能培训流程再造，评估确定并公布首批151家承训机构。支持退役军人参加学历教育，录取退役军人9396人。

全力助推稳定就业。建设山东省退役军人就业创业平台，已入驻企业6455家。大力推进线上招聘。根据常态化疫情防控形势，上半年举办全省退役军人春季大型网络招聘月活动，下半年举办“云端送岗进军营”招聘活动，将岗位通过网络送至军营中即将退役的军人身边。针对青年退役军人特点，省市联动创新举办19场网络直播间招聘活动，12万人次参与，实现退役军人“足不出户，送岗到家”。

多措并举扶持创业。用好创新创业扶持基金。全省累计发放创业贷款2841笔、6.71亿元，创业带动就业奖励146笔、58.4万元。成功举办全省退役军人创业创新大赛。全省共自建（挂牌）退役军人创业孵化基地278家，入驻军创企业1828家，吸纳近万名退役军人就业创业。

提供全面服务保障。建立“军创企业联络员”制度。全省各级近2000名联络员为7315家企业提供各类服务事项，日常联系2.48万次。

五、军休服务管理工作

省退役军人厅等9部门联合印发《关于加强新时代军休服务管理工作的意见》，提出一系列创新举措。

印发《关于全面实施军休干部医养结合工作的意见》，召开全省军休干部医养结合现场推进会议，在全省推开实施军休干部医养结合工作。

积极推进军休老旧小区改造工作。通过市场化手段完成和启动改造项目80个，改造面积10.12万平方米，完成军休机构用房改造4.88万平方米。

六、优抚褒扬工作

优待抚恤提标扩面。制定山东省军人军属、退役军人和其他优抚对象基本优待目录清单，全省16市退役军人市内公交全免费，政府兴办的公园全部免门票费，1983家公立医疗机构提供优先服务。

纪念设施提质升级。全省开展烈士纪念设施提质改造“五年行动”，将全省90多个县市区

122个镇街级、3607处村级烈士纪念设施纳入常态化、规范化管理。鲁中抗日战争展览馆、黑铁山抗日武装起义纪念馆、马鞍山抗战遗址等10处抗战纪念设施、遗址入选第三批国家级抗战纪念设施、遗址名录。

服务保障提速提效。修订出台《山东省伤残抚恤管理实施细则》，整合下发《关于指定全省退役军人残疾情况医学鉴定医疗卫生机构的通知》，伤残等级审批时限压缩一半。

七、双拥工作

山东省20个市县被命名为全国双拥模范城（县）。省委、省政府召开全省双拥模范城（县）暨双拥模范单位和个人表彰大会，命名30个市（县）为山东省双拥模范城（县），表彰100个模范单位和30名模范个人。

大力开展拥军优属，对战斗在武汉抗疫一线和边防一线的4750多名军人家属逐一登门，解决实际困难。组织“情系边海防官兵”拥军优属活动，帮助解决家庭困难236件。

深化双拥宣传教育，16市和4个县（市）党委书记主动当拥军书记，登上《书记话双拥》栏目向社会表态。联合省妇联、省军区政治工作局举办第十二届“十佳好军嫂”评选活动，开展“双拥法规宣传月”活动，推进英烈文化进校园，倡导新婚夫妇向英雄烈士致敬献花，关心国防、热爱军队、尊崇军人在全社会蔚然成风。

八、自身建设情况

出台军的气质系统文化建设意见，以“爱军队、懂军人、善拥军”为价值追求，提出19项规定要求和方法路径，在全系统塑造军的气质系统文化。

全系统大培训大练兵大提升，落实全员培训任务，制定三年培训规划，组织开展18期“业务大讲堂”，举办14个主题培训班，集中培训市及市以下干部1100余人次，探索实行工作案例制，编印《山东省退役军人工作案例汇编》，总结139个典型做法和基层经验，全系统学习推广。

各级走访慰问退役军人330万余人次，多种方式常态化联系服务实现全覆盖，帮助解决实际问题10万余件。

济南市

2020年，济南市退役军人事务系统严格落实退役军人各项政策规定，健全完善退役军人服务保障体系，全面做好退役军人移交安置、就业创业、军休服务管理、双拥优抚、褒扬纪念等工作，维护军人军属合法权益，不断增强退役军人和其他优抚对象的获得感、幸福感、荣誉感。

一、机构建设情况

济南市退役军人事务局梳理形成年度“一二八”工作思路，围绕退役军人部门职责使命一条主线，开展“基层基础基本建设年”和“思想政治工作年”两项活动，围绕八项重点业务，制定37个重点工作、专项工作方案，推动年度工作高质高效推进落实。

召开济南市退役军人事务系统学习新时代“枫桥经验”现场推进会，推动服务保障体系建设提质增效；截至年底，全市163个街道（镇）、6203个社区（村）设立服务站，市、区县、街镇、村居四级退役军人服务保障体系贯通顺畅。精准采集退役军人信息33.7万人。全市创建示范型退役军人服务中心14个，示范型镇（街道）退役军人服务站155个。

印发基层退役军人工作清单，将9个方面工作，分解为134项具体内容；出台常态化联系退役军人制度，强化常态化沟通联络；出台《专职联络员管理细则》，加强1003名村（社区）退役军人专职联络员规范管理，畅通服务保障“最后一公里”。

二、政策法规工作

出台退役军人专职联络员管理、退役军人就业创业、教育培训、创业扶持和困难帮扶专项基金使用等政策文件18件，出台工作规章制度20件，废止规范性文件1件，修订规范性文件2件。落实政府法律顾问制度，发挥局3名常年法律顾问服务作用。加强普法宣传，充分利用济南市退役军人事务局门户网站、微信公众号等载体，向广大退役军人开展法律法规和政策宣传活动。

三、思想政治和权益维护工作

评选表扬20名“泉城最美退役军人”、50名“抗疫优秀退役军人”，举办先进事迹“发布仪式”，广泛宣传报道。积极推荐先进典型，1人获评“全国百名优秀退役军人服务中心（站）主任（站长）”，2人获评山东省首届“优秀兵支书”，7人获评“2020年度全省百名雷锋式退役军人服务工作标兵”。

扎实开展“思想政治工作年”活动，推荐命名“山东省退役军人思想政治教育基地”2处、

"山东省退役军人思想政治工作示范点"1处；评选命名市级教育基地和工作示范点各5处。

出台《困难帮扶基金使用管理细则》，建立困难帮扶清单。2020年，共为困难退役军人发放困难帮扶资金490万元，救助815人。

严格落实退役军人各项政策，维护退役军人合法权益，探索形成"一三六"工作机制，党委统一领导、部门一体化推进、夯实三项重点任务、打牢六项业务支撑，经验做法被退役军人事务部向全国推广。

四、移交安置工作

坚持"四公开一监督"安置模式，推行"阳光安置"全覆盖，拓宽安置渠道，确保安置质量。2020年，全市接收安置计划分配军转干部200余名，接收符合政府安排工作条件退役士兵700余名。

牵头协调，组织12个部门（单位）成立工作专班，市、区县、街镇三级设立经办点186个，经办窗口590个，印制宣传资料12万余份，制作播发动漫宣传片，累计投入专项资金2.17亿元，为符合条件人员办理部分退役士兵社保补缴相关手续。

五、就业创业工作

建成山东省退役军人就业创业孵化基地——济南中心，是山东省首家由政府主导的退役军人专属创业孵化基地，建筑面积1.7万平方米，可供140家军创企业入驻。启动"5+X"退役军人就业创业推进工程，组织网上"微直播""军岗日"专场招聘、"送岗位进军营"活动50余场，提供岗位2万多个；出台《退役军人创业扶持基金使用管理细则》，发放创业贷款、奖励1730万元。

招标确定3家院校承训退役士兵技能培训工作；各承训机构根据退役士兵报名情况，分期分批组织开班，开展适应性培训和技能培训6625人次。

六、军休服务管理工作

接收移交政府安置的军队离退休干部230人，承担山东省军休服务机构医养结合试点工作，在预约就诊、上门巡诊、日常生活照料等方面积极探索创新，打造居家养老新模式。及时为军休干部办理各类安置手续，严格落实政治、生活、医疗待遇，按时足额发放退休金及各类补助金。

打造济南军休干部"文化养老"服务品牌，用好军休大厦各类活动场馆，更新设施设备，保障军休干部健身娱乐；组织纪念抗美援朝出国作战70周年书画展览等丰富多彩的活动。

七、双拥工作

济南市被命名为"全国双拥模范城"，实现"九连冠"，济南革命烈士陵园（济南战役纪念馆）被表彰为"全国爱国拥军模范单位"。平阴县、商河县被命名为"山东省双拥模范县"，全市6个单位获评山东省爱国拥军模范单位。全市表彰了40个爱国拥军模范单位，10个拥政爱民模范单位，100名双拥工作先进个人。

拍摄"书记话双拥"访谈节目；举办"十佳好军嫂"评选表彰活动，举办"军地携手情，共筑幸福梦”济南市军地鹊桥会；组织随军家属线上专场招聘会，协调235家企业提供就业岗位5000余个。

走访慰问驻济部队，全市各级共走访部队单位172个（次），赠送慰问金（品）1350余万元；走访立功受奖军人家庭、登门送立功喜报1292户，赠送慰问金（品）147万元；开展“五个一”活动，慰问援鄂一线军队医务人员家庭178人次，赠送慰问金（品）21.4万元，送发拥军包205个；深入开展走访边海防军人家庭“六送”活动，走访241户次，赠送慰问金（品）36万元。

八、优待抚恤工作

推出“泉城拥军交通卡”，退役军人一卡在手，免费乘坐城市公交地铁、免费游览市属公园景点；优化经办服务，实现退役军人“不出门”申请、“家门口”办理、“一分钟”取卡，最大力度方便退役军人。截至年底，全市办理“拥军卡”18万余张，日均使用6万人次。

义务兵家庭优待金实现“八连涨”，为全市优抚对象发放各类抚恤补助金临时补贴、门诊补助和住院报销，为1.4万名优抚对象缴纳医疗保险，为159名遗属发放一次性抚恤金，为1284名遗属发放丧葬补助金，完成优抚对象信息审核工作；元旦、春节期间，走访慰问退役军人及优抚对象13861人，发放慰问金（品）3234万元。

九、褒扬纪念工作

完成山东省、驻济部队暨济南市烈士公祭活动保障工作；组织抗战胜利75周年、志愿军抗美援朝出国作战70周年纪念活动，发放纪念章2389枚、慰问金477.8万元；组织清明代祭扫、“致敬·2020清明祭英烈”网上祭扫，23.6万人参与；投入2578万元用于烈士纪念设施维护改造，尊崇英雄英烈氛围更加浓厚。

十、自身建设情况

总结形成“弄明白、要主导、在状态、抓结实、见成效”工作思路，建立健全“一三六”工作机制，确保全系统思想统一、步调一致。健全完善议事决策、首办责任、重要事项报告、财务审计、日常考勤管理等各类规章制度20余项，确保工作规范高效运转。制定干部教育培训规划，组织“干部大讲堂”4期，着力提升能力素质，培塑作风优良的干部队伍。

扎实开展“不忘初心、牢记使命”主题教育，制定完善《全面从严治党责任清单》等制度措施；强化党风廉政建设，筑牢拒腐防变思想防线，推进全面从严治党往深里走；规范基层党组织建设，创建“过硬党支部”，调整组建党支部150个，做好5000多名党员日常教育管理；强化意识形态阵地建设，定期分析研判形势，形成风清气正、心齐劲足的良好环境。

青岛市

2020年，青岛市退役军人事务系统全面落实退役军人事务部和山东省退役军人事务厅各项决策部署，突破框框办难事、集中力量办大事、踏踏实实办实事，全市退役军人工作实现新提升。

一、机构建设情况

（一）构建退役军人服务标准化体系

打造服务有标准、质量有规范的退役军人服务“青岛标准”。简化办事环节，优化服务流程，为退役士兵提供“一站式”服务，办理时间从5个工作日缩短到半小时。推进退役军人服务信息系统建设，让“数据多跑腿，退役军人少跑路”。高质量完成“建档立卡”精准数据采集工作。

（二）广泛开展“星级服务中心（站）”创建活动

在区、镇、村三级服务机构全面开展“星级服务中心（站）”创建活动，评定首批星级退役军人服务站45个。同时，扩大服务保障机构覆盖面，与39家驻青部队建立联络服务机制。

（三）提升退役军人服务社会化水平

成立退役军人纠纷人民调解委员会、老兵调解室和公益性法律顾问团，为退役军人提供法律帮扶。成立退役军人关爱基金，为退役军人家庭和现役军人家属提供困难帮扶和褒扬奖励。

二、思想政治与权益维护工作

（一）思想政治引导实现新提升

坚持党建引领。党对退役军人工作的领导全面加强，各级党委退役军人事务工作领导小组作用发挥更加充分。开展不同层次退役军人进党校培训工作，加强退役军人流动党员管理，镇（街道）明确专人联系见面，实行组织关系一方隶属、参加多重组织生活，退役军人党员组织生活有了保障。

举行三项仪式。广泛举行现役军人立功喜报集中发放仪式、参军入伍新兵欢送仪式和退役军人回乡欢迎仪式，“一人当兵、全家光荣”的优良传统得到发扬。

弘扬退役军人正能量。开展自主择业军转干部参与扶贫攻坚和乡村振兴，近50名自主择业军转干部志愿奋斗在贵州、甘肃偏僻山区和平度、莱西乡村。

（二）权益维护实现新提升

开展常态化联系退役军人工作。全年累计联系退役军人33.9万人次，解决实际问题6700

余个。

创新退役军人权益维护制度。创新建立“三级会商”机制、“双交办双考核”制度、“会审评议”办法，建立全市退役军人服务调度指挥中心，退役军人的合法权益得到更加有效的维护。

选树退役军人先进典型。评选宣传“最美退役军人”等各类典型100余人，以榜样的力量引导退役军人成为党的事业的推动者、时代主旋律的弘扬者、社会正能量的传播者。

三、移交安置工作

（一）提升安置质量

全年共接收军转干部近1100人、退役士兵3000余人。驻青部队随军家属全部定向安置，实现“随调随安置”的目标。为待安置期退役士兵发放生活补助、缴纳保险。

（二）优化安置模式

建立退役军人待遇落实跟踪督导机制，建立军转干部任职辅导员制度，为550多名新入职的军转干部选聘辅导员，通过“师傅带徒弟”的方式，帮助军转干部适应新环境。

四、就业创业工作

（一）完善政策体系

出台21条就业帮扶政策、15条创业扶持政策和9条公益岗管理政策，落实退役军人创业贷款贴息政策，累计为1000余家军创企业发放创业贷款2.6亿元，贴息2800余万元。

（二）加强教育培训

与青岛农业大学联合成立山东省首家退役军人教育学院，对2000多名退役军人进行技能培训；组织全市近1000名退役士兵免费进高校进行学历教育和技能提升，采取订单、定岗、定向等就业导向的培训模式，帮助退役军人实现“退役即就业、入学即入职”。

（三）搭建创业平台

搭建市、区（市）、镇（街道）三级退役军人创业平台，全市区级以上孵化基地达20家，总建筑面积23万平方米，成立山东省首家街道微型退役军人就业创业孵化基地，帮助退役军人在“家门口”实现创业。举办青岛首届退役军人创业创新大赛，承办首届山东省退役军人创业创新大赛。

（四）建立就业兜底机制

建立退役军人“零就业”家庭未就业台账，全年共举办各类退役军人招聘会56次，提供就业岗位4万余个。

五、军休服务管理工作

（一）推动军休服务工作创新发展

创新军休标准化建设，制定全国首个军休工作地方标准。

（二）着力解决军休干部所需所盼

3.2万平方米的军休干部活动中心落成启用。探索军休医养结合新模式，建成5万余平方米的

“老兵食堂”和“老兵书屋”。

（三）军休干部文化建设再上新台阶

组建老兵艺术团、汉风书画院、老战士摄影协会等各类组织，满足军休干部的文化娱乐等多元化需求。

六、优抚褒扬工作

（一）不断提高生活保障水平

全年发放定期抚恤补助资金4.4亿元、义务兵家庭优待金1.76亿元，为3811名优抚对象提供供养服务，为208户优抚对象维修或翻建住房。

（二）不断彰显尊崇和荣誉

为全市2300多名抗美援朝老战士颁发纪念章。开展纪念抗战胜利、抗美援朝出国作战等系列活动，组织烈士纪念日向人民英雄敬献花篮活动。对全市4.2万余名优抚对象进行普遍走访慰问。开展“关爱烈士父母”活动，出台烈士纪念设施修缮维护五年规划，对青岛烈士纪念设施进行改造升级。

七、双拥工作

（一）倾情服务国防建设

全年共帮助驻青部队解决各类难题200余件。投入近2亿元完成长门岩岛供电项目，结束了海岛驻军58年不通电的历史。为潮连岛驻岛官兵配备海水淡化设备。实施基层部队“拥军书吧”建设工程，为独立驻防营连单位配备拥军智能书柜83个。

（二）倾心关爱军人军属

为3.4万名退役士兵完成保险接续。在山东省率先建立现役军人困难家庭临时援助机制，开发“拥军贷”特色金融服务，为青岛籍现役军人60岁以上父母购买保险5000余份。

（三）营造浓厚拥军氛围

常年在青岛主流媒体设置“双拥在岛城”“书记话双拥”宣传专栏，实现双拥宣传常态化、制度化。800余个镇、村建立了荣誉墙、光荣栏。利用沿海灯光秀播放双拥口号，在全市广泛设立双拥宣传标识，打造双拥主题公园、主题街等重点双拥氛围营造项目20余个。

八、创新工作

选派优秀退役军人赴西部地区参与脱贫攻坚。选派28名优秀退役军人组成两支工作队，分别赴贵州省安顺市、甘肃省陇南市开展智力扶贫。工作队在两地参与支教、基层党建、产业扶贫等志愿服务工作，取得良好成效，为打赢脱贫攻坚战贡献了青岛力量。

河南省

2020年，河南省退役军人事务系统以“党建引领提升年”“思想政治工作年”“重点难点工作攻坚年”“基层基础基本建设年”为统揽，坚持“项目化管理”推进机制，锐意进取、克难攻坚，整体工作稳中有进，从“边组建、边工作”阶段迈入“边巩固、边提升”新阶段。

一、机构建设情况

以“枫桥式”示范型服务中心（站）创建活动为抓手，评选全国示范型服务中心（站）20个，达到示范型服务站建设标准的基层服务站1721个，涌现出“南召经验”“五里堡经验”“商水机制”等先进典型，4名同志入选2020年度全国退役军人服务中心（站）“百名优秀主任（站长）”。各地涌现出一批各具特色的创新举措。加强优抚事业单位建设，河南省荣军医院成功创建二甲医院，2所优抚医院开展医疗巡诊服务群众2500余人次。

二、思想政治和权益维护工作

（一）思想政治工作

建立思想政治工作与退役军人业务融合机制，达到实际问题与思想问题“一题双解”的效果；建立基层联系点制度，常态化联系4000名退役军人；建立合力攻坚机制，一大批矛盾问题得到解决；建立军地联合新机制，实行联席会议制度和“五兵”编外指导员制度，军地合力做退役军人工作呈现新局面。推动退役军人学习贯彻习近平新时代中国特色社会主义思想常态化，依托“思想发源地”优势多方位开展传承红色基因教育活动，打造一大批退役军人文化精品，各级服务站点“家”的味道更浓、服务更亲、感觉更好。各级评选“最美退役军人”达946名，2477名退役军人纳入优秀退役军人人才库，全省组建退役军人志愿服务队2000余支，抗洪防汛期间累计参加任务近15万人次，疫情期间参加疫情防控56万人次，涌现出“三次到武汉送爱心菜”的“全国最美退役军人”王国辉为代表的一大批先进典型。

（二）权益维护工作

开展“走访慰问+六个一批”活动，共走访慰问退役军人183万余人，发放慰问金（品）6988万余元。开展“困难九帮扶”行动，出台《河南省困难退役军人帮扶援助暂行办法》，疫情期间积极帮扶因新冠肺炎病毒感染生活困难、因疫情影响复工复产困难、未脱贫人员思想帮扶困难、应落实的政策落实困难、缺少技能就业困难、重大疾病医疗困难、流动党员组织关系转接困难、合理诉求和矛盾化解困难等退役军人。全省上下联动开展部分退役士兵保险补缴攻坚行动，部署开展“最后冲刺”和“回头看”行动办结率达到99.9%。

三、移交安置工作

全面实施“阳光安置”机制，严格执行安置政策、严格落实安置计划，推行政策、方案、程序、条件、人数、单位、岗位、结果“八公开”，探索实施“接收单位优先选用安置、重点安置对象选调安置、专业人员对口安置”的军转干部“直通车”式安置服务试点和进高校专项培训试点，以及退役士兵的双向选择试点和全省异地选岗工作。“直通车”安置服务试点扩大到省直和11个省辖市，安置军转干部100余名。

四、就业创业工作

实施“就业创业+N个联合”行动。开展河南省“2020春风行动”退役军人网络专场招聘会，省、市、县三级全面启动网上招聘，共举办线上招聘活动182场次，提供岗位近11万个，达成就业意向2万余个，实现就业3240人，帮助359家军创企业复工复产；开展“金秋招聘月”活动，联合牧原实业集团公司实施“万人万岗”招聘活动，招聘入职1236人。开展退役军人线上免费培训活动，联合54家线上培训平台机构在各地开设热门专业培训课程网络直播平台，共注册报名3.6万人，学习相关课程6.5万课时，共播出80期，累计观看20万余人次。联合12部门推动优惠政策落实，联合13家金融机构加强优待合作，联合80家企业完善关心关爱企业库，联合农民工返乡创业专家服务团现场指导退役军人返乡创业项目，联合人社部门和农商行在南召县试点金融扶持项目，推广小额担保贷款和退役军人“创业贷”，发放贷款213笔2329万元，培育军创示范企业43家。联合建设银行开展全省退役军人创业大赛，吸引637家企业参与，212家企业进入复赛、72家企业获奖，获得一等奖的6家企业成为创业典范；参加全国退役军人创业创新大赛决赛的5个项目全部获奖。全年完成培训2.5万人，高职扩招报名1.3万人，成人高考录取6926人，实现退役军人就业3.3万人，设立就业创业孵化基地69个，实训基地236个。

五、军休服务管理工作

完成729人次信息修改及关键信息资料核对上报，完成6589名军休干部换发新版离退休证。疫情期间全省军休系统易感染人群“零感染”，全省军休系统捐款340余万元。开展“互联网+党建+服务管理”试点，落实党员教育全覆盖。加大春节、“八一”、“十一”军休干部慰问力度，遴选31名典型代表拍摄微视频进行广泛宣传，组织军休系统门球赛、太极拳教练员培训班等活动。重点支持22个市、县的38个军休服务管理机构基础设施建设和升级改造，对部分机构建设和规划情况进行检查审核和验收。

六、优待抚恤工作

出台《河南省军人军属、退役军人和其他优抚对象优待工作实施意见》，持续提高优抚对象保障水平。建立优抚褒扬事项集体研究和专家论证机制，全年邀请专家28人次，共审理伤残人员544人、烈士评定（追认）申请9人、人民警察因公牺牲复核5人，办理退役残疾军人备案1532人、带病回乡待遇材料备案805份，换发（补发）残疾军人证275份、烈士证227份。为重度残疾军人和抗美援朝志愿军老战士配发手推轮椅车1100辆、助听器230个。组织17期1400名优抚对象短期疗养，开展“十个一”服务。

七、双拥共建工作

以双拥共建为载体，在全社会营造尊崇氛围。通过“政策+市场+协调”方式，帮助官兵解决“三后”问题，322名随军家属得到安置，192名随军家属通过市场招聘实现就业。开辟绿色通道，军人子女入学入托问题顺利解决。走访慰问居住在河南、驰援武汉的167个军队医护人员（含其他军队人员）家庭和7100余户边海防官兵家庭，帮助解决家庭实际问题。各地将双拥内容列入文明公约、村规民约，发挥乔文娟、吴新芬、编外雷锋团等双拥先进典型的示范引领作用。群众性双拥活动蓬勃开展，建立拥军窗口、双拥通道等双拥站点4.6万个，开展各类活动100多万件次，参与人数达上千万人次。开展全国双拥模范城（县）创建活动，27个市县申报创建全国双拥模范城（县），被命名表彰全国双拥模范城（县）18个。

八、褒扬纪念工作

创新形式制作“致敬·2020清明祭英烈”网上祭扫H5“移动端PPT”，在各大主流媒体和部门微信公众号上发布网上祭扫链接，大力开展网上祭扫活动。其间，参与祭扫人数达103万余人，留言16万余条，135个烈士纪念设施保护单位开展代祭服务，46个烈士纪念设施保护单位实行网上预约祭扫服务。9月30日，全省各级政府举行246场公祭活动，参加人数达12万余人，各企事业单位、广大群众自发组织公祭活动634场，参加人数达4.5万余人。中国人民志愿军抗美援朝出国作战70周年纪念活动期间，慰问烈属2062人，发放慰问品（金）309万余元，做好纪念章发放工作。全面掌握全省县以上烈士纪念设施、志愿军烈士纪念设施底数，有序推进修缮保护。

九、自身建设情况

河南省退役军人事务厅党组坚决扛牢全面从严治党主体责任，积极配合完成省委第三巡视组巡视工作，持续营造“学的氛围、干的氛围、严的氛围”，积极创建模范机关，健全“项目化管理”推进机制，每季度召开党风廉政建设专题会议，厅党组和驻厅纪检监察组“两个责任”同向发力的做法被省纪委推广，厅机关被省委省政府授予“省级文明单位”称号；1名同志被省委省政府授予“河南省抗击新冠肺炎疫情先进个人”称号；3名同志在疫情防控期间被批准“火线入党”。

湖北省

2020年，湖北省退役军人事务系统克服疫情汛情叠加影响，统筹抓好常态化疫情防控和年度重点工作任务落实，各项工作取得较好成绩。

一、机构建设情况

省委、省政府、省军区印发加强退役军人工作的文件，明确了8个方面27项任务，推动成员单位抓好贯彻落实。军地联合发文，健全完善工作机制，进一步提升军地合力共为效能。出台加强全省退役军人服务管理保障监督的文件，全省各级纪检监察机关加强日常监督检查，推动退役军人工作属地责任、退役军人部门牵头责任、成员单位部门责任和纪检监察机关监督责任“四个责任”落实。连续两年将退役军人工作纳入省委对市州党政领导班子政绩考核和平安建设（综治工作）评价体系，作为双拥模范城（县）评选表彰重要内容。全省建成省、市、县、乡、村五级服务中心（站）28826个，率先推行退役军人服务体系星级创建，出台《湖北省退役军人服务中心（站）星级创建暂行办法》《湖北省市县乡村退役军人服务中心（站）星级评定标准（试行）》，推动服务体系持续加强软硬件建设。全省898个被评为全国示范服务中心（站），3位服务中心（站）主任（站长）荣获“全国百名优秀退役军人服务中心（站）主任（站长）”称号。全省各级建立“张富清老兵志愿服务队”等退役军人志愿服务队伍11992支，服务人民群众100余万人次。成立省退役军人关爱协会和8个市（州）关爱协会。依托省慈善总会平台设立省、市、县三级“退役军人关爱基金”122支。完成252家退役军人服务保障事业单位转隶，不断提升服务保障能力。整合优抚、移交安置、就业创业、军休等信息资源，对全省服务对象建立一人一号一档一卡，为精细化服务保障提供数据支撑。

二、思想政治和权益维护工作

实施“八化”工作举措，将“枫桥经验”融入退役军人工作的各方面、全过程，加强矛盾问题源头化解，切实维护退役军人合法权益。总结推广襄阳、荆门、咸宁等地在退役军人服务中心（站）设立法律援助工作站（联系点）等经验做法，为退役军人提供法律咨询和法律援助服务。落实常态化联系退役军人制度，实现联系全覆盖。开展“思想政治工作年”活动，推动思想政治建设常态化；强化政治引领，持续开展张富清等先进事迹学习宣传活动，会同组织部门培养选拔“兵支书”，全省1.2万余名优秀退役军人党员进入村（社区）“两委”班子。

组织开展2020年度“荆楚模范·最美退役军人”评选、模范“兵支书”微视频大赛活动，编印出版《老兵战“疫”——湖北退役军人参加抗击新冠肺炎疫情实录》，广泛宣传退役军人楷模先进典型、先进事迹。

三、移交安置工作

推行“阳光安置”，实行军转安置“只考一次”，制定出台《湖北省计划分配军队转业干部安置统一考试办法》《湖北省省直计划分配军队转业干部“直通车”安置办法》，促进人岗相适、人事相宜，提高安置工作效率。圆满完成国家下达的年度计划分配军转干部、符合政府安排工作条件退役士兵和自主择业军转干部接收安置任务。积极协调机关、群团组织、企事业单位做好接收安置工作，省属国有企业按规定比例安排退役士兵岗位计划。复员干部、伤病残退役士兵、自主就业退役士兵有序移交接收，随调家属、转改文职人员落户工作有效落实，军转干部进高校专项培训、适应性培训和公共类专业培训扎实开展。

四、就业创业工作

出台《湖北省退役军人职业技能培训管理办法（试行）》《关于做好湖北省企业吸纳退役军人就业奖补计划工作的通知》，组织退役军人参加线上线下培训5.54 万人次，组织4932名退役军人报名高职扩招，录取3798人。配合退役军人事务部举办湖北省退役军人“全媒体运营师”职业技能培训班，组织近3000人参加培训。针对疫情影响，出台援企稳岗促就业9条措施和5项举措，帮助9600多名退役军人稳岗返岗，帮助691家退役军人企业复工复产。走访19家退役军人企业，协调解决22个问题。组织开展线上线下招聘活动425次，1.3万余家企业参加，提供岗位27万余个，帮助2.5万余人达成就业意向。精心组织全省首届“军创杯”退役军人创业创新大赛，在全国决赛中获得1个一等奖、1个二等奖、2个三等奖、1个优胜奖。推动税务、金融部门为退役军人个体户及企业减免税款7600余万元、发放就业创业贷款1.49亿元。积极稳妥开展部分退役士兵社保接续工作。

五、军休服务管理工作

完成军休干部（士官）接收安置工作，完善“随退随审、即交即接”制度，对军休人员和伤病残退休人员移交安置流程进行优化。全面落实军休干部“两个待遇”，推动老旧军休小区加装电梯。组织开展全省军休系统“笔墨光影——时代赞歌”书画摄影大赛活动，133件书法、59件绘画和272件摄影作品参赛。“八一”期间，组织对100名伤病残军休干部（士官）进行慰问。高效推进军休服务信息化平台试点任务。

六、优待抚恤工作

持续提高抚恤补助标准，开展优抚专项资金管理使用情况监督检查。做好国家机关工作人员伤残证件清查工作。省政府办公厅印发军人军属、退役军人和其他优抚对象基本优待目录清单共144条。推动全省各地落实现役军人立功受奖奖励制度。持续开展退役军人“解四难”活动，及时为优抚对象发放价格临时补贴奖金。

七、双拥工作

精心组织双拥模范城（县）创建活动，修订完善《创建命名管理实施细则》和《考评标准》，13个市（县）、3个单位、2名个人荣获全国双拥表彰。全省双拥表彰大会表彰20个省级双拥模范城（县）、100个省级双拥先进单位和100名先进个人。“八一”、春节高规格举行军地座谈会，走访慰问军以上驻鄂部队和省消防救援总队，省双拥办组织慰问基层部队。全省召开双拥会议300余场次、军地座谈会3300余场次，开展军民联欢活动400余场次。全省退役军人事务系统走访慰问抗战老战士、抗战烈士遗属，送上慰问金。疫情期间，省领导带队走访慰问火神山等医院军队医护人员和运力支援队驻鄂官兵。各级双拥办协调筹措防疫用品和生活物资，保障各地驻军急需。走访慰问军队一线医护人员家庭，协调解决实际困难问题，及时帮助生活有困难的湖北籍官兵及退役军人家庭。扎实开展“情系边海防官兵”拥军优属活动。

八、褒扬纪念工作

制定湖北省烈士纪念设施规划建设修缮管理维护工作方案，各地积极将烈士纪念设施规划建设维护纳入当地“十四五”规划，推进烈士纪念设施提质改造。完成70家县级以上烈士陵园转隶，整理完善667处零散烈士纪念设施、30549座散葬烈士墓信息，完成11.9万名烈士信息核对任务。宜昌市夷陵区南边抗日将士陵园、鄂南抗日根据地指挥中心旧址、赵家棚抗日烈士陵园、新四军第五师纪念馆列入第三批国家级抗战纪念设施、遗址名录，鲁俊清等5人列入第三批著名抗日英烈、英雄群体名录。稳妥做好首批14名新冠肺炎疫情防控牺牲人员的烈士评定工作。全省县级以上政府组织开展烈士纪念日纪念活动。做好疫情防控形势下清明祭扫工作，仅网络祭扫平台累计祭扫献花超300万人次。

九、疫情防控工作

坚决贯彻落实习近平总书记关于疫情防控重要指示精神，组织动员全省系统干部职工及广大退役军人参加疫情防控，积极为湖北保卫战、武汉保卫战取得决定性成果作贡献。省厅迅速成立疫情防控指挥部和工作专班，厅机关29名工作人员加入武汉市洪山区金桥社区和南望社区“两队一网格”（工作队+突击队+党员网格员）队伍，各级退役军人事务部门也组建疫情防控工作队、党员突击队下沉基层社区，协助地方做好疫情防控工作。军休所、光荣院和优抚医院等单位严格落实封闭管理制度，全省光荣院服务对象“零感染”。组织动员全省近25万名退役军人参与抗疫、7家优抚医院全力救治新冠患者。

十、自身建设情况

扎实开展“思想政治工作年”“基层基础基本建设年”“全员提能培训年”活动，坚持抓党建抓业务、促队建促工作“双抓双促”，厅系统

3名个人荣获全国、全省抗疫先进个人称号，1个集体荣获全省抗疫先进集体称号，1人荣获省五一劳动奖章，1人荣获全省优秀共产党员称号、入选“荆楚时代女性榜——战‘疫’玫瑰”。厅机关被评为省级精神文明单位，厅驻村扶贫工作队入选“楚治——助力湖北脱贫攻坚最具创新案例”。制定党建工作责任制、党风廉政建设主体责任清单、纪实管理办法等10多项规范化制度，构建厅党组与驻厅纪检监察组季度联席会议制度，认真督促主体责任落实。制定厅系统培训计划，搭建网上教育培训平台，全年举办线下培训班17个，1026人参训；线上培训班10个，3374人参训，不断提升全省系统干部职工的综合能力素质。

武汉市

2020年，武汉退役军人系统紧紧围绕实现疫情防控和经济社会发展“双胜利”的目标任务，始终带着感情和责任，抓落实、强基础、优服务，为打造“五个中心”、建设现代化大武汉贡献了退役军人力量。

一、机构建设情况

完善领导小组联络机制，将退役军人工作纳入综治考评内容。全市3465个退役军人服务中心（站）全面规范建设，创建示范型服务中心（站）两批共134家，占区、街两级总量的73%以上。组织街道、社区服务站结合网格化服务，与辖区所有退役军人建立常态化联系，实现了服务对象联系全覆盖。全市各级中心（站）全部实现了实体化运转。成立武汉市关爱退役军人协会，吸纳会员单位84个。

二、思想政治和权益维护工作

结合“思想政治工作年活动”，完善先进典型资源库，组织开展“武汉楷模·最美退役军人”学习宣传活动，李明龙等20名同志荣膺首届“武汉楷模·最美退役军人”称号。动员约3.7万名退役军人奋战在志愿运输、社区保障、医疗救助、医院建设抗疫前线，发动退役军人自发捐款近300万元。宣传报道全市退役军人先进事迹近百篇，推荐疫情防控优秀退役军人80人。

建立“受理、办理、督办、反馈、回访、考核”闭环工作规范，进一步明确各类信访事项办理责任和办理流程。

强化联系帮扶，市、区两级与近400名困难退役军人“结对子”，并建立常态化联系工作机制；全年筹措经费3100余万元，慰问困难退役军人2.5万余人，对890余个新冠肺炎退役军人家庭进行专项关爱。

三、移交安置工作

适应新冠肺炎疫情防控要求，采取线上选岗为主、线下选岗为辅、分批签字确认的办法，组织所有军转干部按积分排序选岗。研究探索“直通车”安置，对通过国家司法考试、取得财务会计、医师任职资格的专业人员，开辟对应专业岗位的优先通道。认真审查随调家属接收条件、提前核定随调家属身份性质，合理安排。统筹完成军队转改文职人员、跨军地改革集体转制部队退役军人落户等其他改革任务。

接收安置退役士兵（退出消防员）2800余人。向自主就业退役士兵发放自主就业地方一次性经济补助金。全面推行阳光安置，市直统筹48个省、市事业编岗位进行阳光选岗，按要求公示排名、岗位及需求等信息，完成2020年度退役士兵移交安置任务。与市公安局联合印发《关于做好退役士兵易地落户工作的通知》，规范优化退役士兵办理落户手续流程；督促各区严格落实安置政策，逐月按时发放生活补助，做好社会保险接续。

四、就业创业工作

会同组织部、政法委等18部门联合制发《武汉市促进新时代退役军人就业创业工作实施办法》，促进退役军人就业培训、就业扶持、创业支持等政策落地。联合市人力资源和社会保障局，制发《关于做好企业吸纳退役军人就业奖补工作的通知》，鼓励在汉企业吸纳退役军人就业。

举办2020年度全市自主择业军转干部服务工作业务培训，修订《武汉市自主择业军队转业干部办事指南》。按照属地原则，向各区局移交自主择业军转干部档案。组织180余人参加适应性和就业创业培训。

组织考核全市29家申请开展退役士兵职业技能教育培训的机构，确定并公示25家定点机构。1704名自愿参训退役士兵完成线上线下技能培训。组织665名退役军人参加退役军人事务部联合国家广电总局举办的“全媒体运营师”职业技能培训。

联合部队首次开展“送政策、送培训、送岗位”进军营活动。组织开展2020年春季网上专场招聘会、武汉退役军人专场招聘会活动，与宁波市退役军人事务局跨地域联动，全年全市组织就业招聘会、推介会17场（次），推荐就业4572人（次）。组织70家退役军人创办企业参加“军创杯”创业创新大赛，7家企业取得省级一、二、三等奖和优胜奖，3家企业在全国决赛中荣获一、二、三等奖。

五、军休服务管理工作

接收安置军休干部及士官257人。落实全市军休干部、士官、遗属离退休费、有关补助补贴等相关待遇。作为全国8个参与试点工作的省、市之一，经过试点推广，完成400余名军休工作人员信息化服务平台登录试用，登录率100%；3684名军休干部登录认证，认证率57.73%。录入各类资讯信息近2500条。组织市军休四中心赴宁波、上海学习考察军休基础设施建设经验做法。持续推进军休老旧小区加装电梯工作，改善军休小区环境，全市已为军休老旧小区加装电梯23部。疫情期间，军休系统对40个休干小区实行24小时封控管理，确保了防控措施落实、休干日常生活无忧。

六、拥军优抚工作

江岸区后湖街道办事处被表彰为全国爱国拥军模范单位。春节、“八一”期间，走访慰问驻军机关、基层单位、伤残军人，赠送慰问品价值1000余万元。帮助疫情防控一线军人军属和武汉籍官兵家庭排忧解难，慰问一线军队人员家庭3631户，发送慰问信7938封，赠送拥军包6055个，解决实际困难1173件。真心实意为部队办实事解难题，市领导先后走进军营调研慰问80余次，现场解决实际问题100余件，跟踪解决武汉疫情防控一线军人家庭困难问题50多个，对152名武汉籍边海防官兵家庭进行慰问并开展“六送”活动。积极承担100名随军家属安置协调任务，配合警备区完成随军家属档案身份核定、全市编制情况摸底、安置去向方案拟制等基础工作，对市下达的调配任务统筹落实到岗，督促办理相关手续，完成安置任务。

市退役军人事务局党组主动请战，申请将优抚医院作为定点救治医院，动员全系统力量，深挖潜力，3天新增900张床位。市优抚医院全体医护人员持续战斗150余天，局机关及直属单位党员干部下沉一线，在30个社区参加群防群控。市优抚医院余道信同志获全国抗击新冠肺炎疫情先进个人荣誉称号，市局系统7个单位、19人次分别受到省、市级表彰。

七、褒扬纪念工作

妥善做好疫情防控牺牲人员烈士评定工作，制定统一烈士遗属慰问及烈士安葬工作方案，持续做好相关烈士遗属长效帮扶及安全稳定工作。加强烈士纪念设施维护管理，摸底全市烈士纪念设施数量，下拨资金122.95万元用于相关区烈士纪念设施维修改造。组织开展2020年清明祭英烈活动和“9·30”烈士纪念日湖北省暨武汉市向烈士敬献花篮活动。

八、自身建设情况

将“不忘初心、牢记使命”作为加强机关党建的永恒课题和党员干部的终身课题，组织中心组学习13次，开展支部主题党日活动12次。加强党风廉政建设，清单式明确各级党组织和负责人的责任任务，纳入绩效管理，与业务工作同研究、同部署、同推进、同考核。着眼优化队伍结构，配齐12个直属单位正职领导。组织开展2轮机关干部职级晋升，进一步激发干事创业热情。加强轮岗交流，选派年轻干部到基层三重岗位挂职锻炼，先后抽调11名直属单位新进人员到关键岗位实习锻炼。制定全员提能培训年活动方案，落实优抚、财务、保密等专项培训20期798人次，有力提升了干部综合能力。

湖南省

2020年，湖南省退役军人事务系统以聚焦机构职能融合抓改革、聚焦维护军人军属合法权益抓服务、聚焦促进社会和谐稳定抓管理、聚焦忠诚干净担当抓队伍“四个聚焦”为重点，以走访慰问常态化、帮扶援助规范化、就业创业社会化、宣传引导体系化、风险防控制度化“五化”为路径，凝心聚力、攻坚克难，各项工作取得明显成效。

一、机构建设情况

2020年底，全省1个省级、14个市级、133个县级、1998个乡级、28673个村级退役军人服务中心（站）全部挂牌运行。全面加强各级退役军人服务保障机构功能建设，制定《全省退役军人服务中心（站）建设与工作实施细则》，组织开展全国示范型退役军人服务中心（站）创建工作，集中打造51家模范型服务保障机构、1190个示范型服务保障机构。建立退役军人工作联系点制度和领导小组成员单位工作职责、重点任务清单、核查督查办法，涵盖社保接续、就业创业、困难帮扶等领域130余项配套政策的“1+N”政策制度体系初步形成。

二、思想政治和权益维护工作

制定出台《“思想政治工作年”活动方案》，在15个区县开展退役军人党员教育管理试点，积极探索建立退役军人享受有关荣誉和抚恤优待与现实表现挂钩机制，教育引导退役军人听党话、跟党走。激励引导全省退役军人在基层治理、脱贫攻坚、应急救灾等工作中彰显军人本色、体现军人担当。疫情防控和抗洪抢险期间，全省有24万余名退役军人、1200多支退役军人突击队参与疫情防控，近4万名退役军人和退役军人事务工作者参与抗洪抢险。会同省委宣传部出台《退役军人工作宣传引导方案》，推出相关稿件7000余篇，全网总点击量近5亿次。组织开展2020年度全省“最美退役军人”评选表彰活动并举行发布仪式，评选全省“最美退役军人”10名、全省“最美退役军人”提名人选9名。推出30个优秀“兵支书”微视频作品，其中1个微视频获全国一等奖。建立全省“退役军人优秀典型”资源库，收录362名退役军人先进典型。借鉴运用新时代“枫桥经验”，有效化解矛盾。

三、移交安置工作

出台《湖南省省直单位考核考试安置办法（修订）》和《湖南省关于开展军队转业干部进高等学校专项培训的实施办法（修订）》，进一步完善军转干部安置政策。将军转安置工作纳入政府绩效考核内容，制定考核细则，明确奖惩措施，树立优质高效安置的鲜明导向。积极开展军转干部进高等学校专项培训，授牌湖南大学、湘潭大学为“湖南省军转干部教育培训基地”。大力推行“阳光安置”，统筹制定中央在湘企业、省属部分国有企业接收安置退役士兵计划分配方案。认真组织实施部分退役士兵社保接续工作。

四、就业创业工作

贯彻落实《湖南省促进新时代退役军人就业创业工作实施细则》要求，积极搭建退役军人就业岗位对接平台，县级以上地方人民政府每年组织2次退役军人专场招聘活动。在全省范围内开展退役军人军属招聘月活动。全省各级组织招聘活动475场次，1.5万余家用人单位参加，提供岗位总量45.6万余个，求职人数6.3万余人，达成意向1.5万余人。扎实做好退役军人职业技能提升培训工作，加快推进退役军人就业创业孵化基地和就业创业导师团队建设。由党政领导、专家学者、社会企业家、军创企业家等139人组成的就业创业导师队伍。大力推行“订单式”“定向式”“定岗式”培训，推动产教融合、校企合作。充分利用各类优质线上职业技能平台，支持鼓励自主退役士兵积极参与“百日免费线上技能培训行动”。全省建成退役军人就业实训基地79个、创业孵化基地58个。与三一集团、爱尔眼科集团、兰天集团签订就业创业合作协议并授予“湖南省退役军人就业创业示范基地”称号。加强与公安、交通、环保、健康、消防等行业的对接协调，挖掘更多与退役军人就业需求匹配度较高的岗位，增强就业吸引力。组织举办全省首届退役军人创业创新大赛，推荐4个项目成功晋级全国首届退役军人创业创新大赛，获得2个二等奖、2个三等奖。

五、军休服务管理工作

按照“即退即审，即交即接”原则，全年接收安置军休干部220余名。按规定要求落实军休干部阅读文件、参加党组织生活、定期走访慰问、担任荣誉职务等政治待遇。建立常态化联系军休干部机制，在春节、“八一”期间，开展形式灵活、内容务实的走访慰问活动，重点走访慰问空巢、独居、失能等特殊困难军休干部，及时帮助解决实际困难。按时、准确、足额发放军休干部离退休费、津补贴和其他专项经费，确保军休干部特别是伤病残军休干部医疗待遇全面落实。扎实推进老旧小区提质改造，截至年底，启动和完成军休老旧小区提质改造项目42个，投入资金5009万元，改造面积6.23万平方米，加装电梯21台。积极探索“开门办所、融入社会、购买服务、资源共享”的军休服务管理新模式，在3个军休所启动社会化服务试点工作，提升军休服务信息化、智能化水平。引导广大军休干部在革命传统教育、社会综合治理、公益活动开展、生态环境建设等方面发挥余热。

六、双拥工作

细化制定《湖南省双拥模范城（县）考评细则》，对全省申报双拥模范城（县）的38个市县进行实地考评，长沙市等12市县被评为全国双拥模范城（县），永州市人力资源和社会保障局被评为全国爱国拥军模范单位，汤瑞仁、侯平拥被评为全国爱国拥军模范个人。召开全省第十届双拥模范城（县）命名暨双拥模范单位和个人表彰大会，评选表彰38个省级双拥模范城（县）、50个全省双拥模范单位和50名全省双拥模范个人。春节、“八一”期间，全省各级走访慰问现役部队1448个次，退役军人和其他优抚对象184万人次。建立完善军地互提需求、互办实事的“双清单”制度，发挥双拥工作优势，疫情期间走访慰问120余名支援武汉抗疫一线的湘籍官兵家庭，为32名一线抗疫官兵家庭解决实际困难。开展“情系边海防官兵”拥军优属、“走边关、联基层、暖兵心”和“城舰共建”活动，为1574户边海防和一线任务部队官兵家庭排忧解难、送上温暖。

七、优待抚恤工作

足额规范发放退役军人和其他优抚对象补助资金，全省各类优抚对象保障水平均达到国家规定保障水平。规范优抚对象审核认定，按政策按程序评定残疾等级1434人。结合《残疾军人证》等证件换发工作，对全省已评残对象进行档案核查。不断提升全省优抚医院、光荣院、军供站基础设施建设，依托全省优抚医院、光荣院组织开展优抚对象短期疗养190批次7539人次，开展送医送药254批次1.8万余人次。省级财政预算安排3000万元困难退役军人帮扶援助资金，建立困难退役军人动态数据库，实现精准帮扶。

八、褒扬纪念工作

在省厅官网开设“缅怀革命先驱，致敬湖湘英烈”祭扫专栏。全省组织向烈士墓敬献鲜花、擦拭墓碑、墓碑文字描红等代为祭扫服务，祭扫烈士墓3万余座，代为祭扫烈士6万余名。在“9·30”烈士纪念日，各地隆重举行公祭活动。统筹规划全省烈士纪念设施建设，出台《烈士纪念设施规划建设修缮管理维护工作实施方案》，梳理核对省内烈士纪念设施基本信息3.3万余处，完成227处县级以上烈士纪念设施信息校核，支持符合条件的烈士纪念设施申报爱国主义教育基地。全面开展烈士纪念设施巡查工作。建立湖湘红色基因资源共同开发机制，开展湖湘英烈发掘和湖湘红色文化开发工作。核查湖南籍烈士信息10.7万余条，形成“湖南省烈士信息数据库”。探索建立烈士评定专家咨询、疑难案例研究论证制度，组建烈士评定专家库，从严审核烈士评定事项，全年认定4人符合烈士评定条件。建立对侵害英烈名誉荣誉案件公益诉讼协作制度，在全社会营造缅怀英烈、尊崇英烈的浓厚氛围。

九、自身建设情况

大力倡导“忠诚担当、尊崇奉献、融合创新、廉洁高效”的系统文化理念，以文化人、以文铸魂、以文聚力，努力打造一支忠诚干净担当的高素质干部队伍。在全国率先创办崇军大讲堂。按照下沉两级要求大规模组织培训，举办首期县级退役军人事务局长培训班，全省开展市县退役军人服务中心主任培训，各级服务机构跟进开展各类培训班450多期，培训服务工作业务骨干1.3万余人次，3人获评全国“百名优秀退役军人服务中心（站）主任（站长）”，全系统干部队伍凝聚力、执行力和创造力不断提升。

广东省

2020年，广东省退役军人事务系统认真落实省委、省政府“1+1+9”工作部署，克服新冠肺炎疫情的严重冲击，坚持制定政策与推动落实齐抓，做实机构与发挥实效并重，破解难题与防控风险结合，善为实干，稳中求进，退役军人工作上了新台阶。

一、机构建设情况

构建省、市、县、镇、村五级书记抓退役军人工作新格局，党对退役军人工作的领导真正落到了末端、扎到了基层。

发挥省委退役军人事务工作领导小组办公室作用，召开省委领导小组成员单位联络员会议，建立督查、通报机制，以“清单制+责任制”方式，变“权责清单”为“实事清单”，确定70件实事清单，进一步压实成员单位责任。

深入开展“基层基础基本建设年”活动，推动服务体系实体化运行，建成五级退役军人服务中心（站）27568个。实施广东省退役军人服务中心（站）能力提升三年行动计划，推动县级服务中心实现“服务平台体系化、服务手段信息化、服务模式多元化、服务管理规范化、服务队伍专业化”，镇级服务站实现“有人员办事、有条件办事、有能力办事、有具体任务、有工作台账”。制定《广东省退役军人服务中心（站）2020年星级示范创建工作方案》，全省创建三星级以上服务中心（站）1198个。全省建立法律服务站210个、老兵调解室120个，提供法律服务3000多人次。

二、思想政治和权益维护工作

落实常态化联系退役军人和调研联系点制度，以点带面推动“大走访”活动向纵深拓展，全系统走访退役军人142.7万人次，办结服务事项3.2万多项。

开展“思想政治工作年”活动，实施退役军人党员组织关系转接“一站式”服务，将退役军人党员纳入党的基层组织常态化管理。实施“退役军人村官培养工程”，将优秀退役军人党员吸纳进基层组织班子。实施退役军人志愿服务平台，培育关爱退役军人协会、志愿服务组织等社会组织，打造出深圳市“退役军人红星志愿服务队”、广州市黄埔区永和街道“东纵传承连”等品牌。疫情期间发出抗疫倡议书，组织退役军人党员先锋队、志愿服务队8470多支，动员退役军人60万人次投身疫情防控，发动捐款捐物超2亿元。

举办首届“广东最美退役军人”学习宣传活动，评选出10名“广东最美退役军人”。实施退役士兵返乡迎接“六个一”活动，将荣立二等功以上荣誉表彰退役军人录入地方志，全省设立荣誉室（墙）3100多个。

三、移交安置工作

大力实施“阳光安置”。健全考试考核、双向选择、积分选岗、指令性分配相结合的安置办法，完成计划分配军队转业干部安置任务；完成政府安排工作退役士兵和退出消防员安置任务，归集中央、省属企业接收退役士兵岗位计划共1500余个。在省直、广州、深圳、惠州试点“直通车”式安置，推动人岗相适、人事相宜。加强“互联网+安置”建设，推行网上双选安置，省直通过网上双选落实安置单位的团职（技术九级）以上军转干部比例近90%。

四、就业创业工作

实施“百日免费线上技能培训”专项行动，对11622名退役军人开展中高职和短期技能培训。开展退役军人适应性培训大纲和系列通用教材的开发工作，建立“退役军人e学院”。对1.3万名退役士兵开展适应性培训，建立退役军人教育培训承训机构黄页，确定229家机构为退役军人提供服务。

开展“戎归南粤”网络招聘活动，提供“云上”培训、招聘、求职、面试等“一站式”服务，采用“直播带岗”方式直招直聘，全省共举办专场招聘活动492场，提供岗位16.6万个，1.3万人达成就业意向。推行“适应性培训+专场招聘”，研发线下招聘会支撑系统，将求职意向与招聘需求数据进行匹配，促进双方精准对接。积极开展高职扩招行动，40521名退役军人被录取，同比增长137%。

培育“广东军创”品牌。设立1万元的吸纳退役军人就业专项补贴，全年退役军人就业创业税收扣减达3.7亿元。与农业银行广东省分行合作，创新推出了“退役军人助业快e贷”业务，累计发放贷款2000万元。承办首届全国退役军人创业创新大赛决赛，广东省5个参赛项目综合成绩位居全国第一，广东省退役军人事务厅被授予“特别贡献奖”。举办第二届广东省退役军人创业大赛，开展“戎归南粤——寻找退役军人创业先锋”活动。

五、军休服务管理工作

制定下发《关于进一步规范伤病残军人接收安置工作程序的通知》，召开军地协调会，推行“一站式”办理，全年共接收安置军休人员357人。省财政按照中央补助标准安排对经济欠发达地区军休人员医疗费实施补助。

六、双拥工作

开展创建双拥模范城（县）活动，分别有17个、65个城（县）获国家、省级双拥模范城（县）称号，41个单位获国家、省双拥模范单位称号，80名个人获国家、省双拥模范个人称号。开展“情系边海防官兵”拥军优属活动，全省累计走访慰问边海防部队1500余人次，送立功喜报1400余份，解决实际困难1800余件。省双拥办协调采购防疫物资近10万件（套）支援驻地部队，走访慰问200余名驰援湖北抗疫的一线官兵家庭。

七、优待抚恤工作

落实优抚对象抚恤补助标准提标政策和区域协调机制，惠及优抚对象41万人。投入医疗补助资金帮助符合条件的优抚对象参加医疗保险和建立补充医疗保障，落实医疗优惠待遇。全年办理残疾等级评定1972人，抚恤关系转移1066人，配置残疾辅助器具80人。开展优抚事业单位优化提升行动，明确广东省5类优抚对象共116条优待目录清单，涉及养老、生活、医疗、住房等8个领域。为2.5万名退役士兵赠送“仁军保”人身意外伤害保险。全省共帮扶援助退役军人和其他优抚对象42.68万人次，其中省退役军人应急救助资金累计救助服务对象1206人。

八、褒扬纪念工作

出台《广东省烈士纪念设施规划建设修缮管理维护实施方案》。启动烈士纪念设施修缮保护、提质改造五年行动计划，2020年省级财政投入2000万元推动15个烈士纪念设施提质改造，修建烈士英名墙12座。

联合8部门共同开展“致敬·2020清明祭英烈”主题宣传教育活动，参加网上拜祭英烈人数约770万人次。精心组织“红色九月　彪炳历史　照亮未来”“今日鲜花献给烈士”“追寻先烈足迹”等活动，“9·30”烈士纪念日，在广州起义烈士陵园举行公祭烈士活动暨向广州起义纪念碑敬献花篮仪式，近10万人参加。推动出台烈属抚恤工作三项制度、烈士评定三级规程，推进广东英烈网等“一网三库”建设。

组织开展抗战胜利75周年、抗美援朝出国作战70周年走访慰问活动，慰问老干部、老同志、老党员、烈属等7000余人。集中组织烈士光荣证颁授仪式，为14名新评定的烈士遗属颁授烈士光荣证。

九、信息化工作

按照“一库两平台”总体框架，建成195万名退役军人数据库，实现一人一档；构建“一站式”服务系统和省市两级视频会议系统，搭建集走访慰问、应急救助、移交安置等业务功能于一体的综合管理平台，获广东省政府服务创新案例奖；建立“互联网+退役军人服务”平台，建设退役军人电子卡，提供公共服务事项7项，实施清单数14项，签发电子证照2类，11项依申请办理的政务服务事项网上可办率实现100%。

十、自身建设情况

严格落实“第一议题”制度，建立党组织书记抓基层党建述职评议考核等制度，主体责任有效夯实。持续深化“大学习、深调研、真落实”工作，开展专题调研14项。开展“学习大讲堂”“党性锤炼”等活动，举办“青年干部论坛”、第二届法律法规知识竞赛，组织市县退役军人事务局领导干部培训班等20余期（次），全省各级培训干部21000余人次。

深入落实《退役军人保障法》，印发实施《广东省促进退役军人就业创业的若干政策措施》等“1+N”系列配套文件7份，“十四五”退役军人服务和保障规划编制基本完成，政策制度体系逐步健全。

广州市

2020年，广州市退役军人事务系统坚持制定政策与推动落实齐抓、健全机构与发挥实效并重、破解难题与防控风险结合，全面开展“基层基础基本建设年”“思想政治工作年”“矛盾问题攻坚化解年”活动，实现全国双拥模范创建目标，不断向推动退役军人事业高质量发展目标稳步迈进。

一、机构建设情况

落细落实“五有”和“全覆盖”要求，统筹督导全市2938个服务中心（站）开展星级示范创建工作。创建五星级示范点41个、四星级37个、三星级68个。全面建立“一人一档”，组织走访退役军人257306人次，组织欢迎返乡退役军人2100余人次；各级服务中心（站）引入律师、社工、心理咨询师等，进一步为退役军人提供法律援助、关怀慰问、情绪疏导等服务。

12月25日，广东省首个跨省退役军人服务站在广州市花都区新华街道挂牌成立。这是广州市退役军人事务部门协同湖南省新田县退役军人事务部门共同打造的湘粤两地共享退役军人服务平台。

二、思想政治和权益维护工作

定期召开退役军人矛盾诉求研判会，帮助退役军人维护合法权益。注重精准帮扶，提供法律援助、心理咨询、情感沟通等个性化关爱服务。常态化走访慰问，了解掌握实际需求和家庭困难，积极主动排忧解难，为55名遭遇重大困难退役军人申请应急救助资金160多万元。举办第二届“最美退役军人”“最美双拥标兵”学习宣传活动，挖掘选树30名先进典型，强化示范带动。

12月4日，广州市正式组建红棉老兵志愿服务队，并启动退役军人志愿服务信息管理平台。全市组建各级“红棉老兵”志愿服务队1000余支，1万余名退役军人志愿者参与走访慰问、疫情防控、交通治安、创文攻坚、法规宣传、环境保护等志愿服务，打造广州“红棉老兵”志愿服务品牌。

三、移交安置工作

全年接收退役军人3700余名，坚持打分选岗，牢固树立贡献越大、安置越好的鲜明导向。创新营级以下职务军转干部安置，实现由“先报岗再考试”到“先考试后选岗”，安置工作全方位、全时段、全规程、全结果公开。试行“直通车”式安置，69名军转干部实现专业技能与接收单位岗位需求精准匹配。为符合政府安排工作退役士兵完成社保接续缴费。

四、就业创业工作

与广州城市职业学院等合作开设3个退役军人高职专班。组织119名自主择业军转干部开展适应性培训，1531名退役士兵参加职业技能培训，提升就业竞争优势。出台财政、税收、金融、教育一系列扶持退役军人创业政策，为退役军人复工复产申请政府贴息贷款3680万余元，金融机构为退役军人办理小额担保贷款1亿多元，扶持3200余人次创业。市区“线上线下”举办19场退役士兵专场招聘会，与国企合作提供优质岗位2万个，参加双选退役士兵5337人次，2020年度接收的退役士兵就业率达81%。广州市退役军人创业项目在省退役军人创业创新大赛中，1个项目获一等奖、3个项目获二等奖、5个项目获三等奖；在全国决赛中，获新兴产业组第一名。

五、军休服务管理工作

完善军休接收安置办法，优化交接工作流程，坚持符合条件的即交即接，接收安置军休干部184名。加强军休干部党组织建设，定期组织开展政治理论学习，扎实做好重大节日走访慰问，按时足额发放军休干部离退休生活费，及时落实军休干部定期增资待遇。推动给予军休干部安置地国家机关同职级离退休干部同等医疗待遇，为参加市直医保的军休干部办理优先医疗证。做好因病新增护理费核查工作，生活不能自理、饮食起居需要扶助的军休干部及时享受到护理费待遇。转移拨付军休经费、军休干部慰问经费，发放军休干部特别抚恤金。严格抓好新冠肺炎疫情防控工作，严密组织军休机构消防督查整改，确保了军休系统安全稳定。

六、拥军优抚工作

修订《广州市拥军优属实施办法》，明确退役军人享受公共服务、公租房、入住养老院和看病就医4个方面优先优待。提高各类优抚对象医疗保障、生活补助等标准，疫情发生以来，为优抚对象发放价格临时补贴23.5万人次；发放抚恤补助、节日慰问金。开展“关爱功臣　送医送药”活动，大力推进优抚对象医疗保障办法，充分利用商业综合保险、慈善救助和大病救助等政策，切实解决好优抚对象医疗问题。开通广州市退役军人卡，集合身份识别、金融、交通等功能，提高退役军人公共服务水平。

七、褒扬纪念工作

举行“9·30”烈士纪念日公祭烈士活动。加强烈士纪念设施规划建设、管理维护，开展“五个一”工程（一个宣传片、一批宣传品、一系列英烈故事、一场英烈纪念活动、一套英烈事迹丛书），系统提升英烈褒扬纪念宣传覆盖面与影响力，广州起义烈士陵园成为广州市首个国防教育主题公园。

八、自身建设情况

突出抓好机关党的建设，努力把全面从严

治党要求体现到工作各方面和全过程。坚持制定政策与推动落实齐抓、健全机构与发挥实效并重、破解难题与防控风险结合，全面开展“基层基础基本建设年”“思想政治工作年”“矛盾问题攻坚化解年”活动，聚焦政治引领好、组织队伍好、制度落实好、工作作风好、阵地建设好、作用发挥好等工作模式，有效应对新冠肺炎疫情等风险挑战，圆满实现全国双拥模范城市创建目标，不断向推动退役军人事业高质量发展目标稳步迈进。

深圳市

2020年是深圳经济特区建立40周年，是深圳市退役军人事务系统全面铺开、纵深推进的重要一年。深圳市各级退役军人事务部门按照“全面提升年”的总体部署，建立健全“三个体系”，全面夯实“八个基础”，着力打造“六个中心”，圆满完成各项工作任务。

一、机构建设情况

（一）高质量完善服务保障体系

建立退役军人服务中心（站）791个，编制实施《深圳市退役军人服务中心（站）能力提升三年行动计划》，成功获评全国示范型退役军人服务中心（站）84个、全省五星级退役军人服务中心（站）61个。

（二）高标准打造服务保障中心

建设具有深圳特色、温馨暖心的“三厅七室”，全面升级改造战友服务大厅，努力营造“暖心、舒心、安心”的服务环境；综合运用高科技等手段建成战友荣誉室，生动展示深圳革命史和深圳退役军人的辉煌荣誉，努力打造“来了不想走、走了还想来”的退役军人之家。

（三）高起点建设智慧服务中心

全力打造退役军人“一库、两网、五平台”信息化综合服务系统，建成集全面监测、数据决策、联动指挥、主动服务等功能于一体的智能指挥大厅，系统平台获批全省退役军人信息化建设试点项目，23个子系统基本建成、投入试运行。

二、政策法规工作

系统制定深圳市退役军人事务领域政策制度，联合出台深圳市《关于加强新时代退役军人工作的实施方案》，针对退役军人事务领域重点难点问题，推出覆盖面广、含金量高、针对性强的系列改革创新举措。梳理借鉴各级各地相关法规文件近200部，制定《深圳市促进退役军人高质量就业创业的若干措施》，全方位推动深圳市退役军人就业创业工作提档升级。高质量编制深圳市退役军人事务领域首个五年发展规划，明确目标任务，理顺责任分工，提出一揽子硬任务、硬措施。全面收集汇编退役军人工作政策制度，编印深圳市退役军人工作“工具书”。

三、思想政治和权益维护工作

（一）思想政治引领深入推进

围绕“思想政治工作年”各项部署，制定深圳市《关于推进退役军人思想政治工作先行示范的工作方案》。

强化党建引领。联合市委组织部探索“机关+社区+企业+特色”退役军人党建新模式，培育出圣心集团、南布社区等退役军人党建示范点；统筹组建全市退役军人红星志愿服务队，一周时间动员8000多名退役军人奔赴抗疫一线，现已突破1.3万人转入常态化志愿服务。

强化正向激励。全面建成市退役军人“一厅、两室、三队、四平台”宣传思想中心，联合市委宣传部、深圳警备区政治工作处高规格举办首届“深圳最美退役军人”学习宣传活动，评选出10名“深圳最美退役军人”；充分发挥市局“二网一微一刊”宣传引领作用，累计在各级新闻媒体报道406次。

强化关爱帮扶。推出30余项专属帮扶援助举措，累计上门慰问退役军人及优抚对象9200人次，发放慰问金及慰问品2300万元、临时困难救助金1300万元。

（二）信访稳定基础逐步夯实

深入学习运用新时代“枫桥经验”，扎实推进“矛盾问题攻坚化解年”工作落实，采取现场接访、领导接访、主动约访等方式，认真倾听退役军人诉求、扎实化解矛盾纠纷。

四、移交安置工作

严格落实安置政策，深入挖掘安置潜力，圆满完成各项移交安置任务。建立公开操作、公平竞争、公正办事机制，实施既有沟通协调量身选岗、又有制度机制保证定岗的公开透明、高效有序的“阳光安置”，在市委组织部、市委编办、市人社局等单位的通力协作下，推动计划分配军转干部岗位精准匹配，顺利完成政府安排工作退役士兵安置任务。

五、就业创业工作

构建以精准化帮扶为抓手、以品牌化对接为载体、以社会化服务为支撑的退役军人就业创业扶持体系。集就业招聘、初创孵化、教育培训等功能于一体的市退役军人就业创业中心正式投入运营，组建“退役军人就业需求库”“企业岗位信息库”和“优质创业项目库”，挖掘储备优质企业800余家、就业岗位12000余个、就业需求2400余条，累计服务退役军人1200余人次，精心为退役军人与优质企业“穿针引线”“牵线搭桥”。

在市人社局、国资委等部门的支持配合下，结合疫情防控的新形势新变化，通过线上线下相结合的形式筹办“兵至如归”退役军人系列专场招聘活动，吸引520余家知名企业、提供9000余个优质就业岗位。

依托深圳职业技术学院等13家优质教育机构，提供职业技能培训近300人次、复学及学历提升教育近400人次；培育退役军人专项创业孵化基地3个，累计孵化退役军人创业项目17个，构筑社会力量促进退役军人就业创业新高地。

六、军休服务管理工作

严格落实军休干部“两个待遇”，全年接收军休干部81人，走访慰问军休干部1052人次，顺利完成龙华服务用房购置和军休中心综合楼、龙岗、福田、南山服务用房装修改造，擦亮军休干部红星“讲师团、艺术团、义诊团”品牌，全年开展“五进”宣讲、慰问演出和义诊活动30余次，精心推出军休形象标识和首个“军休盒子”致敬军休干部。

七、拥军优抚工作

实现全国双拥模范城“七连冠”，李新华获评“全国爱国拥军模范”，福田等5区荣获“广东省双拥模范区”，圆满举办深圳市双拥模范城创建总结表彰大会。

组织开展春节、“八一”等系列拥军优属活动60余场次，赠送慰问金和慰问品价值800余万元，市拥军优抚中心正式亮相；新冠肺炎疫情发生后，紧急向部队派送防疫物资价值240余万元，动员爱国拥军企业和社会组织向抗疫一线捐款捐物2670余万元。

坚持普惠与优待叠加的原则，积极引入金融、交通、医疗、粮油等领域优质社会资源，探索社会化市场化拥军优抚新路径新品牌。联合建设银行、深圳通公司制作“深圳市优抚对象优待卡”，借力深粮集团办理“深拥粮卡”，退役军人在深粮控股旗下的线上、实体店购买油米粮面享受8.5折优惠，联合中国移动、中国联通等主要运营商推出战友专属礼包，资费套餐全面优惠。与深圳市第二人民医院协作，设立战友优诊室，推动优先就医、优质诊疗。联合建行深圳分行发起“关爱老兵基金”、设立“战友港湾”，提供“八免政策、八优服务、80人团队”。

八、褒扬纪念工作

在清明节、“9·30”烈士纪念日等重要时间节点，依托市区烈士陵园、烈士纪念设施和英烈网等线上线下平台，组织约8万人开展缅怀烈士祭扫活动；全力推进烈士纪念设施提质改造工程，累计投入经费300余万元提升烈士纪念碑、亭、墓、馆等设施设备修缮和环境美化水平。

九、自身建设情况

强化思想政治建设。深入学习贯彻习近平新时代中国特色社会主义思想，坚持党建和业务两手抓、两手硬，严格落实局党组“第一议题”学习制度27次，建立健全军休中心党委、纪委及各基层党支部。

加强机关规范化建设。明确重点工作责任分工，细化200余项具体工作任务及进度要求，全覆盖绘制123个岗位标准化指引，实现“职责任务一本书、责任落实一张表、进度要求一幅图”。

加强业务能力建设。编印退役军人工作常用业务知识应知应会手册，建立每周学习日制度，组织理论调研文章评选，撰写业务理论文章42篇，培育退役军人事务领域“行家里手”。

加强作风纪律建设。出台全面落实党风廉政建设“两个责任”实施意见，完善党员干部日常监督管理制度，组织召开党风廉政建设、作风纪律教育专题会议。

广西壮族自治区

2020年，广西壮族自治区退役军人事务系统全力克服新冠肺炎疫情影响，统筹抓好退役军人事务领域稳就业、保民生各项工作，解放思想、改革创新、担当实干，各项工作任务推进有力、成效显著，为维护全区改革发展稳定大局作出了积极贡献。

一、机构建设情况

自治区成立由自治区党委书记、自治区主席担任组长的党委退役军人事务工作领导小组，14个设区市、111个县（市、区）均成立了由党政主要领导担任组长的党委退役军人事务工作领导小组。自治区、市、县三级均成立退役军人行政机构和退役军人服务中心。深入开展“基层基础基本建设年”活动，大力推动乡镇（街道）退役军人服务站单设，夯实退役军人服务保障工作基础。截至年底，全区挂牌设立五级退役军人服务中心（站）17624个，乡镇（街道）退役军人服务站人员到位率95.05%，村（社区）退役军人服务站16238个、配备专兼职人员16810人。

二、思想政治和权益维护工作

深入开展“思想政治工作年”活动，把思想政治工作融入退役军人事务各项工作、各个环节。印发激励引导优秀退役军人党员参加村（社区）“两委”换届选举工作的通知，大力激励优秀退役军人通过法定程序进入村（社区）“两委”队伍。开展“自治区优秀退役军人、服务管理工作先进单位和先进个人”评选表彰，完善遴选、宣传、关怀、培养机制，常态化推介优秀典型。

学习推广新时代“枫桥经验”，构建起权责清晰、系统有序、协同配合的应急处置机制。为退役军人和其他优抚对象开展法律咨询服务，积极引导服务对象通过法定程序表达诉求，运用法律手段维护正当权益。帮助5100多名因患重大疾病、遭遇突发灾害、意外伤害等陷入困境的退役军人解决实际困难，走访慰问30多万户服务对象。常态化联系退役军人，开展沟通联络、走访慰问、谈心交心活动。成立广西退役军人关爱基金会，推动市、县两级成立退役军人关爱基金会机构。

三、移交安置工作

完成年度安置任务，共接收计划分配军转干部200余名，政府安排工作退役士兵（退出消防员）800余名。协调中、区直单位及国有企业，确定接收安置退役士兵岗位，指导市、县做好年度安置工作。

全力推进社会保险补缴工作。成立工作专班，印发工作方案等，细化工作流程、完成时限，多次召开工作协调会、专班会议，组成4个调研组到各市督促指导工作进度。

四、就业创业工作

动员全区26512名退役军人报读区内高职院校，录取10707名。全面推进线上培训，建成“广西退役军人就业创业培训网”，开展广西退役军人八桂学堂网络培训活动，累计注册用户5.6万人（退役军人2.5万人）。坚持线上线下结合，开展就业招聘、岗位推介活动200多场次，提供近20万个就业岗位。搭建退役军人创业创新平台，建设或认定42家退役军人创业孵化基地或创业实训基地，入驻退役军人创办企业171家。举办退役军人创业创新大赛，推荐4个项目参加全国创业创新大赛决赛，获得二等奖1项、三等奖1项、优胜奖2项。组织360名自主择业军转干部赴国内高校进行创业培训。成立广西退役军人就业创业服务促进会，搭建政府与社会、军队与地方、退役军人与爱心企业联通互惠、合作交流平台。

五、军休服务管理工作

开展全区军休系统疫情防控工作，组织系列助力抗疫、为疫区献爱心等活动，全区2000多名军休干部为疫区捐款达133万元。按照“即退即审、即交即接”的要求，主动与部队协调，加强军队离退休人员的接收安置工作。开展广西军休服务管理标准化建设试点工作，召开军休服务管理机构标准化建设现场会，有力提升全区军休机构服务管理规范化水平。开展军休干部“讲军史”主题国防教育宣讲活动，成立军休干部“五老”宣讲团，聘请31位军休老干部作为宣讲团成员。举办全区军休干部“乐动军休”运动会。完成军休干部换发离退休干部证件的信息采集工作，启用“广西军休”微信公众号，不断扩大广西军休工作的社会影响力。

六、双拥工作

举行2020年自治区党政军迎春座谈会、茶话会，在“八一”期间对驻桂部队基层单位进行走访慰问。在社会拥军方面积极探索创新，形成“石窝镇爱国拥军经验”等经验做法，推动八桂国防号高铁专列持续运行。组织开展全国双拥模范城（县）、模范单位和个人考评推荐工作，组织开展广西云端“双拥行”活动，组织开展“新时代八桂最美军嫂”寻访和宣传，在“八一”前召开发布会，在全社会营造关心国防、尊崇军人浓厚氛围。认真落实随军家属就业安置政策，有效解决了军人的后顾之忧。积极发挥双拥工作优势，做好抗击疫情有关工作，督促各市按照“五个一”要求对107名军队抗疫一线人员家庭进行慰问。广泛开展“情系边海防”拥军优属活动，对3000余个边海防官兵家庭进行走访慰问。

七、优待抚恤工作

全区22.5万多名优抚对象按时足额领取到抚恤补助金，享受国家抚恤和补助待遇的优抚对象人均提标10%以上。优抚事业单位服务保障能力不断提升，对部分优抚医院、军供站、光荣院进行升级改造。出台《广西加强军人军属、退役军人和其他优抚对象优待工作实施方案》，扩大基本优待目录清单。组织开展“关心关爱重点优抚对象健康体检活动”“纪念抗美援朝出国作战70周年优抚巡诊活动”，为全区6000余名优抚对象提供医疗服务。完成广西纪念中国人民抗日战争暨世界反法西斯抗战胜利75周年相关活动，对全区1400余名参加过抗日战争的老战士、抗战烈士遗属进行走访慰问。配合做好中国人民志愿军抗美援朝出国作战70周年相关纪念活动，向全区抗美援朝老战士颁发纪念章。

八、褒扬纪念工作

扎实做好清明祭扫组织服务工作，积极倡导网上祭扫和开展代为祭扫服务，全力做好新冠肺炎疫情背景下的边境烈士清明祭扫服务保障工作，各地烈士陵园代祭扫烈士2089人次，举行集中烈士祭扫纪念活动14场。制定出台《广西烈士纪念设施规划建设修缮管理维护实施方案》，着力推进烈士纪念设施保护管理工作。做好烈士信息数据及纪念设施数据采集校核工作，共采集烈士信息数据29420条，录入烈士纪念设施10175条。组织开展“致敬英烈、为烈士寻亲”公益活动，为40余名革命烈士找到亲属。微电影《81号床》《寻找烈士陆达胜》分获广西践行社会主义核心价值观主题微电影故事大赛一等奖、三等奖。按照《烈士褒扬条例》规定要求，做好烈士评定申报工作。

九、脱贫攻坚工作

联合自治区扶贫办印发《关于做好全区退役军人事务领域脱贫攻坚工作的通知》，出台《全区退役军人事务领域脱贫攻坚工作任务清单》，对推进全区5.88万名建档立卡贫困退役军人和其他优抚对象、参战民兵脱贫攻坚工作，确保如期完成退役军人事务领域脱贫攻坚任务提出具体要求。全区10余万名退役军人、1.8万名退役军人工作者、4403名“兵支书”奋战在八桂大地脱贫攻坚最前沿，擦亮了决战决胜脱贫攻坚“军”字招牌。

十、自身建设情况

印发推进“不忘初心、牢记使命”主题教育常态化制度化的通知，扎实推进“不忘初心、牢记使命”主题教育常态化制度化。从严抓好党风廉政建设，出台《党员干部廉洁从政若干规定》等12项党内管理制度。召开党支部标准化规范化建设现场观摩会，开展各类“军”的特色鲜明的主题党日活动，开展党支部组织生活质量提升和达标创优考核验收，厅属13个党支部组织生活质量全部合格和达标创优。按照疫情防控要求调整干部培训计划，全年举办培训班437期，培训工作人员1.85万人次。

海南省

2020年，海南省退役军人事务系统把退役军人工作作为一项特殊的政治任务，统筹安排，周密部署，狠抓落实，圆满完成了各项工作任务。

一、机构建设情况

（一）行政机构建设情况

完成中共海南省委退役军人事务工作领导小组成员调整，明确领导小组各成员单位退役军人工作职责，建立成员单位联络员制度，加强成员单位间的沟通对接，发挥成员单位职能优势。召开中共海南省委退役军人事务工作领导小组成员单位联络员和市县党委领导小组办公室主任培训会议。

（二）退役军人服务中心（站）建设情况

高标准推动退役军人服务中心（站）实体化运行和示范型服务中心（站）创建。全省3134个退役军人服务中心（站）专兼职工作人员3800多人，创建示范型退役军人服务中心（站）108个。

二、思想政治和权益维护工作

（一）深入开展“思想政治工作年”活动，引导全省退役军人听党话跟党走

学习推广新时代“枫桥经验”，维护好军人军属合法权益。在海南省级主流媒体开办专栏专题，展播退役军人先进事迹150余人次，开展海南省“最美退役军人”“最美拥军人物”评选学习宣传活动，邀请36名模范退役军人、最美退役军人参加全省烈士公祭日等重大活动。

加强退役军人党员教育管理。建立退役军人党员管理台账，将退役军人党员尤其是“流动党员”“口袋党员”及时纳入组织管理。充分发挥党员先锋模范作用，激励退役军人党员关键时刻冲得上去、危难关头豁得出来。

（二）积极做好困难退役军人关爱帮扶，切实维护退役军人合法权益

成立省新时代关爱退役军人基金会，帮扶困难退役军人。落实常态化联系退役军人工作机制，在四级联结基础上，进一步深化“支部联建、领导联点、干部联亲、问情联心”机制。厅领导带头走访调研，持续为退役老兵解难题，逐项逐条研究解决问题。在各级公共法律服务中心设立退役军人专席，开辟法律服务绿色通道。

三、移交安置和军休服务管理工作

开展无接触式“送政策进军营”活动，帮助军转干部把握安置政策，科学选择安置方式和去

向。在中央垂直管理系统中探索推进“直通车”安置方式，按时间节点做好接收安置工作。加快受理部分退役士兵社保接续业务，积极解决难点堵点问题。

承办退役军人事务部首次举办的全国军休功臣疗养活动。组建“两团一队”（军休干部艺术团、红色宣讲团、医疗服务队），常态化开展活动。

四、就业创业培训工作

启动并推进“万名老兵创业行动”和“百站创百业”活动，打造“一村一品、一镇一业”等产业发展格局，引导鼓励退役军人发挥自身优势和特长，积极投身海南自贸港建设。

搭建服务平台，授牌20家退役军人就业创业示范基地、10家培训基地和5家退役军人就业创业孵化基地。组建50名退役军人创业导师团队，精细化指导退役军人就业创业。引入社会力量，成立省退役军人服务协会、省退役军人就业创业促进会，支持中国退役士兵就业创业促进会海南办事处工作，抓紧招商合作，积极培育、引进一批热衷海南退役军人事业的龙头企业、行业品牌企业，推动岛内外优质资源与海南退役军人企业多层对接、共同发展。全省举办37场退役军人线上线下专场招聘会，1634家用人单位参加，提供岗位30951个，10667人求职，1992人达成意向。

退役军人就业创业培训纳入国家学历教育和职业教育体系，积极动员全省退役军人参加高职扩招报名，2020年共6155人参加学习。开展创业项目指导、企业经营管理等培训，举办7场自主择业军转干部企业管理培训班、经营与创业培训专班及适应性培训，培训711名自主择业军转干部。提升培训实践能力，印发文件指导各市县做好退役军人职业技能培训工作。培养创业带头人并发挥作用，全年共宣传110余名退役军人创业先进典型。

分片区召开5场退役军人农产品企业扩种增养座谈会，加大冬季农产品种养力度，加强区域合作，助力农产品稳价保供。发动组织52家退役军人企业参加2020年中国（海南）国际热带农产品冬季交易会，“退役军人展位”首次亮相冬交会。

五、拥军优抚工作

海南省8个全国双拥模范城（县）、2个全国双拥模范单位和2名全国双拥模范个人受到命名表彰。扎实开展“情系边海防官兵”拥军优属活动，走访慰问边海防官兵，为他们解难题、办实事、送温暖。走访驻琼部队，开展专题调研，帮助解决随军家属就业和子女入学等实际问题。组织走访慰问抗日、抗美援朝、解放海南岛渡海作战老兵并发放慰问金。开展春节、“八一”拥军慰问，走访慰问现役部队和官兵家庭，赠送慰问品、慰问金。

动员社会专业力量参与拥军优属工作，与海南省中医院、海南省肿瘤医院、慈铭博鳌国际医院等8家医疗机构共建退役军人医疗服务示范单位，为全省退役军人提供普惠加优待的医疗服务保障；与中石油海南分公司联合推出优惠加油卡，与中国移动等3家运营商推出通信专属优惠套餐，营造优待退役军人的浓厚社会氛围。建立社会化拥军企业目录和优惠项目清单，21家企业加入到社会化拥军行列。

广泛动员、沟通协调和带领辖区内双拥成员单位、拥军组织、双拥模范积极投身到抗疫战斗中去，各级双拥部门和驻琼部队积极响应，参与外来人员排查、疫情宣传教育、物资采购发放、社区巡逻检查等工作，大量采购扶贫产品，积极帮助一线疫情防控的驻琼部队和海南籍军人家庭解决实际困难。向驻琼军警部队发出义务献血倡议，厅领导带头献血，驻琼部队广大官兵踊跃献血，共献血2413人次、7.2万毫升。

六、褒扬纪念工作

印发《海南省烈士纪念设施规划建设修缮管理维护实施方案》，全面推进120处烈士纪念设施提质改造修缮维护工作，积极推动烈士纪念设施提质改造和修缮保护具体规划措施纳入省“十四五”规划。开展清明祭英烈，204万余人次参与网上悼念，举办烈士公祭日暨首次烈士光荣证颁授仪式，爱国拥军模范、模范退役军人、烈属、老战士等代表受邀参加。持续修撰《海南省烈士英名录》，完善补录全省95%以上烈士信息。

七、自身建设情况

以党建为引领，着力强化学习培训。举办海南省退役军人事务局长培训班、海南省退役军人事务系统业务培训班等30余场培训班。深化巩固“不忘初心、牢记使命”主题教育成果，组织实施“如何为退役军人办实事”专题研讨、“不忘初心，重温入党志愿书”主题党日活动等。

制定《海南省退役军人事务厅全面贯彻落实乡村振兴战略和扶贫工作方案》，选派4名优秀干部驻村工作，厅党组成员先后16次带队到扶贫村实地调研，厅机关党员与4个定点帮扶村48户贫困户和脱贫巩固户结成帮扶对子。为解决产业扶贫等问题，投入11个项目合计资金48.7万元。协调部队出资40余万元为排齐村修建水塔，解决村民饮水问题。

重庆市

2020年，重庆市退役军人事务系统坚持以习近平新时代中国特色社会主义思想为指导，深入学习贯彻习近平总书记关于退役军人工作重要论述，持续固根基、扬优势、补短板、强弱项，取得了新成效，圆满完成了各项任务。

一、机构建设情况

一是服务体系实现“全覆盖”。编印下发《重庆市退役军人服务中心（站）规范建设与工作运行指导手册》，分季度下发任务清单，进一步规范和加强服务保障体系建设。全市累计建立市级退役军人服务中心1个，区县退役军人服务中心40个、乡镇（街道）退役军人服务站1030个、村（社区）退役军人服务站11042个，服务中心（站）建设实现市、县、乡、村四级“全覆盖”。二是示范建设取得新成效。实行市服务中心指导区县服务中心建设，乡镇（街道）、村（社区）服务站同步建设，退役军人服务工作者与部分退役军人共同建设，成功打造534余家示范型服务站，对创建全国双拥模范城的13个区实施站点整体提档升级。在全国县级及以下退役军人服务中心（站）“百名优秀主任（站长）”遴选活动中，万州王冬、涪陵杨小川、江北张渝科上榜。开展全市服务中心（站）主任、乡镇服务中心站长培训各1次。三是服务能力获得新提升。充分发挥服务保障体系“一贯到底”优势，织牢织实疫情防控网，利用微信调度群下发正式通知6个、开展工作指导近30次、收集数据信息1000余条。发动1.3万余名退役军人服务工作人员、6万余名退役军人深入“一线”防控疫情。落实包片联系制度，建立日常调研制度和定期通报制度，主动为烈属及困难退役军人提供“上门服务”“服务代办”等，探索出“党小组长+楼栋长”“服务队+志愿队”等服务代办工作法。

二、思想政治和权益维护工作

评选重庆市“最美退役军人”10名，举办2020年度重庆市“最美退役军人”先进事迹发布仪式。其中，赵孝英同志被评选为2020年全国“最美退役军人”和2020年“全国先进工作者”。

紧紧围绕“思想政治工作年”工作任务目标，全力推进思想政治引领，推进历史遗留问题化解，切实维护退役军人合法权益。组织退役军人通过“志愿服务队”“模范示范岗”“政治辅导员”等多种方式，在应急救援、社会治理、环境保护、脱贫攻坚、国防教育等方面发挥示范带动作用。广泛开展联系退役军人工作，建立常态化联系退役军人制度，做到全员参与、全面覆盖。采取多种渠道和措施，解决退役军人生活、医疗、住房等方面困难。

三、移交安置工作

2020年，全市退役军人安置工作统筹谋划、精心组织，采取扎实有效的措施，圆满完成年度安置任务。一是加强统筹谋划，强化高位推动。坚持把退役军人安置工作作为政治任务抓好落实，印发做好2020年全市退役军人安置工作的通知，组织召开全市退役军人安置工作电视电话会，将安置工作纳入市级部门和区县考核内容。二是坚持公开透明，抓好计划落实。采取市级考试考核安置、网络双向选择安置、指令性安置和积分选岗安置等办法，做好退役军人安置工作。对团职、功臣模范、一线作战部队团营主官、艰边特岗人员等予以照顾安置。三是克服疫情影响，开展网络双选。适应疫情防控常态化要求，搭建退役军人与接收单位沟通桥梁，首次采取网络双选的方式，做好市级双向选择安置工作。四是夯实工作基础，严格督促指导。采取集中审档等方式举办业务培训，提高工作人员政策水平和业务能力。主动梳理公开军转干部、退役士兵、军休干部等移交安置工作流程，接受社会监督。

四、就业创业工作

一是教育培训方面。开展适应性培训，全市共培训计划分配转业干部、自主择业军转干部和自主就业退役士兵近5000人。开展学历教育培训，进一步做好高职扩招专项工作，共录取2.5万余名退役军人，近两万名退役军人申请学费减免。开展职业技能培训，131个机构（学校、企业）已纳入重庆市退役军人承训机构目录。二是就业服务方面。加大招聘推介力度，策划“2020年川渝退役军人网络直播招聘周”等活动，全市已累计举办专场招聘94场次，共计2.1万家企业参与，提供了20.4万个就业岗位。推动落实专项招录（聘），全市共提供定向招录退役军人的公务员岗位27个。切实加强“权威推荐+自主就业”模式，与重庆滴滴出行科技有限公司等5家企业签署退役军人就业合作协议书。鼓励退役军人助力基层组织建设，要求推荐优秀退役军人按法定程序选入村（社区）“两委”班子，各区县共有2万余名退役军人服务村社基层组织。三是创业服务方面。搭建创业创新平台，举办首届全市退役军人创业创新大赛，共有210个项目报名参赛，135个项目入围初赛，25个项目获奖，3个优秀项目进入全国决赛，荣获一等奖、三等奖、优胜奖。择优推荐上报3家全国退役军人就业创业园地建议单位。2名优秀退役军人创业代表荣登“全国退役军人创业光荣榜”，2名优秀退役军人创业代表被评选为全国退役军人创业导师。全市共有近2000户纳税人享受退役军人创业就业税收优惠政策，累计减免近1.2亿元。

五、拥军优抚工作

一是稳步提高优抚对象保障水平。全面落实各项抚恤优待政策。及时调整并兑现享受国家定期抚恤补助优抚对象的抚恤补助标准，调整部分残疾军人护理费标准，调整义务兵家庭优待金标准；为优抚对象发放临时价格补贴1.04亿元，惠及146万人次。二是加强优抚事业单位建设。按“保障基本需求、兼顾资金效益、注重均衡发展”原则，对10个优抚事业单位设施设备进行改善，市荣军院列入“十四五”期间市级首批项目库，3所光荣院纳入“十四五”期间社会民生保障兜底工程。完成《优抚医院残疾军人生活照料基本规范》《优抚医院残疾军人护理常见风险防控规范》申报重庆市地方标准立项。三是拓展社会优待服务内容。持续深化13家金融企业拥军优属合作成果，与电信、移动、联通、重庆有线4家运营商签订拥军优抚合作协议，为军人军属、退役军人和其他优抚对象提供优先、优质、优惠服务。四是建立健全互办实事“双清单”制度，建立军地双拥工作部门联络会商协作机制，协调解决驻渝部队重难点问题。修订完善《重庆市现役军人随军家属就业安置办法》。深入开展“情系边海防官兵”拥军优属活动，走访慰问辖区内驻守新疆、西藏、云南、海南等地边防海岛的官兵家庭，实现了“全覆盖”。五是发扬双拥优势凝聚战“疫”合力。组织动员市内军人军属、双拥模范、拥军企业、退役军人抗疫，全市639个拥军企业、5936个双拥组织、702名双拥模范、6万余名退役军人为抗疫捐款捐物价值7900余万元。及时协调解决驻渝部队在疫情防控工作中的困难问题，主动对接联系抗疫一线部队官兵家庭，真情开展“八个一”关心关爱活动，开展评选推荐全国、全市双拥模范工作，组织召开市级双拥模范命名表彰大会，推进双拥模范城（县）动态管理。

六、褒扬纪念工作

在政府官方网站、融媒体中心等平台链接中华英烈网，打造“重庆英烈网上纪念堂”专栏，提供全方位的网上祭奠服务，240万余人次参与网上祭扫；举办英烈保护知识竞答，吸引3.8万名群众参加。9月30日，在歌乐山烈士陵园举行重庆市社会各界向革命英烈敬献花篮仪式，全体市领导、市级相关部门主要负责同志、驻渝解放军和武警官兵代表、社会各界代表等430余人参加了仪式。在红岩联线管理中心隆重举行了2020年烈士光荣证颁授仪式。制定《重庆市英雄烈士荣誉保护工作协调机制》。精心组织“追寻先烈足迹”短视频网上征集展示活动。重庆市退役军人事务局获全国“优秀组织者”奖，潼南区《磨不灭的马掌铁——杨闇公》获“机构推选优秀作品”奖。

七、自身建设情况

组织干部职工深入学习贯彻习近平新时代中国特色社会主义思想和习近平总书记关于退役军人工作重要论述，开展“读党史、守初心、担使命”等活动，举办川渝退役军人事务局长培训班等各类培训。

研究拟制退役军人事务保障专项资金使用管理、预算项目评审等制度规范，推进建立退役军人事务部门机关工作制度26项。

持续开展“内强素质、外树形象”作风整顿活动，坚决纠正“四风”问题。开展退役军人事务领域的廉政风险点排查，建立《廉政风险分析表》《权力运行流程图》。

四川省

2020年，四川省退役军人事务系统瞄准“夯基、强身、增效”年度目标，稳步推进全省退役军人事务领域治理体系和治理能力现代化，各项工作扎实推进、成效明显。

一、机构建设情况

2020年底，四川省共有退役军人事务行政机构205个，优抚医院、光荣院、军休所、军供站、烈士纪念设施管理机构等事业单位272个。建成退役军人服务中心（站）32247个，活动场所58.6万余平方米。成功创建全国示范型服务中心（站）1578个。5名服务中心（站）主任（站长）被评为全国“百名优秀主任（站长）”，7个基层服务站在退役军人事务部视频调度会上展示，省咨询服务大厅成功创建省级“人民满意窗口”。

二、思想政治和权益维护工作

（一）思想政治工作

加强思想政治引领，制定任务清单28条，统筹推进“思想政治工作年”活动走深走实。组织开展“四川省退役军人工作先进集体、先进个人及模范退役军人”评选表彰活动，常态推进全国“模范退役军人”“最美退役军人”、四川省“模范退役军人”等学习宣传活动，全省选树各类退役军人先进典型1000余名。

举办全省推动退役军人参与城乡基层治理示范培训班和工作现场会，推动广大退役军人积极投身城乡基层治理。指导各地积极组建退役军人“红色宣讲团”，定期深入农民夜校、新时代文明实践站所、中小学思政课堂开展宣传宣讲。引导全省广大退役军人组建突击队、先锋队，助力新冠肺炎疫情防控。

（二）权益维护工作

积极开展退役军人权益维护。下发《关于加强新时代退役军人公共法律服务工作的意见》，征集退役军人急需维权的典型个案10例，推动解决退役军人社保、医保等待遇，编写《四川省退役军人事务厅政策法规典型案例汇编》。推动各地与司法机关建立常态化沟通联系机制。

关爱帮扶落到实处。针对疫情防控特殊情况，积极收集退役军人因疫受困信息，及时采取资金救济、物资援助、心理疏导、情感抚慰等方式，加大关爱帮扶工作力度。全省困难退役军人关爱帮扶专项基金规模达到3.88亿元。全年共帮扶困难退役军人2.2万余人次、金额4800余万元。

三、移交安置工作

接收安置计划分配军队转业干部1000余万名、由政府安排工作退役士兵4000余名、军队复员干部80余名，协助400余名军队转改文职人员干部办理了落户手续；40余名计划移交残疾士兵和军队院校残疾学员、270余名军队转业干部随调随迁配偶（子女）得到妥善安置。抓好部分退役士兵社保接续，完成21.2万余人的养老保险缴费工作。做好跨军地落户工作，完成9000余名转制部队退役人员落户任务。

加强退役军人教育培训。完成2019年度计划分配军转干部上岗前专业培训，参训率达95%；完成计划分配军转干部完成进高校培训任务。组织开展2020年度计划分配军转干部安置前适应性培训任务，参训率为100%。

四、就业创业工作

建立新型教育培训体系。完成首批280家四川省退役军人就业创业培训机构申报签约工作。创新开展“线上+线下”退役军人适应性培训，组织完成500余名自主择业军转干部和2万余名自主就业退役士兵适应性培训、1.4万余名自主就业退役士兵职业技能培训。1.7万余名退役军人被高职录取。设立“四川省退役军人终身教育发展研究中心”，探索退役军人终身教育体系建设。

完善就业促进机制。开展“2020年川渝退役军人网络直播招聘活动”等大型专场招聘活动和其他线上线下退役军人专场招聘会781场，提供岗位80余万个，15万余名退役军人参加，3.4万余人次签订意向协议。

不断优化创业环境。加快5家省级促进退役军人就业创业产业园建设，将退役军人创业工作纳入100家省级孵化基地服务范围。完善退役军人创业扶持政策清单，将退役军人创业纳入各地创业担保贷款、担保基金的支持范围，为626名退役军人提供创业担保贷款8562万元，为招聘退役军人企业或退役军人创办企业减免税收5875万元。

打造升级版就业创业品牌。开展退役军人就业创业之星推选发布活动。举办四川省首届退役军人创业创新大赛，573个项目参加5个类别角逐，5个项目入选全国决赛并获奖。

五、军休服务管理工作

全年接收安置军队离退休干部、退休士官400余名。严格落实“两个待遇”，强化党建引领，试点推行分级分类传阅文件制度。抓好保障待遇，批准无经济收入、无固定工作军休干部家属、遗属享受医疗和生活补助131名，批准符合条件的37名军休干部享受护理费，解决军休人员及家属、遗属的实际困难。开展各类型活动（比赛）40余场（次），组织疗养活动10余次，创新开展军休功臣疗养1次。疫情期间，全省军休系统带头捐款308万元。完成全国军休服务信息化平台试点工作，2800余名军休干部注册试用。

六、优待抚恤工作

全面落实抚恤优待政策。核准全省优抚对象，对部分优抚对象等人员抚恤和生活补助进行调整提高。出台《四川省伤残抚恤工作细则》，进一步规范开展评调残工作，有序推进残疾等级评定专项核查和《残疾军人证》等证件换发。

加强优抚事业单位建设。创新开展优抚医疗健康专家委员会、优抚事业单位标准化建设工作，与成都医学院等科研单位洽谈合作，有序推进优抚事业单位建设发展规划。省厅被纳入省级深化事业单位改革试点部门，推动各直属单位重新优化机构名称、明确功能定位和未来发展方向。

七、双拥共建工作

双拥创建工作成效显著。圆满完成第十一届四川省双拥模范（先进）城（县、区）评定命名工作，以省委、省政府、省军区名义命名表彰双拥模范城（县、区）119个、双拥模范47名。在新一届全国双拥模范城（县）创建中，四川省17个市（州）县、3名个人、1个单位获全国表彰。

双拥工作优势日益凸显。组织开展“五个一”活动，全力解决湖北一线军队人员家庭实际困难，助力全省经济社会秩序恢复和各行各业复工复产。累计走访慰问一线抗疫官兵家庭300余户，解决实际困难100余个。

双拥作用发挥不断增强。持续开展“情系边海防官兵”拥军优属活动，真心实意为边海防和军事斗争一线部队官兵家庭解难事、办实事、做好事。切实做好“八一”、春节等重要时节双拥工作，保障省领导并指导各地党委、政府做好重要节日期间走访慰问和优抚对象帮扶。

八、褒扬纪念工作

扎实抓好烈士纪念设施规划建设。召开全省褒扬纪念工作推进会，挂牌成立省级烈士纪念设施保护中心，多部门投入2.36亿元，对全国安葬红军烈士最多、规模最大的川陕革命根据地红军烈士陵园及周边环境进行改造提升。

推进规范化制度化建设。制定《四川省烈士纪念设施保护管理办法》等10个规范性文件，进一步健全褒扬纪念工作政策制度体系。

精心组织烈士祭扫活动。结合疫情防控实际，认真组织清明前后实地祭扫和网上祭扫活动，开发上线“四川英烈纪念堂”，设立“5·12汶川地震”“3·30木里火灾”“抗击新冠肺炎疫情逆行勇士”3个专题英烈纪念馆，各地烈士陵园为广大烈属创新提供远程祭扫、网上祭扫、预约祭扫等服务，方便广大群众祭奠祭扫。

注重红色基因传承。加大红色资源保护和开发力度，挂牌设立荣军博物馆，持续报道参战英雄光荣事迹，开展老红军老模范口述历史活动。

九、自身建设情况

全面推进“基层基础基本建设年”活动。专班编制全省“十四五”退役军人事务发展规划和“七大体系建设”子规划，实现系统规划进入省级一般专项规划、省经济社会发展《纲要》专节表述、项目进入《纲要》专栏“三专”目标，

119个项目进入中央预算内投资建设项目储备库。全年省财政安排专项资金用于优抚医院、光荣院、军供站、军休所、烈士纪念设施等基层能力建设，完成信息化建设项目一期工程立项，建成省本级应急指挥大厅和省、市、县三级视频综合应用平台等急需项目。建立健全基础制度，及时出台四川省加强新时代退役军人工作等多项文件，厅机关和直属单位制定、修订制度规范500余项。主动融入国家发展战略大局，与重庆市退役军人事务局签订《深化川渝退役军人事务合作　助力成渝地区双城经济圈建设框架协议》，加强两地退役军人事务领域政策法规、就业创业、人才培养等11个重点方面合作，助力成渝地区双城经济圈建设。

成都市

2020年，成都市退役军人事务系统以“两活动一制度”为抓手，主动担当，履职尽责，积极应对常态化疫情防控形势，抓好“六稳”“六保”，认真做好退役军人移交安置、就业创业、拥军优抚和权益维护等各项工作，推动全市退役军人事务工作机构从有到优、服务保障职能由散到统、综合治理能力由弱到强的转变。

一、机构建设情况

成都市退役军人事务局设8个正处级内设机构，设8个局属事业单位，共建立退役军人服务中心（站）3308个，其中：市本级退役军人服务中心1个、区（市）县服务中心22个、镇（街道）服务站261个、村（社区）服务站3024个。

以“基层基础基本建设年”活动为抓手，结合镇（街道）、村（社区）行政区划调整，全面落实“五有”要求，加强退役军人服务站“规范化、信息化、精准化、标准化、精细化、个性化”建设，建成6家全国标杆型、172家全国示范型服务中心（站）。

按照国家和省退役军人工作信息化建设思路，建立“一库、两系统、一平台”信息化建设体系，建成来访接待管理等六个业务子系统，开设市军服中心微信公众号，提供网上预约服务、业务办理、信息查询、褒扬纪念等多项服务内容。加强服务保障体系规范化建设，细化职能职责，精简优化服务流程和要素，形成问题排查、服务引导、困难帮扶、接访疏导、依法稳控、应急联动“六步工作法”。

二、思想政治和权益维护工作

积极开展“思想政治工作年”活动，制定以党建为引领推动退役军人工作行动计划，依托各级退役军人服务中心（站），协助属地基层党组织做好退役军人思想政治工作。充分发挥先进典型的示范引领作用，大力开展退役军人先进典型选树和学习宣传活动，14人荣获四川省模范退役军人。评选发布“成都市最美退役军人”28名，开展“走进新时代退役军人——不忘兵之初　模范‘兵支书’”微视频大赛。

强化荣誉激励，开展“中国人民志愿军抗美援朝出国作战70周年”纪念章发放工作，成都市直军休系统共发放纪念章109枚。组织召开全市系统政风行风建设推进会暨特邀监督员聘任仪式，选聘23名成都市退役军人事务特邀监督员，研究制定特邀监督员管理办法。

开展退役军人历史遗留问题“大排查、大清理、大化解”，持续做好矛盾问题排查化解和权益维护。坚持常态化联系退役军人，建立季度联系、节点联系、年度走访工作机制，常态化做好沟通联系、感情联络、心理疏导、思想引导、帮扶援助等工作。

加大退役军人关爱援助，完善和细化“退役军人关爱援助专项基金”管理办法，建立村（社区）服务站初审、镇（街道）服务站和区（市）县服务中心复核、专家评审、基金管委会办公室审核并公示、第三方机构回访和跟进评估等程序，累计帮扶困难退役军人2653人、援助金额3046万元。

三、移交安置工作

采取“双向选择”与指令性安置相结合，突出“安置与贡献挂钩”，按照公平公正的原则，进一步规范安置工作流程，改进和完善双向选择、指令性安置以及考察确定人选等环节工作。

加大与部队和伤病残退役士兵家属的协商，全年共接收安置8名伤病残退役士兵。下达全市自主择业军转干部和2名随调家属接收安置计划。完成2800余名跨军地改革集体转制部队退役军人及随迁家属落户审查。稳步推进解决部分退役士兵社会保险缴费工作。

四、就业创业工作

加大退役军人创业政策帮扶，摸清退役军人创办实体4489家，全面梳理涉退役军人创业奖励政策，落实“一企一策”精准帮扶制度，及时帮助退役军人创办实体协调解决问题和困难86条。

构建退役军人教育体系，将招聘前置到技能培训前，在四川邮电职业技术学院开设“2020年智慧家庭工程师企业定制班”，依托成都东软学院成立成都市退役军人教育学院，构建创业政策研究、学历提升、创新创业、测评与技能提升、双拥与军民融合等五位一体的退役军人教育体系。推进“互联网+退役军人”培训，建成“成都市军地人才培训在线”网络培训平台。

鼓励退役军人创业，举办成都市退役军人创新创业大赛等活动，选拔2个项目代表四川省赴广州参加首届全国退役军人创业创新大赛，分别荣获三等奖和优胜奖，评选发布“成都市退役军人就业创业之星”29名，推荐表彰“四川省退役军人就业创业之星”6名。多渠道提供就业岗位，在“成都市春季大型公益网上人才招聘会”“2020年春风行动暨就业援助月活动”中开设退役军人专区。全年共组织退役军人专场招聘会（含线上网络招聘会）198场，参加招聘的用人单位超过15000家，累计提供岗位20万个。

五、军休服务管理工作

组织军休干部代表参加抗战纪念日座谈会、向人民英雄敬献花篮仪式等重大活动，在市军休中心设立机要室，按军休干部相应职级提供文件阅读；批准11名军休干部享受护理费、62名家（遗）属享受医疗补助、58名遗属享受生活补助。

在都江堰市开展全方位医疗服务保障体系试点，建立家庭医生制度，进一步提升医疗服务水平。丰富军休干部精神文化生活，开展全市军休干部门球比赛、纪念中国人民志愿军抗美援朝70周年系列庆祝活动，组织部分军休干部参加全国、全省军休功臣疗养活动。

制定《成都市跨地区调整军休干部（含退休士官）服务管理关系办法》，规范工作流程，完成15人次服务管理关系调整工作。完成全市

7224名军休干部基本信息和住房信息核对。完成全国军休App第一、二阶段试点工作。

六、双拥工作

深入推进全国双拥模范城创建活动，成都市第八次荣获全国双拥模范城称号，邛崃市、崇州市、金堂县等市（县）同时荣获全国双拥模范城（县）称号，龙泉驿区大面街道好日子社区被表彰为“全国爱国拥军模范单位”。

区（市）县因地制宜打造双拥主题公园、双拥文化广场、双拥示范街等双拥文化设施，为常态化开展国防教育、双拥宣传提供活动阵地。充分利用春节、“八一”建军节、征兵宣传月、烈士公祭活动等时机，广泛深入开展国防和双拥教育宣传。

广泛开展走访慰问活动。全市各级走访慰问驻蓉部队300余支，赠送慰问品（金）价值3000余万元。全力做好疫情防控一线军队人员家庭关爱帮扶工作。投资1500余万元为部队改建靶场、排水管道、出行通道等，改善官兵训练、生活、出行环境等。协调办理1166名军人子女中考加分、入学入园优待，落实随军家属积分安置政策，完成49名随军家属安置。

七、优待抚恤工作

加大优待抚恤，认真开展优抚对象数据审核工作，及时报送优抚对象及其子女教育优待人员名单；对享受国家定期抚恤补助的优抚对象启动价调补贴机制，全年发放临时价格补贴11次，其中价格临时补贴9次、一次性补贴2次。

八、褒扬纪念工作

精心开展优抚褒扬活动，在市直军休系统组织开展“岁月芳华、保家卫国”系列活动，全覆盖走访慰问152名抗美援朝军休干部。

认真做好“9·30”烈士纪念日成都市向人民英雄敬献花篮仪式具体承办准备工作。指导各区（市）县烈士陵园完善烈士纪念设施信息，重点对烈士墓、纪念亭等零散烈士纪念设施进行拉网式排查，全面摸清成都市烈士纪念设施基本情况，做到底数清、情况明、数据准。

制定全市烈士纪念设施三年提升行动方案，其中迁建烈士纪念设施1处，改造升级烈士纪念设施7处，提质改造烈士纪念设施7处。推进英烈大典续编完善工作。

九、自身建设情况

加强党的基层组织建设，开展“危难面前显忠诚、挑战面前显担当”主题党日活动，开展庆祝中国共产党成立99周年活动，开展庆祝建军93周年——“凝心聚力，退役军人走在前、做表率”诗词朗诵，开展“模范机关创建”“党建品牌创建”“文明机关创建”活动。加强党风廉政建设，加大廉政风险排查。深入贯彻落实疫情防控各项要求，加强教育宣传，引导广大党员干部在疫情防控中发挥积极作用，组织799名党员干部捐款抗疫情，累计捐款33.8万元。

贵州省

2020年，贵州省退役军人事务系统深入贯彻落实习近平总书记关于退役军人工作重要论述，全面落实党中央、国务院决策部署和退役军人事务部工作要求，加强党对退役军人工作的领导，深入推进“三个体系”建设，各项工作实现平稳起步、良好开局。

一、行政机构及服务中心（站）建设情况

以“基层基础基本建设年”活动为契机，分级分类制定“‘16+26+21’个一”的退役军人服务中心（站）建设标准，打造退役军人服务中心（站）标准化试点78个，并联合多部门验收后全省推广，促进规范运行。在全省创建县、乡两级全国示范型退役军人服务中心（站）1127个，实现提标升级。截至年底，全省共建立退役军人服务中心（站）省级1个、市（州）9个、县（市、区）94个、乡（镇、街道）1511个和村（居、社区）18105个。

二、思想政治和权益维护工作

（一）强化退役军人思想引领

以“思想政治工作年”为契机，强化退役军人事务领域意识形态工作，筑牢宣传工作阵地。联合主流媒体建立常态化宣传机制，构建以“兵支书”为主线的宣传网络。联合多彩贵州网开设“献礼抗战胜利75周年——2020退役军人事务系统基层行”宣传专题，营造良好社会氛围。通过召开新闻发布会、参与党风政风行风热线等方式，展现退役军人工作实绩。开展“最美退役军人”“模范退役军人”等学习宣传和评选表彰活动，发挥榜样示范带动作用。

（二）维护退役军人合法权益

实现退役军人服务中心（站）设置法律援助服务站（窗口、点）全覆盖，为退役军人提供法律援助服务12748件。印发《关于加强困难退役军人帮扶援助工作的实施办法》，建立省、市、县三级退役军人援助关爱基金，帮助10160名退役军人解决实际困难。建立常态化服务联系退役军人工作机制，帮助退役军人解决问题9000余个。我省3名服务站长被退役军人事务部评为2020年度全国县级及以下退役军人服务中心（站）“百名优秀主任（站长）”。

（三）促进退役军人作用发挥

联合多部门印发《关于在优秀退役军人中选树基层组织带头人的意见》等文件，引导

全省9226名“兵支书”奋战在脱贫攻坚一线。“全国退役军人村干部决战脱贫攻坚和推进乡村振兴现场交流会”在安顺市召开。“贵州安顺兵支书脱贫攻坚代表队”获评2020年度全国“最美退役军人”集体。组建退役军人志愿服务队14474支77450人次，激励全省退役军人参加战“疫”30万余人次，参与汛期应急抢险10476人。

三、移交安置工作

（一）圆满完成移交安置任务

召开全省退役军人安置工作电视电话会议，部署年度安置工作。筹集军转干部安置岗位267个，政府安排工作退役士兵安置岗位1817个。接收军休人员，符合移交政策和条件的接收率达100%。

（二）着力提高移交安置质量

指导贵阳市先行先试，探索事业单位管理岗位专项招聘由政府安排工作退役士兵。贵阳市按本区域内应安置人数10%的比例，筹集13个事业单位管理岗位，招聘13名由政府安置工作退役士兵。

（三）全力推动社保接续工作

各级党委政府高度重视，相关各部门密切配合，及时召开专题会议，研究部署社保接续工作。省级财政加大支持力度，在中央财政补助资金基础上，省级财政预算下拨部分退役士兵社保补助资金。

四、就业创业工作

（一）大力提升就业能力

研发“贵州省退役军人教育培训系统服务平台”，实现自主就业退役士兵线上线下全员适应性培训。挂牌设立“贵州省退役军人教育基地”，组建“16+1”模式职业教育联盟，设置退役军人就业创业产教融合联盟秘书处，创新开展“双走进”活动，搭建“求职—培训—上岗”的链条式服务平台。与拥军企业协作开展培训，打造退役军人就业创业实践基地，探索“政府+兵支书+军创企业+金融机构+科研院校”利益联结机制，推动“兵支书”工作实现“三个转变”。

（二）强化就业扶持政策落实

制定出台“6个方面19条措施”稳定退役军人就业创业工作措施。创新搭建“云”直播招聘平台，“线上”“线下”不间断开展就业服务。落实公务员定向招录“四项人员”、事业单位和国企单项招录聘计划，遵义等地探索优秀大学毕业生“带编入伍”；按照“一地一策”帮扶原则，帮扶失业退役军人再就业。

（三）加大创新创业帮扶力度

与人社、税务、市场监管等部门建立“1+N”联络服务机制，合力推动退役军人企业发展。2020年，全省共有931户（次）退役士兵享受创业、就业税收扣减优惠共2904.56万元。联合金融机构推出“退役军人创业e贷”，帮助退役军人创新创业。大力宣传退役军人就业创业先进典型，营造退役军人乐业兴业的良好社会氛围。

五、军休服务管理工作

（一）全面落实军休干部政治待遇和生活待遇

强化全省军休经费使用管理和绩效化指导，严格执行相关制度，不断提高经费使用绩效。2020年，全省共核算核拨军休经费3.6亿余元，各级退役军人事务部门及军休服务管理机构做到及时、准确、足额使用和管理军休经费。

（二）积极开展军休干部走访慰问

全省军休服务管理机构结合节假日慰问等方式，认真开展军休人员生活和居住安全检查。开展座谈、讲座、走访慰问等活动110余次，覆盖全省95%以上的军休人员，传递党和政府对军休老同志、老党员的关怀。

六、拥军优抚工作

（一）创新方式方法抓好双拥常态化工作及模范创建

一是加强军地联动，协调驻黔部队按需求将贫困县农特产品作为慰问品慰问部队。二是推荐申报9个模范城（县）、1个模范单位和2名模范个人受到全国表彰。召开全省双拥模范命名表彰暨退役军人工作会议，共命名45个双拥模范城（县）；表彰了48个爱国拥军模范单位，28个拥政爱民模范单位，61名爱国拥军模范、32名拥政爱民模范、32名军（烈）属先进个人。三是全省双拥系统共走访看望贵州籍抗疫一线军队人员、援鄂医疗队退役军人、在鄂服役官兵家庭157户，发放慰问金13.6万元，解决军人“三后”问题32件。

（二）精细化规范化抓好优待抚恤工作

一是出台《贵州省优抚对象补助经费管理办法》，规范优抚资金使用管理；做好退役军人和其他优抚对象信息采集工作；全省累计悬挂光荣牌68.8万块。二是制发《贵州省实施〈伤残抚恤管理办法〉细则》《贵州省残疾军人康复辅助器具实施办法》，规范伤残鉴定、残疾军人康复辅助器具配置工作，共受理和办理各类评残、换证、转移抚恤关系等案件793件。三是在全省范围内开展巡回医疗和短期疗养活动，为157名在乡1至6级伤残军人送医送药上门，为400余名优抚对象开展集中短期疗养活动，为其他优抚对象开展体检、巡回诊疗。

七、褒扬纪念工作

创新搭建网上祭扫平台，配套开展新媒体协作寻亲、网约代祭服务、网上灵堂瞻仰等活动。清明期间建立县级以上网上英烈祭扫平台15个，参与网祭826949人次，现场入园祭扫6538人次，提供代祭服务2890人次，擦拭、描红墓碑1324块（次）。

常态化开展为牺牲长眠于贵州土地及贵州籍牺牲在外的烈士寻亲活动。2020年为69名烈士成功找到亲人。

在国家第7个“烈士纪念日”，贵州省党政军领导同全省各族干部群众代表500余人在贵阳市黔灵山公园解放贵州革命烈士纪念碑广场，隆重举行向人民英雄敬献花篮仪式。

八、自身建设工作

全省退役军人事务系统坚持围绕中心、服务大局，不断增强“四个意识”、坚定“四个自信”、做到“两个维护”。坚持全面从严治党，创新开展“崇军黔行”活动，在省直模范机关创建推进会上交流发言2次。开展作风建设专项检查4次、党员预防提醒谈话126人次、集体谈话1次。全面落实脱贫攻坚责任，建立“厅帮村、处帮组、干部职工联系贫困户”帮扶机制，高质量打赢黔东南州榕江县高武村、扣麻村脱贫攻坚战，共协调落实帮扶资金370余万元，助力榕江县坚决打赢脱贫攻坚战。

云南省

2020年，云南省退役军人事务系统以习近平新时代中国特色社会主义思想为指导，着力实施全省退役军人重点工作两年攻坚行动计划、防范风险和化解矛盾百日攻坚行动，全力推动全省退役军人工作创新发展，各项工作取得明显成效。

一、机构建设情况

围绕推动退役军人工作领域治理体系和治理能力现代化，“三个体系”进一步健全完善。组织管理体系上，省、市、县三级146个退役军人事务部门全面组建，省、市、县、乡、村五级15955个退役军人服务中心（站）组建运行，配备专兼职工作人员15888人。筹建省退役军人关爱基金会并获批省财政注册资金5000万元，与省能源投资集团探索形成政府主导、政企合作、需求牵引、保障就业的退役军人教育培训创业孵化新模式，党领导下的行政部门、服务体系、社会力量“三驾马车”同向发力的组织管理体系基本建成。

工作运行体系上，通过明确军地职责、探索运行模式、建立工作规则，推动建立的全省退役军人事务系统、各级有关部门、军地各方密切协作的合力共为机制，责任逐级压实、压力层层传导的工作落实机制，信访渠道畅通、苗头抓早抓小、问题联动处置的风险防范机制，“互联网+退役军人服务”的运转机制已经初步形成。

政策制度体系上，结合实际，出台《中共云南省委　云南省人民政府　云南省军区关于加强新时代退役军人工作的实施意见》等10项省级政策制度、36项内部规范，全省退役军人政策制度体系逐步形成。

二、思想政治和权益维护工作

与省委宣传部联合开展常态化“最美退役军人”“模范退役军人”等学习宣传活动，评选出25名2020年云南省“最美退役军人”，其中，王昌群同志被评选为2020年度全国“最美退役军人”。印发《关于加强困难退役军人帮扶援助工作的实施意见》，进一步规范困难退役军人帮扶援助工作，全年对85名退役军人进行了个案帮扶援助，发放帮扶援助资金100多万元。建立常态化联系退役军人制度，全省退役军人事务系统1065名机关干部结对1369人，2661名事业单位干部职工结对2835人。

挖掘选送具有云南特色的“兵支书”的先进

事迹。积极动员全省退役军人事务系统参加“走进新时代退役军人——不忘兵之初　模范‘兵支书’”微视频大赛，向退役军人事务部报送21名模范“兵支书”的微视频作品，其中4部入围，微视频作品《将军》获二等奖。学习推广新时代“枫桥经验”，完成858家“全国示范型退役军人服务中心（站）”、3个示范创建先行先试示范区，32家“样版式”退役军人之家创建。疫情期间，号召广大退役军人英勇抗疫。全省退役军人为抗击新冠肺炎疫情捐款2000多万元，近20万名退役军人奋战在抗疫工作一线。

三、移交安置工作

坚持以“提速提质、精准安置”为目标牵引，建立完善军转干部和随调家属涉及年龄职务、学历专业等多方面信息的安置数据库，为精准安置提供数据支撑；与所有接收单位逐一联系对接，协调接收计划、推荐军转干部，用足用活各项安置政策，充分保障接收单位的人才需求。按照“专业对口、程序规范、确保公平”的原则，允许接收单位在安置计划50%比例内，设定并公示条件选用所需军转干部；对实践性强、要求经验丰富、具备特殊优势的岗位，鼓励接收单位在完成年度安置任务的基础上，计划外接收所需人才，搭建起了输送人才、精准安置的绿色通道。第27年在全国高质量率先完成年度军转安置任务。

四、就业创业工作

贯彻落实中央“六稳”“六保”部署要求，扎实抓好疫情防控期间退役军人就业创业工作。全省各级退役军人事务部门共组织招聘活动300余场，1万多家用人单位为全省退役军人提供岗位近20万个，近30余万人次参加，2万余人达成就业意向，近7000人实际就业。立足实现退役军人“一部手机找工作”的需求，与建设银行云南省分行合作开发建设“云南省退役军人就业信息平台”，取得初步成效。推动出台《云南省退役军人教育培训实施办法》，制定印发《云南省退役军人教育培训承训机构考核评估办法》，退役军人教育培训配套政策进一步补充完善。大力推动退役军人就业创业服务能力建设，选聘86名企业家和专家学者担任全省退役军人就业创业导师，举办第二届“建行杯”云南省退役军人创业创新大赛，5个项目成功入围全国决赛。创新开展“百日免费线上技能培训行动”，协调清华大学继续教育学院免费为退役军人开设云讲堂，组织全省700多名自主择业军转干部参加培训。持续做好退役士兵社会保险接续工作，落实“一门受理、协同办理”“让退役士兵少跑腿”要求，先后5次组织召开专班联络员会议，开展现场观摩活动，规范流程、推动落实，截至年底，补缴受理申请2.6万余人、初审2.5万余人，2万余人完成补缴。

五、军休服务管理工作

出台《云南省退役安置补助经费管理办法》，改变军休干部服务管理机构用房项目资金按标准分配的模式，通过经费直接下达到项目，对全省服务管理机构、活动用房按照集中财力办大事的原则分期分批予以提升改造，全面提升军休服务保障水平。加强“两个待遇”落实，定期宣讲国际国内形势、党的路线方针政策，传达党委政府和有关部门的重要工作情况，组织开展重大节日慰问。严格执行有关政策规定和具体标准，及时足额拨付、发放军休经费14亿余元。审批离退休干部遗属生活补助费74人次，按月办理各州（市）护理费审批合计82人次。

六、拥军优抚工作

全国双拥模范城（县）命名暨双拥模范单位和个人表彰大会上，云南省11个城（县）、2个单位、2名个人被命名表彰。围绕把云南建设成为中国最美丽省份的目标，省委主要负责同志亲自部署推动创建美丽军营活动，集中整治“六个方面”重点，投入资金1.6亿元，驻滇部队营区及周边道路宽阔平坦、干净整洁，环境焕然一新。春节、“八一”等期间，组织到驻昆5个军级单位机关和基层一线部队开展节日慰问，听取意见建议，梳理部队急需省级协调解决的问题，军地互提需求、互办实事“双清单”制度等“五项制度机制”全面建立，驻滇某部历史遗留问题和驻滇某基地进出口道路通行不便等问题得到妥善解决。

与13家在滇银行业金融机构和3家电信运营商签署拥军优抚协议，军人军属、退役军人和优抚对象社会优待面不断拓展。实施价格临时补贴，总计发放金额近2亿元，惠及优抚对象200多万人次。

全省双拥系统及时走访慰问援鄂医护人员家庭，协调建设银行云南省分行向64名援鄂医护人员赠送100万元人身意外保险。印发《云南省双拥办关于帮助解决驻滇部队援鄂疫情防控一线人员家庭实际困难的通知》，对云南省2020年应征入伍优先征集一线医务人员及其子女等事项作出安排，对部队提出的6名子女转学、高考辅导等问题，迅速提供帮助，协调解决有关家庭困难事项25项。各级军供站服务保障医学留观人员和滞留旅客3.8万余名。

七、褒扬纪念工作

深入贯彻落实习近平总书记考察云南重要讲话精神，印发《关于成立云南省烈士祭扫工作领导小组的通知》《烈士祭扫服务管理工作方案》《烈士纪念设施规划建设修缮管理维护工作实施方案》等文件，建立健全组织领导、经费保障、协调联动、风险防范、应急处置等常态化、长效化工作机制。结合疫情防控工作，提前谋划、强化研判，结合实际及时调整工作方向和步骤，确保烈士祭扫工作顺利开展。2月至5月，全省烈士陵园共接待实地祭扫人员近3000人次，烈士祭扫工作平稳有序，通过创新祭扫方式、拓展祭扫内涵，探索出“代亲祭扫、认亲祭扫、民间祭扫、网上祭扫”的“绿色祭扫”新路子。会同省军区政治工作局印发《关于妥善做好新冠肺炎疫情防控牺牲人员烈士褒扬工作的通知》，明确疫情防控期间烈士评定条件、申报评定流程和关心关爱烈属措施。

八、自身建设情况

深入推进云南省退役军人事业发展“十四五”

规划编制工作，谋划“十四五”期间退役军人事业发展蓝图。全面落实党建工作责任制、党风廉政建设责任制和意识形态工作责任制，全面深化“四标”行动和云南模范机关建设以党的建设、党风廉政建设、意识形态建设全面进步、全面过硬引领退役军人工作创新发展、提质增效。印发《全省退役军人事务系统培训规划》，巩固深化“不忘初心、牢记使命”主题教育成果，着力提高全省退役军人事务系统干部职工能力和水平。

西藏自治区

2020年，西藏自治区退役军人事务系统聚焦稳定、发展、生态、强边四件大事，坚持以退役军人为中心，加快建立坚强有力的组织管理体系、高效顺畅的工作运行体系、保障有力的政策制度体系，为西藏自治区长治久安和高质量发展做出了积极贡献。

一、机构建设情况

充分发挥党的领导核心作用，完善各级党委退役军人事务工作领导机构议事协调机制，制定领导小组各成员单位职责，推动将退役军人工作纳入区党委、政府重点督查内容，确保中央决策部署、区党委工作安排落实落地。扎实推进五级退役军人服务中心（站）规范化、标准化建设，制定出台《西藏自治区退役军人服务中心工作规则》等系列内部管理制度，推动全区各级退役军人服务中心（站）实体运转。

强化督查检查，将退役军人工作作为双拥模范城（县）考评重要依据。开通运行西藏自治区退役军人事务厅微信公众号，强化政务信息公开，通过高德、百度互联网平台录入全区退役军人服务中心（站）地理信息。开展退役军人信息精准统计，实行“一人一卡”，全面统计退役军人身份信息、生活状况、就业状况和党员管理等信息数据，建立完善全区退役军人个人信息档案数据库。

强化政策制度建设，出台《中共西藏自治区委员会　西藏自治区人民政府　西藏军区关于加强新时代退役军人工作的具体措施》，研究制定因公牺牲人员抚恤补助办法、退役军人党员党组织关系接转办法、退役军人流动党员定期联系沟通制度，完善退役军人就业“双清单”制度，建立西藏自治区军人军属、烈属、退役军人和其他优抚对象优待工作实施办法（试行）、送立功喜报工作暂行办法、烈士纪念设施保护办法。

二、思想政治和权益维护工作

坚持把思想政治引领贯穿退役军人工作始终，引导退役军人退役不褪色、离军不离党，在巩固基层基础、戍边稳藏兴藏和应对新冠肺炎疫情防控中发挥独特优势作用。

深入开展“思想政治工作年”活动。制定退役军人党员组织关系转接办法和党员教育管理办法，强化退役军人流动党员管理，协调推动99名军休干部组织关系妥善接入区外居住地街道社区。阿里地区探索创建“党旗引领护功勋、强化保障稳军心”党建品牌。

深入挖掘优秀退役军人先进典型事迹，建

立退役军人先进典型储备库，组织完成自治区模范退役军人、退役军人工作模范单位和个人评选工作。广泛开展“最美退役军人”“模范退役军人”学习宣传活动。充分发挥退役军人党员在强边固边和基层社会治理中的作用，将退役军人纳入自治区村“两委”班子建设规划，加大边境村居“两委”班子成员退役军人培养力度。

全力推进部分退役士兵社会保险接续，加大政策宣传和条件核查力度，主动对接人社、医保等部门开展补缴工作。按时发放退役金、优抚资金和医疗补助经费，及时换发伤残证，向优抚对象发放物价上涨救助保障资金。

制定常态化联系退役军人工作制度，建立全系统干部职工“结对子”信息库，采取入户走访、定期电话联络等方式，常态化做好沟通联系、情感联络、心理疏导、思想引领和帮扶解困工作。制定困难退役军人帮扶援助工作实施办法，深入开展节日慰问和帮扶援助，鼓励动员退役军人企业家参与困难退役军人帮扶援助。

三、移交安置工作

充分发挥党政机关事业单位接收安置转业军官和符合政府安排工作条件退役士兵主渠道作用，严格落实安置政策，提高安置质量。加强自主择业军转干部、复员干部安置管理。加强军休干部安置服务管理。推行用人单位和安置人员“双向选择”，加强与机关事业单位及驻藏央企协调沟通，合理安排工作岗位，加强退役军人档案整理、审核和转递，严格执行退役军人安置报到制度。

四、就业创业工作

加大退役军人教育培训和就业扶持力度。完善退役军人就业动态管理“双清单”，组织开展全区退役军人就业状况调查统计，建立全区退役军人就业创业数据库。建立自治区退役军人承训机构目标考核及管理办法，开展承训机构申报审定，完善退役军人职业技能培训机构目录。组织1397名自主择业军转干部参加清华大学继续教育学院网络培训课堂，组织641名退役士兵免费参加线上、线下技能培训。与西藏技师学院衔接沟通，设置专项招录专业，动员退役士兵报名免试入学。

举办西藏自治区首次退役军人专场招聘会，落实1577个岗位解决退役军人就业需求。积极落实退役士兵参加公职招考（招聘）加分政策。选拔推荐退役军人初创企业入驻自治区创业孵化示范基地。组织开展退役军人创业创新培训，1家企业入围国家创业创新决赛。积极开发地方公益性岗位，帮助退役军人在地方性生态岗位实现就业。

五、军休服务管理工作

主动对接部队移交单位，做好军队移交政府安置的退休干部（退休士官）审定、移交、安置、服务管理工作，超额完成中央下达安置任务。收集整理上报军休干部换证基础数据材料。将军休服务中心建设列入中央和西藏自治区“十四五”规划项目，提高军休服务保障水平。指导自治区军休系统做好疫情防控工作，从严从实抓好自治区军休系统抗击疫情工作，实现军休工作人员和军休人员“零感染”。自治区7地市458名军休干部主动为疫情一线地区捐款捐物，主动到社区当志愿者，为社区免费修建防疫隔离墙等。

六、拥军优抚工作

召开双拥工作领导小组会议，研究部署自治区双拥工作，加强军地合力，推动将双拥工作纳入西藏自治区各级党委、政府和驻地部队重要议事日程，作为双拥模范城（县）考核重要依据。制定西藏自治区军地合力推动退役军人有关工作的实施意见。大力解决现役军人“三后”问题，积极落实现役军人家属就业、子女入学入托和享受农牧民子女教育“三包”政策。强化节日慰问，深入开展“情系边海防官兵”拥军优属和“八一·情系边海防”走边防慰问活动，向现退役军人发送节日慰问短信，向边防官兵送去医疗急救包。加强双拥宣传。持续做好退役军人、优抚对象信息采集和光荣牌悬挂工作，增强退役军人荣誉感。

健全完善双拥创建机制，严格落实双拥创建标准，常态化开展双拥模范城（县）创建，组织开展全国双拥模范城（县）评选推荐，拉萨市、日喀则市、日土县等9个市县获全国双拥模范城（县）命名表彰，表彰全国爱国拥军模范单位1个、模范个人2人。

七、褒扬纪念工作

制定做好烈士亲属异地祭扫组织服务工作实施办法，组织开展“9·30”烈士纪念日活动和清明节网上祭扫活动。深入开展爱国主义教育，大力宣传“十八军”和“两路”英烈事迹。加强烈士评定和烈士英烈保护。拉萨市通过“今日头条”平台推送331名烈士信息进行寻亲并核实身份。组织开展“中国人民志愿军抗美援朝出国作战70周年”纪念章颁发工作。加强烈士纪念设施提质改造、改陈布展和保护升级工作，推进英烈纪念设施爱国主义教育基地建设，搭建红色教育阵地。

八、自身建设情况

扎实开展“基层基础基本建设年”活动，促进服务管理保障能力提升。坚持以政治建设为统领，深入学习贯彻习近平新时代中国特色社会主义思想，教育引导党员进一步增强“四个意识”、坚定“四个自信”、做到“两个维护”。加强法治政府建设，健全完善法治政府建设制度，落实法律顾问制度，探索设立自治区、地市两级退役军人法律援助工作站。扎实推进“互联网+政务服务”，实现公共服务事项“一网通办”。深入开展强基惠民驻村工作。加强新冠肺炎疫情防控，动员全区退役军人捐款捐物支援新冠肺炎疫情防控工作。积极协调推动退役军人事务系统援藏工作会议召开，自治区七地市退役军人事务局积极与对口援藏省市退役军人事务厅（局）衔接确定援藏项目，对口援藏工作全面铺开。

陕西省

2020年，陕西省退役军人事务系统坚持以习近平新时代中国特色社会主义思想为指导，全面加强党的领导，健全完善体制机制，持续提升服务水平，积极营造尊崇氛围，为“十四五”全省退役军人工作高质量发展奠定了基础。

一、机构建设情况

省、市、县、乡四级党委成立退役军人事务工作领导小组，实行党政一把手双组长制，村（社区）党支部书记担任服务站站长，形成“五级书记”抓退役军人工作新格局；省退役军人事务工作领导小组办公室成立秘书处；省、市、县、乡、村五级退役军人服务中心（站）全部建成运转，按照应转尽转原则推进优抚事业单位转隶，全省烈士纪念设施统一归口退役军人事务部门管理有序推进。

充分发挥领导小组办公室作用，研究制定《中共陕西省委退役军人事务工作领导小组成员单位工作职责》《中共陕西省委退役军人事务工作领导小组成员单位联络员工作职责》，制定印发《关于学习贯彻习近平总书记来陕考察重要讲话精神，促进退役军人在奋力谱写陕西新时代追赶超越新篇章中发挥优势和作用的意见》。

二、思想政治和权益维护工作

深入开展“思想政治工作年”活动。活动期间，组织开展“平安建设”短视频、模范“兵支书”微视频大赛作品征集、首届退役军人党员“微党课”创作授课大赛等活动。会同省委宣传部、省军区开展“陕西最美退役军人”评选表彰活动，2020年评选“陕西最美退役军人”28名，并举办了发布仪式。

深入开展“矛盾问题攻坚化解年”活动，领导干部带头包案督办，推进安置历史遗留问题解决，扎实完成部分退役士兵社保接续工作。

省、市、县三级全部建立退役军人关爱基金，并进入常态化规范化运行。坚持省级重点帮扶、市级统筹援助、县级普惠关爱，截至年底，省级退役军人关爱基金援助1454名特困退役军人1995万元，市、县两级退役军人关爱基金援助3171名特困退役军人1439.5万元。在新冠肺炎疫情防控期间，省级、榆林市级关爱基金分别向湖北省荣康医院捐赠100万元。

三、移交安置工作

实施功绩制排名选岗安置，严格审查档案，实施服役表现量化考核积分，坚持安置政策、计划、排名、选岗过程和结果“五公开”，树立“凭贡献立身、靠实绩选岗”的导向，使军龄长、功绩大的军转干部得到优待安置。深化“直通车”安置，向高校选配思想政治理论课教师和辅导员；推行专业人才“直通车”优先选用，对100名医学类、法律类本科以上学历及相应资格条件、全日制硕博士学历的军转干部对口安置到政法系统、高校、医院等单位。对部分有特殊工作经历和专业需求，且符合条件人数较少的单位，采取设置特定岗位条件并公开排名选岗的方式选用军转干部。扎实做好适应性培训、岗前培训和进高校专项培训。

2020年，全省共接收符合政府安排工作条件退役士兵2700余人。坚持“越多越好、越优越好、越精准越好”，多渠道开发岗位，鼓励行政机关和企事业单位主动提供岗位，按照安置人数的130%下达计划3400余个。

四、就业创业工作

扎实开展“退役军人就业服务季”活动，2020年举办各类招聘527场次，动员8700余家企业，提供岗位15.7万个，达成就业意向2.5万余人。完成劳动年龄段自主就业退役军人就业实名制登记322423人。依托省退役军人教育培训联盟搭建“陕西省退役军人就业创业教育培训线上平台”，培训退役军人5.3万人次。坚持学历教育与职业技能培训并行并举，组织21540名退役军人参加高职教育。建立陕西退役军人农创平台和农创学院，举办“新型职业农民（致富带头人）”“智慧农业”等22个退役军人农创系列示范培训班，培训退役军人1438名。全省组织退役军人职业技能培训6.7万余名。

全力做好招聘就业服务，组织“戎耀三秦”退役军人线上招聘、直播带岗，针对退役军人需求开发优质岗位。动员吸纳950家企业参加线上招聘，提供就业岗位53807个，达成就业意向10145人，直播平台浏览量达到50余万人次。

2020年，陕西面向退役士兵定向招录公务员111人，为2516名报考公务员的退役士兵落实了加分政策，在延安市试点“兵支书”队伍建设，培训623名退役军人进入村“两委”后备、258人担任村“两委”干部、88人担任村党支部书记。累计帮扶3985名下岗退役军人再就业，通过公益性岗位等途径帮扶916名就业困难退役军人就业。

疫情发生后，累计帮助7559家军创企业加快复工复产，带动退役军人就业14800多人。持续优化创业环境，聘任退役军人创业导师88名，建立省退役军人就业创业基地51家，举办退役军人“新征途”创业大赛。

五、军休服务管理工作

研究出台《陕西省军队离休退休干部服务管理机构星级评定暂行办法》和《陕西省军队离休退休干部服务管理机构星级评定标准》，建立“两年一评、动态管理”机制。全省共有5个军休机构授予五星级军干所、8个军休机构授予四星级军干所、10个军休机构授予三星级军干所。

启动军休App服务信息系统注册和运行，制定了时间表和路线图，圆满完成全国试点任务。全面推进军休干部社会化服务，举行了全省军休干部社会化服务管理平台开通暨军休志愿者服务队授旗仪式，23家养老、家政、旅游、出行服务机构现场签约，打造了“1149军休社会化服务工程”。

开展全省军休干部党支部书记培训班，举办军休艺术团进高校、进社区、进军营送节目演出，军休干部生活分享会、军休干部大讲堂、微课堂活动等系列活动，培育创建富有陕西特色的军休文化品牌。

六、双拥工作

西安市等12个城（县）被命名为新一届全国双拥模范城（县），陕西华清宫文化旅游有限公司被表彰为全国双拥模范单位，王友民等2名个人被表彰为全国双拥模范个人。以省委、省政府名义命名表彰48个城（县、区）和281个单位个人为陕西省双拥模范城（县、区）、双拥模范单位和个人，隆重举办全省双拥模范命名表彰大会。

出台关爱赴武汉一线抗击疫情军队医护人员“九项措施”，全省累计走访慰问一线军队和退役军人医护人员家庭300余户，发送慰问金16.5万元、拥军包价值20余万元，解决了25个一线抗击疫情军队医护人员家庭子女入学、家属就业、老人照看等实际困难。在全省范围内开展“情系边海防官兵”“六送”活动，完成走访慰问4618户，解决或答复81个官兵家庭实际问题，送去慰问金265.1万元，慰问品71.2万元。

七、优待抚恤工作

共为2073名立功受奖现役军人家庭庆送喜报、送慰问金。联合交通运输厅等4部门，出台现役军人免费乘坐全省市内公共交通工具优待意见，自2020年12月1日起，现役军人免费乘坐全省市内公共交通及轨道交通工具。

完成优抚对象待遇调标工作；组织省属优抚医院深入陕北、陕南革命老区和贫困地区开展医疗巡诊活动，为1936名退役军人和当地群众开展医疗健康服务，免费发放药品11.5万元；整合全省优抚医院医疗资源，建立全省优抚专科医院医联体；修订完善陕西省《伤残抚恤管理实施细则》，进一步规范伤残评定工作；起草拟定省优待目录清单。联合省卫健委遴选全省24家医疗机构成为首批健康服务示范单位。联合陕西家居业商会，选取50家企业授予“拥军店”牌匾，为军人军属、退役军人和其他优抚对象提供优先优待优惠服务。

八、褒扬纪念工作

印发省《烈士纪念设施规划建设修缮管理维护总体工作实施方案》。全省2处县级烈士纪念设施晋升为市级烈士纪念设施。充分发挥各级烈士纪念设施保护单位国防教育基地、党史教育基地、爱国教育基地、廉政教育基地的作用。

推进关爱烈士父母项目向纵深发展。发动了团省委大学生志愿者、社会组织、返乡大学生、中学生志愿者代表、滴滴专车志愿者代表、村官、退役军人等参与，对陕西烈士父母家庭进行了春节慰问、疫情慰问、后续回访、跟踪关怀等活动。谋划挖掘英烈事迹、收集英烈遗物、讲述英烈故事有关工作，开展英烈故事“五进”活动。

圆满完成陕西省暨西安市烈士公祭仪式和《烈士光荣证》颁授仪式筹备组织工作。

九、自身建设情况

严格落实党建责任，建立并完善落实全面从严治党主体责任清单和机关党建“灯下黑”责任清单。持续加强系统干部培训，制定印发教育培训计划，全年组织实施各类培训27期，培训系统工作人员2600余人次。完善政策法规，省委、省政府、省军区制定印发了《关于加强新时代退役军人工作的具体措施》，细化制定了25个方面63条具体措施。开展课题研究，加强对全省退役军人事业发展的理论研究。联合省社科联开展重点课题研究14个。推动信息化建设，开发建设陕西退役军人服务管理系统，搭建服务退役军人“一张网”。

西安市

2020年，西安市退役军人事务系统深入学习贯彻习近平新时代中国特色社会主义思想，进一步健全组织管理体系，强化思想政治引领，扎实推进部分退役士兵社保接续、双拥创建、退役军人移交安置、就业创业、优待抚恤、权益保障、军休服务等重点工作，尊崇氛围更加浓厚。

一、机构建设情况

（一）全面加强党对退役军人工作的领导

中共西安市委退役军人事务工作领导小组制定了领导小组工作规则及领导小组办公室工作细则，明确了成员单位工作职责。西安市委、市政府主要领导就退役军人保障政策落实、双拥共建等事项多次作出指示批示、提出明确要求，推动全市退役军人事务工作深入开展。

（二）组织管理体系建设

抓住完善基层组织机构建设，尤其是街道（乡镇）、社区（村）两级退役军人服务站建设这个重点，逐项落实建设任务。扎实开展退役军人服务中心（站）星级创建和“退役军人之家”试点建设，以实现就业创业咨询、动态建档立卡等“九大功能”为主要内容，开发“西安市退役军人远程服务平台”，面向退役军人开展线上线下服务，探索出可操作性强、西安特色鲜明的《西安市退役军人之家建设规范》。7月2日，完成六个区县的“退役军人之家”试点建设工作。12月底，827个退役军人服务站建成“退役军人之家”，1257个服务中心（站）达到三星级以上标准，创建率达到43%。

二、思想政治和权益维护工作

（一）思想政治工作

进一步完善常态化联系服务退役军人工作机制，将联系主体队伍扩展到所有工作人员，全系统结对干部5000余人，联系服务对象4万余人，联系次数3万余次，走访次数1.4万余次。做好退役军人“思想政治工作年”活动典型示范点打造，选定新城区、碑林区、鄠邑区三个区为活动示范区，选定30个服务中心（站）为活动示范点，建设枫桥式示范型退役军人服务站。

（二）权益保障工作

防范化解矛盾风险，全市退役军人总体稳定。积极探索退役军人法律援助制度和困难援助制度，市、区（县）两级先后建立16个退役军人法律援助站。实现全市15个区、县、开发区关爱基金100%全覆盖，依托省、市、区（县）三级“退役军人关爱基金”，为153名退役军人发放关爱基金129.47万元。

（三）退役军人作用发挥

引导退役军人助力经济社会发展。积极打造典型，发挥退役军人表率作用。西安市18名退役军人获得“陕西退役军人企业家先进个人”称号，2名退役军人获得“全国退役军人企业家先进个人”称号。为展现退役军人风采，弘扬志愿服务精神，8月11日，以“退役不退志、志愿展风采”为口号启动西安市退役军人志愿服务队组建工作。截至年底，共有8868名退役军人组建175支退役军人志愿服务队。新冠肺炎疫情期间全市退役军人及基层服务人员组建了10支志愿服务队，约1.4万名退役军人和系统干部职工前往一线开展疫情防控工作，捐款累计超过1000万元。

三、移交安置工作

（一）安置质量明显提高

2020年，西安市退役军人事务局坚持健全“阳光安置”工作机制，大力推行“直通车”式安置。在市委组织部、编办、市人社局等部门的配合下全力保证落实军转干部、士官安置岗位。

（二）部分退役士兵社保接续工作圆满完成

西安市人民政府主要领导审定工作方案，市、区（县）两级共成立16个工作专班，各级政府分管领导担任专班组长。市级有关部门、市属企业主动担当，各区（县）、开发区全力抓缴费、抢进度。7月15日，全市2.8万余名符合条件的退役士兵养老保险集中补缴工作全面完成。集中补缴任务完成后，新增受理1400余人，11月30日完成全部补缴任务。

四、就业创业工作

以习近平总书记来陕考察重要讲话和重要指示精神为指引，成立西安市退役军人事务局稳就业工作专班，结合新冠肺炎疫情实际，全力保障退役军人就业创业工作。4月至6月，举办“退役军人就业服务季”活动，全年举办线上线下市级退役军人专场招聘会47场，4874家企业参加，达成就业意向1.5万余人。4月，为128名退役士兵报考公务员落实了加分优惠政策。10月，承办全省2020年自主择业军转干部适应性培训。11月，为1668名退役士兵出具身份认定证明，完成2020年度退役士兵高职扩招报名工作。7月15日，举办首届西安市退役军人“新征途”创业大赛。西安市遴选的11个优秀项目在陕西省退役军人创业比赛中全部获奖；其中2个项目在全国决赛中获得了三等奖。开展2020年西安市市级职业技能培训机构评选认定及就业创业导师选聘工作，认定承训机构20家、就业创业基地49个、创业导师98名。

五、军休服务管理工作

2020年4月，退役军人事务部确定全国首批8个军休工作信息化服务试点地区，西安市成为陕西省唯一入选的试点城市，试点以来发布工作动态1000余篇、视频100余条，印制《军休服务信息化平台使用指南》1万余份。全市军休工作人员100%注册，5300余名军休干部完成注册，占全国注册认证人数35%。有序开展军休机构规范化建设，西安市6家军休机构通过评定，荣获“省级星级军休机构”称号。推动军休小区综合治理，开展老旧小区改造工作，协助7家军休机构争取项目资金，对5家军休所进行整体改造。

六、优抚褒扬工作

全面落实各级各类优抚政策，为4万余名优抚对象及时足额发放各类优抚金，对评残和带病回乡退伍军人进行评定。重新编纂修订了3769名烈士英名录。成立了西安市英烈褒扬促进会。3月25日，结合疫情实际在西安烈士陵园开展清明期间代为祭扫活动。开展“老兵口述历史”项目，围绕抗日战争胜利75周年和抗美援朝入朝作战70周年，推出了首批15名退役老兵故事，通过电视、公众号等多种媒体平台进行播放，央视《英雄说》栏目播放了其中6名老兵事迹。其中“老兵口述历史——王福堂”在全国“追寻先烈足迹”征集展示活动中荣获“机构推选优秀作品”称号。9月30日，隆重举办陕西省暨西安市烈士公祭活动，省、市党政军主要领导及各界干部群众1000余人参加公祭。活动当天，市、县两级烈士公祭活动8场次，2161人参加活动。

七、双拥工作

2020年，西安市退役军人事务局重点开展第九次创评“全国双拥模范城”。持续开展“情系边海防官兵”拥军优属活动，在元旦、春节、“八一”期间由市领导带队对现役军人家庭、驻军部队进行了走访慰问。新冠肺炎疫情期间，对279名援鄂军人家庭进行慰问，发放慰问物资28万余元。召开2020年军地座谈会暨帮助驻军解决实际问题工作督导会，及时交办上级下达的驻军需求问题清单。8月25日，举办“一城十三地·军民庆‘七夕’”暨2020年西安市军地青年联谊活动，约1000名优秀单身青年参加。上线“西安市军地联谊平台”，为军地青年实名制互动提供常态化服务。10月20日，西安荣膺“全国双拥模范城”九连冠，陕西华清宫文化旅游有限公司被表彰为“全国爱国拥军模范单位”，鄠邑区、临潼区等6个区及48个单位和个人荣获“全省双拥模范”称号。

八、自身建设情况

以政治建设为统领，持续推进党的建设，为促进全市退役军人工作提供了有力的思想保障和组织保障。全年共开展党组中心组（扩大）学习14次、专题培训研讨班2期、专题警示教育3次。将习近平总书记关于退役军人工作重要论述整理汇编成册，印发全市退役军人事务系统深入学习。着力强化党的组织建设，严格按照规定程序成立局机关党委及党支部，局系统14个党委、233个支部、8550名党员已全部入库党员系统。扎实推动全面从严治党向纵深发展，持续开展正风肃纪，组织班子成员签订廉政承诺书，梳理排查各单位廉政风险点175个。对36项工作制度进行了修订完善。军休党建品牌入选“市级机关党建优秀品牌案例”，荣获党建调研成果或西安市机关党建调研工作一等奖。

甘肃省

2020年，甘肃省退役军人事务系统坚持以习近平新时代中国特色社会主义思想为指导，深入贯彻党的十九大和十九届二中、三中、四中、五中全会精神，全面落实退役军人事务部和省委、省政府加强新时代退役军人工作部署，全省退役军人事务工作取得了新成效。

一、机构建设情况

省委常委会和省政府常务会专题研究有关工作，召开领导小组会议，有关领导多次作出指示批示，带队开展慰问和调研。推动“全国双拥模范城（县）”创建工作，部署推动社保接续等重要工作。

省委、省政府将退役军人工作纳入全省大督查范围和党政领导班子考核体系，省委领导小组办公室紧盯关键环节，创新工作举措，有力有效推动综合督查抓实见效。召开省委退役军人事务工作领导小组会议，研究分解落实责任，细化明确了36项重点督查内容。分年中和年末两个阶段，抽调省委领导小组成员单位相关人员组成4个督查组，先后查找了8类，38个问题督查问题整改率达93.2%。

以示范型服务中心（站）建设为抓手，认真落实“五有”和“全覆盖”要求，全省共建成各级服务中心（站）18787个。省级中心办公总面积422平方米、市级平均346.5平方米、县级平均187.85平方米，乡（镇、街道）服务站平均93.07平方米、村（社区）平均45.25平方米。

以建设示范型服务中心（站）为抓手，着力解决人员编制、场所设施、经费保障等方面的问题，全力推进“五有”要求落地落实，推动服务体系发挥作用。县级以上服务中心按要求落实了场所设施，乡、村两级服务站专兼职工作人员实现全覆盖。

二、政策法规工作

政策配套稳步推进，修订省委退役军人事务工作领导小组、双拥工作领导小组的工作规则和成员单位职责，切实强化组织领导机构职能作用。编印《2019—2020退役军人政策法规汇编》《甘肃省退役军人事务工作制度汇编》，进一步促进机关工作制度化规范化。《关于做好退役军人法律服务工作的意见》《甘肃省实施〈伤残抚恤管理办法〉细则》等9项“普惠+优待”政策制度落地。启动《甘肃省“十四五”退役军人事业发展规划》编制工作，及时对接落实重点项目。

三、思想政治和权益维护工作

（一）思想引领全面加强

狠抓“思想政治工作年”活动，在张掖、酒泉市开展试点，4次召开动员推进会，积极探索新时代退役军人思想政治工作方法路子。主动配合基层党组织抓好退役军人党员思想政治教育和组织管理，及时为退役军人党员转接组织关系。

充分利用全省73处红色教育基地、2800多处革命旧址遗址，构建“一线多馆N点”的红色教育“资源库”，打造出多条红色主题教育精品线路，共组织30多万名退役军人到红色教育基地参观学习。注重开展宣传引领，积极营造良好氛围。每年选树“陇原最美退役军人”20名，各市州积极开展本地最美退役军人评选活动。组织模范退役军人、最美退役军人“五进”宣讲活动，受听群众达20万人。积极教育引导广大退役军人投身全省经济社会建设，充分发挥“生力军”“建设者”作用。3600支退役军人志愿服务队参加了抗击新冠肺炎和陇南市抗洪抢险。

（二）关爱退役军人工作大力开展

成立了甘肃省退役军人关爱基金会，省政府注资800万元作为启动资金，并向全社会积极开展募捐，有力有效解决了特殊困难退役军人的生产生活问题。大力开展走访慰问，省领导走访退役军人53户，各级党政机关和全省系统累计走访2.3万户。

与省司法厅联合印发《关于做好退役军人法律服务工作的意见》，从省到村五级设立了法律服务站（点），在公共法律服务实体平台、甘肃法律服务网和“12348”热线开辟退役军人法律服务绿色通道，积极为退役军人提供法律服务援助。

四、移交安置工作

坚持公开、公平、公正原则，健全“阳光安置”工作机制，探索转业军官“直通车”安置办法，促进人岗相适、人事相宜、人尽其才，试行退役士兵安置方案备案审查制度，按计划推进计划分配军转干部、军休人员、符合政府安排工作条件退伍士兵安置工作。统筹推进学历教育和职业技能培训，投入2063万元，对5800名退役士兵开展“三免一补”培训。

五、就业创业工作

征集260家信誉佳、前景好、能够提供一定就业岗位的企业，组建“甘肃省直招退役军人企业目录库”。省市县联动举办网上招聘和专场招聘会180场（次），3000家用人单位提供就业岗位3.7万个，积极帮助退役军人就业上岗。启动“邮储银行杯·甘肃省首届退役军人创业创新大赛”，87个团队角逐省复赛，3个团队晋级全国决赛。联合西北师范大学成立甘肃省退役军人培训学院，为广大退役军人提供职业规划、政策宣传、融资对接等服务。邀请144位知名企业家和专家学者组建全省就创指导专家库，开展就业创业指导、策划和培训。协调人社、市场监管、税务等部门，在税费减免、工商注册、担保贷款等方面给予退役军人优待。协调公安部门、银行系统和国有企业定向招聘退役军人，提高就业质量。

六、优待抚恤工作

广泛开展常态化联系退役军人活动，建立厅领导联系市州、业务处室包抓县区、干部职工结对帮扶退役军人的工作机制，全省系统1110名干部共联系退役军人3434人，基本实现优抚对象结对帮扶全覆盖。全力做好纾难解困工作，结合困难退役军人建档立卡工作，通过信息比对和基层排查，全面掌握了困难退役军人家庭生活情况，及时提供个性化、亲情化帮扶，2020年走访慰问困难退役军人帮办实事2000多件。成立甘肃省退役军人关爱基金会。

七、双拥共建工作

持续深化双拥共建，严格落实党委议军会、军地联席会、定期走访慰问、领导干部参加“军事日”活动等制度，制定出台走访慰问驻甘部队和优抚对象办法，根据部队的个性化需求采购实物慰问，累计走访部队320多次、慰问军人军属近4万人次、发放各类慰问金（品）7500多万元。疫情期间，组织近10万名退役军人投身疫情防控工作、捐款捐物3000多万元，专门对294户赴鄂抗疫军队医护人员家庭开展“五个[illegible]”活动，解决实际困难。全面推进全国双拥模范城（县）创建工作，指导各地开展达标活动，兰州、天水、酒泉、张掖、平凉、白银、金昌、定西和武威9个市被表彰为“全国双拥模范城”，临夏州永靖县刘家峡镇政府被表彰为“爱国拥军模范单位”，3名个人被表彰为“爱国拥军模范”和“拥政爱民模范”。

八、褒扬纪念工作

大力开展褒扬纪念工作，组织清明祭扫英烈、大型公祭日等活动，举办《烈士光荣证》颁授仪式，开展“为烈士寻亲”系列公益活动，建立完善全省烈士信息库。

九、自身建设情况

着眼打造“三个机关”，抓政治建设、能力建设和作风建设。通过大规模、高频次组织业务培训、积极开展走访调研活动、建立健全各类规章制度，全面提升了机关整体工作水平；通过优化配置处室人员、组织拓展训练，加快推动了转隶人员思想融合、工作融合；通过树立“有为就有位”的用人导向，建立权力规范运行的监管机制，培育初始既严、一严到底的作风，有效提振了干事创业的精气神。全力开展“基层基础基本建设年”活动，围绕提升服务水平，提高工作效率，抓信息平台建设，积极推进“互联网+退役军人工作”。抓能力素质建设，制定《2020年全省退役军人事务系统干部教育培训规划》，在全省系统开展“十百千”活动。抓责任体系建设，实行省厅班子包抓市（州）、市局班子包抓县（市、区），县局班子包抓乡镇（街道），层层传导压力，推动工作落实。在全省系统开展“争当‘五个员’活动”，不断提升服务保障水平。

青海省

2020年，青海省退役军人事务系统全面贯彻落实党中央和省委、省政府各项决策部署，加快完善体系建设，着力夯实基层基础，持续提升服务保障水平，围绕退役军人开展思想政治、安置就业、优抚褒扬、权益维护和服务管理等工作，切实维护军人军属、退役军人和优抚对象合法权益，积极推进军民融合深度发展，为支持国防和军队现代化建设、服务青海改革发展稳定大局作出了积极贡献。

一、机构建设情况

省委退役军人事务工作领导小组积极发挥议事协调作用，制定工作运行机制和成员单位工作职责，完善工作机制，明确工作职责，凝聚了工作合力。各地党委退役军人事务工作领导小组积极主动作为，持续跟进、督导推动退役军人移交安置、就业创业培训、优抚褒扬政策落实、基层服务体系建设、部分退役军人社保接续、矛盾问题攻坚化解等重点工作，党全面领导退役军人工作的组织领导优势充分发挥。各地党委退役军人事务工作领导小组办公室统筹军地各自优势，协调部门多方资源，积极构建行政机关、服务体系、社会力量等体系，形成党委统一领导、退役军人事务部门牵头主抓、军地相关部门配合支持、社会共同参与的工作格局。

二、思想政治工作

组织全系统扎实开展“思想政治工作年”活动，就持续抓好退役军人思想政治引领明确思路方向、量化指标任务，推动退役军人思想政治工作由浅入深、走深走实。持续开展矛盾问题攻坚化解工作，年内化解重点难点问题34件，有力维护了退役军人合法权益。协调完成退役军人事务领域省级表彰立项，在全省退役军人工作会议上隆重表彰了17名优秀退役军人、10个退役军人工作先进单位和10名先进个人，持续推进“最美退役军人”学习宣传活动，青海省退役军人董博俊被评选为全国“最美退役军人”，树起了新时代退役军人的“好样子”。广泛开展“我为社区（村镇）做点事”“退役不褪色、奉献新时代”征文等主题活动，激发了退役军人永葆本色、奉献社会的精神动力。全省建立55支退役军人志愿服务队，在参与基层治理、疫情防控、抢险救援等方面发挥了积极作用，展现了退役军人良好社会形象。在果洛州班玛县“红军沟”挂牌首个“青海省退役军人爱国主义教育基地”，探索发展红色教育、红色旅游“双赢模式”，激励引导退役军人弘扬革命精神、再建时代新功。

三、移交安置工作

严格落实“阳光安置”办法，积极探索归集专项岗位、利用空余编制接收等途径，高质量完成了年度计划分配军转干部、由政府安排工作退役士兵和退出消防员的安置任务。采取市州初核、省级复核的办法，对300余名在青安置自主择业军转干部档案材料及退役金标准进行认真核查，按时完成了接收安置工作。着力推进部分退役士兵社保接续工作，全省累计完成3900余名符合条件退役士兵养老保险补缴，办结率达99.82%。积极开展2020年军休人员去向审定及接收工作，超额完成年度接收任务。

四、就业创业工作

深入贯彻“六稳”“六保”要求，制定下发《关于应对新冠肺炎疫情有效促进退役军人就业创业工作的实施意见》，构建“育、训、扶、促、保”为一体的政策扶持体系，有效应对疫情给退役军人就业创业带来的冲击。强化退役军人适应性及岗前专业培训，择优遴选67家培训院校（机构）纳入省级承训目录，完成了年度1000人次自主就业退役士兵职业技能培训任务。举办首届退役军人创业创新大赛，全力打造“尊崇、军创、绿色、科技”4个品牌，提供了退役军人创业创新成熟模型。建立“青海退役军人就业创业”微信公众号，累计发布招聘信息206场次，政策解读71期，提供就业岗位44647个。开展全省“退役军人网络招聘月”活动，举办“青海省2020年度退役军人及随军家属就业网络专场招聘会”，提供了丰富的云端就业创业服务。全省累计组织194场退役军人专场招聘会，1800余人达成就业意向。

五、优抚褒扬工作

连续20次调整提高部分优抚对象抚恤和生活补助标准。认真开展纪念抗日战争胜利75周年和抗美援朝出国作战70周年系列活动，投入162万元进行走访慰问，为961名革命功臣发放了纪念章。制定下发《关于加强军人军属、退役军人和其他优抚对象优待工作的实施意见》。首批组织18名军休干部、40名优抚对象赴陕西等地开展异地疗养，丰富拓展服务保障内容及渠道。筹资1300万元建立困难退役军人关爱帮扶基金，首批核定困难对象58人、帮扶金额30万元，为有特殊困难的退役军人提供了兜底保障“双保险”。累计拨款2600多万元，支持16个县级以上烈士纪念设施修缮改造，广泛开展“致敬·2020清明祭英烈”网上祭扫、“9·30”烈士纪念日公祭等活动，推动形成崇尚英雄、缅怀先烈的良好风尚。

六、拥军优属工作

召开全省双拥模范城（县）命名暨双拥模范表彰大会，命名了14个全省双拥模范城（县），表彰了50个全省双拥模范单位、50名全省双拥模范个人。推荐上报全国双拥办，命名7个全国双拥模范城（县），表彰了1个全国爱国拥军模范单位、1个全国拥政爱民模范单位、1名全国爱国拥军模范个人。指导各地深入开展“情系边海防官兵”拥军优属活动，对奋战在军事斗争准备一线、家住青海省的官兵家庭进行普遍走访慰问，赠送慰问金、慰问品近20万元。各级广泛开展“两节”“八一”慰问，省领导带队走访慰问21家驻青部队和消防救援队伍，赠送265万元慰问品，切实营造了全社会尊崇军人、尊重退役军人的浓厚氛围。

七、自身建设情况

（一）系统自身建设巩固加强

扎实开展“基层基础基本建设年”活动，省本级筹资2240万元支持市（州）、县两级退役军人服务中心硬件建设；采取“送教下乡”、集中办班等方式广泛开展全系统干部职工政策业务培训；建立退役军人事务系统干部职工联系服务退役军人工作制度，全系统领悟中央要求、执行退役军人政策、提供服务保障能力有了显著提升。制定下发《青海省退役军人服务保障系统创建“退役军人之家”实施方案》，先后在三个地区举办现场观摩会，首批命名“退役军人之家”179个单位，全省县级以上退役军人服务中心普遍建成“退役军人之家”，基层服务保障机构规范化、标准化建设取得初步成效。

（二）机关党的建设成绩显著

深入学习贯彻“中央和国家机关党的建设工作会议”“省直机关党的建设工作会议”精神，以“组织体系建设三年行动”为抓手，在统筹推进党建均衡发展上精准发力。组织党员干部赴海北州原子城纪念馆开展“党旗引领守初心、竭诚服务铸军魂”主题教育活动，赴湟源县小高陵村开展“传承红色基因，勇于担当使命”主题党日活动等。着力强化创新理论武装，各支部通过上党课、固定党日活动、研讨交流等形式组织集体学习。创办并刊发16期《学习微刊》机关微党报，进一步激活了党员干部利用“碎片化”时间学习的载体。

（三）巡视整改任务有效落实

根据省委巡视反馈意见，深入推进巡视反馈问题整改落实，健全巡视整改长效机制，制定出台《青海省退役军人事务厅关于党支部标准化规范化建设的实施办法》《中共青海省退役军人事务厅党组落实全面从严治党主体责任清单》《青海省退役军人事务厅公文处理规定》《青海省退役军人事务厅机关公务车辆使用管理办法》等15个制度规定，对《中共青海省退役军人事务厅党组理论学习中心组学习制度》《青海省退役军人事务厅党组会议事规则》《青海省退役军人事务厅厅务会议事规则》等10个制度规定进行修改完善，全面堵塞制度漏洞，依法规范各项工作，为更好推进厅系统全面建设、推动退役军人事业改革发展提供制度保证。

宁夏回族自治区

2020年，宁夏回族自治区退役军人事务系统坚持以习近平新时代中国特色社会主义思想为指导，紧紧围绕“让军人成为全社会尊崇的职业”目标，聚焦为经济社会发展服务、为国防和军队建设服务“双重使命”，统筹推进疫情防控和改革发展稳定各项任务，推动新时代退役军人工作改革发展迈出新步伐。

一、机构建设情况

宁夏回族自治区党委和政府将退役军人工作纳入各级党政领导班子和领导干部综合考核内容，列入推进治理体系和治理能力现代化建设总体规划。筹备召开自治区党委退役军人事务工作领导小组会，研究部署重大事项，细化成员单位和联络员工作职责。各地各部门坚持把做好退役军人工作作为分内之事，为退役军人事业发展出实招、办实事、解难题。各市、县（区）全部成立“一把手”担任组长的党委退役军人事务工作领导小组，定期研究、真抓落实，构建起“三级党委一体抓、三级政府主导抓、三级部门协同抓”的工作新格局。推动出台《关于加强新时代退役军人工作的实施意见》及分工方案，召开全区贯彻落实《关于加强新时代退役军人工作的意见》推进会，压实各级责任，部署重点任务，推动退役军人工作改革发展任务落细落实。制定退役军人重要政策制度16项，及时修订《自治区〈伤残抚恤管理办法〉实施细则》，退役军人服务保障“十四五”规划编制工作进展顺利。

实施“基层基础基本建设年”活动，建立退役军人事务系统干部职工常态化联系退役军人、“进军营体验”制度，建立退役军人和其他优抚对象基本信息“大数据库”，四级服务机构视频调度系统建成投用，在全国率先实现残疾军人和伤残人民警察证照电子化。出台巩固深化军地合力做退役军人工作“18条”，健全任务部署、决策咨询、绩效管理、督查问效机制，“十大业务”信息管理系统全面投用，运行机制更加高效。3035个五级退役军人服务中心（站）全部运转，全面实现“五有”和“全覆盖”目标。抢抓宁夏被退役军人事务部列为推广新时代“枫桥经验”、创建全国示范型退役军人服务中心（站）6个先行先试重点示范省区机遇，共创建全国示范型服务中心（站）220家，服务机构实体化运转率达到100%，乡镇示范型服务站创成率达79.8%，4名机构负责同志被评为全国“百名优秀主任（站长）”。

二、思想政治和权益维护工作

开展“思想政治工作年”活动，6.75万名退役军人党员纳入基层党组织有效管理。建立退役军人典型事迹常态化宣传机制，在宁夏新闻网、宁夏电视台、《宁夏日报》等媒体平台，开设《老兵新传》《榜样的力量》专版专栏，推送“最美退役军人”、全国模范退役军人、全区优秀退役军人典型事迹80余篇。宁夏退役军人王富国、赵飞典型事迹被媒体报道。

三、移交安置工作

坚持“阳光安置”，推动将安置工作纳入各级党政领导班子和领导干部综合考核评价的重要指标、双拥模范城（县）评选的重要内容，出台军转干部功绩制考核和档案管理办法，实行“市级统筹、县级负责”和“十公开”的阳光安置办法，为1500余名自主就业退役士兵发放一次性就业补助，为3500余名退役军人（含军属、随迁子女）办理落户审批手续。圆满完成计划分配军转干部、自主择业军转干部、符合政府安排工作条件退役士兵和退出消防员、军休人员接收安置任务。扎实开展部分退役士兵社保接续工作，已受理1.3万余人。

四、就业创业工作

新增就业2324人，超额完成自治区下达的年度“六保”任务。出台退役军人“暖心就业25条”，制定全面落实“六保”任务实施方案，就疫情防控新常态下退役军人稳就业工作拿出7个方面21条精准帮扶举措。启动大型企业定向招录退役军人计划，1721名退役军人参加高职教育，2129名退役军人参加技能培训，举办各类专场招聘活动92场（次），提供就业岗位2.5万余个。出台退役军人创业金融扶持、税费减免“16条”，为退役军人创业企业减免税费1245万元，发放贷款3043万元，建立退役军人就业创业导师团队，设立退役军人“裕农通”金融服务创业示范点2400个，认定自治区级创业孵化基地2家，全区退役军人创办实体增加到2800余家，举办全区首届退役军人创新创业大赛，1家军创企业荣获全国退役军人创新创业大赛优胜奖。

五、拥军优抚工作

联合20部门印发《军人军属、退役军人和其他优抚对象优待工作实施办法》，优待项目增至150条。出台《关于加强困难退役军人帮扶援助工作的实施意见》，成立退役军人事务系统决战脱贫攻坚工作专班，组织排查受疫情影响困难退役军人，及时提供帮扶援助4688人，建档立卡贫困退役军人全部销号清零。出台残疾军人假肢、轮椅配置管理办法，修订伤残抚恤管理办法实施细则，建立残疾鉴定医疗卫生专家库。为1.6万余名优抚对象发放物价补贴，组织368名优抚对象短期疗养。全面推行“双拥卡”制度，与10家金融机构签署拥军优抚合作协议，为退役军人和军人军属提供专属化金融服务。投入1690万元，走访慰问驻宁部队271家（次）、演习部队6支、优抚对象1.3万人、边境任务部队官兵家庭497个、赴湖北抗疫军人家庭27个、优抚事业单位19家（次），慰问范围和资金再创新高。推动修订《全区双拥模范城（县）命名管理办法暨考评标准实施细则》，完成双拥模范城（县）创建终期考评，指导各地新建续建双拥宣教阵地38

处，命名国防教育基地53家，高规格召开全区命名表彰大会。推荐表彰全国双拥模范城（县）6个，爱国拥军模范单位1家、模范个人2名。17个市县被命名为全区双拥模范城（县），命名占比达94%。

六、褒扬纪念工作

建立“四尊崇、五关爱、六必访”工作机制，推动出台《加强烈士纪念设施修缮维护管理工作方案》，启动《中华人民共和国烈士英名录》（宁夏卷）编撰工作，投入资金1062万元，维修改造国家级烈士陵园2所，褒扬纪念管理数据库实现动态信息化管理。完善烈士亲属异地祭扫办理流程，先后开展“致敬·2020清明祭英烈”和“烈士纪念日”公祭活动，参与人数达112万人（次），《宁夏坚持“四加四全”推动“致敬·2020清明祭英烈”活动走深走实》被退役军人事务部工作信息参考刊发，要求各省、自治区、直辖市学习参考。走访慰问驻宁部队官兵、退役军人等1.3万人（次），组织慰问参加抗日战争、抗美援朝出国作战的老战士老同志及其遗属874人，发放抗美援朝纪念章851枚，崇尚英烈、尊崇军人的社会风尚愈发浓厚。

七、疫情防控工作

坚决贯彻落实自治区统筹推进疫情防控和经济社会发展各项部署要求，建立“一日一研判、一日一排查、一日一报告”制度，制定退役军人事务系统“1+6”精准防控措施，实现系统内部“零感染”目标。第一时间向全区退役军人事务系统和退役军人发出倡议书，组织慰问赴武汉参与重症患者救治的32名现役军人家属，动员43名机关党员干部成立抗疫志愿服务队，分赴银川市21个小区、27个点位开展志愿服务。招募6200多名退役军人，组成221支志愿服务队。每天奋战在抗疫一线的退役军人事务系统工作者、退役军人达到1.1万人次，累计捐款捐物300余万元。自治区退役军人事务厅疫情防控志愿服务队被评为全区“我身边的战‘疫’模范”集体，16名退役军人被评为“全区抗击新冠肺炎疫情先进个人”。

八、自身建设情况

宁夏回族自治区退役军人事务厅高标准接受自治区党委巡视，成功创建自治区文明单位，全面启动“让党中央放心、让人民群众满意”的模范机关创建工作，策划实施“走进灵武白芨滩、感悟初心使命”“走进军营、追寻初心、以联促改”等一系列活动，全厅上下常怀担负首任之责，满怀奋进之志，从“一张白纸”走来，扛起了组建机构与推动发展的“双重责任”，克服了人手不足与经验缺少的“双重难题”，经受了矛盾化解与创新创制的“双重压力”，在攻坚克难中锻炼了党员干部，激发了正知正能。机关上下展现出心齐劲足、运转顺畅、激情干事的精神风貌，干成了一批打基础、固根本、利长远的大事，办成了一批强信心、暖兵心、聚人心的实事，以骄人业绩展现了部门担当、系统力量和宁夏作为。

新疆维吾尔自治区

2020年，新疆维吾尔自治区退役军人事务系统认真贯彻落实习近平总书记关于退役军人工作重要论述，深入贯彻落实第三次中央新疆工作座谈会精神，在做好常态化疫情防控工作前提下，做好“六稳”工作，落实“六保”任务，创新思路、健全机制、夯实基础、狠抓落实，确保退役军人事务系统各项工作稳步推进。

一、机构建设情况

（一）运行机制不断完善

梳理起草《退役军人事务工作重点任务协调清单》《领导小组办公室专项清单》《成员单位支持退役军人工作清单》等，制定印发《领导小组成员单位退役军人工作职责》《联络员工作职责》等制度；认真履行自治区党委退役军人事务工作领导小组办公室职责，加强与各成员单位的沟通协调，做好党委领导小组会议服务保障工作，督促落实党委领导指示批示和会议决定事项。

（二）建强服务保障体系

按照“五有”和“全覆盖”要求，全区共建立服务中心（站）1万余个，制定印发《退役军人服务中心（站）建设与规范（暂行）》；积极开展示范型退役军人服务中心（站）创建活动，开展“八好退役军人之家”暨示范型退役军人服务中心（站）创建工作，年底前完成50个精品、144个标杆、300个示范和1000个基本型创建工作；设立各级退役军人服务中心（站）法律援助工作站（室）和退役军人事务人民调解委员会（室），依法依规解决退役军人涉法涉诉和矛盾纠纷问题。

（三）扎实推进信息化建设

推行“互联网+退役军人服务”模式，完成《自治区退役军人事务厅“十四五”信息化规划（讨论稿）》，稳步推进10类基础网络建设工作，指导基层退役军人事务系统逐步连通同级政务服务平台，推进业务线上受理、一网通办，完成新疆维吾尔自治区退役军人事务厅网站正式上线运行。

二、政策法规工作

根据自治区“十四五”规划总体进程，草拟《自治区退役军人事业发展“十四五”规划》和信息化、优抚事业单位、烈士纪念设施、军人公墓建设等5个五年规划。全面梳理退役军人事务系统行政事项，建清单、厘边界，建立权责一致、分工明确、各司其职的工作运行体系。加大法治培训和宣传教育力度，组织干部职工学习

《国家安全法》《民法典》等，厅领导带头上法治课，全体干部职工运用法治思维和法治方式解决问题的能力不断提高。

三、思想政治和权益维护工作

（一）全面推广新时代“枫桥经验”

充分发挥基层退役军人服务中心（站）作用，常态化开展退役军人“五关爱”“六必访”活动，持续推进“矛盾攻坚化解”专项行动，推动矛盾就地化解；积极帮扶困难退役军人，筹措解困帮扶资金，发放物价补贴，帮助因疫情致困退役军人解决生活困难问题。

（二）创新“党建+”模式

规范退役军人党员组织关系转接，完成全疆退役军人党员组织关系排查、落实工作；建立退役军人党员定期报到制度，实现“组织关系一方隶属、参加多重组织生活”；严格落实各项组织制度，开展特色主题党日活动，加强理想信念、革命传统、党规党纪教育；深入开展“思想政治工作年”活动，围绕退役军人所思所想所需“嵌入式”开展思想政治工作，在帮扶救助、权益维护、法律援助、矛盾化解中加强教育引导和心理疏导。

（三）强化正面典型引领

完善新疆“最美退役军人”信息库，全区2020年新增295人，库中共计561人，1人被评为2020年度全国“最美退役军人”；评选2020年度新疆“最美退役军人”19名，其中，“最美退役军人”集体1个，“最美退役军人”个人18名；疫情期间全区先后有3万多名退役军人组建了517支志愿者服务队，积极投身各地疫情防控。

四、移交安置工作

坚持阳光安置，推进安置任务落实。根据年度安置计划，接收计划分配军转干部，妥善安置由政府安排工作退役士兵和退出消防员，及时安置军转干部随迁随调家属。跨军地改革集体转制部队退役军人和随调随迁配偶子女安置落户工作顺利推进，部分退役士兵社会保险接续补缴成效显著，2020年部分退役士兵社会保险补缴受理系统录入1万余人。

五、就业创业工作

制定《自治区退役军人就业创业导师管理暂行办法》《自治区退役军人就业创业培训工作暂行办法》等制度，推动退役军人就业创业工作有章可循、规范指导。持续开展适应性培训、个性化培训、技能培训，组织开展5期“新疆退役军人就业创业大讲堂”活动。共举办网络招聘会136场次，3000多家企业发布岗位2万余个，多数退役军人达成就业意向；与滴滴出行、京东集团、顺丰集团、万科物业4家企业达成合作协议，为退役军人提供313个“专属岗位”。启动首届退役军人创业创新大赛，对参赛选手进行培训，以线上形式开展初赛、复赛、决赛。制定印发《关于进一步做好自主就业退役士兵一次性经济补助发放管理工作的通知》，规范补助经费发放管理。

六、军休服务管理工作

注重提升军休干部服务管理水平，满足军休干部多样化物质文化需求，加强军休服务管理机构规范化建设，制定《自治区军休服务管理机构定人包户实施细则》，开展自治区军休系统数据信息维护，补充完善全区军休人员信息，核查无军籍职工数据，完成军休补助资金测算分配，审核审批部分军队离退休人员及家属遗属待遇，精准高效实施军休干部服务管理。全面落实中央、地方财政和军队方面军休补助经费，保障军休人员待遇落实。

七、拥军优抚工作

把双拥工作纳入经济社会发展和部队建设总体规划，召开全区双拥办主任工作会议，安排部署新一届全国双拥模范创建工作。全区被命名表彰为全国双拥模范城（县）16个、全国双拥模范单位3个和全国双拥模范个人3名。“八一”前夕向驻疆部队发送了自治区党委、人民政府慰问信，全区各级慰问驻疆部队达到了全覆盖，为部队送去各类慰问品。开展“情系边海防官兵”拥军优属活动，为驻边海防艰苦地区部队官兵的家庭排忧解难。抗击新冠肺炎疫情期间，认真开展“五个一”活动，帮助抗疫一线官兵家庭解决实际困难。严格落实国家和自治区抚恤优待政策，提高优抚对象抚恤和生活补助标准政策，协调自治区财政厅测算、下拨抚恤补助金、医疗补助金，建立优抚对象保障标准与物价上涨挂钩联动机制。推进新疆荣军医院、光荣院、军供站等拥军优抚事业单位建设发展，提高优抚事业单位服务保障能力。

八、褒扬纪念工作

编制《自治区烈士纪念设施“十四五”规划》《军人公墓“十四五”规划》，做好烈士纪念设施维护管理，统筹推进全区烈士纪念设施提质改造建设工作。开展“致敬·2020清明祭英烈”活动，开通网上祭扫平台，全疆各地网上祭扫量达到448万人次。组织开展“红色九月　彪炳历史　照亮未来”主题活动，扎实做好庆祝抗战胜利75周年、烈士纪念日、抗美援朝出国作战70周年纪念活动，“9·30烈士纪念日”参与活动达4万多人。

九、自身建设情况

加强党组织建设，构建运行顺畅的基层党组织体系，健全工作机制，举办“全面从严治党”专题大讲堂，制定《落实全面从严治党责任清单》，签订《2020年度全面从严治党责任书》等4份责任书，推动党建责任落实落地。深入推进党风廉政建设，坚持把党风廉政建设与退役军人事务工作同安排、同部署，落实“三个不直接分管”“三重一大”事项决策、末位表态等各项规章制度。印发《自治区退役军人事务厅党风廉政建设工作要点》，紧盯重大节假日、重点环节，及时开展廉政提醒和明察暗访。

将退役军人工作纳入自治区各级党委、政府领导班子绩效考核内容，作为双拥模范城（县）考评重要内容，加大考核考评力度，注重考核结果运用，激发各地各部门做好退役军人工作的政治责任。

新疆生产建设兵团

2020年，新疆生产建设兵团退役军人事务系统以紧紧围绕服务兵团维稳戍边中心工作，充分发挥体制优势和组织动员能力，在精心服务退役军人和履行职责使命过程中彰显“军”的属性，提升“兵”的能力，不断增强兵团退役军人的获得感、幸福感、荣誉感，全面提升退役军人工作治理体系、治理能力现代化。

一、机构建设情况

经兵团党委批准，组建兵团党委退役军人事务工作领导小组办公室秘书处。调整兵团党委退役军人事务工作领导小组和兵团双拥工作领导小组，兵团党委主要负责同志担任两个领导小组组长，党委副书记、司令员任第一副组长，4名常委任副组长。将退役军人工作纳入党政领导班子综合考核评价内容，作为双拥模范城（县）考评内容，强化考核考评结果运用。

坚持“两个率先”，即率先抓好32个先行先试重点示范退役军人服务中心（站），率先在全域整体推进学习推广新时代“枫桥经验”建设“退役军人之家”。兵团120个服务中心（站）通过验收达到全国示范型“退役军人之家”创建标准。1名退役军人服务中心主任、2名退役军人服务站站长被评为“全国百名优秀退役军人服务中心（站）主任（站长）”。第二师铁门关市、第十师北屯市在创建示范型退役军人服务站过程中，探索团场武装部长兼任服务站站长工作模式，两个师市共12个团场退役军人服务站站长由武装部长兼任，其中第十师北屯市做到全覆盖。

二、思想政治和权益维护工作

（一）思想政治工作

认真开展“思想政治工作年”活动，加强退役军人思想政治引领，引导广大退役军人离军不离党、退役不褪色、建功新时代。一是积极开展“最美退役军人”学习宣传活动，评选出10名兵团2020年度“最美退役军人”。二是积极宣传退役军人抗疫先进事迹，兵团退役军人事务局微信公众号开设“兵团退役军人在‘疫’线”专栏。三是加强退役军人党员教育管理，抓好组织关系转接，解决“口袋党员”问题，将退役军人党员全部纳入基层党组织管理，非党员退役军人纳入街道、连队和社区管理，充实到民兵队伍中当骨干。四是注重发展“兵支书”，把优秀退役军人选进连队（社区）“两委”班子，逐步强化退役军人支撑作用。五是倡议退役军人参与志愿服务，动员、支持退役军人奉献战“疫”，四师军垦路社区5名退役军人组成兵团辖区第一支志愿服务队率先参战，带动兵团共199支志愿服务队，9816名退役军人奋斗在抗疫一线。

（二）权益维护工作

持续开展退役军人“矛盾问题攻坚化解年”活动，各级退役军人事务部门打破班子成员分工，打破处室、科室职能界限，打破按部就班状态，挤出时间，结对包联，一对一、面对面开展接访、协调和包案化解工作。

三、移交安置工作

加强与移交部队、接收单位、退役军人沟通联系，前移服务关口，提高安置效果。联合兵团组织部等7部门印发兵团跨军地改革集体转制部队退役军人落户计划，指导各师市业务人员做好落户工作。兵团接收安置退役军人共11名。全面完成自主择业军转干部适应性培训，并办理了报到落户手续，完成退役金核算。全年为自主就业的702名退役士兵发放了自主就业一次性补助金。

四、就业创业工作

举办春季退役军人网络专场招聘会，吸纳14个师1079家单位参与招聘，提供职位3388个，提供岗位4227个，946人通过网络注册向有意向单位投递了简历，网站浏览量达5368人次。开展“2020年金秋招聘月”活动，针对退役军人专场招聘会12场，面向退役军人提供岗位数580个，签订就业（意向）协议退役军人225人。加强退役军人教育培训，鼓励符合条件的退役军人特别是退役士兵获取更高层次学历，提升就业能力。指导各师市开展退役士兵职业技能培训，全兵团参加教育培训331人。出台《兵团面向驻疆部队退役士兵招录招聘干部职工的若干政策》，全兵团共招录2000余名退役军人充实一线职工队伍。第二师铁门关市连续两年面向河北招录退役军人278名，其中充实到团场辅警岗位241名，消防员岗位19名，国有企业岗位18名。

五、军休服务管理工作

认真做好离退休干部审定工作，接收4名军队离退休干部，完成移交军队离退休干部工作任务。在全国军休干部管理系统中，完善军休干部信息，为换发离退休证打好基础。

六、拥军优抚工作

（一）拥军优属工作

双拥表彰工作列入兵团常设表彰项目。元旦、春节、“八一”等节日期间，积极走访慰问驻兵团辖区部队和重点服务对象，与中国电信股份有限公司新疆分公司、中国移动通信集团新疆有限公司、中国联合网络通信有限公司新疆分公司签署拥军优抚合作协议。开展“情系边海防”拥军优属“六送”活动，共计走访慰问官兵家属800余人，积极帮助解决边防官兵“三后”问题。“八一”期间，由兵、师、团三级组成慰问团，采购价值100万元羽绒马甲和60余万生活急需品，赴中印边境边防斗争一线任务部队进行慰问。深入开展“送政策进军营、送服务到基层”活动。全力做好中国人民志愿军抗美援朝出国作战70周年相关工作，颁发纪念章，发放慰问金。兵团一师阿拉尔市、八师石河子市两个城市被命名为“全国双拥模范城”，十师北屯市一八六团被表彰为“全国爱国拥军模范单位”，杨付荣、刘广彬被表彰为“全国爱国拥军模范”，孙建坤被表彰为“全国拥政爱民模范”。

（二）优待抚恤工作

坚持信息采集工作常态化，为7360户烈属、军属和退役军人家庭悬挂了光荣牌。全面做好退役军人建档立卡，动态掌握退役军人生产生活情况，摸清退役军人底数。补充完善困难帮扶援助系统数据，完成困难帮扶数据356条。全年下达优抚对象补助资金5171万元，提高各类优抚对象生活和医疗保障待遇标准。为优抚对象发放临时价格补贴。组织一、二、六、八师4名优抚对象赴河北参加退役军人事务部安排的短期疗养。积极稳妥推进部分退役士兵社保补缴工作。完成伤残等级评定工作。

七、褒扬纪念工作

广泛开展“致敬·2020清明祭英烈”网上祭扫活动。三师图木舒克市、八师石河子市、九师、十二师等师市深入挖掘英烈事迹，制作英烈事迹电子宣传册围绕庆祝抗战胜利75周年、烈士纪念日、抗美援朝出国作战70周年等重大活动，组织开展“红色九月　彪炳历史　照亮未来”主题宣传活动。开展“国家丰碑、人民记忆”网上祭扫活动，兵团近6.9万人参与线上祭扫活动。

统筹烈士纪念设施规划建设，加强对兵团烈士纪念设施提质和零散烈士墓的修缮保护，将九师孙龙珍烈士陵园、八师石河子市烈士陵园、六师五家渠市烈士纪念馆和十三师新星市烈士广场纳入兵团“十四五”规划，将兵团军人公墓建设项目纳入“十四五”规划项目库。

八、自身建设工作

一是旗帜鲜明讲政治，持续深入增强局机关的政治功能。坚持把政治机关建设作为立局之魂，严格按照党中央和兵团党委工作要求建体系、立机制、抓政策、搞服务。二是认真履行全面从严治党主体责任，抓好党风廉政建设。制定《兵团退役军人事务局党组落实全面从严治党主体责任清单》，明确局党组主体责任、主要负责人主体责任和班子其他成员主体责任。三是加强政策业务学习培训，持续提升干部队伍综合素质和履职能力。

政策法规

中华人民共和国主席令

第六十三号

《中华人民共和国退役军人保障法》已由中华人民共和国第十三届全国人民代表大会常务委员会第二十三次会议于2020年11月11日通过，现予公布，自2021年1月1日起施行。

中华人民共和国主席　习近平

2020年11月11日

中华人民共和国退役军人保障法

（2020年11月11日第十三届全国人民代表大会常务委员会第二十三次会议通过）

第一章　总　　则

第一条　为了加强退役军人保障工作，维护退役军人合法权益，让军人成为全社会尊崇的职业，根据宪法，制定本法。

第二条　本法所称退役军人，是指从中国人民解放军依法退出现役的军官、军士和义务兵等人员。

第三条　退役军人为国防和军队建设做出了重要贡献，是社会主义现代化建设的重要力量。

尊重、关爱退役军人是全社会的共同责任。国家关心、优待退役军人，加强退役军人保障体系建设，保障退役军人依法享有相应的权益。

第四条　退役军人保障工作坚持中国共产党的领导，坚持为经济社会发展服务、为国防和军队建设服务的方针，遵循以人为本、分类保障、服务优先、依法管理的原则。

第五条　退役军人保障应当与经济发展相协调，与社会进步相适应。

退役军人安置工作应当公开、公平、公正。

退役军人的政治、生活等待遇与其服现役期间所做贡献挂钩。

国家建立参战退役军人特别优待机制。

第六条　退役军人应当继续发扬人民军队优良传统，模范遵守宪法和法律法规，保守军事秘密，践行社会主义核心价值观，积极参加社会主义现代化建设。

第七条　国务院退役军人工作主管部门负责全国的退役军人保障工作。县级以上地方人民政府退役军人工作主管部门负责本行政区域的退役军人保障工作。

中央和国家有关机关、中央军事委员会有关部门、地方各级有关机关应当在各自职责范围内做好退役军人保障工作。

军队各级负责退役军人有关工作的部门与县级以上人民政府退役军人工作主管部门应当密切配合，做好退役军人保障工作。

第八条　国家加强退役军人保障工作信息化建设，为退役军人建档立卡，实现有关部门之间信息共享，为提高退役军人保障能力提供支持。

国务院退役军人工作主管部门应当与中央和国家有关机关、中央军事委员会有关部门密切配合，统筹做好信息数据系统的建设、维护、应用和信息安全管理等工作。

第九条　退役军人保障工作所需经费由中央

和地方财政共同负担。退役安置、教育培训、抚恤优待资金主要由中央财政负担。

第十条　国家鼓励和引导企业、社会组织、个人等社会力量依法通过捐赠、设立基金、志愿服务等方式为退役军人提供支持和帮助。

第十一条　对在退役军人保障工作中做出突出贡献的单位和个人，按照国家有关规定给予表彰、奖励。

第二章　移交接收

第十二条　国务院退役军人工作主管部门、中央军事委员会政治工作部门、中央和国家有关机关应当制定全国退役军人的年度移交接收计划。

第十三条　退役军人原所在部队应当将退役军人移交安置地人民政府退役军人工作主管部门，安置地人民政府退役军人工作主管部门负责接收退役军人。

退役军人的安置地，按照国家有关规定确定。

第十四条　退役军人应当在规定时间内，持军队出具的退役证明到安置地人民政府退役军人工作主管部门报到。

第十五条　安置地人民政府退役军人工作主管部门在接收退役军人时，向退役军人发放退役军人优待证。

退役军人优待证全国统一制发、统一编号，管理使用办法由国务院退役军人工作主管部门会同有关部门制定。

第十六条　军人所在部队在军人退役时，应当及时将其人事档案移交安置地人民政府退役军人工作主管部门。

安置地人民政府退役军人工作主管部门应当按照国家人事档案管理有关规定，接收、保管并向有关单位移交退役军人人事档案。

第十七条　安置地人民政府公安机关应当按照国家有关规定，及时为退役军人办理户口登记，同级退役军人工作主管部门应当予以协助。

第十八条　退役军人原所在部队应当按照有关法律法规规定，及时将退役军人及随军未就业配偶的养老、医疗等社会保险关系和相应资金，转入安置地社会保险经办机构。

安置地人民政府退役军人工作主管部门应当与社会保险经办机构、军队有关部门密切配合，依法做好有关社会保险关系和相应资金转移接续工作。

第十九条　退役军人移交接收过程中，发生与其服现役有关的问题，由原所在部队负责处理；发生与其安置有关的问题，由安置地人民政府负责处理；发生其他移交接收方面问题的，由安置地人民政府负责处理，原所在部队予以配合。

退役军人原所在部队撤销或者转隶、合并的，由原所在部队的上级单位或者转隶、合并后的单位按照前款规定处理。

第三章　退役安置

第二十条　地方各级人民政府应当按照移交接收计划，做好退役军人安置工作，完成退役军人安置任务。

机关、群团组织、企业事业单位和社会组织应当依法接收安置退役军人，退役军人应当接受安置。

第二十一条　对退役的军官，国家采取退休、转业、逐月领取退役金、复员等方式妥善安置。

以退休方式移交人民政府安置的，由安置地

人民政府按照国家保障与社会化服务相结合的方式，做好服务管理工作，保障其待遇。

以转业方式安置的，由安置地人民政府根据其德才条件以及服现役期间的职务、等级、所做贡献、专长等和工作需要安排工作岗位，确定相应的职务职级。

服现役满规定年限，以逐月领取退役金方式安置的，按照国家有关规定逐月领取退役金。

以复员方式安置的，按照国家有关规定领取复员费。

第二十二条　对退役的军士，国家采取逐月领取退役金、自主就业、安排工作、退休、供养等方式妥善安置。

服现役满规定年限，以逐月领取退役金方式安置的，按照国家有关规定逐月领取退役金。

服现役不满规定年限，以自主就业方式安置的，领取一次性退役金。

以安排工作方式安置的，由安置地人民政府根据其服现役期间所做贡献、专长等安排工作岗位。

以退休方式安置的，由安置地人民政府按照国家保障与社会化服务相结合的方式，做好服务管理工作，保障其待遇。

以供养方式安置的，由国家供养终身。

第二十三条　对退役的义务兵，国家采取自主就业、安排工作、供养等方式妥善安置。

以自主就业方式安置的，领取一次性退役金。

以安排工作方式安置的，由安置地人民政府根据其服现役期间所做贡献、专长等安排工作岗位。

以供养方式安置的，由国家供养终身。

第二十四条　退休、转业、逐月领取退役金、复员、自主就业、安排工作、供养等安置方式的适用条件，按照相关法律法规执行。

第二十五条　转业军官、安排工作的军士和义务兵，由机关、群团组织、事业单位和国有企业接收安置。对下列退役军人，优先安置：

（一）参战退役军人；

（二）担任作战部队师、旅、团、营级单位主官的转业军官；

（三）属于烈士子女、功臣模范的退役军人；

（四）长期在艰苦边远地区或者特殊岗位服现役的退役军人。

第二十六条　机关、群团组织、事业单位接收安置转业军官、安排工作的军士和义务兵的，应当按照国家有关规定给予编制保障。

国有企业接收安置转业军官、安排工作的军士和义务兵的，应当按照国家规定与其签订劳动合同，保障相应待遇。

前两款规定的用人单位依法裁减人员时，应当优先留用接收安置的转业和安排工作的退役军人。

第二十七条　以逐月领取退役金方式安置的退役军官和军士，被录用为公务员或者聘用为事业单位工作人员的，自被录用、聘用下月起停发退役金，其待遇按照公务员、事业单位工作人员管理相关法律法规执行。

第二十八条　国家建立伤病残退役军人指令性移交安置、收治休养制度。军队有关部门应当及时将伤病残退役军人移交安置地人民政府安置。安置地人民政府应当妥善解决伤病残退役军人的住房、医疗、康复、护理和生活困难。

第二十九条　各级人民政府加强拥军优属工作，为军人和家属排忧解难。

符合条件的军官和军士退出现役时，其配偶和子女可以按照国家有关规定随调随迁。

随调配偶在机关或者事业单位工作，符合有关法律法规规定的，安置地人民政府负责安排到相应的工作单位；随调配偶在其他单位工作或者无工作单位的，安置地人民政府应当提供就业指导，协助实现就业。

随迁子女需要转学、入学的，安置地人民政府教育行政部门应当予以及时办理。对下列退役军人的随迁子女，优先保障：

（一）参战退役军人；

（二）属于烈士子女、功臣模范的退役军人；

（三）长期在艰苦边远地区或者特殊岗位服现役的退役军人；

（四）其他符合条件的退役军人。

第三十条　军人退役安置的具体办法由国务院、中央军事委员会制定。

第四章　教育培训

第三十一条　退役军人的教育培训应当以提高就业质量为导向，紧密围绕社会需求，为退役军人提供有特色、精细化、针对性强的培训服务。

国家采取措施加强对退役军人的教育培训，帮助退役军人完善知识结构，提高思想政治水平、职业技能水平和综合职业素养，提升就业创业能力。

第三十二条　国家建立学历教育和职业技能培训并行并举的退役军人教育培训体系，建立退役军人教育培训协调机制，统筹规划退役军人教育培训工作。

第三十三条　军人退役前，所在部队在保证完成军事任务的前提下，可以根据部队特点和条件提供职业技能储备培训，组织参加高等教育自学考试和各类高等学校举办的高等学历继续教育，以及知识拓展、技能培训等非学历继续教育。

部队所在地县级以上地方人民政府退役军人工作主管部门应当为现役军人所在部队开展教育培训提供支持和协助。

第三十四条　退役军人在接受学历教育时，按照国家有关规定享受学费和助学金资助等国家教育资助政策。

高等学校根据国家统筹安排，可以通过单列计划、单独招生等方式招考退役军人。

第三十五条　现役军人入伍前已被普通高等学校录取或者是正在普通高等学校就学的学生，服现役期间保留入学资格或者学籍，退役后两年内允许入学或者复学，可以按照国家有关规定转入本校其他专业学习。达到报考研究生条件的，按照国家有关规定享受优惠政策。

第三十六条　国家依托和支持普通高等学校、职业院校（含技工院校）、专业培训机构等教育资源，为退役军人提供职业技能培训。退役军人未达到法定退休年龄需要就业创业的，可以享受职业技能培训补贴等相应扶持政策。

军人退出现役，安置地人民政府应当根据就业需求组织其免费参加职业教育、技能培训，经考试考核合格的，发给相应的学历证书、职业资格证书或者职业技能等级证书并推荐就业。

第三十七条　省级人民政府退役军人工作主管部门会同有关部门加强动态管理，定期对为退役军人提供职业技能培训的普通高等学校、职业院校（含技工院校）、专业培训机构的培训质量进行检查和考核，提高职业技能培训质量和水平。

第五章　就业创业

第三十八条　国家采取政府推动、市场引导、社会支持相结合的方式，鼓励和扶持退役军人就业创业。

第三十九条　各级人民政府应当加强对退役军人就业创业的指导和服务。

县级以上地方人民政府退役军人工作主管部门应当加强对退役军人就业创业的宣传、组织、协调等工作，会同有关部门采取退役军人专场招聘会等形式，开展就业推荐、职业指导，帮助退役军人就业。

第四十条　服现役期间因战、因公、因病致残被评定残疾等级和退役后补评或者重新评定残疾等级的残疾退役军人，有劳动能力和就业意愿的，优先享受国家规定的残疾人就业优惠政策。

第四十一条　公共人力资源服务机构应当免费为退役军人提供职业介绍、创业指导等服务。

国家鼓励经营性人力资源服务机构和社会组织为退役军人就业创业提供免费或者优惠服务。

退役军人未能及时就业的，在人力资源和社会保障部门办理求职登记后，可以按照规定享受失业保险待遇。

第四十二条　机关、群团组织、事业单位和国有企业在招录或者招聘人员时，对退役军人的年龄和学历条件可以适当放宽，同等条件下优先招录、招聘退役军人。退役的军士和义务兵服现役经历视为基层工作经历。

退役的军士和义务兵入伍前是机关、群团组织、事业单位或者国有企业人员的，退役后可以选择复职复工。

第四十三条　各地应当设置一定数量的基层公务员职位，面向服现役满五年的高校毕业生退役军人招考。

服现役满五年的高校毕业生退役军人可以报考面向服务基层项目人员定向考录的职位，同服务基层项目人员共享公务员定向考录计划。

各地应当注重从优秀退役军人中选聘党的基层组织、社区和村专职工作人员。

军队文职人员岗位、国防教育机构岗位等，应当优先选用符合条件的退役军人。

国家鼓励退役军人参加稳边固边等边疆建设工作。

第四十四条　退役军人服现役年限计算为工龄，退役后与所在单位工作年限累计计算。

第四十五条　县级以上地方人民政府投资建设或者与社会共建的创业孵化基地和创业园区，应当优先为退役军人创业提供服务。有条件的地区可以建立退役军人创业孵化基地和创业园区，为退役军人提供经营场地、投资融资等方面的优惠服务。

第四十六条　退役军人创办小微企业，可以按照国家有关规定申请创业担保贷款，并享受贷款贴息等融资优惠政策。

退役军人从事个体经营，依法享受税收优惠政策。

第四十七条　用人单位招用退役军人符合国家规定的，依法享受税收优惠等政策。

第六章　抚恤优待

第四十八条　各级人民政府应当坚持普惠与优待叠加的原则，在保障退役军人享受普惠性政策和公共服务基础上，结合服现役期间所做贡献和各地实际情况给予优待。

对参战退役军人，应当提高优待标准。

第四十九条　国家逐步消除退役军人抚恤优待制度城乡差异、缩小地区差异，建立统筹平衡的抚恤优待量化标准体系。

第五十条　退役军人依法参加养老、医疗、工伤、失业、生育等社会保险，并享受相应待遇。

退役军人服现役年限与入伍前、退役后参加职工基本养老保险、职工基本医疗保险、失业保险的缴费年限依法合并计算。

第五十一条　退役军人符合安置住房优待条件的，实行市场购买与军地集中统建相结合，由安置地人民政府统筹规划、科学实施。

第五十二条　军队医疗机构、公立医疗机构应当为退役军人就医提供优待服务，并对参战退役军人、残疾退役军人给予优惠。

第五十三条　退役军人凭退役军人优待证等有效证件享受公共交通、文化和旅游等优待，具体办法由省级人民政府制定。

第五十四条　县级以上人民政府加强优抚医院、光荣院建设，充分利用现有医疗和养老服务资源，收治或者集中供养孤老、生活不能自理的退役军人。

各类社会福利机构应当优先接收老年退役军人和残疾退役军人。

第五十五条　国家建立退役军人帮扶援助机制，在养老、医疗、住房等方面，对生活困难的退役军人按照国家有关规定给予帮扶援助。

第五十六条　残疾退役军人依法享受抚恤。

残疾退役军人按照残疾等级享受残疾抚恤金，标准由国务院退役军人工作主管部门会同国务院财政部门综合考虑国家经济社会发展水平、消费物价水平、全国城镇单位就业人员工资水平、国家财力情况等因素确定。残疾抚恤金由县级人民政府退役军人工作主管部门发放。

第七章　褒扬激励

第五十七条　国家建立退役军人荣誉激励机制，对在社会主义现代化建设中做出突出贡献的退役军人予以表彰、奖励。退役军人服现役期间获得表彰、奖励的，退役后按照国家有关规定享受相应待遇。

第五十八条　退役军人安置地人民政府在接收退役军人时，应当举行迎接仪式。迎接仪式由安置地人民政府退役军人工作主管部门负责实施。

第五十九条　地方人民政府应当为退役军人家庭悬挂光荣牌，定期开展走访慰问活动。

第六十条　国家、地方和军队举行重大庆典活动时，应当邀请退役军人代表参加。

被邀请的退役军人参加重大庆典活动时，可以穿着退役时的制式服装，佩戴服现役期间和退役后荣获的勋章、奖章、纪念章等徽章。

第六十一条　国家注重发挥退役军人在爱国主义教育和国防教育活动中的积极作用。机关、群团组织、企业事业单位和社会组织可以邀请退役军人协助开展爱国主义教育和国防教育。县级以上人民政府教育行政部门可以邀请退役军人参加学校国防教育培训，学校可以聘请退役军人参与学生军事训练。

第六十二条　县级以上人民政府退役军人工作主管部门应当加强对退役军人先进事迹的宣传，通过制作公益广告、创作主题文艺作品等方式，弘扬爱国主义精神、革命英雄主义精神和退役军人敬业奉献精神。

第六十三条　县级以上地方人民政府负责地方志工作的机构应当将本行政区域内下列退役军人的名录和事迹，编辑录入地方志：

（一）参战退役军人；

（二）荣获二等功以上奖励的退役军人；

（三）获得省部级或者战区级以上表彰的退役军人；

（四）其他符合条件的退役军人。

第六十四条　国家统筹规划烈士纪念设施建设，通过组织开展英雄烈士祭扫纪念活动等多种形式，弘扬英雄烈士精神。退役军人工作主管部门负责烈士纪念设施的修缮、保护和管理。

国家推进军人公墓建设。符合条件的退役军人去世后，可以安葬在军人公墓。

第八章　服务管理

第六十五条　国家加强退役军人服务机构建设，建立健全退役军人服务体系。县级以上人民政府设立退役军人服务中心，乡镇、街道、农村和城市社区设立退役军人服务站点，提升退役军人服务保障能力。

第六十六条　退役军人服务中心、服务站点等退役军人服务机构应当加强与退役军人联系沟通，做好退役军人就业创业扶持、优抚帮扶、走访慰问、权益维护等服务保障工作。

第六十七条　县级以上人民政府退役军人工作主管部门应当加强退役军人思想政治教育工作，及时掌握退役军人的思想情况和工作生活状况，指导接收安置单位和其他组织做好退役军人的思想政治工作和有关保障工作。

接收安置单位和其他组织应当结合退役军人工作和生活状况，做好退役军人思想政治工作和有关保障工作。

第六十八条　县级以上人民政府退役军人工作主管部门、接收安置单位和其他组织应当加强对退役军人的保密教育和管理。

第六十九条　县级以上人民政府退役军人工作主管部门应当通过广播、电视、报刊、网络等多种渠道宣传与退役军人相关的法律法规和政策制度。

第七十条　县级以上人民政府退役军人工作主管部门应当建立健全退役军人权益保障机制，畅通诉求表达渠道，为退役军人维护其合法权益提供支持和帮助。退役军人的合法权益受到侵害，应当依法解决。公共法律服务有关机构应当依法为退役军人提供法律援助等必要的帮助。

第七十一条　县级以上人民政府退役军人工作主管部门应当依法指导、督促有关部门和单位做好退役安置、教育培训、就业创业、抚恤优待、褒扬激励、拥军优属等工作，监督检查退役军人保障相关法律法规和政策措施落实情况，推进解决退役军人保障工作中存在的问题。

第七十二条　国家实行退役军人保障工作责任制和考核评价制度。县级以上人民政府应当将退役军人保障工作完成情况，纳入对本级人民政府负责退役军人有关工作的部门及其负责人、下级人民政府及其负责人的考核评价内容。

对退役军人保障政策落实不到位、工作推进不力的地区和单位，由省级以上人民政府退役军人工作主管部门会同有关部门约谈该地区人民政府主要负责人或者该单位主要负责人。

第七十三条　退役军人工作主管部门及其工作人员履行职责，应当自觉接受社会监督。

第七十四条　对退役军人保障工作中违反本法行为的检举、控告，有关机关和部门应当依法及时处理，并将处理结果告知检举人、控告人。

第九章　法律责任

第七十五条　退役军人工作主管部门及其工作人员有下列行为之一的，由其上级主管部门责令改正，对直接负责的主管人员和其他直接责任人员依法给予处分：

（一）未按照规定确定退役军人安置待遇的；

（二）在退役军人安置工作中出具虚假文件的；

（三）为不符合条件的人员发放退役军人优待证的；

（四）挪用、截留、私分退役军人保障工作经费的；

（五）违反规定确定抚恤优待对象、标准、数额或者给予退役军人相关待遇的；

（六）在退役军人保障工作中利用职务之便为自己或者他人谋取私利的；

（七）在退役军人保障工作中失职渎职的；

（八）有其他违反法律法规行为的。

第七十六条　其他负责退役军人有关工作的部门及其工作人员违反本法有关规定的，由其上级主管部门责令改正，对直接负责的主管人员和其他直接责任人员依法给予处分。

第七十七条　违反本法规定，拒绝或者无故拖延执行退役军人安置任务的，由安置地人民政府退役军人工作主管部门责令限期改正；逾期不改正的，予以通报批评。对该单位主要负责人和直接责任人员，由有关部门依法给予处分。

第七十八条　退役军人弄虚作假骗取退役相关待遇的，由县级以上地方人民政府退役军人工作主管部门取消相关待遇，追缴非法所得，并由其所在单位或者有关部门依法给予处分。

第七十九条　退役军人违法犯罪的，由省级人民政府退役军人工作主管部门按照国家有关规定中止、降低或者取消其退役相关待遇，报国务院退役军人工作主管部门备案。

退役军人对省级人民政府退役军人工作主管部门作出的中止、降低或者取消其退役相关待遇的决定不服的，可以依法申请行政复议或者提起行政诉讼。

第八十条　违反本法规定，构成违反治安管理行为的，依法给予治安管理处罚；构成犯罪的，依法追究刑事责任。

第十章　附　　则

第八十一条　中国人民武装警察部队依法退出现役的警官、警士和义务兵等人员，适用本法。

第八十二条　本法有关军官的规定适用于文职干部。

军队院校学员依法退出现役的，参照本法有关规定执行。

第八十三条　参试退役军人参照本法有关参战退役军人的规定执行。

参战退役军人、参试退役军人的范围和认定标准、认定程序，由中央军事委员会有关部门会同国务院退役军人工作主管部门等部门规定。

第八十四条　军官离职休养和军级以上职务军官退休后，按照国务院和中央军事委员会的有关规定安置管理。

本法施行前已经按照自主择业方式安置的退役军人的待遇保障，按照国务院和中央军事委员会的有关规定执行。

第八十五条　本法自2021年1月1日起施行。

国务院关于公布第三批国家级抗战纪念设施、遗址名录的通知

国发〔2020〕11号

各省、自治区、直辖市人民政府，国务院各部委、各直属机构：

为隆重纪念中国人民抗日战争暨世界反法西斯战争胜利75周年，经党中央、国务院批准，现将第三批80处国家级抗战纪念设施、遗址名录予以公布。

各地区、各有关部门要进一步加强抗战纪念设施、遗址的保护管理，做好抗战史料文物和英烈事迹的发掘整理、宣传陈展工作，广泛组织开展群众性拜谒、参观活动，教育引导广大群众特别是青少年充分认清日本法西斯侵略者犯下的罪行，牢记中华民族抵御侵略、奋勇抗争的历史以及中国人民为世界反法西斯战争胜利作出的巨大民族牺牲和重要历史贡献，学习宣传抗日英烈的英雄事迹，大力弘扬伟大的民族精神和抗战精神，进一步增强民族凝聚力、向心力，为实现中华民族伟大复兴的中国梦不懈奋斗。

国务院

2020年9月1日

第三批国家级抗战纪念设施、遗址名录

北京市

冀热察挺进军司令部旧址陈列馆　位于北京市门头沟区斋堂镇马栏村

白乙化烈士陵园　位于北京市密云区石城镇河北村

天津市

中共中央北方局旧址纪念馆　位于天津市和平区黑龙江路隆泰里19号

河北省

陈庄歼灭战旧址　位于河北省石家庄市灵寿县岔头镇横山岭水库东岸

遵化市长城抗战烈士陵园　位于河北省唐山市遵化市石门镇石门四村

冀南山底抗日地道遗址　位于河北省邯郸市峰峰矿区义井镇山底村

中国人民抗日军政大学陈列馆　位于河北省邢台市信都区浆水镇前南峪村

冀南烈士陵园　位于河北省邢台市南宫市南大街103号

白洋淀雁翎队纪念馆　位于河北省保定市安新县白洋淀景区

冀中烈士陵园　位于河北省沧州市河间市曙光西路66号

山西省

山西国民师范旧址革命活动纪念馆　位于山西省太原市杏花岭区五一北路245号

八路军总司令部北村旧址　位于山西省长治市潞城区店上镇北村

武乡县八路军烈士陵园　位于山西省长治市武乡县故县乡里庄村

町店战斗纪念园　位于山西省晋城市阳城县町店镇町店村

左权烈士陵园　位于山西省晋中市左权县辽阳镇北街村陵园街

白求恩模范病室旧址　位于山西省忻州市五台县耿镇镇松岩口村

雁门关伏击战遗址　位于山西省忻州市代县雁门关镇太和岭口村

内蒙古自治区

华北军第五十九军抗日阵亡将士公墓　位于内蒙古自治区呼和浩特市新城区海拉尔大街54号

绥蒙抗日救国会旧址纪念馆　位于内蒙古自治区呼和浩特市玉泉区玉泉二巷11号

乌不浪口抗日烈士陵园　位于内蒙古自治区巴彦淖尔市乌拉特中旗德岭山镇四义堂村

辽宁省

东北抗日义勇军纪念馆　位于辽宁省本溪市桓仁满族自治县桓仁镇东关村

虎石沟万人坑纪念馆　位于辽宁省营口市大石桥市南楼经济开发区圣水寺村

侵华日本关东军护路守备队盘山分队旧址陈列馆　位于辽宁省盘锦市双台子区胜利街东段13号

吉林省

丰满万人坑遗址　位于吉林省吉林市丰满区江南乡孟家村

辽源市二战盟军高级战俘营旧址展览馆　位于吉林省辽源市西安区人民大街4907号

东北沦陷时期辽源矿工墓陈列馆　位于吉林省辽源市西安区泰安大路5048号

杨靖宇将军殉国地　位于吉林省白山市靖宇县濛江乡靖宇村东

敦化市烈士陵园　位于吉林省延边朝鲜族自治州敦化市翰章乡翰章村

黑龙江省

尚志烈士陵园　位于黑龙江省哈尔滨市尚志市北环街92号

汤原烈士陵园　位于黑龙江省佳木斯市汤原县京抚路中段

上海市

侵华日军罗泾大烧杀遇难同胞纪念地　位于上海市宝山区罗泾镇海星村水源涵养林内

江苏省

侵华日军南京利济巷慰安所旧址　位于江苏省南京市秦淮区利济巷

云台山抗日烈士陵园　位于江苏省南京市江宁区横溪街道云台村鸭塘自然村

车桥战役烈士陵园　位于江苏省淮安市淮安区车桥镇车北村

阜宁县芦蒲烈士陵园　位于江苏省盐城市阜宁县芦蒲镇芦蒲村

茅山新四军纪念馆　位于江苏省镇江市句容市茅山风景区万福路

浙江省

新四军浙东游击纵队司令部旧址　位于浙江省宁波市余姚市梁弄镇晓岭街

新四军苏浙军区旧址　位于浙江省湖州市长兴县煤山镇

安徽省

野寨抗日阵亡将士公墓　位于安徽省安庆市潜山市天柱山镇野寨街50号

大别山烈士陵园　位于安徽省安庆市岳西县天堂镇老街路1号

岩寺新四军军部旧址纪念馆　位于安徽省黄山市徽州区滨河南路39号

新四军第四支队纪念馆　位于安徽省六安市舒城县高峰乡东港村

福建省

大田“第二集美学村”旧址　位于福建省三明市大田县均溪镇玉田村

江西省

老虎山抗日英烈陵园　位于江西省宜春市高安市龙潭镇龙潭村

山东省

鲁中抗日战争展览馆　位于山东省济南市莱芜区汶阳东大街43号

黑铁山抗日武装起义纪念馆　位于山东省淄博市张店区四宝山街道太平村

马鞍山抗战遗址　位于山东省淄博市淄川区太河镇小口头村

玉皇顶抗日武装起义遗址　位于山东省烟台市莱州市文昌北路29号

牛头镇抗日武装起义纪念碑和陈列馆　位于山东省潍坊市寿光市台头镇巨淀湖畔

徂徕山抗日武装起义磨山峪旧址　位于山东省泰安市岱岳区房村镇磨山峪村

大青山革命烈士陵园　位于山东省临沂市沂南县双堠镇东梭庄村

渊子崖烈士纪念塔　位于山东省临沂市莒南县板泉镇渊子崖村

苏村烈士陵园　位于山东省聊城市莘县张寨镇苏村

湖西革命烈士陵园　位于山东省菏泽市单县南城街道健康路1号

河南省

杜八联革命纪念馆　位于河南省济源市坡头镇泰山村

湖北省

宜昌市夷陵区南边抗日将士陵园　位于湖北省宜昌市夷陵区黄花镇张家口村

鄂南抗日根据地指挥中心旧址　位于湖北省鄂州市鄂城区沙窝乡麻羊垴

赵家棚抗日烈士陵园　位于湖北省孝感市安陆市赵棚镇振兴街2号

新四军第五师纪念馆　位于湖北省孝感市大悟县芳畈镇白果树湾

湖南省

岳麓山忠烈祠　位于湖南省长沙市岳麓区岳麓山赫石坡

广东省

中国文化名人大营救纪念馆　位于广东省深圳市龙华区民治街道白石龙社区

广东人民抗日游击队珠江纵队司令部旧址　位于广东省中山市五桂山街道南桥村槟榔山14号

广西壮族自治区

三将军殉职纪念塔和八百壮士墓　位于广西壮族自治区桂林市七星区七星公园内

重庆市

特园　位于重庆市渝中区上清寺街道嘉陵桥东村35号

张自忠烈士陵园　位于重庆市北碚区双柏路516号

四川省

川军抗日阵亡将士纪念碑　位于四川省成都市青羊区少城街道祠堂街

贵州省

独山深河桥抗战遗址　位于贵州省黔南布依族苗族自治州独山县麻万镇

云南省

施甸县抗日江防遗迹群　位于云南省保山市施甸县

滇缅公路惠通桥　位于云南省保山市龙陵县腊勐镇腊勐社区

滇西抗日战争纪念碑　位于云南省德宏傣族景颇族自治州芒市仙池路雷牙让山

陕西省

安吴堡战时青年训练班革命旧址　位于陕西省咸阳市泾阳县安吴镇安吴堡村

中共中央西北局旧址　位于陕西省延安市宝塔区光华路

延安凤凰山麓革命旧址　位于陕西省延安市宝塔区凤凰大街20号

国立西北联合大学旧址　位于陕西省汉中市城固县

甘肃省

八路军驻兰办事处纪念馆　位于甘肃省兰州市城关区酒泉路314号、甘南路700号

香港特别行政区

斩竹湾抗日英烈纪念碑　位于香港特别行政区西贡区斩竹湾

澳门特别行政区

澳门冼星海纪念馆　位于澳门特别行政区俾利喇街151—153号

缅甸

仁安羌大捷纪念碑　位于缅甸马圭省仁安羌市伊洛瓦底江畔

巴布亚新几内亚

中国抗战将士和遇难同胞陵园　位于巴布亚新几内亚东新不列颠省拉包尔市郊

俄罗斯

中国东北抗日联军教导旅与红军远东第2方面军第88独立步兵旅英烈纪念设施　位于俄罗斯哈巴罗夫斯克边疆区叶拉布加镇维亚茨克耶村

中华人民共和国退役军人事务部
中华人民共和国外交部
中华人民共和国财政部
中央军委政治工作部 令

第2号

《境外烈士纪念设施保护管理办法》已经退役军人事务部、外交部、财政部、中央军委政治工作部审议通过。经国务院、中央军委同意，现予公布，自2020年4月1日起施行。

退役军人事务部部长　孙绍骋

外交部部长　王　毅

财政部部长　刘　昆

中央军委政治工作部主任　苗　华

2020年2月1日

境外烈士纪念设施保护管理办法

第一条　为了传承和弘扬烈士精神，加强境外烈士纪念设施保护管理，彰显我国良好国家形象，根据《中华人民共和国英雄烈士保护法》、《烈士褒扬条例》和国家有关规定，制定本办法。

第二条　本办法所称境外烈士纪念设施，是指在中华人民共和国境外为纪念中国烈士修建的烈士陵园、纪念堂馆、纪念碑亭、纪念塔祠、纪念塑像、烈士骨灰堂、烈士墓等设施。

第三条　境外烈士纪念设施保护管理领导小组统筹协调境外烈士纪念设施保护管理工作。

境外烈士纪念设施保护管理领导小组由退役军人事务部会同外交部、财政部、中央军委政治工作部等部门组成。退役军人事务部负责领导小组日常事务，驻外使领馆协助处理有关具体工作。

第四条　境外烈士纪念设施保护管理应当尊重历史、结合现实，根据纪念设施现状、所在国情况以及双边关系，经与所在国政府有关部门协商，通过签署双边合作协议等方式，明确保护管理具体事项。

第五条　境外烈士纪念设施保护管理工作包括下列事项：

（一）调查核实烈士纪念设施，查找、收集烈士遗骸、遗物；

（二）修缮保护、新建迁建烈士纪念设施；

（三）负责烈士纪念设施日常维护管理；

（四）收集、整理、编纂、陈列、展示、保管烈士事迹和遗物史料；

（五）组织开展烈士祭扫和宣传纪念活动；

（六）其他相关事项。

第六条　境外烈士纪念设施保护管理工作所需经费，由中央财政安排，列入部门预算。

第七条　境外烈士纪念设施保护管理领导小组应当掌握境外烈士纪念设施基本情况并建立档案。

退役军人事务部、烈士生前所在工作单位或其主管部门应当根据历史线索和资料，调查核实境外烈士纪念设施，搜寻查找烈士遗骸，驻外使领馆提供协助。

第八条　境外烈士纪念设施一般就地修缮保护。对于散落在境外的烈士墓，可以依托当地现有境外烈士纪念设施集中保护管理。

第九条　具有重大历史意义、确需新建境外烈士纪念设施的，以及因修缮保护需要或者因所在国建设规划等原因确需迁建境外烈士纪念设施的，应当按照有关规定经批准后实施。

第十条　境外烈士纪念设施保护管理领导小组应当与所在国政府有关部门协商划定境外烈士

纪念设施保护范围，明确不得侵占保护范围内的土地和设施，不得单方面拆除、变更、迁移纪念设施，在保护范围内不得从事与纪念烈士无关的活动。

第十一条　境外烈士纪念设施保护管理领导小组与所在国政府有关部门协商确定境外烈士纪念设施管理方式，驻外使领馆可以根据纪念设施现状、所在国情况提出建议。

确定由所在国政府负责管理的，境外烈士纪念设施保护管理领导小组应当协调所在国政府有关部门指定专门机构进行管理。

确定由我国政府负责管理的，由境外烈士纪念设施保护管理领导小组或授权驻外使领馆通过签署委托协议的方式，委托中资企业（机构）、所在国华侨华人友好社团等进行管理，也可以委托所在国华侨华人进行管理。

第十二条　各有关部门和单位应当开展烈士史料收集整理、事迹编纂和陈列展示工作，宣传烈士英雄事迹，褒扬英烈风范，加深我国同所在国的友谊。

烈士史料等属于文物的，依照有关法律法规的规定予以保护。

第十三条　在烈士纪念日、清明节或者其他重要纪念日期间，驻外使领馆应当结合所在国情况组织烈士公祭活动。

烈士公祭活动可以根据实际情况邀请所在国政府、中资企业（机构）、华侨华人和社会各界代表参加。

第十四条　驻外使领馆可以结合实际，为赴所在国祭扫的烈士家属提供协助，引导赴所在国参观访问的我国代表团、旅游者及旅居所在国我国侨民、留学生前往境外烈士纪念设施瞻仰祭扫。

烈士纪念活动应当庄严、肃穆，符合我国祭扫习惯和境外烈士纪念设施所在国习俗。

第十五条　驻外使领馆应当敦促境外烈士纪念设施管理机构或者人员对在境外烈士纪念设施举行的各项祭扫纪念活动进行登记。

第十六条　驻外使领馆应当敦促境外烈士纪念设施管理机构或者人员做好纪念设施保护范围内的设施维护、安全保卫、绿化美化、环境卫生等工作。

第十七条　侵占境外烈士纪念设施保护范围内土地、设施，破坏、污损境外烈士纪念设施，在保护范围内从事与纪念活动无关的活动的，驻外使领馆应当敦促境外烈士纪念设施管理机构或者人员及时制止。情节严重、造成损害后果的，驻外使领馆应当通过外交途径向所在国政府提出交涉，敦促其严肃处理；涉及已返回境内中国公民的，驻外使领馆应当敦促所在国相关部门将相关材料移交境外烈士纪念设施保护管理领导小组，由有关部门依法处理。

第十八条　我国在境外的其他因公牺牲人员纪念设施保护管理工作，参照本办法执行。

第十九条　香港特别行政区、澳门特别行政区和台湾地区烈士纪念设施的保护管理，参照国家有关规定执行。

第二十条　本办法自2020年4月1日起施行。

中华人民共和国退役军人事务部令

第3号

《光荣院管理办法》已经2020年3月27日退役军人事务部第6次部务会议审议通过，现予公布，自2020年6月1日起施行。

部长　孙绍骋

2020年4月10日

光荣院管理办法

（2010年12月25日民政部令第40号公布，2020年4月10日退役军人事务部令第3号修订）

第一章　总　则

第一条　为了加强光荣院管理，做好抚恤优待对象集中供养等工作，更好服务国防和军队建设，让退役军人成为全社会尊重的人，让军人成为全社会尊崇的职业，根据《军人抚恤优待条例》和国家有关规定，制定本办法。

第二条　光荣院是国家集中供养孤老和生活不能自理的抚恤优待对象，并对其实行特殊保障的优抚事业单位。

第三条　国务院退役军人事务部门负责指导全国光荣院的管理工作。县级以上地方人民政府退役军人事务部门是光荣院的主管部门（以下简称光荣院主管部门），对光荣院集中供养等工作进行管理、监督和检查。

第四条　国家兴办光荣院，所需经费列入同级地方政府预算。光荣院的建设服务水平应当与当地经济和社会发展相适应，满足集中供养和服务需求。

国家鼓励公民、法人和其他组织对光荣院提供社会捐助和服务。

光荣院各项经费应当按照批复的预算执行，接受财政、审计部门和社会的监督。

第五条　光荣院在建设、用地、水电、燃气、供暖、电信、农副业生产等方面享受国家有关社会福利机构的优惠政策。

第六条　对在光荣院建设和管理工作中成绩显著的单位和个人，按照国家有关规定给予表彰和奖励。

第二章　服务对象

第七条　老年、残疾或者未满16周岁的烈士遗属、因公牺牲军人遗属、病故军人遗属和进入老年的残疾军人、复员军人、退伍军人，无法定赡养人、扶养人、抚养人或者法定赡养人、扶养人、抚养人无赡养、扶养、抚养能力且享受国家定期抚恤补助待遇的为集中供养对象，可以申请享受光荣院集中供养待遇。

光荣院在保障好集中供养对象的前提下，可利用空余床位为其他老年且无法定赡养人、扶养人或者法定赡养人、扶养人无赡养、扶养能力的抚恤优待对象提供优惠服务。

有条件的光荣院在满足上述对象集中供养、

优惠服务的需求外，可面向其他抚恤优待对象开展优待服务。

第八条　申请享受光荣院集中供养、优惠服务，应当由本人向户籍地村（社区）退役军人服务站提出申请，或者由其居民委员会（村民委员会）向乡镇（街道）退役军人服务站代为提出申请。

退役军人服务站应当在10个工作日内将申请材料报光荣院，光荣院初审后及时报其主管部门审核批准。

光荣院根据其主管部门下达的计划和任务安排集中供养、优惠服务对象入院，并根据实际情况接收优待服务对象。

第九条　服务对象个人随身携带的款物和贵重物品委托光荣院保管的，应当签订财物保管协议。

第十条　光荣院应当坚持入院自愿、出院自由的原则，规范入院、出院手续，建立服务对象的个人档案。

集中供养、优惠服务对象不再符合本办法第七条规定条件的，光荣院应当向其主管部门报告，由其主管部门核准后不再享受集中供养、优惠服务待遇。

集中供养、优惠服务对象死亡的，光荣院应当为其办理丧葬事宜，并向光荣院主管部门报告，其遗产按照《中华人民共和国继承法》的有关规定处理。

光荣院主管部门应当定期核准集中供养、优惠服务对象人数，通报同级人民政府财政部门，并报上一级人民政府退役军人事务部门，由省级人民政府退役军人事务部门汇总后报国务院退役军人事务部门。

第三章　服务要求

第十一条　光荣院应当为服务对象提供下列供养服务：

（一）提供饮食；

（二）提供生活必需品；

（三）提供住房；

（四）提供医疗、康复、护理、保健服务；

（五）提供学习娱乐、精神关怀服务；

（六）提供清洁卫生、安全保卫服务；

（七）提供心理抚慰等社会工作服务；

（八）其他服务。

集中供养对象未满16周岁或者已满16周岁仍在接受义务教育的，光荣院应当保障其接受义务教育所需费用。

第十二条　光荣院提供的饮食应当符合食品安全要求，并根据服务对象的需要适当调整。

光荣院应当为服务对象提供必备的服装、被褥、生活用具和适合老年人、残疾人居住需求的生活设施，并为其提供适当的出行条件。

光荣院应当保持服务对象住房整洁，帮助其搞好个人卫生，并提供必要的照料，保证其在院期间的人身安全。

第十三条　集中供养对象按照《优抚对象医疗保障办法》的规定享受医疗待遇。

光荣院应当与当地医疗机构建立协作关系，保证患病的服务对象得到及时治疗，并积极推进医养结合的服务模式。

光荣院应当建立服务对象个人医疗和健康档案，为服务对象提供定期体检服务和健康教育服务，帮助服务对象制定医疗康复计划。

第十四条　光荣院实行24小时值班制度，对生活不能自理的服务对象实行全日制护理，并配置配备拐杖、轮椅或者其他辅助器具。

第十五条　光荣院应当为服务对象创造良好的生活环境，安排好物质文化生活，组织学习教育，开展有益于身心健康的文体休闲活动。

对有能力并自愿参加劳动和公益活动的服务对象，光荣院可以安排其从事力所能及的劳动和公益活动，丰富日常生活。

第十六条　光荣院应当关爱服务对象，为其组织必要的心理咨询和社会交往活动，使服务对象得到精神慰藉。

第十七条　光荣院应当重点服务保障好集中供养对象，并结合实际视情免除相关费用。

光荣院应当为优惠服务对象提供优惠服务，适当减免相关费用。

光荣院面向其他抚恤优待对象开展优待服务，按规定收取护理费、床位费、伙食费、医疗费等相关费用。

优惠及优待服务对象的具体范围，收费及减免的具体项目、标准等，由省级人民政府退役军人事务部门商财政、民政等有关部门统筹考虑本地财力状况规定，并加大对荣获个人二等功以上奖励的退役军人和荣获个人二等功以上奖励现役军人父母的优惠力度。

第十八条　光荣院集中供养和优惠、优待服务标准由省级人民政府退役军人事务部门商财政等有关部门制定，经省级人民政府批准后公布执行，并根据当地经济社会发展水平适时调整。

第四章　院务管理

第十九条　光荣院实行院长负责制，院长由光荣院主管部门任命，也可以向社会公开招聘。

光荣院工作人员应当经过光荣院主管部门培训考核，专业岗位工作人员应当具备相应的水平和能力。

光荣院应当按集中供养对象人数的25%配备工作人员，其中管理人员占工作人员总数的比例不超过20%。

第二十条　光荣院应当设立院务管理委员会。院务管理委员会的成员由光荣院全体人员推选产生，院务管理委员会可以下设专门委员会。

院务管理委员会应当定期召开会议，参与光荣院工作的管理和监督。

第二十一条　光荣院应当定期公布国家对抚恤优待对象的抚恤补助政策和标准，公开院内工作流程、经费开支等情况，明示服务宗旨和项目，并接受服务对象的监督。

第二十二条　光荣院应当按照国家有关规定，建立健全安全、消防、卫生、财务、档案管理等制度。

第二十三条　有条件的光荣院可以开展以改善服务对象生活条件为目的的农副业生产。服务对象自愿参加光荣院组织开展的农副业生产活动，光荣院应当给予报酬。

第二十四条　光荣院应当建立荣誉室或者陈列室，收集、编撰、陈列、展示有关烈士、因战因公牺牲军人和服务对象的光荣事迹，与驻地国家机关、人民团体、社会组织、企业事业单位、学校、部队、社区等开展精神文明共建活动，充分发挥其爱国主义教育和革命传统教育作用。

第五章　建设规范

第二十五条　各地应当优先利用现有光荣院及各类养老机构中设立的光荣楼（层、间）等资源，为符合条件的抚恤优待对象提供集中供养等服务。集中供养需求大的地方，可以根据本地实际情况兴建、改扩建光荣院，每所光荣院床位数应当不低于50张，床位利用率应当达到80%以上。

第二十六条　光荣院的各类建筑应当根据老年人、残疾人和未成年人生活、安全需要进行设计，符合无障碍标准建筑设计规范的要求。

第二十七条　服务对象居住用房每间应当不小于15平方米，配置卫生间和洗澡间。

光荣院应当具备开展日常工作和服务所必需的办公室、值班室、厨房、餐厅、储藏室、活动室等辅助用房。有条件的地区还可以建设用于康复保健、文体娱乐等方面的功能室和室外活动场所。

第二十八条　光荣院应当配置应急呼叫设备，并根据当地气候条件和服务对象的实际需要配置取暖、降温设备。

光荣院应当维护好照明、通讯、消防、报警、取暖、降温、排污和水电供应等设施和生活设备，保证其正常运转。

第二十九条　光荣院应当设立医疗室，并视条件配备常用和急救所需的医疗器械、设备及药品。

第三十条　光荣院应做好室外绿化、环境美化工作，为服务对象提供安静、整洁、优美的生活环境。

第六章　责任追究

第三十一条　光荣院的土地、房屋、设施、设备和其他财产依法归光荣院管理和使用，任何单位和个人不得侵占。

侵占、破坏光荣院财物的，由当地人民政府退役军人事务部门责令限期改正，并恢复原状；造成损失的，依法承担赔偿责任。

第三十二条　服务对象应当珍惜荣誉，遵守光荣院的各项规定，自觉配合工作人员的管理。对违反相关规定的，由光荣院和光荣院主管部门进行批评教育，情节严重的，依法追究相应责任。

服务对象因违法犯罪被判处有期徒刑、剥夺政治权利的，中止其集中供养和优惠、优待服务资格；被判处死刑、无期徒刑的，取消其集中供养和优惠、优待服务资格。

第三十三条　光荣院违反本办法的规定，提供的集中供养和优惠、优待服务不符合要求，由光荣院主管部门责令改正；逾期不改正的，对直接负责的责任人和其他主管人员依法给予处分，造成损失的，依法承担赔偿责任。

光荣院造成服务对象人身伤害事故的，应当依法承担赔偿责任。

第三十四条　光荣院主管部门及其工作人员有下列行为之一的，由上级人民政府退役军人事务部门对其直接负责的责任人和其他主管人员进行批评教育，限期改正；情节严重的，依法给予处分；构成犯罪的，依法追究刑事责任：

（一）违反规定审批光荣院集中供养、优惠

服务待遇的；

（二）贪污、挪用、截留、私分光荣院款物的；

（三）光荣院建设和管理中有滥用职权、玩忽职守、徇私舞弊行为的；

（四）其他违反相关法律法规行为的。

第七章　附　则

第三十五条　各级民政部门主管的各类福利机构中设立的光荣间、光荣楼可以参照本办法的规定执行。

第三十六条　符合儿童福利机构收留抚养条件的，按相关规定执行。

第三十七条　本办法自2020年6月1日起施行。

中华人民共和国退役军人事务部公告

第1号

退役军人事务部关于公布第三批著名抗日英烈、英雄群体名录的公告

中国人民抗日战争胜利，是近代以来中国抗击外敌入侵的第一次完全胜利。伟大的中国人民以巨大民族牺牲支撑起了世界反法西斯战争的东方主战场，为挽救民族危亡、实现民族独立和人民解放，为争取世界和平的伟大事业，作出了彪炳史册的贡献。自1931年九一八事变中国人民揭开局部抗战的序幕，到1945年抗日战争全面胜利，全体中华儿女万众一心、众志成城，凝聚起抵御外侮、救亡图存的共同意志，谱写了感天动地、气壮山河的壮丽史诗。无论是正面战场还是敌后战场，无论是直接参战还是后方支援，所有投身中国人民抗日战争中的人们，都是抗战英雄，都是民族英雄。在中国人民抗日战争的壮阔进程中，形成了伟大的抗战精神，中国人民向世界展示了天下兴亡、匹夫有责的爱国情怀，视死如归、宁死不屈的民族气节，不畏强暴、血战到底的英雄气概，百折不挠、坚忍不拔的必胜信念。伟大的抗战精神，是中国人民弥足珍贵的精神财富，永远是激励中国人民克服一切艰难险阻、为实现中华民族伟大复兴而奋斗的强大精神动力。

为隆重纪念中国人民抗日战争暨世界反法西斯战争胜利75周年，经党中央、国务院批准，现公布第三批185名著名抗日英烈、英雄群体名录。

退役军人事务部

2020年9月2日

第三批著名抗日英烈、英雄群体名录

（按照牺牲年份排序，牺牲年份相同的按照姓氏笔画排序）

姓　名	牺牲时职务
方振国（？　—1932）	东北民众抗日义勇军第36路军司令
张海川（1893—1932）	东北国民救国军第3军团第6支队司令
徐　光（1899—1933）	中国共产党珲春县县委书记
毛长山（？　—1934）	东北抗日义勇军辽宁救国军团长
金顺德（1911—1934）	东北人民革命军第2军第1独立师第1团团长
高兴亚（1898—1934）	东北抗日义勇军辽宁救国军旅长
蔺秀义（1899—1934）	辽宁民众自卫军第9路军海龙工农义勇军营长
金昌根（1907—1935）	中国共产党磐石中心县委书记
李守中（1906—1936）	东北抗日联军第4军第1师政治部主任
张　奎（1899—1936）	东北抗日联军第4军第1师第2团团长
王　俭（1914—1937）	东北抗日联军第3军第1师第1团团长
王子阳（？　—1937）	东北抗日联军第3军第3师代师长
卢英春（1905—1937）	东北抗日联军第6军第2师第5团赫哲小分队队长
刘中一（1897—1937）	中国工农红军第22师政治委员
杜吉臣（1903—1937）	东北抗日联军第5军第2师第4团团长
李德恒（1896—1937）	辽宁桓仁抗日救国会会长
张毂中（1895—1937）	国民革命军陆军第4军第15师第45旅旅长
张蔚华（1913—1937）	中国共产党抚松地下党支部负责人
金　根（1903—1937）	东北抗日联军第8军第3师政治部主任
胡文权（1905—1937）	东北抗日联军第11军第1师第2旅旅长
秦士铨（？　—1937）	国民革命军中央军校教导总队第1旅第1团团长
柴阴轩（1903—1937）	东北抗日联军第8军第4师政治部主任
栾天林（1899—1937）	抗日灭满救国军司令
隋相生（1880—1937）	东北抗日联军第1军第1师第4团团长

韩荣九（1900—1937）	抗日义勇军第25路军副司令
程　智（1907—1937）	国民革命军陆军第74军第51师第151旅第302团团长
曾庆敏（1898—1937）	国民革命军陆军第66军第159师第457旅副旅长
谢家珣（？　—1937）	国民革命军陆军第71军第87师补充旅补充团团长
冯国华（1901—1938）	江苏省俞塘民众教育馆实验区主任
毕玉民（1910—1938）	东北抗日联军第7军独立团政治委员
李友于（1905—1938）	国民革命军陆军第13军第89师第529团副团长
李秉君（1904—1938）	国民革命军陆军第87军第198师第572旅第1143团团长
李桂岭（1905—1938）	山东省夏津县抗日政府县长
吴复夏（1913—1938）	国民革命军空军第1大队3中队中队长
辛力生（1909—1938）	八路军晋察冀军区第3军分区第12团团长
陆希田（？　—1938）	东北抗日联军第3军第4师师长
袁　治（1892—1938）	国民革命军陆军第23集团军第144师第442旅旅长
哥利亚捷夫（？　—1938）	苏联空军志愿队飞行员
徐德民（1909—1938）	东北抗日联军第8军第1师副师长
高　鹏（1905—1938）	国民革命军陆军第25师第75旅第150团团长
蒋继昌（1895—1938）	东北抗日联军第5军第3师第9团团长
戴克政（1915—1938）	东北抗日联军第5军第3师第9团团长
于曼青（1916—1939）	八路军第129师独立旅禹城武装工作团团长
马天民（1910—1939）	八路军山东人民抗日游击队第3支队独立营营长
王济洲（？　—1939）	东北抗日联军第11军第2旅政治部主任
文明地（1916—1939）	新四军第5支队第8团政治处主任
刘耀庭（1894—1939）	东北抗日联军第6军第12团团长
祁致中（1913—1939）	东北抗日联军第11军军长
李恩举（1893—1939）	中国共产党下江特委交通站负责人
杨兴中（1919—1939）	八路军山东纵队兵工第一厂政治委员
杨家骝（1905—1939）	国民革命军陆军第60师第360团团长
吴起兴（1917—1939）	八路军第115师第686团政治处副主任
邱金声（1912—1939）	新四军第2支队第3团副团长
张海天（1888—1939）	东北抗日义勇军第2军团第3路军司令
张谞行（1904—1939）	国民政府军事委员会天水行营副参谋长
陈芳钧（1906—1939）	东北抗日联军第6军第4师第29团团长
邵存诚（1902—1939）	国民革命军第3战区司令部参谋处处长

范庭兰（1903—1939）	国民革命军陆军第97军豫北别动队第5总队总队长
罗锦文（1914—1939）	西安广仁医院副院长
赵庆祥（？ —1939）	东北抗日联军第8军第6师师长
耿殿君（1903—1939）	东北抗日联军第6军第12团团长
黄文杰（1902—1939）	中共中央长江局驻广东特派员
黄胜斌（1912—1939）	八路军晋察冀军区第4军分区平井获支队政治委员
崔哲宽（1915—1939）	东北抗日联军第1路军警卫旅第3团团长
鲁俊清（1901—1939）	湖北省京应县抗日游击大队大队长
曲显明（1911—1940）	中国共产党荣成县县委书记
刘震西（1895—1940）	鲁南人民抗日总动员委员会特务团团长
孙树生（1917—1940）	八路军第129师第386旅先遣纵队第1团3营教导员
李晓瑞（1918—1940）	中国共产党中陵县县委书记
沙延孝（1914—1940）	八路军第129师新编第8旅第22团3营教导员
陈三才（1902—1940）	上海联青社社长、清华同学会会长
赵敬夫（1916—1940）	东北抗日联军第3路军第3支队政治委员
郗晓峰（1906—1940）	八路军晋察冀军区第3军分区组织部部长
姜　林（1918—1940）	八路军晋察冀军区冀东军分区第2支队政治部主任
徐绪奎（1915—1940）	新四军苏北指挥部第2纵队第9团团长
徐智甫（1908—1940）	中国共产党昌延联合县县委书记
高俊凤（1898—1940）	东北抗日义勇军副司令
郭　震（1915—1940）	中国共产党汶上县县委书记
阎祖皋（1914—1940）	八路军冀热察挺进军冀东军分区第13团参谋长
宿之杰（1905—1940）	国民革命军陆军第29军第38师第112旅第223团团长
蓝和春（1901—1940）	国民革命军陆军第75军第4预备师第10团团长
蒲云照（1919—1940）	八路军冀热察挺进军第9团政治处主任
漆承宏（1908—1940）	新四军淮南津浦路东联防司令部独立第2团副参谋长
王明星（1914—1941）	新四军第6师第18旅第54团、55团参谋长
王超奎（1907—1941）	国民革命军陆军第20军第133师第398团2营营长
方和平（1906—1941）	新四军第2师第6旅第18团副参谋长
方　瑛（1904—1941）	新四军挺进团第2大队大队长
白福厚（1913—1941）	东北抗日联军第3路军第3支队第7大队大队长
冯汉英（1894—1941）	国民革命军陆军第98军第169师第247团团长
孙占彪（1920—1941）	新四军苏中军区南通警卫团副团长

李正华（1905—1941）	八路军山东纵队泰安（西）县独立营营长
李石安（？ —1941）	国民革命军陆军第3军第12师政治部主任
李光汉（1907—1941）	八路军晋察冀五地委书记
时　芒（1914—1941）	山西省山朔县县长
陈镜蓉（1918—1941）	中国共产党宁津县县委书记、吴桥县抗日民主政府县长
欧阳霖（？ —1941）	八路军冀中军区第30团团长
易元鳌（1904—1941）	新四军豫鄂挺进纵队第2支队第9团团长
周苏平（1909—1941）	中国共产党苏南东路特委宣传部部长兼沙洲县县委书记
高　特（1911—1941）	八路军晋察冀军区盂县基干大队政治委员
黄新瑞（1914—1941）	国民革命军空军第5大队大队长
梁海波（1917—1941）	八路军山东纵队第5旅第14团团长
蒋永孚（1916—1941）	中国共产党桐庐县县委书记兼挺进独立大队大队长
蔡亚雄（1911—1941）	新四军豫鄂挺进纵队云梦县抗日游击大队大队长
蔡戎前（1914—1941）	八路军山东纵队第5支队第2团政治委员
颜景伦（1908—1941）	八路军沂河支队独立第1团团长
薛金吾（1902—1941）	国民革命军陆军新编第9军第24师第100团团长
王何全（1911—1942）	八路军第120师兼晋西北军区决死第2纵队兼第8军分区第4团团长
王鼎臣（1910—1942）	八路军晋冀鲁豫第6地委委员
石　鼎（1901—1942）	朝鲜义勇军将领
白凤翔（1897—1942）	国民革命军东北边防军骑兵第6师师长
刘星南（1887—1942）	国民革命军陆军暂编第30师参谋长
孙立民（1914—1942）	八路军冠县独立营营长
李曾志（1894—1942）	国民革命军陆军第55军第29师师长
杨万兴（1912—1942）	八路军第115师教导第1旅第1团团长
杨锡芳（1917—1942）	八路军胶东军区第5旅第13团政治委员
吴新之（1913—1942）	八路军第129师新编第8旅第22团政治处主任
余光奎（1907—1942）	淞沪地区地下游击队少将指挥长
余秉钧（1911—1942）	八路军太岳军区第1纵队第38团参谋长
苗雨村（1913—1942）	八路军胶东第5旅第15团政治委员
罗伯特·亨利·莫尼（1920—1942）	美国志愿援华航空队中尉飞行员
金　雯（1908—1942）	国民革命军空军第2大队大队长

郇振民（1917—1942）	八路军山东纵队第4支队营长
赵通三（1910—1942）	八路军南进支队第32团政治委员
陶洪瀛（1905—1942）	中国共产党峄县县委书记
姬兴周（1909—1942）	国际对日谋略纵火团在华总负责人
萧治国（1908—1942）	八路军冀中军区第8军分区第30团团长
梅华樊（1909—1942）	八路军冀南军区第2军分区第25团团长
曹洪德（1917—1942）	八路军太行军区第2军分区第28团团长
梁重馨（1913—1942）	国民革命军陆军中国远征军第5军第200师团长
彭为工（1923—1942）	八路军总部电台队长
储蓄谋（1905—1942）	国民革命军第3战区司令部情报站主任
王尚元（1921—1943）	山西省武乡县皮烟村民兵指导员
卢　迪（1915—1943）	八路军第115师教导第5旅第13团团长
朱　廉（1905—1943）	新四军武宜支队司令员
刘一鸿（1906—1943）	新四军第6师第16旅第46团副团长
江如枝（1911—1943）	新四军第6师第16旅第51团政治处主任
许如梅（1919—1943）	琼崖独立总队第一医务所指导员
牟伦扬（1919—1943）	《新长城》《救国报》主编
吴亚屋（1919—1943）	山东省茌平县抗日民主政府县长兼独立4营营长
陈宗胜（1911—1943）	新四军第2师第5旅第13团副团长
武大风（1915—1943）	山东省阳信县抗日民主政府县长
郑前学（1916—1943）	八路军冀南军区第1军分区参谋长
胡式禹（1894—1943）	国民革命军鲁南游击区总指挥部军事处长
烙　钢（1910—1943）	山西省平定县（路北）县长
陶朗卿（1911—1943）	新四军第5师第14旅第41团团长
常隆基（1921—1943）	辽宁省西丰县成平乡凤楼村村民
曾　飞（1914—1943）	八路军晋察冀第4军分区第5团参谋长
曾　福（1921—1943）	港九独立大队政训室事务长
潘玉凯（1916—1943）	河北省南皮县抗日民主政府县长
薛汉三（1915—1943）	八路军冀鲁边区二地委除奸部长
魏双贵（1925—1943）	河南省内黄县亳城乡魏庄村联防队队员
白桐本（1920—1944）	江苏省如皋县掘马南区区长兼区队长
冯　芝（1892—1944）	港九独立大队市区中队义务交通员
朱学勉（1912—1944）	新四军浙东游击纵队金萧支队第1大队大队长

刘秀东（1911—1944）	山东掖南县第14团独立营营长
观　杰（1921—1944）	新四军浙东游击纵队第5支队3大队7中队中队长
李忍涛（1904—1944）	国民政府军政部防化学兵队少将队长
李　铎（1914—1944）	中国共产党沂南县县委书记
岑　铿（1906—1944）	国民革命军陆军高射炮兵第三区指挥官
林　耀（1911—1944）	国民革命军空军驱逐队第17队队长
赵东鲁（1919—1944）	中国共产党浮山县第2区区委书记
姜谔生（1911—1944）	山东省胶县县长兼县大队大队长
贾征远（1916—1944）	山东滨海军分区日照警备团副团长
彭仕复（1901—1944）	国民革命军陆军第36集团军第47军第178师第532团团长
曾佛新（1921—1944）	港九独立大队海上中队班长
鲍　夫（1917—1944）	河北省临城独立营政治委员、代理中国共产党临城县县委书记
叶发青（1891—1945）	广东省曲江县县委委员
权永碧（1909—1945）	中国共产党长白县县委书记
任义汉（1917—1945）	中国共产党陵川县第1区区长
许子和（1909—1945）	河南省南阳县宛南抗日游击队大队长
李东杰（1906—1945）	东北抗日联军第2军第6师第7团政治委员
李德芳（1913—1945）	八路军冀鲁豫军区第8军分区第5团团长
邱子华（1915—1945）	新四军浙东游击纵队政治部锄奸科科长
茆健群（1916—1945）	新四军苏中军区独立旅第2团参谋长
徐佳标（1926—1945）	新四军第3师特务团班长
殷德林（1919—1945）	新四军苏中军区特务第2团副团长兼政治处主任
赖　章（1920—1945）	广东人民抗日游击队东江纵队第2支队第1大队副大队长
熊景升（1915—1945）	中国共产党北流县县委书记
霍世才（1897—1945）	国民革命军陆军第94军第121师第361团团长

英雄群体	单　位
古北口长城抗战七勇士（1933）	国民革命军陆军第67军第25师第145团
红十字抗日殉难四烈士（1937）	中国红十字会上海分会战地救护队
耿楼战斗128名烈士（1940）	八路军第129师新编第8旅第22团
燕子阁抗战七烈士（1941）	抗日军政大学第5分校
青口十八勇士（1941）	八路军第115师教导第2旅第6团1营1连
刘春祥等十二名龙鼓洲战斗牺牲英烈（1943）	港九独立大队大屿山中队

退役军人事务部等20部门关于加强军人军属、退役军人和其他优抚对象优待工作的意见

退役军人部发〔2020〕1号

各省、自治区、直辖市党委宣传部，人民政府发展改革委、教育厅（教委）、公安厅（局）、民政厅（局）、司法厅（局）、财政厅（局）、住房和城乡建设厅（委）、交通运输厅（局、委）、文化和旅游厅（局）、卫生健康委、退役军人事务厅（局）、各银保监局、信访局（办）、林业和草原主管部门，民航各地区管理局、各运输航空公司、各机场公司，新疆生产建设兵团党委宣传部、发展改革委、教育局、公安局、民政局、司法局、财政局、住房和城乡建设局、交通局、文化体育广电和旅游局、卫生健康委、退役军人事务局、信访局、林业和草原局，各战区、各军兵种、军委机关各部门、军事科学院、国防大学、国防科技大学、武警部队政治工作部（局、处）、后勤保障部门，各铁路局集团公司：

军人军属、退役军人和其他优抚对象（以下简称优抚对象）为国防和军队建设作出了重要贡献，应当得到国家和社会的优待。为认真贯彻落实习近平总书记关于退役军人工作重要论述精神，扎实做好优待工作，努力让优抚对象受到全社会尊重，让军人成为全社会尊崇的职业，现提出如下意见。

一、把握总体要求

（一）指导思想

以习近平新时代中国特色社会主义思想为指导，全面贯彻落实党的十九大精神，适应国家经济社会发展、国防和军队建设的新形势，顺应广大优抚对象对美好生活的新期待，坚持国家和社会相结合的工作方针，秉持体现尊崇、体现激励的政策导向，因地制宜，尽力而为、量力而行，逐步建立健全优待政策体系，营造爱国拥军、尊重优抚对象浓厚社会氛围，增强优抚对象的荣誉感、获得感。

（二）基本原则

坚持现役与退役衔接。在加强军人军属优待的基础上，进一步建立完善退役军人和其他优抚对象优待政策制度，更好地体现国家和社会对国防贡献的褒扬。

坚持优待与贡献匹配。综合考虑优抚对象为国防和军队建设所作贡献，给予相应优待，树立贡献越大优待越多的鲜明导向，促进优待工作更加科学规范。

坚持关爱与管理结合。根据优抚对象的现实表现，给予必要的奖惩，引导优抚对象珍惜荣誉，自觉做爱国奉献、遵纪守法、诚信明理的公民。

坚持当前与长远统筹。立足当前国家经济社会发展实际，建立基本优待目录清单，逐步拓展优待领域，丰富优待内容；注重长远可持续发展，统筹规划优待政策制度，不断完善优待工作体系。

二、规范优待内容

（三）荣誉激励

着眼建立健全优抚对象荣誉体系，进一步强化精神褒扬和荣誉激励。为烈属、军属和退役军人等家庭悬挂光荣牌，为优抚对象家庭发春节慰问信，为入伍、退役的军人举行迎送仪式。邀请优秀优抚对象代表参加国家和地方重要庆典和纪念活动。将服现役期间荣获个人二等功以上奖励的现役军人、退役军人名录载入地方志。对个人立功、获得荣誉称号或勋章的现役军人，由当地人民政府给其家庭送喜报。优先聘请优秀优抚对象担任编外辅导员、讲解员等，发挥其参与社会公益事业的优势作用。倡导利用大型集会、赛事播报，航班、车船及机场、车站、码头的广播视频等载体和形式，宣传优抚对象中优秀典型的先进事迹，不断扩大荣誉优待的范围和影响。

（四）生活方面

不断完善优抚对象抚恤、补助、援助等政策制度，健全抚恤补助标准动态调整机制，保障享受国家定期抚恤补助优抚对象的抚恤优待与国家经济社会发展相适应。调整定期抚恤补助标准时，适当向贡献大的优抚对象倾斜。各地要及时建档立卡，对因生活发生重大变故遇到突发性、临时性特殊困难的优抚对象，在享受社会保障待遇后仍有困难的，按照规定给予必要的帮扶援助。逐步完善现役军人配偶随军就业创业政策，以及随军未就业期间基本生活补贴等制度，激励现役军人安心服役、奉献国防。

（五）养老方面

国家兴办的光荣院、优抚医院，对鳏寡孤独的优抚对象实行集中供养，对常年患病卧床、生活不能自理的优抚对象以及荣获个人二等功以上奖励现役军人的父母，优先提供服务并按规定减免相关费用。对生活长期不能自理且纳入当地最低生活保障范围的老年优抚对象，各地应根据其失能程度等情况优先给予护理补贴。积极推动与老年人日常生活密切相关的服务行业为老年优抚对象提供优先、优惠服务。鼓励各级各类养老机构优先接收优抚对象，提供适度的优惠服务。

（六）医疗方面

各地按照保证质量、方便就医的原则，明确本地区医疗优待定点服务机构，为残疾军人，烈属、因公牺牲军人遗属、病故军人遗属（以下简称“三属”），现役军人家属、老复员军人、参战参试退役军人、带病回乡退伍军人开通优先窗口，提供普通门诊优先挂号、取药、缴费、检查、住院服务。各级各类地方医疗机构优先为伤病残、老龄优抚对象提供家庭医生签约和健康教育、慢性病管理等基本公共卫生服务。组织优抚医院为残疾军人、“三属”、现役军人家属、老复员军人、参战参试退役军人、带病回乡退伍军人优惠体检，提供免收普通门诊挂号费和优先就诊、检查、住院等服务。

（七）住房方面

适应国家住房保障制度改革发展要求，逐步完善优抚对象住房优待办法，改善优抚对象基本住房条件。在审查优抚对象是否符合购买当地保障性住房或租住公共租赁住房条件时，抚恤、补助和优待金、护理费不计入个人和家庭收入。符合当地住房保障条件的优抚对象，在公租房保障中优先予以解决。对符合条件并享受国家定期抚恤补助的优抚对象租住公租房，可给予适当租金补助或者减免。对居住农村的符合条件的优抚对象，同等条件下优先纳入国家或地方实施的农村危房改造相关项目范围。

（八）教育方面

认真落实现有政策，不断丰富优待内容。符合条件的现役军人、烈士和因公牺牲军人子女就近就便入读公办义务教育阶段学校和幼儿园、托儿所；报考普通高等学校，在同等条件下优先录取。切实保障驻偏远海岛、高原高寒等艰苦地区现役军人的子女，在其父母或其他法定监护人户籍所在地易地优先就近就便入读公办义务教育阶段学校和幼儿园、托儿所，报考普通高中、中等职业学校时降分录取，按规定享受学生资助政策。现役军人子女未随迁留在原驻地或原户籍地的，在就读地享受当地军人子女教育优待政策。优先安排残疾军人参加学习培训，按规定享受国家资助政策。退役军人按规定免费参加教育培训。实施对符合条件的退役大学生士兵复学、调整专业、攻读研究生等优待政策。加大教育支持力度，通过单列计划、单独招生以及学费和助学金资助等措施，为退役军人接受高等教育提供更多机会，帮助退役军人改善知识结构，提升就业竞争力。

（九）文化交通方面

博物馆、纪念馆、美术馆等公共文化设施和实行政府定价或指导价管理的公园、展览馆、名胜古迹、景区，对现役军人、残疾军人、“三属”、现役军人家属按规定提供减免门票等优待。现役军人、残疾军人、“三属”乘坐境内运行的火车（高铁）、轮船、客运班车以及民航班机时，享受优先购买车（船）票或值机、安检、乘车（船、机），可使用优先通道（窗口），随同出行的家属可一同享受优先服务。现役军人、残疾军人免费乘坐市内公共汽车、电车和轨道交通工具；残疾军人乘坐境内运行的火车、轮船、长途公共汽车和民航班机享受减收正常票价50%的优惠。

（十）其他社会优待方面

广泛动员社会力量参与优待工作，不断创新社会优待方式和内容。倡导鼓励志愿者参与面向优抚对象的志愿服务。法律服务机构优先提供法律服务，法律援助机构依法提供免费的法律服务。鼓励银行为优抚对象提供优先办理业务，免收卡工本费、卡年费、小额账户管理费、跨行转账费，以及其他个性化专属金融优惠服务。各地影（剧）院在放映（演出）前义务播放爱国拥军公益广告或宣传短视频，鼓励为优抚对象提供减免入场票价等优惠服务。

三、健全管理机制

（十一）建立优待证制度

国家坚持统筹兼顾、稳步推进的原则，充分运用信息技术手段，逐步为退役军人和“三属”统一制作颁发优待证，作为享受相应优待的有效证件。残疾军人凭残疾军人证，军队离退休干部、退休士官凭离休干部荣誉证、军官退休证、文职干部退休证、退休士官证，现役军人凭军（警）官证、士官证、义务兵证、学员证等有效证件享受相应优待，现役军人家属凭部队制发的相关证件享受相应优待。退役军人事务部制定优待证管理办法，规范优待项目、优待期限，建立发放、变更、信息查验、收回、废止等制度。

（十二）明确优待目录

立足当前、着眼长远，在建立完善优待政策制度、逐步健全优待工作体系的同时，依据国家有关法规政策规定，明确当前一个时期需要落地见效的基本优待目录清单。随着国家经济社会发展、国防和军队建设需要以及优待工作不断创新，退役军人事务部负责会同军地有关部门，适时调整更新优待目录，充实完善优待项目，及时向社会发布，组织抓好落实。

（十三）完善奖惩措施

建立健全奖惩结合、公平规范、能进能出的优待动态管理机制，激励优抚对象发扬传统、珍惜荣誉、保持良好形象。对积极投身地方经济社会发展、国防和军队建设，作出新的突出贡献受到表彰的优抚对象，应给予表彰和奖励。对依法被刑事处罚或受到治安管理处罚、影响恶劣的，违反《信访条例》有关规定，挑头集访、闹访被劝阻、批评、教育仍不改正的，现役军人被除名、开除军籍的，取消其享受优待资格，已颁发优待证的由当地县级人民政府退役军人事务主管部门负责收回。受到治安管理处罚，挑头集访、闹访被取消优待资格后能够主动改正错误、积极消除负面影响的，经当地县级人民政府退役军人事务主管部门审核同意，可以恢复优待资格。

四、加强组织领导

（十四）压实工作责任

做好优待工作是党、国家、军队和全社会的共同责任。军地有关部门要切实提高政治站位，加强组织领导，建立联动机制，明确责任分工，充分调动社会力量参与，形成统筹推进、分工负责、齐抓共建的良好工作格局。各地要列支相关经费，对优惠项目予以补贴。各级地方人民政府退役军人事务主管部门要发挥组织和督导作用，及时制定实施方案和任务清单，健全监督检查、跟踪问效和通报具体办法，推动优待工作落地见效。军地各相关部门和单位要认真履行服务优抚对象、服务国防和军队建设的职责，主动担当、积极作为，全力抓好本系统优待工作任务的有效落实。

（十五）严密组织实施

军地各相关部门和单位要把优待政策落实情况纳入年度工作绩效考评范畴，作为参加双拥模范城（县）、模范单位和个人评选的重要条件，作为文明城市、文明单位评选和社会信用评价的重要依据。建立工作目标责任制，明确标准、细化举措，制定路线图、时间表，做到各项工作任务有部署、有督促、有总结。强化监督检查和惩戒激励措施，严格跟踪问效和通报制度，及时总结推广经验，宣传表彰先进单位和个人，对消极推诿、落实不力的要及时通报批评，情节严重的严肃问责。

（十六）强化教育引导

深入宣传新时代国家优待政策和相关法律法规，引导优抚对象充分认识党和政府的关心关爱，准确领会优待工作的原则、内容和要求，合理确立政策预期，依法按政策享受国家和社会优待。大力宣扬优秀优抚对象先进事迹，引导退役军人保持发扬人民军队的优良传统和作风，积极为改革发展和社会稳定作贡献。加强爱国拥军和国防教育，动员社会各界自觉拥军优属，营造爱国拥军、心系国防浓厚氛围，推动让军人成为全社会尊崇的职业。

军人军属同时享受国家和军队规定的其他优待。

院士和专业技术三级以上，以及相当职级现役干部转改的文职人员，按照本意见有关现役军人的优待规定执行；其他文职人员参照现役军人享受本意见有关优待，具体办法另行制定。

退役军人事务部负责本意见的解释工作。

省级人民政府退役军人事务主管部门要会同军地有关部门根据本意见，结合实际适时研究制定具体实施办法和优待目录清单。

附件：军人军属、退役军人和其他优抚对象基本优待目录清单（略）

2020年1月9日

退役军人事务部关于建立常态化联系退役军人制度的通知

退役军人部发〔2020〕3号

各省、自治区、直辖市退役军人事务厅（局），新疆生产建设兵团退役军人事务局：

为巩固和深化“不忘初心、牢记使命”主题教育成果，进一步转变工作作风、密切联系群众、增强服务效能，深入推进退役军人事务领域治理体系和治理能力现代化，决定在退役军人事务系统建立工作人员常态化联系退役军人制度。现就有关事项通知如下：

一、总体要求

以习近平新时代中国特色社会主义思想为指导，深入贯彻落实习近平总书记关于退役军人工作重要指示和党的十九大以及二中、三中、四中全会精神，忠实践行全心全意为人民服务宗旨和以人民为中心的发展思想，通过建立健全联系退役军人制度机制，增强与退役军人的深厚感情、畅通退役军人表达意见的渠道、丰富服务退役军人的内容，加强上下贯通的信息反馈、工作指导和问题解决，以务实作风常态化做好沟通联系、感情联络、心理疏导、思想引导、帮扶援助等工作，激发广大退役军人干事创业、安居乐业的积极性、主动性、创造性。

二、主要任务

各级退役军人事务部门及直属事业单位和退役军人服务中心（站）工作人员，应与一定数量的退役军人建立联系“结对子”，定期不定期地开展沟通联络、走访慰问、谈心交心等活动。联系工作主要包括以下内容：

（一）大力开展政策宣传

及时向联系对象宣传党的路线、方针、政策，中央和地方有关退役军人的政策措施，确保联系对象掌握政策，自觉按政策规定办事。

（二）深入搞好调查研究

围绕中央领导同志高度关切、退役军人广泛关心、工作中遇到的重难点问题，深入了解实际情况，听取联系对象的意见建议。

（三）认真做好思想工作

准确掌握联系对象的思想状况，对现实思想

问题较多，个人诉求较为强烈的，主动做好教育引导和疏解转化工作，促进思想稳定。

（四）末端推动政策落实

了解退役军人政策在联系对象身上的落实情况，对存在的矛盾问题及时摸清情况、找准症结、拿出对策，依法维护好联系对象的合法权益。

（五）真心实意帮困解难

关注联系对象家庭、工作、学习、生活等情况，详实掌握家庭和个人遇到的实际困难，尽心尽力排忧解难，不断提升他们的获得感幸福感。

三、联系机制

（一）坚持重点联系与普遍联系相结合

县级以上退役军人事务系统领导班子成员，选取一个区域联系1—2人。县级以上退役军人事务系统其他工作人员，结合业务工作实际，以内设机构为单位，按照全员参与原则，联系3—5人。重点联系功臣模范和伤残、参战参试、烈士遗属、特困退役军人以及信访矛盾突出人员。乡镇（街道）和村（社区）退役军人服务站工作人员对辖区内退役军人实行普遍联系，实现联系服务全覆盖。

（二）坚持平常联系与定期联系相结合

对重点联系对象，至少每季度联系一次、每年走访一次，确保联系的经常性。在联系对象工作生活中遇到困难、发生重大变故，以及“八一”、春节等重要时间节点，应及时进行联系。

（三）坚持上门联系与上网联系相结合

在搞好与联系对象面对面交流的基础上，要注重依托退役军人信息服务平台，通过电话、短信、微信、网络视频等方式，加强与联系对象互动频次，确保联系对象遇事能及时联系、意见能及时反馈。

四、工作要求

（一）加强组织领导

各级退役军人事务部门和单位主要领导为联系制度落实第一责任人，要强化领导责任、分解压实任务、抓好工作落实。广大干部职工应发挥主体作用，积极主动联系退役军人，深入细致做好“结对子”工作。

（二）完善运行机制

各级应结合本地实际，建立联系工作台账，加强动态管理。各级工作人员要记好联系工作日志，切实把工作做细做实。要及时总结工作经验，不断完善运行机制，保证联系工作制度化、规范化、经常化。

（三）创新方法手段

适应社会发展形势，结合联系对象特点，充分运用移动网络等手段，搭建联系退役军人工作平台，开展有针对性、个性化的联系服务工作。要采取联系对象喜闻乐见的方式，创新联系工作方式方法，切实增强实际效果。

（四）强化督导落实

各级要将联系工作开展情况纳入年度考核重要内容，并逐级汇总上报。今年工作开展情况，请于7月中旬上报。退役军人事务部将适时组织检查抽查，对好的经验做法予以宣传推广，对开展工作不力的进行提醒、约谈、通报。

2020年1月22日

退役军人事务部关于深入开展“思想政治工作年”活动的通知

退役军人部发〔2020〕10号

各省、自治区、直辖市退役军人事务厅（局），新疆生产建设兵团退役军人事务局，各司、各直属单位：

为深入贯彻中央领导同志关于加强退役军人思想政治工作的指示批示精神，充分发挥各级退役军人管理保障机构的政治功能，根据退役军人事务部年度工作安排，现将深入开展“思想政治工作年”活动的有关安排明确如下：

一、总体思路

坚持以习近平新时代中国特色社会主义思想为指导，坚决落实习近平总书记关于退役军人工作重要论述精神，突出党对退役军人思想政治工作的领导，紧紧围绕党和国家工作大局，深刻把握退役军人思想政治工作特点规律，把解决思想问题与解决实际问题结合起来，进一步夯实基础、提升能力、创新方法，教育引导广大退役军人珍惜荣誉、永葆本色，在推进新时代中国特色社会主义伟大事业中充分发挥生力军作用。

二、主要内容

（一）落实和完善退役军人思想政治工作相关政策制度

1.推进政策落实。我部组建以来，在党中央国务院坚强领导下，围绕加强退役军人工作先后制定出台了一系列政策文件。要持续推进政策文件的落地落实，在帮助退役军人解决实际问题中加强思想政治工作，不断增强退役军人的归属感、获得感。

2.制定出台意见。加强顶层设计，在总结退役军人思想政治工作成功实践，吸收各地经验做法的基础上，研究制定《关于加强退役军人思想政治工作的意见》，对退役军人思想政治工作进行系统规范，为各地开展工作提供基本依据和具体指导。

3.完善尊崇措施。落实社会优待政策，开展双拥模范创建，邀请优秀退役军人和烈士遗属代表参加纪念中国人民志愿军抗美援朝出国作战70周年等重大庆典纪念活动。创新退役军人先进事迹宣传方式，营造尊重退役军人社会氛围。

4.加强工作衔接。推动退役军人思想政治工作与落实《新时代公民道德建设实施纲要》《新时代爱国主义教育实施纲要》紧密结合，加强与工会、共青团、妇联等群团组织思想政治工作的有机衔接和融合，激励广大退役军人在各行各业各领域创优争先。

5.健全联系制度。新兵入伍做到“四尊崇”，即欢送仪式、举行座谈、挂光荣牌、拍集体照；退役返乡做到“五关爱”，即迎接仪式、谈心谈话、宣讲政策、推介岗位、高效办事；日常关怀做到“六必访”，即退役返乡必访、立功受奖必访、英模典型必访、重要节日必访、遇到困难必访、重大变故必访。

（二）运用新时代“枫桥经验”做好思想政治工作

1.学习推广“枫桥经验”，提升基层管理保障能力。研究制定《关于学习推广新时代“枫桥经验”提升基层退役军人管理保障能力的实施意见》；在浙江召开“学习推广新时代‘枫桥经验’现场推进会”，推动基层服务保障体系提质增效，促进矛盾就地化解、服务精准规范、管理日臻完善。

2.坚持工作重心下移，推进矛盾问题就地化解。把更多人力、财力、物力下沉到基层，增强基层实力、激发基层活力、提升基层战斗力，持续推进“矛盾问题攻坚化解”专项行动，在解决实际问题中解决思想问题，做到“不化解不终结”。

3.加强思想沟通交流，把问题解决在萌芽状态。深入了解辖区内退役军人的家庭状况、思想变化、实际需求，通过经常性、面对面的沟通交流，及时做好政策解释、思想疏导、权益维护等工作，进一步增进感情、赢得信任、排除隐患。

4.善用法治方式，依法维护退役军人合法权益。强化法治意识、法治思维，引导广大退役军人自觉遵守法律法规和各项制度规定，依法有序理性反映诉求。对打着退役军人旗号组织策划聚集上访，煽动闹访闹事、寻衅滋事等违法犯罪行为，积极配合公安机关，严格依法处置。

（三）严格退役军人党员教育管理

1.做好组织关系转接。按照《关于进一步做好退役军人党员组织关系转接工作的通知》要求，在退役军人集中报到时段，协助当地党委组织部门，在退役军人事务部门设立专门窗口，优化工作流程，提供“一站式”服务，确保每名退役军人党员都及时纳入党组织管理。

2.严格日常教育管理。协助基层党组织，落实好退役军人党员参加“三会一课”、民主评议党员、党员党性分析评议等组织活动，坚持把“不忘初心、牢记使命”作为终身课题常抓不懈，强化党员意识，加强经常性党性锻炼。

3.加强流动党员管理。协助基层党组织，与流动在外的退役军人党员保持经常联系、沟通思想。及时掌握流动到辖区内的退役军人党员情况，按照组织关系一方隶属、参加多重组织生活方式，帮助流动党员就近就便参加组织生活，具备条件的及时动员转移组织关系。

（四）发挥优秀退役军人示范作用

1.发挥退役军人在经济社会建设中的先锋作用。适应“两次征兵、两次退役”改革要求，发挥思想政治工作“生命线”功能，帮助退役军人迈好工作转轨、事业转型、人生转身的关键一步，培养退役军人"领头雁"，推动部队领军人物、管理人才和立功受奖人员以及技术骨干、专业能手积极投身经济社会建设主战场。

2.发挥退役军人村干部在脱贫攻坚中的"兵支书"作用。重视发挥退役军人村干部在打赢脱贫攻坚战中的重要作用，会同中央农办、国务院扶贫办，在贵州省安顺市组织召开"退役军人村干部决战脱贫攻坚和推进乡村振兴现场交流会"，引导退役军人扎根基层、勇于担当、有所作为。

3.发挥退役军人企业家在创新创业中的带动作用。引导退役军人企业家做爱国敬业、守法经营、创业创新、回报社会的典范。鼓励加强思想政治工作，推动企业管理创新，团结凝聚更多退役军人创业就业。积极推荐优秀退役军人企业家参选参评各类社会荣誉。

4.发挥"最美退役军人"等先进典型的激励作用。持续推进"最美退役军人"学习宣传活动。完善遴选、发布、宣传、关怀、培养机制，举行2020年度"最美退役军人"先进事迹发布仪式，讲好退役军人故事，展示退役军人风采，激励广大退役军人退役不褪色、奋进新时代。

5.发挥退役军人在"学雷锋志愿服务"中的引领作用。引导广大退役军人传承守正赋能、忠诚奉献的优秀特质，广泛参与学雷锋志愿服务活动，在社会应急、脱贫攻坚、环境保护、防灾减灾中贡献力量。当前重点助力打赢新冠肺炎疫情防控人民战争、总体战、阻击战。

（五）加强退役军人思想政治工作阵地建设

1.创建示范服务机构。按照"五有"标准加强退役军人服务保障体系建设，打造一万家"枫桥式退役军人服务中心（站）"，注重与同级党群服务中心资源共享、优势互补，增强政治功能，做好退役军人经常性思想引导工作。

2.搭建关心关爱平台。充分发挥退役军人关爱基金会或相关社会组织作用，广泛动员社会力量，为困难退役军人提供多主体供给、多渠道保障的帮扶援助，加大帮扶力度，彰显党和政府对广大退役军人的关心关爱。

3.加强网络舆论引导。牢牢把握舆论引导主动权主导权，把党和国家的重大决策部署阐释好，把退役军人工作的成效宣传好，充分发挥网络思想政治工作凝心聚力作用，引导广大退役军人听党话、跟党走。

4.注重文化环境熏陶。加强退役军人"荣誉室""光荣榜"、宣传栏、文化广场建设，推动创作反映退役军人情怀与担当的影视剧、舞台剧、歌曲、微视频和报告文学等，注重用先进文化教育人、熏陶人、塑造人。

5.发挥红色资源作用。依托革命纪念馆、纪念地和烈士纪念设施等红色教育资源，组织退役军人开展缅怀先烈、重温革命历史等主题教育活动，引导广大退役军人强化爱军精武素质和"若有战、召必回"的责任感使命感。

三、实施步骤

从2020年3月初开始，到2021年3月底结束，分三个阶段组织实施。

（一）动员部署（2020年3月）

各地要通过多种形式，认真传达学习通知要

求，进一步统一思想认识，提高政治站位，强化落实责任。

（二）组织实施（2020年3月至2021年2月）

结合实际研究制定切实可行的工作方案，细化措施，明确分工，压实责任，做到有部署、有督导、有考核。各省（区、市）退役军人事务部门要及时向退役军人事务部报告活动进展。

（三）评估总结（2021年2月至3月）

全面总结“思想政治工作年”活动开展情况，把完善政策制度、健全工作机制、加强阵地建设、开展系列活动的实际成效作为重要评估指标，促进退役军人思想政治工作持续深入发展。

四、有关要求

（一）精心筹划组织

各地要把“思想政治工作年”活动摆上重要议事日程，精心筹划、统筹安排、扎实推进。要充分发挥主观能动性，强化领导责任，分解压实任务，抓好工作落实。要坚持在各级党委退役军人事务领导机构领导下，协调各方力量，形成工作合力。

（二）创新方式方法

积极探索新形势下退役军人思想政治工作的特点规律，把思想政治工作融入退役军人事务各项工作、各个环节。依托现代信息技术，创新工作方法，形成内容生动活泼、形式喜闻乐见、成效充分显现的工作新模式。各地要勇于探索实践，创造更多可复制可推广的经验做法。

（三）开展鉴学交流

在各地创新实践的基础上，每双月汇集推广3—5个地区开展退役军人思想政治工作的典型案例、经验做法；每季度组织基层退役军人思想政治工作人员，通过集体调研、现场观摩、交流研讨等方式互学互鉴，博采众长，共同提高，不断提升思想政治工作能力和水平。11月份，在福建古田召开“加强退役军人思想政治工作座谈会”，交流各地经验做法。

（四）强化监督考核

将“思想政治工作年”活动开展情况纳入双拥模范城（县）创建、平安建设（综治工作）考评；“枫桥式退役军人服务中心（站）”建设纳入市域社会治理现代化试点工作评估范围。结合退役军人事务年度核查督办工作，对各地“思想政治工作年”活动开展情况进行督导。各省（区、市）退役军人事务部门要加大工作指导力度，推动各项工作有效落实。

各级要按照党中央、国务院决策部署，科学统筹当前疫情防控与年度工作任务，分区分级开展“思想政治工作年”活动。低风险地区抓紧启动，中风险地区依据防控形势有序推进，高风险地区适时开展。

2020年2月27日

退役军人事务部关于应对新冠疫情有效促进退役军人就业创业工作的意见

退役军人部发〔2020〕15号

各省、自治区、直辖市退役军人事务厅（局），新疆生产建设兵团退役军人事务局：

就业是最大的民生工程、民心工程、根基工程，党中央、国务院始终高度重视。特别是在当前疫情防控工作最吃劲的情况下，习近平总书记作出一系列重要指示，部署统筹推进疫情防控和经济社会发展工作，强调全面强化稳就业举措，把恢复和稳定就业作为当前一项重要任务，同时对重点群体的就业工作提出了明确要求。各级退役军人事务部门要深入学习领会习近平总书记重要指示精神，切实提高思想认识，把退役军人就业创业工作统一到党中央、国务院决策部署上来，在毫不放松抓紧抓实抓细新冠疫情防控工作的同时，学好用足近期国家出台的减免税费、金融支持等稳就业政策，积极做好宣传指导，切实推进新冠疫情期间和今后一个时期退役军人教育培训和就业创业工作。

一、及时发布培训就业信息，建立常态联系制度机制

积极对接人力资源社会保障部门等，参加企业空岗调查，广泛收集、及时发布本地开复工信息、就业岗位信息和退役军人求职信息、职业技能培训信息。定期发布招聘信息，各省（区、市）退役军人事务厅（局）每月不少于3次，各地（市）退役军人事务局不少于2次。依托信息化手段，在线建立失业台账，丰富网上就业服务项目，打通就业“堵点”。新冠疫情期间，每月统计一次辖区内各县（市、区）退役军人就业情况，由各省（区、市）退役军人事务厅（局）汇总后报送退役军人事务部。建立乡镇（街道）、村（社区）退役军人服务站与需要就业的退役军人常态化联系机制。

二、面向基层防疫协调提供阶段性就业岗位

协调人力资源社会保障部门和乡镇街道采取余缺调剂等办法，增加基层医疗和社会服务等岗位招募退役军人比例。充分挖掘当地城乡基层、产业园区和服务行业带动就业潜力，支持退役军人充分发挥组织力、执行力强等优势，参与防疫消杀、检查值守等疫情防控岗位工作，解决阶

段性就业需求。组织引导退役军人到疫情防控必需、公共事业运行必需、群众生活必需以及其他涉及国计民生急需紧缺行业的企业就业，着力开发使用好退役军人这笔宝贵的人力资源，在社会培育一支弘扬我党我军优良传统、传承红色基因的骨干队伍。

三、全面推进网上培训和招聘服务

对接人力资源社会保障部门，用好疫情期间政府网络培训平台免费开放政策，建立课程名录和直播课程表，向有需求的退役军人精准推送，促进其利用就业空窗期参与培训、提升就业竞争力。利用当地人力资源公共服务机构和自有的网络平台，办好线上招聘会。加强企业资质和岗位真实性审核，力争招聘岗位适合退役军人就业特点，大力推广视频招聘、远程面试，广泛参加“就业服务不打烊、网上招聘不停歇”的“线上春风行动”。对退役军人应届高校毕业生，组织网上职业指导，实施在线就业咨询。

四、加快与企业签约合作，拓宽就业渠道

与重点行业、大型企业开展就业合作，探索具有中国特色的“权威推荐+自主就业”相结合的就业模式。各地于3月底前上报与当地保利、万科公司分支机构第一批签约的落实情况，并在总结经验、完善机制的基础上，与后续签约企业做好对接，持续扩大就业岗位供给。

五、用好优惠政策，鼓励参加学历教育

积极响应国务院关于扩大硕士研究生招生和专升本的决策部署，广泛宣传扩招政策，鼓励符合条件的部分退役军人特别是退役大学生士兵“先入校回炉、再就业创业”，继续深造获取更高层次学历，打好稳定就业基础。推动实施退役大学生士兵专项硕士研究生招生计划；引导符合条件的退役大学生士兵，利用好退役3年内参加全国硕士研究生招生考试、初试总分加10分并在同等条件下优先录取等优惠政策；推动符合条件的二等功退役军人免初试攻读研究生政策落地。

六、引导参加职业技能提升行动

将退役军人适应性培训和职业技能培训纳入国家职业技能提升行动计划，新退役自主就业士兵全员参加适应性培训，争取今年对有参加意愿的普遍进行技能培训。要及时把适合退役士兵的急需紧缺工种和先进产能的技能纳入国家职业技能提升线上培训；对接当地人力资源社会保障部门，制定培训计划，明确培训方向、补助项目和标准，明确兑现补助的流程办法和具体条件，扩大培训规模，并推动以项目制、学徒制等形式提高培训效果。

七、增强培训管理和就业岗位匹配度

落实退役军人培训管理办法，建立承训机构目录，扩大培训资源供给，实施科学有效监管，

克服盲目性，增强实效性。用好退役士兵就业职业目录参考，引导用工单位有针对性地招聘和开发适合退役士兵的就业岗位，引导退役士兵科学理性地求职就业和规划职业生涯，引导教育培训机构开发设置适合退役士兵特点的专业课程。

八、积极做好稳岗帮扶

协调落实退役军人稳岗政策，纳入稳岗补贴、社保补贴范围。鼓励退役军人以协商工资工时、灵活用工等形式精准对接小微企业就业，实现援企稳岗。重点地区特别是疫情较重地区，退役军人事务部门要主动协调，在重大工程建设、以工代赈项目、公益性岗位中优先吸纳退役军人就业。接收退役军人的单位裁减人员的，优先留用退役军人；单位依法关闭、破产、改制的，优先推荐退役军人再就业，优先保障退役军人合法权益。对失业的退役军人，及时了解掌握情况，切实关心关爱，督促按规定兑现失业保险待遇，协助发放失业补助金。

九、有效提供创业扶持

对有创业意愿的退役军人，宣传当地创业扶持政策，并提供咨询服务，协调落实创业补贴、金融惠企等政策，鼓励支持创业带动就业。搭建服务平台，实现创业导师和创业退役军人线上对接，远程提供创业服务和运营诊断。引导创业孵化基地为退役军人创业者提供低成本、专业化创业服务。

十、推送典型宣传经验做法

广泛收集当地在疫情防控、复工复产工作中的有益做法和退役军人的先进典型、光荣事迹，主动推送、宣传报道，提升退役军人社会形象，营造有利于退役军人就业创业的良好氛围。

各级退役军人事务部门要把应对新冠疫情有效促进退役军人教育培训和就业创业工作作为当前一项政治任务摆上重要议事日程，强化组织领导，健全工作机制，加强与有关部门沟通协调，层层压实责任，全面细致摸底，真情关心关爱，狠抓督查落实，在全力应对疫情的同时，切实履行好稳就业职责，确保完成退役军人就业创业年度各项重点任务，为打赢疫情防控阻击战实现全年经济社会发展目标任务提供有力支撑。

请于每季度末将阶段性落实情况报退役军人事务部就业创业司（邮箱：tyjrswb_jycys@126.com），5月31日前完成首次上报。退役军人事务部将加强统筹协调、政策供给和信息共享，并视情通报各地工作开展情况。

退役军人事务部　公安部　财政部　交通运输部 文化和旅游部关于做好烈士亲属异地祭扫组织服务工作的意见

退役军人部发〔2020〕22号

各省、自治区、直辖市退役军人事务厅（局）、公安厅（局）、财政厅（局）、交通运输厅（局、委）、文化和旅游厅（局），新疆生产建设兵团退役军人事务局、公安局、财政局、交通运输局、文化体育广电和旅游局：

做好烈士亲属异地祭扫组织服务工作，保障好烈士亲属权益，是新时代烈士褒扬工作的重要内容，是政府和社会各界的共同责任，对大力弘扬烈士精神、关心关爱烈士亲属具有重要意义。根据《中华人民共和国英雄烈士保护法》和《烈士褒扬条例》，为切实做好烈士亲属异地祭扫组织服务工作，现提出如下意见。

一、指导思想

以习近平新时代中国特色社会主义思想为指引，深入贯彻落实党的十九大和十九届二中、三中、四中全会精神，推进国家治理体系和治理能力现代化，围绕全面加强烈士祭扫组织服务，落实属地责任，加强精细化管理，推动形成以组织祭扫为主、自行祭扫为补充的异地祭扫机制，注重加强教育引导规范，切实维护安全有序文明的祭扫秩序，加强烈士纪念设施保护管理，创新服务形式，丰富服务内容，进一步增强烈士亲属的荣誉感和获得感，在全社会树立缅怀英烈、尊崇烈属的良好风尚。

二、基本原则

（一）体现尊崇关爱

认真做好烈士亲属异地祭扫组织保障工作，提高服务水平，为烈士亲属提供优质服务。切实落实好各项优抚政策，积极帮助解决实际困难，让他们感受到党和政府的关心，感受到全社会的尊崇。

（二）加强管理引导

完善烈士亲属异地祭扫办理流程，规范优先优惠政策，加强法制宣传，做好行前谈话，明确依法、文明、有序祭扫相关要求。在充分尊重烈士亲属祭扫意愿的基础上，多措并举，通过开展网上祭扫、召开座谈会、举办专题纪念活动等形式实现就地祭扫。

（三）注重协同配合

加强部门协同，建立健全情况通报、定期会商、联合督办等工作机制，切实形成工作合力。树立全国“一盘棋”思想，加强信息共享，加大区域协作联动力度，确保烈士亲属异地祭扫活动组织服务工作有序衔接。

三、异地祭扫范围

因烈士未安葬在其亲属户籍所在地或者常住地省份，烈士亲属前往烈士安葬地或者纪念地省份开展祭扫纪念活动的，各地按规定提供服务保障。安葬地是指烈士墓或者骨灰存放处，如在我国境内无明确安葬地的，烈士亲属可就近选择一处专门纪念烈士的纪念堂馆、碑亭、塔祠、塑像或者篆刻烈士姓名的烈士英名墙作为纪念地。

四、异地祭扫组织服务对象

异地祭扫组织服务对象包括烈士的父母（抚养人）、配偶、子女、兄弟姐妹，如确无上述人员的，可包括祖父母、外祖父母、孙子女、外孙子女、女婿、儿媳、公、婆、岳父、岳母等。

五、异地祭扫组织服务方式

异地祭扫组织服务分为组织祭扫和自行祭扫两种方式。

（一）组织祭扫

符合条件且有异地祭扫意愿的烈士亲属，其户籍所在地或者常住地县级以上人民政府退役军人事务部门根据申请有序组织异地祭扫活动，统一开具“烈士亲属异地祭扫证明书”，原则上每年组织1次。对于年满65周岁或者身有残疾、体弱多病的烈士亲属，需自行安排1名身体健康的亲属陪同祭扫。前往祭扫的亲属及陪同人员每次不超过3人。

（二）自行祭扫

符合条件但因故不能参加组织祭扫的烈士亲属，经户籍所在地或者常住地县级人民政府退役军人事务部门审核并开具“烈士亲属异地祭扫介绍信”后，可自行前往祭扫，享受相应服务保障，原则上每年1次，每次不超过3人。

六、异地祭扫组织服务保障

（一）组织服务保障标准

1. 组织祭扫的烈士亲属及陪同人员，由负责组织的县级以上人民政府退役军人事务部门承担省际城市间交通及食宿费，烈士安葬地或者纪念地县级人民政府退役军人事务部门承担当地交通及食宿费。

2. 自行祭扫的烈士亲属，祭扫回程后凭“烈士亲属异地祭扫介绍信”回执，由户籍所在地或者常住地县级人民政府退役军人事务部门按照当地机关工作人员国内差旅费处级及以下标准给予定额补助，其中，省际城市间交通费按照火车票标准计算，食宿及当地交通费按照3天计算。烈士安葬地或者纪念地县级人民政府退役军人事务部门不再承担当地交通及食宿费。无“烈士亲属异地祭扫介绍信”自行前往祭扫的，不享受定额补助。

（二）交通出行优先

1.祭扫车辆在祭扫活动期间通行高速公路时，按照《收费公路管理条例》《深化收费公路制度改革取消高速公路省界收费站实施方案》等相关要求，依法交纳车辆通行费。在祭扫活动期间通行高速公路时，凭“烈士亲属异地祭扫证明书”或者“烈士亲属异地祭扫介绍信”享受高速公路优先通行服务。

2.异地祭扫的烈士亲属，在祭扫活动期间乘坐火车（高铁）、轮船、客运班车以及民航班机时，凭“烈士亲属异地祭扫证明书”或者“烈士亲属异地祭扫介绍信”享受优先购买车（船）票或值机、安检、乘车（船、机），并可使用优先通道（窗口）。

3.参加祭扫活动的车辆，在高速公路服务区凭“烈士亲属异地祭扫证明书”或者“烈士亲属异地祭扫介绍信”，享受优先加油、加水和车辆维修等服务。

（三）文化服务优惠优先

异地祭扫的烈士亲属，在祭扫活动期间到国有文化文物系统所属博物馆、纪念馆、美术馆等公共文化设施和实行政府定价或指导价管理的公园、展览馆、名胜古迹、景区，凭“烈士亲属异地祭扫证明书”或者“烈士亲属异地祭扫介绍信”享受“三属”减免门票优惠政策。

七、异地祭扫办理程序

（一）提出申请

符合条件且有异地祭扫意愿的烈士亲属，于每年8月1日前向户籍所在地或者常住地县级人民政府退役军人事务部门提出下一年度异地祭扫的申请，申请内容包括烈士姓名、祭扫地点、具体时间、日程安排、烈士亲属身份证明材料等。

（二）制定计划

县级人民政府退役军人事务部门汇总审核祭扫需求，提出下一年度异地祭扫计划，于9月30日前逐级上报至省级人民政府退役军人事务部门。省级人民政府退役军人事务部门合理统筹祭扫需求，有序安排本地区异地祭扫活动。

（三）开具证明

组织祭扫的县级以上人民政府退役军人事务部门，在祭扫活动前统一开具并保管“烈士亲属异地祭扫证明书”；自行祭扫的烈士亲属，由县级人民政府退役军人事务部门审核后开具“烈士亲属异地祭扫介绍信”。

（四）通报信息

开具“烈士亲属异地祭扫证明书”或者“烈士亲属异地祭扫介绍信”的县级以上人民政府退役军人事务部门，需在祭扫前1个月向烈士安葬地或者纪念地县级人民政府退役军人事务部门通报异地祭扫相关安排。

八、组织保障

（一）健全工作机制

各地各部门要切实加强烈士亲属异地祭扫组织服务工作的组织领导，强化政治责任和使命担当。要建立健全相关工作机制，在地方各级党委和政府的统一领导下，退役军人事务部门统筹协调，公安、财政、交通运输、文化旅游等部门各司其职、分工协作、密切配合。

（二）提高服务水平

各地各部门要强化服务意识，丰富服务内容，创新服务形式，探索网上办理申请业务，为烈士亲属异地祭扫提供便利，并积极引导开展网上祭扫、就地祭扫和代为祭扫。各级烈士纪念设施保护单位要完善基础设施，提升陈展水平，美化净化环境，尽最大努力为祭扫活动提供良好场所、为烈士亲属提供优质服务。要加大边境烈士陵园信息化改造力度，及时对祭扫活动场地及相关服务设施进行安全检查和风险评估，排除各类隐患，不断提升祭扫组织接待和安保维稳工作水平，确保祭扫活动安全进行。

（三）规范祭扫秩序

各地各部门要加强政策解读，及时宣传祭扫制度，规范祭扫秩序，加强行前教育，引导烈士亲属文明有序祭扫。祭扫期间，对不符合政策仍拒缴过路费、拒付住宿费、拒购景区门票、破坏公共设施、堵门堵路、要求超标准接待的，要依法妥善劝阻。对不听劝阻仍滋事扰序，构成违反治安管理行为的，由公安机关依法给予治安管理处罚；构成犯罪的，依法追究刑事责任。

（四）加强经费保障

各地将烈士亲属异地祭扫组织服务工作经费列入财政预算予以保障，可统筹使用相关渠道资金，做好本地区烈士祭扫纪念活动等工作。

本意见自2020年5月1日起施行。《民政部关于做好烈士亲属祭扫接待工作的通知》（民电〔2010〕30号）废止。各地要根据本意见，结合实际制定具体实施办法和辖区内祭扫规范，切实做好本地区烈士亲属异地祭扫组织服务工作。

附件：

1.烈士亲属异地祭扫证明书（样式）（略）

2.烈士亲属异地祭扫介绍信（样式）（略）

2020年3月28日

退役军人事务部　财政部关于调整部分优抚对象等人员抚恤和生活补助标准的通知

退役军人部发〔2020〕38号

各省（自治区、直辖市）退役军人事务厅（局）、财政厅（局），新疆生产建设兵团退役军人事务局、财政局：

经研究，决定从2020年8月1日起调整部分优抚对象等人员抚恤和生活补助标准，现将有关问题通知如下：

一、提高残疾军人（含伤残人民警察、伤残国家机关工作人员、伤残民兵民工）的残疾抚恤金、烈属（含因公牺牲军人遗属、病故军人遗属）的定期抚恤金、在乡退伍红军老战士（含在乡西路军红军老战士、红军失散人员）的生活补助标准，调整后的标准见附件。

二、各地要按照《军人抚恤优待条例》规定，加大资金投入，大力提高在乡老复员军人的生活补助标准，切实保障其生活水平。中央财政在现行补助标准的基础上，每人每月增加150元。

三、各地要按照每人每月不低于650元、不高于十级残疾军人抚恤金标准的原则，调整带病回乡退伍军人生活补助标准，每人每月提高标准不低于50元。中央财政对北京、天津、上海、江苏、浙江、福建、广东、山东、辽宁等9个省市，补助标准调整为每人每月260元；对河北、山西、吉林、黑龙江、安徽、江西、河南、湖北、湖南、海南等10个省，补助标准调整为每人每月390元；对内蒙古、广西、重庆、四川、贵州、云南、西藏、陕西、甘肃、青海、宁夏、新疆等12个省区市，补助标准调整为每人每月520元；对新疆生产建设兵团补助标准调整为每人每月650元。

四、对在农村的和城镇无工作单位且家庭生活困难的参战退役人员提高生活补助标准，每人每月提高50元，提至每人每月700元。中央财政对北京、天津、上海、江苏、浙江、福建、广东、山东、辽宁等9个省市，补助标准调整为每人每月280元；对河北、山西、吉林、黑龙江、安徽、江西、河南、湖北、湖南、海南等10个省，补助标准调整为每人每月420元；对内蒙古、广西、重庆、四川、贵州、云南、西藏、陕西、甘肃、青海、宁夏、新疆等12个省区市，补助标准调整为每人每月560元；对新疆生产建设兵团补助标准调整为每人每月700元。

五、对不符合评残和享受带病回乡退伍军人生活补助条件，但患病或生活困难的农村和城镇无工作单位的原8023部队退役人员，以及其他参加核试验军队退役人员（含参与铀矿开采军队退役人员）提高生活补助标准，每人每月提高50元，提至每人每月700元。中央财政对北京、天津、上海、江苏、浙江、福建、广东、山东、辽宁等9个省市，补助标准调整为每人每月280元；对河北、山西、吉林、黑龙江、安徽、江西、河南、湖北、湖南、海南等10个省，补助标准调整为每人每月420元；对内蒙古、广西、重庆、四川、贵州、云南、西藏、陕西、甘肃、青海、宁夏、新疆等12个省区市，补助标准调整为每人每月560元；对新疆生产建设兵团补助标准调整为每人每月700元。

六、对居住在农村和城镇无工作单位、18周岁之前没有享受过定期抚恤金待遇且年满60周岁的烈士子女（含建国前错杀后被平反人员的子女）提高生活补助标准。中央财政在现行补助标准的基础上，每人每月提高50元，提至每人每月540元。

七、对从1954年11月1日试行义务兵役制后至《退役士兵安置条例》实施前入伍、年龄在60周岁以上（含60周岁）、未享受到国家定期抚恤补助的农村籍退役士兵提高老年生活补助标准，每服一年义务兵役每人每月提高5元，提至每服一年义务兵役每人每月补助45元。中央财政对北京、天津、上海、江苏、浙江、福建、广东、山东、辽宁等9个省市按上述补助标准的50%安排补助资金，对其他省区市、新疆生产建设兵团实行全额补助。

八、对建国前加入中国共产党的农村老党员和未享受离退休待遇的城镇老党员调整生活补贴标准，每人每月提高50元，补助标准调整为：1937年7月6日前入党，提至每人每月820元；1937年7月7日至1945年9月2日入党的，提至每人每月760元；1945年9月3日至1949年9月30日入党的，提至每人每月680元。已享受优抚对象抚恤补助的老党员，不执行上述补贴标准，仍按每人每月50元标准发给生活补贴。已对老党员实行定额补贴的地方，补贴标准低于上述标准的，按照补差原则发给补贴；补贴标准高于上述标准的，仍按原补贴标准发给补贴。中央财政对北京、天津、上海、江苏、浙江、福建、广东等7省市，按上述补助标准的25%安排补助资金；对其他省区市、新疆生产建设兵团按上述补助标准的50%安排补助资金。

九、此次调整标准所需中央补助资金，由中央财政安排，另行下达。地方各级有关部门要认真落实地方应安排的资金，切实加强资金管理，保证及时、准确、足额地把抚恤金和生活补助费发放到优抚对象等人员手中。

附件：

1.残疾军人、伤残人民警察、伤残国家机关工作人员、伤残民兵民工残疾抚恤金标准表

2.烈属、因公牺牲军人遗属、病故军人遗属定期抚恤金标准表

3.在乡退伍红军老战士、在乡西路军红军老战士、红军失散人员生活补助标准表

2020年7月21日

附件1

残疾军人、伤残人民警察、伤残国家机关工作人员、伤残民兵民工残疾抚恤金标准表

（从2020年8月1日起执行）　　单位：元/年

残疾等级	残疾性质	抚恤金标准
一级	因战	96970
	因公	93910
	因病	90830
二级	因战	87750
	因公	83140
	因病	80030
三级	因战	77000
	因公	72360
	因病	67770
四级	因战	63110
	因公	56970
	因病	52350
五级	因战	49290
	因公	43100
	因病	40030
六级	因战	38510
	因公	36440
	因病	30780
七级	因战	29270
	因公	26200
八级	因战	18480
	因公	16920
九级	因战	15350
	因公	12330
十级	因战	10780
	因公	9220

附件2

烈属、因公牺牲军人遗属、病故军人遗属定期抚恤金标准表

（从2020年8月1日起执行） 单位：元/年

烈属	因公牺牲军人遗属	病故军人遗属
30780	26440	24870

附件3

在乡退伍红军老战士、在乡西路军红军老战士、红军失散人员生活补助标准表

（从2020年8月1日起执行） 单位：元/年

在乡退伍红军老战士	在乡西路军红军老战士	红军失散人员
67240	67240	30340

中共中央宣传部　退役军人事务部　中央军委政治工作部关于开展2020年度“最美退役军人”学习宣传活动的通知

退役军人部发〔2020〕45号

各省、自治区、直辖市党委宣传部、政府退役军人事务厅（局），新疆生产建设兵团党委宣传部、退役军人事务局，各战区、各军兵种、军委机关各部门、军事科学院、国防大学、国防科技大学、武警部队政治工作部（局、处）：

为深入学习贯彻习近平总书记关于退役军人工作的重要指示精神，落实全国退役军人工作会议要求，加强对广大退役军人的思想政治引领，中共中央宣传部、退役军人事务部、中央军委政治工作部决定在全社会广泛开展2020年度“最美退役军人”学习宣传活动。现将有关事项通知如下：

一、活动主题

坚持以习近平新时代中国特色社会主义思想为指导，紧扣决胜全面小康、决战脱贫攻坚主线，通过开展“最美退役军人”学习宣传活动，推出一批优秀退役军人典型个人或集体。要重视挖掘在应对新冠肺炎疫情中敢于冲锋、勇于奉献的退役军人典型，彰显广大退役军人永葆军人本色，在国家危难时刻挺身而出的责任感和使命感。

二、活动安排

活动主要由推荐遴选、集中发布、深入宣传、学习实践、礼遇关爱等环节组成。

（一）推荐遴选。各地要动员广大退役军人和干部群众积极参与。按照富有先进性、典型性和代表性的原则，综合考量、优中选优，推荐3名退役军人先进典型。所推荐人选需进行严格政审，征求公安、纪检监察部门意见，其中推荐机关事业单位工作人员还应按照管理权限征求组织人事部门意见，推荐企业负责人还应征求生态环境、市场监管、税务、应急管理等部门意见，确保政治合格、品德良好、事迹突出、群众认可、无违纪违法行为。8月30日前以各省份党委宣传部、退役军人事务厅（局）名义，将“最美退役军人”推荐表、事迹材料（3000字）及相关照片、政审材料等联合报送退役军人事务部，电子版发送至zmtyjr2020@126.com。

（二）集中发布。中共中央宣传部、退役军

人事务部、中央军委政治工作部综合各地推荐情况，组织进行评选，遴选确定20个2020年度“最美退役军人”先进典型，举行发布仪式。中共中央宣传部、退役军人事务部、中央军委政治工作部有关领导以及相关地方党委宣传部、退役军人事务厅（局）负责同志，2020年度“最美退役军人”先进典型及亲属代表，往届“最美退役军人”代表等参加。

（三）深入宣传。各地要在报刊、广播、电视、网络全方位、立体化开展宣传，充分利用所属网站、微博、微信公众号、宣传栏等平台，迅速兴起“最美退役军人”学习宣传热潮，中央和地方以及军队有关新闻媒体要设置专题专栏等，及时报道活动开展情况，在相关主题宣传活动中宣传“最美退役军人”先进事迹。要丰富宣传形式，通过撰写报告文学、编辑出版图书、拍摄纪录片微视频、制作播发公益广告等，对“最美退役军人”先进事迹进行深入挖掘，广泛宣传。

（四）学习实践。各地要结合实际开展富有特色的学习实践活动，组织优秀退役军人典型进企业、进校园、进机关、进军营、进社区，开展故事会、报告会、交流会等，讲奋斗故事、话使命责任；要探索开展岗位践行活动，推进“最美退役军人”车间、班组、工作室、校外辅导员等品牌创建工作在多个行业、领域初见成效，引导广大退役军人和干部群众从先进典型身上汲取精神营养，转化为立足本职、担当作为、攻坚克难的内在动力。

（五）礼遇关爱。各地要重视从政治、工作、生活等方面做好对“最美退役军人”先进典型的关怀工作，适时走访慰问、发慰问信、邀请出席重大庆典纪念活动；对存在实际困难的给予生活照顾或重点帮扶，充分体现对退役军人先进典型的尊重和关爱，树立德者有得、好人好报的价值导向。

三、有关要求

（一）提高政治站位，加强组织领导。充分认识开展“最美退役军人”学习宣传活动是做好新时代退役军人工作、加强思想政治引领的重要举措，要切实提高政治站位，围绕年度宣传主题主线，加强组织领导，精心筹划部署，严密组织实施，确保活动深入开展、取得实效。

（二）把握工作原则，搞好统筹协调。要坚持标准从严、公正评选，认真做好考察、推荐、遴选、宣传等各环节工作，真正把标杆人物推荐上来，确保评选出的先进典型经得起历史和实践检验。要加强协调、形成合力、把握节奏，把典型宣传工作融入日常、抓在经常，坚持久久为功，形成一批可推广可借鉴的优秀成果。

（三）立足工作实际，创新方式方法。要紧贴退役军人工作实际，及时总结典型宣传的实践经验。要注重守正创新，体现时代特色，推进学习宣传活动内容、形式、手段创新，多运用群众喜闻乐见的方式，增强学习宣传活动的针对性实效性和吸引力感染力，调动广大退役军人和干部群众参与的积极性，充分发挥先进典型的激励效应，使学习典型、争当先进蔚成风气。

附件：“最美退役军人”推荐表及填表说明（略）

2020年8月8日

退役军人事务部办公厅关于印发《退役军人就业创业培训工作管理指南》的通知

退役军人办发〔2020〕34号

各省、自治区、直辖市退役军人事务厅（局），新疆生产建设兵团退役军人事务局：

《退役军人就业创业培训工作管理指南》（以下简称《指南》）已经2020年7月3日第10次退役军人事务部部长办公会议审议通过，现印发给你们，请结合实际贯彻执行。

一、充分认识出台《指南》的重要意义

就业创业培训工作事关退役军人就业和融入社会，党中央、国务院高度重视。出台《指南》，是落实中央文件精神和《关于促进新时代退役军人就业创业工作的意见》（退役军人部发〔2018〕26号）要求、加强培训管理的具体措施，是提高退役军人就业创业能力的有效手段，是进一步增强退役军人就业创业培训工作的针对性、有效性的有力抓手，对实现军事人力资源向经济社会建设人才资源转化具有重要意义。

二、切实抓好贯彻实施

各地应结合本地实际，制定具体落实办法，组织开展首批退役军人就业创业培训机构申报签约工作。10月1日前向退役军人事务部就业创业司报备本地落实办法，11月1日前完成签约机构集中公示，并向退役军人事务部就业创业司报备。

三、推荐全国退役军人就业创业园地候选机构

各地要积极配合做好首届全国退役军人就业创业园地确定工作，于9月1日前向退役军人事务部就业创业司推荐本地优秀退役军人就业创业培训机构、创业孵化机构。每省（区、市）推荐名额不超过3个。退役军人事务部退役军人培训中心协助就业创业司组织实施园地确定工作，具体负责聘请、督促第三方评估机构实施量化评价、细化指标体系以及其他日常工作。推荐材料具体要求另行通知。

四、发挥好信息化平台作用

全国退役军人就业创业信息系统已上线试运行，各地应积极主动对接信息化平台建设，履行培训管理服务职能，利用互联网手段，科学设计，精简办事流程，提高管理服务效能。

2020年7月9日

退役军人就业创业培训工作管理指南

第一章　总　则

第一条　为提升退役军人就业创业能力，切实维护参训学员权益，发挥培训补贴政策作用，规范培训秩序，提高培训质量，根据中央有关文件精神和《关于促进新时代退役军人就业创业工作的意见》（退役军人部发〔2018〕26号）等政策规定，制定本指南。

第二条　本指南适用范围为各级退役军人事务部门组织或委托组织的自主择业军队转业干部适应性培训、个性化培训（含创业培训）和自主就业退役士兵全员适应性培训、职业技能培训（含创业培训）等。

第三条　国家退役军人事务部门负责全国退役军人就业创业培训管理工作的政策制定、业务指导，各省、市级退役军人事务部门负责统筹本省、市退役军人培训机构确定和评估管理工作，县级退役军人事务部门开展相关工作。各级退役军人事务部门依托全国统一的信息化平台对就业创业培训工作实施全流程管理。

第二章　培训机构的确定

第四条　采取申报签约方式确定培训机构。培训机构可向当地退役军人事务部门提出承训申请。退役军人事务部门核实申请条件，遵循平等自愿原则与符合条件培训机构签订承训合同。有条件的地方可开展公开招标。

第五条　确定培训机构应当遵循以下原则：

（一）扩大供给。对于具备基本条件和承训意愿的培训机构，应纳入尽纳入。

（二）丰富资源。在主体性质上可涵盖普通高等院校、职业院校、技工院校、公办和民办培训机构、企业实训基地、创业孵化基地、职工培训中心、技能大师工作室等多种类型；在培训专业上应涵盖通用技能和高新技术的多种方向。

（三）优质优先。对于师资力量雄厚、产教融合较好、就业渠道稳定的培训机构优先纳入。

第六条　确定培训机构应当把握以下基本条件：

（一）具有法定办学资质，取得政府相关行政部门颁发的办学许可证；或经政府行政部门认定，具备承接政府补贴性培训项目资质。具有法人资格，实行独立核算，在规定范围内开展培训项目。

（二）具有与培训项目和培训规模相适应的培训场所和实训设施、设备，具有稳定、合格的师资队伍。专业性强的领域或科目，有实训场所或实训合作单位。

（三）具有较丰富的教学经验，培训质量较好，相关证书获取率和培训后推荐就业率较高。

（四）遵守职业培训和职业教育法律法规，教学管理制度完善，内部管理规范，学风好、风气正、社会信誉良好，无违规办学的不良记录，法定代表人无不良诚信记录。

第七条　确定培训机构应当履行以下程序：

（一）发布公告。向社会公开征集培训机构参与申报。

（二）受理核实。按照属地原则或管理权限受理培训机构申请，通过向相关主管部门核对资质信息、实地考察调研等方式核实培训机构情况。

（三）社会公示。对符合本办法第六条规定及本地相关规定条件的培训机构，向社会公示并接受监督。

（四）签约存档。按照有关要求签订合同，对培训机构资质、培训场所产权证或租用合同、设施设备清单、师资、管理制度等相关证明材料存档。

第八条　各地退役军人事务部门在官方网站或媒体上集中公示签约培训机构情况，并建立培训机构信息黄页，供退役军人使用，黄页根据承训机构变更情况动态调整。省级黄页每年定期向国家退役军人事务部门汇总报备。

第三章　合同及履行

第九条　各地退役军人事务部门要按照政府职能转变要求，结合本地退役军人特点、培训需求、培训市场状况，科学设定承训合同条款，遵循我国有关合同的法律规定签订、履行、变更承训合同。

第十条　合同应当明确培训项目、收费标准、培训质量、资金结算方式、各方权利义务事项、合同的变更与终止情形和违约责任等内容。合同期限不超过3年。

第十一条　退役军人事务部门作为培训项目购买主体的权利与义务包括但不限于：

（一）设定绩效目标，开展履约管理，执行绩效监控，及时掌握培训项目实施进度和绩效目标实现情况。

（二）采取“双随机、一公开”、绩效评估等多种监管方式，督促承接主体严格履行合同。

（三）根据合同约定，按照培训进度或绩效情况，分阶段向承接主体支付款项。

第十二条　培训机构作为培训项目承接主体的权利与义务包括但不限于：

（一）对申请材料真实性负法律责任。

（二）结合退役军人就业创业需求，科学设置培训项目、制定培训目标和教学计划，优化课程设置，改进教学方法，保证教学质量。

（三）主动规范招生行为，按物价监管部门有关规定确定培训收费标准。招生简章和宣传内容应当具体、明确、真实，并向购买主体报备。所开设课程和培训质量应当符合招生简章或宣传的承诺。

（四）培训开班前，提请当地退役军人事务部门核定报名参训的退役军人身份和享受补贴政策条件。

（五）建立健全教学管理制度、学员管理制度、安全管理制度和突发事件应急预案，加强管理，防范和化解各类安全事故风险。

（六）按规定组织学员参加国家职业技能鉴定评价（职业技能等级考核）、职业资格考试等职业能力评价。对完成规定课时、经结业考试（考核）合格的学员，应发给培训合格证书。

（七）根据培训专业推荐参训学员就业，提倡开展“入学即入职”式培训，并开展不少于1年的就业稳定性跟踪调查。

（八）配合做好监督检查和绩效评价。当期培训任务结束后或年底，向当地退役军人事务部门报送培训报告和相关数据信息。

第十三条　培训机构具有以下情形之一，即终止合同。

（一）办学资格终止的。

（二）一个评估周期内不能正常开展培训的。

（三）教学质量低，学员负面评价率高，校风、管理差，安全措施不到位，就业率低的。

（四）存在买卖和出租资质、转包培训项目、严重虚假宣传、套取资金、虚假培训等违法违规问题的。

（五）其他严重影响承训工作开展、延误参训学员就业创业的情形。

第十四条　培训结束后，各地退役军人事务部门应通过学员回访、检查培训记录等形式对学员参加培训的真实性和申报资料的完整性逐一核实，严防虚假培训。规范补贴资金的审核拨付，对能够依托政府信息系统共享信息、资料的，不要求单位及个人提供证明材料。

第四章　绩效评价

第十五条　各地退役军人事务部门统筹负责培训绩效评价工作，结合本地实际研究制定评价标准并对社会公布。各地退役军人事务部门依据合同条款开展履约管理，以引入第三方专业评估机构等方式，按照统一标准综合评估培训的教学质量、培训规模、学员就业率和取证率等绩效情况。要发挥学员作用，通过网上评价、调查问卷等形式参与评价。评估工作在合同期内开展不少于1次，评估周期最长不超过3年。评估结果作为拨付款项、续签合同、确定评估频次等事项的重要依据。

第十六条　为确保评估公正、专业，所引入的第三方专业评估机构应属非营利性组织，长期从事教学质量评估，社会信誉良好，具备一定的公信力和权威性。不具备引入第三方专业评估机构的地区，经上一级退役军人事务部门批准，可采取专家评审的方式开展评估。

第十七条　有条件的地方，可以授权第三方中介机构或组建退役军人教育培训专家委员会，结合绩效评价结果对培训机构分级分类，向社会公示、向退役军人推介。有以下情形的，可酌情提高级别并重点推介：

（一）自主就业退役士兵培训后1年以上稳定就业率水平较高的。

（二）往年退役军人学员参训人数较多、培训质量好的。

（三）针对当地重点发展产业、战略新兴产业、急需紧缺专业等开展培训的。

（四）采取产教融合、工学结合等模式开展学历教育、技能培训、就业见习、创业孵化两项以上四位一体培训的。

第十八条　各级退役军人事务部门开展退役军人就业创业园地建设。国家退役军人事务部门依据《退役军人就业创业园地量化评价指标体系》从各地推荐的培训机构、创业孵化机构中确定一批优秀机构，作为全国退役军人就业创业园地，实现学历教育、技能培训、就业见习、创业孵化四位一体发展，发挥示范带动作用。通过在园地中实践弹性学制、工学结合、创业孵化、“1+X”等试点工作，探索提高退役军人教育培训针对性、有效性的新路子；通过建立区域内办学辐射机制、跨省结算系统，探索区域范围内的优质资源共享机制。园地挂牌有效期3年，到期后由各地重新推荐。

第五章　监督与管理

第十九条　实行台账登记制度。各地退役军人事务部门应当对参训学员逐人建立培训台账，如实登记学员参加培训和享受培训补贴情况，并在年底向上级退役军人事务部门报备。

第二十条　实行信息公开制度。各地退役军人事务部门应通过政府网站等媒体，及时公布培训政策及参训、承训申报流程，定期公布承训机构评估结果及违规违约行为处理情况；设立监督电话，畅通网上监督渠道，接受社会监督。

第二十一条　各地退役军人事务部门可根据本地业态新发展和退役军人就业需要，多渠道积极收集项目制培训需求，建立培训项目库，结合培训机构的专业特色、课程安排、承接能力和培训对象意愿等因素，面向各类培训机构购买培训服务。适应性培训可按照项目制培训方式实施。

第二十二条　各地退役军人事务部门对于以政府购买服务方式支持的退役军人创业孵化基地，可参照本指南有关规定进行确定和监管。

第六章　附　则

第二十三条　本指南由退役军人事务部负责解释。本指南所称“以上”均包含本数、本级。

第二十四条　各地退役军人事务部门根据工作实际制定落实办法。

第二十五条　本指南自2020年8月1日起施行。

附件：

1.全国退役军人就业创业园地量化评价指标体系

2.退役军人承训机构黄页模本

附件1

全国退役军人就业创业园地量化评价指标体系

（总分100分）

一级维度	二级维度	三级维度	说　　明	分值
功能条件 10分	学历教育		具有学历教育功能，可取得相应学历。	2
	技能培训		具有技能培训功能，可取得相应技能资格证书。	2
	就业见习		具有就业见习、实习功能，可实现工学结合。	2
	创业孵化		具有创业孵化功能，可实现创业扶持。	2
	资质待遇		具备其他国家级认证资质，对退役军人可予以相应优惠政策、待遇。	2
办学条件 17分	设施硬件		教育培训场所和设施设备符合国家建设和安全标准。具有与2–5个经济发展急需、紧缺专业（职业、工种）相匹配的实训装备、专业图书资料及网络远程教育等硬件设施。	2
	服务能力		面向企业、学校和社会开展职业教育或技能培训，规模不少于3000人。有良好的后勤保障能力，可根据培训需求做出及时调整。	2
	管理水平		具有较强的管理能力和高效的组织管理体系。单位机构设置合理，部门职能和教职工岗位职责明确；已建立规范的培训管理、财务管理、资产管理、风险管理等制度；遵守国家有关法律法规，未发生违规违纪事件。	2
	就业渠道		与大、中型企业建立了稳定校企合作关系（一般应不少于10家），形成固定就业推荐机制。与合作企业共同研究确定专业建设、课程设置、培养计划、师资建设、研发课题和培训实习方案（一般不少于3个专业），并与合作企业共建了培训实习基地，聘请企业高级技师、技师和专业技术人员担任指导教师。	5
	教学模式		根据退役军人特点和就业创业需求，科学制定培训项目、培养目标和教学计划，培训项目的就业市场潜力大，培训专业类别全面，课程内容安排与专业培养目标相符，学习资料或教材配备齐全，积极探索实践产教融合、现代学徒制、企业新型学徒制，大力开展订单培训、定向培训、定岗培训。	3
	师资质量		有科学合理的师资培养规划和实施方案，重视专业带头人和骨干教师队伍建设；有满足教育培训需要的稳定的专、兼职教师队伍，师生比较为合理（一般不低于1:25）；高级实习指导教师和具有高级技师资格的教师占实训教师总数的比例较为合理（一般应在40%以上）。	3

续表

一级维度	二级维度	三级维度	说　明	分值
孵化条件13分	基本资质		由政府批准设立或依法成立，以创业孵化为主营业务的独立法人机构，无违法违纪行为和未了结的法律、经济纠纷，运营时间较长（一般3年以上）。	2
	硬件环境		拥有一定规模的创业孵化场所、必要的附属设施及配套基础设施。	2
	管理水平		创业孵化功能完善，各项管理制度健全，政府明确的帮扶创业实体的各项政策落实到位，孵化效果明显。	2
	运营状态		近3年的孵化场所利用率（每年均不低于90%），在孵创业实体数量（每年均不少于30户），在孵创业实体提供的就业岗位数量（每年均不少于300个）。	2
	运营效果		自基地运营以来，入孵创业实体孵化成功率（总体不低于60%），入孵创业实体到期出园率（总体不低于95%）。	3
	认证认可		已被认定为省级创业孵化示范基地，发展前景良好，对全国具有示范性。	2
培训成果17分	学习成效6分	培训规模	培训过的退役军人数量。	2
		职业技能获证率	退役军人在培训结束后获得相关技能资格证书的比例。	2
		结业拿证率	退役军人在培训结束后获得结业证书的比例。	2
	就业情况11分	就业率	退役军人在培训结束1年内的稳定就业率。	5
		专业对口率	退役军人从事工作与培训学习专业的相关性。	3
		薪资水平	退役军人找到工作的起薪水平。（与本地职平工资水平相比）	3
孵化效果15分	园区支持6分	孵化规模	孵化退役军人创业实体数量，其中提供的退役军人就业岗位数量。	2
		优惠政策	减租减税、减免水电费以及其他费用减免优惠情况。	2
		配套服务	开展创业辅导、培训、产业链对接等支持，提供住房、食堂等生活服务。	2
	孵化成果9分	孵化成功率	退役军人创业实体的成功率和出园率。	5
		孵化企业质量	成功孵化的退役军人创办企业市场生存状态优良、利税情况和吸纳就业情况较好。	4
学员反馈16分	学习满意度6分	教学水平	退役军人对于承训机构课程内容、课时安排、教学水平的满意度。	2
		教学条件	退役军人对于承训机构教学场所、教学设备等硬件满意度。	2
		职业能力训练	退役军人对于教学实践环节的职业能力提升满意度。	2
	就业满意度10分	工作满意度	退役军人对于当前工作整体的满意度。	4
		薪酬满意度	退役军人对于当前薪酬和福利水平的满意度。	3
		就业指导满意度	退役军人对于求职过程中就业指导的满意度。	3
创业反馈12分	在园满意度		在园退役军人创业实体的满意度。	6
	出园满意度		出园退役军人创办企业的满意度。	6

附件2

退役军人承训机构黄页模本（1）

序号	省（区、市）	所在地（地市）	承训机构名称	单位性质	承训项目	就业（创业）方向	培训价格	培训时长	培训成果	机构级别	统一机构代码/社会信用代码	地址
1												
2												
3												
4												
5												

退役军人承训机构黄页模本（2）

序号	邮政编码	独立法人	身份证号	可同时容纳最大培训人数	占地面积	建筑面积	实训场地面积	教室间数	礼堂容纳人数	餐厅容纳人数	教职工总数	高级职称教师人数	中级职称教师人数
1													
2													
3													
4													
5													

退役军人事务部办公厅　财政部办公厅关于规范优抚对象抚恤补助资金发放工作的通知

退役军人办发〔2020〕47号

各省、自治区、直辖市退役军人事务厅（局）、财政厅（局），新疆生产建设兵团退役军人事务局、财政局：

为规范优抚对象抚恤补助资金发放工作，加强资金使用管理，根据《优抚对象抚恤补助资金使用管理办法》等规定，经研究决定，从2021年1月1日起，全面实行优抚对象抚恤补助资金按月发放。现就有关事宜通知如下：

一、强化组织领导。全面实行优抚对象抚恤补助资金按月发放，是保障优抚对象基本生活的重要举措。各地要切实增强责任感、紧迫感，迅速动员部署，精心周密组织，统筹推动优抚对象资格确认、数据核查、资金下拨等工作，为实现抚恤补助资金按月发放打好基础。

二、优化发放流程。按照“退役军人事务部门核定对象、标准，财政部门核拨资金，金融机构代发到人”的规程，严格落实抚恤补助资金社会化发放，切实做到足额按月兑现。各级退役军人事务部门和财政部门要精简发放环节，提高工作效率，确保资金发放安全、及时、方便、快捷。

三、加强联动协作。各级退役军人事务部门和财政部门要密切配合，充分利用全国优抚信息管理系统，实现优抚数据动态管理。进一步健全与金融机构之间的联通联动机制，研究更加科学合理高效的发放方式，实现优抚资金发放全流程可追溯、可监控。

四、做好督促检查。要指导各地规范抚恤补助资金发放工作，对未实现按月发放的地区，要深入分析原因，建立工作台账，提出落实方案，限期督促整改。遇有问题及时报告，确保抚恤补助资金按月发放工作落到实处。

2020年10月30日

退役军人事务部办公厅关于规范退役军人就业创业指导团队建设的通知

退役军人办发〔2020〕49号

各省、自治区、直辖市退役军人事务厅（局），新疆生产建设兵团退役军人事务局：

退役军人事务部门组建以来，各地陆续成立退役军人就业创业指导团队，并在引导就业、扶持创业等方面发挥了积极作用。为完善退役军人就业创业支持服务体系，现就规范退役军人就业创业指导团队建设工作通知如下：

一、坚持高标准遴选

各地就业创业指导团队建设要在成员遴选上把好政治关、严格遴选程序、注重履职能力，在团队成员结构上要结合本地产业发展情况和退役军人就业创业需求进行科学设计。

（一）坚持政治导向。团队成员要拥护党的领导，思想上政治上行动上自觉同以习近平同志为核心的党中央保持高度一致。要深刻认识促进退役军人就业创业工作重大意义，关心支持退役军人在经济建设中建功立业。要贯彻落实新发展理念，牢固树立总体国家安全观，正确引导退役军人就业创业。

（二）着眼履职能力。团队成员应该是当地相应行业或领域内的领军人才，具有可观的经营业绩或工作成果，有能力为退役军人就业创业提供辅导授课和指导服务，能够发挥示范带动作用。符合条件的退役军人候选人优先入选。

（三）力求功能齐全。指导团队成员结构应该以企业家为主，涵盖投融资、孵化器、教学研究、工商、税务、财会、金融、法律、科技、教育、知识产权、人力资源、智库或咨询等就业创业相关领域人才，能够满足退役军人就业创业多元化、专业化需求。

（四）注重程序完备。各地要通过规范的团队遴选程序确定成员名单。原则上要向社会公开征集，事先明确职责义务和纪律要求，充分征求候选人单位意见，向社会公示候选人名单，取得候选人遵纪履职的书面承诺。

二、全面发挥职能作用

各地退役军人就业创业指导团队要根据退役军人事务部门统筹安排，重点围绕以下几方面开展工作：

（一）培训授课。在退役军人事务部门组织

的就业创业培训中担任授课讲师，为退役军人传授就业创业有关知识、解答疑难问题、提示创业风险、提供业务辅导。

（二）现场问诊。在退役军人事务部门组织下，对退役军人创业项目或初创企业进行考察、评估并提出咨询意见。

（三）结对指导。团队成员和退役军人双向选择，确定“一对一”或“一对多”的结对组合，从创业意识、创业实践、职业规划等方面引领、指导退役军人就业创业，有条件的可以长期跟踪提供服务。

（四）园地顾问。对当地挂牌的退役军人就业创业园地提供建设指导，为园地内就业创业的退役军人提供咨询服务。

（五）建言资政。作为评委或专家参加当地退役军人创业大赛、区域协作、就业创业政策调研座谈等活动，为政策制定部门提供意见建议。

（六）其他工作。参加当地退役军人事务部门组织的其他相关活动。

三、强化组织管理

各地退役军人事务部门要做好对退役军人就业创业指导团队的组织服务工作。

（一）广泛征集人选。要做好宣传发动工作，向社会广泛征集符合条件人选，集智聚贤为退役军人就业创业提供智力支撑。要严格把握入选条件，严格核实相关信息，确保政治可靠，确保能够有效发挥指导作用。

（二）落实台账登记。要对每名团队成员详细了解、逐人登记优势特长，形成工作台账，记录履职经历，定期更新信息。团队成员情况要向社会公开，针对性委派指导任务。鼓励不同地区共享指导团队资源。各省（区、市）退役军人事务部门要在每年12月1日前将团队建设情况报送退役军人事务部。

（三）加强服务保障。要向团队成员提供必要服务支持，保障其顺利参加活动；要及时推送退役军人就业创业有关政策信息，保障其有效履职；要加强与团队成员的日常联系，鼓励其所在单位为团队成员参加活动提供便利条件，引导他们在促进退役军人就业创业工作中积极发挥作用。

（四）明确界定责任。要明确退役军人就业创业指导团队的无偿服务、有限服务定位；要加大对团队成员培训力度，增强法律意识，明确工作边界；要在授课、指导或咨询服务前与服务对象约定免责条款，避免产生纠纷。

（五）建立退出机制。要建立健全退役军人就业创业指导团队成员退出机制，根据退役军人就业创业需要调整团队成员及结构，对不胜任团队工作、不适宜履行职责以及自愿申请不再承担团队工作的，应及时予以退出处理，维护团队形象，确保团队稳定高效运转。

2020年11月26日

全国双拥工作领导小组办公室转发《退役军人事务部、中央军委政治工作部关于做好新年春节期间拥军优属拥政爱民工作的通知》

国拥办电〔2020〕10号

各省（自治区、直辖市）双拥工作领导小组办公室，新疆生产建设兵团双拥工作领导小组办公室：

现将退役军人事务部、中央军委政治工作部《关于做好新年春节期间拥军优属拥政爱民工作的通知》转发你们，请结合实际抓好贯彻落实。

全国双拥工作领导小组办公室

2020年12月23日

退役军人事务部、中央军委政治工作部关于做好新年春节期间拥军优属拥政爱民工作的通知

2021年新年春节期间，各地各部队各部门要以习近平新时代中国特色社会主义思想为指导，深入贯彻党的十九大和十九届二中、三中、四中、五中全会精神，按照全国双拥模范命名表彰大会部署要求，扎实做好拥军优属、拥政爱民工作，不断巩固和发展坚如磐石的军政军民团结。

一、切实加强双拥宣传教育。军地各级要认真学习贯彻党的十九届五中全会精神，引导军民深刻认识“十三五”时期党和国家各项事业取得的重大成就、“十四五”规划和2035年远景目标建议明确的重大战略部署，更加坚定地维护核心、携手奋进，汇聚起全面建设社会主义现代化国家的磅礴力量。广泛宣传新命名表彰的全国双拥模范城（县）、双拥模范单位和个人先进事迹，扎实做好致全国双拥模范和广大官兵、优抚对象慰问信发放工作，增强双拥模范和军人军属的荣誉感自豪感。注重把国防教育和双拥宣传融入写春联、送年画等节日民俗，开展富有地域特色、群众喜闻乐见的教育活动，营造爱我人民爱我军的浓厚社会氛围。

二、聚力服务部队练兵备战。各地各部门要通过召开军政座谈会、双拥联席会、双拥工作领导小组全会和走访慰问驻军等形式，主动了解部队需求，研究拿出具体措施，帮助解决供暖供气、吃水用电、交通出行等方面的现实难题。积极配合部队开展冬季适应性训练和机动演练，重点支持担负战备执勤、海上维权、反恐维稳等任务部队，跟进做好服务保障工作。持续开展“情系边海防官兵”拥军优属活动，发动各级双拥工作领导小组成员单位和拥军社会组织，为驻守高原海岛、边防一线的官兵家庭送去节日慰问，帮助解除后顾之忧，激励军心士气。

三、扎实做好拥政爱民工作。各部队要深入定点帮扶的贫困村贫困户，了解帮扶成效，看望慰问群众，研究巩固脱贫攻坚成果、衔接支持乡村振兴的措施办法。组织便民服务小分队，到驻地周边村庄、社区配合搞好环境卫生整治、新年春节氛围营造等工作，上门为五保户、“空巢老人”、残疾人等特困家庭送温暖献爱心。加强军警民联防联治，协助维护机场、车站、港口等春运秩序，做好抢险救灾和应急救援各项准备，为群众欢度佳节提供有力支持。

四、倾心关爱优抚安置对象。各地要认真贯彻新颁布的《退役军人保障法》，加强退役军人保障工作，维护退役军人和军人军属合法权益，

集中解决一批随军家属就业安置、军人子女教育优待和军人家庭困难救济、权益维护等实际问题，鲜明立起尊崇导向。公共服务窗口单位要落实好军人依法优先举措，为军人军属节日出行、参观游园等提供优待服务。组织看望慰问在乡红军老战士、老复员军人和烈属、牺牲病故军人家属，帮助受疫情灾情影响较大、下岗失业和身患重病等优抚对象排忧解难，送去党和政府的关怀温暖。

节日期间，各地各部队要严格落实改进作风和疫情防控有关要求，筹划开展双拥各项活动做到既喜庆热烈，又俭朴节约。

2020年12月23日

人力资源社会保障部办公厅　退役军人事务部办公厅 中央军委后勤保障部办公厅关于开展退役军人养老保险关系转移接续清理落实工作的通知

人社厅函〔2020〕116号

各省、自治区、直辖市及新疆生产建设兵团人力资源社会保障厅（局）、退役军人事务厅（局），中央国家机关养老保险管理中心，军队各有关单位：

2015年，国务院、中央军委批准改革完善军人退役养老保险制度以来，各地社保经办机构、退役军人事务部门和军队各级后勤（保障）部门密切配合，扩大和推广军人保险关系转移系统应用范围，采取切实有效措施，认真做好退役军人养老保险关系转移接续工作，总体情况良好。但仍有部分退役军人的养老保险关系未能及时接续，如不妥善解决，将会损害退役军人权益。为此，人力资源社会保障部等五部门下发了《关于进一步规范军人退役养老保险关系转移接续工作的通知》（军后财〔2019〕659号），进一步明确了军人退役养老保险关系转移接续的程序、方法和要求。为贯彻落实通知精神，全面解决遗留问题，经人力资源社会保障部、退役军人事务部和军委后勤保障部领导批准，决定对退役军人养老保险关系转移接续情况组织一次全面清理落实。现就有关事项通知如下：

一、清理内容

2015至2019年度，已经办理离队手续的退役军人，地方接续养老保险关系的情况。具体内容包括：

（一）应接续人员信息

计划分配军队转业干部和军队复员干部、退役士兵到安置地退役军人安置工作部门报到情况，到社保经办机构接续保险关系情况。

（二）关系转移类型情况

部队后勤（保障）部门有无在企业职工养老保险和机关事业单位养老保险经办机构之间错划养老保险补助资金，或者转移类型选择错误的情形；办理保险关系转出手续后，因退役军人安置单位确定，需要变更实际转移类型、重新办理转移手续的情况。

（三）信息资金匹配情况

社保经办机构是否收到转移信息和转移资

金，转移信息是否准确，转移资金附言是否完整；是否存在转移信息与资金不匹配的情况；对转移信息与资金匹配的，是否已经为退役军人建立养老保险个人账户；是否有收到不属于本行政区域安置的退役军人养老保险关系转移信息或者资金的情况。

（四）个人携带资金转缴情况

安排到机关事业单位的退役军人，应当转交接收安置单位并缴存至社保经办机构的资金，是否全额及时转交，有无由接收安置单位或者个人存放尚未缴存的情况。

二、方法步骤

本次清理落实工作由各省（自治区、直辖市）、新疆生产建设兵团县级以上社保经办机构和退役军人事务部门，以及军队各级后勤（保障）部门等单位，按照现行职责分工协作完成，分基础数据整理、数据核查比对、合力督办落实、分类汇总上报四个阶段。

（一）基础数据整理（2020年8月5日—8月31日）

1. 军委后勤保障部军人保险基金管理中心负责汇总整理各年度军队办理的退役军人养老保险关系转出的人员名单和相关信息，形成各省（市、区、县）退役军人养老保险关系转出情况明细数据。

2. 县级以上退役军人事务部门负责收集整理本行政区域内2015至2019年度计划分配军队转业干部和军队复员干部、退役士兵名单及相关信息。安置到在京中央单位的军队转业干部名单及相关信息，由退役军人事务部移交安置司负责收集整理。

3. 县级以上社保经办机构负责整理本行政区域内各年度退役军人养老保险关系转移信息接收、资金到账、关系接续等情况。

（二）数据核查比对（2020年9月1日—11月30日）

1. 下发部队转移人员信息。军委后勤保障部军人保险基金管理中心将各省（市、区、县）退役军人养老保险关系转出情况明细数据，通过人力资源社会保障部社会保险事业管理中心、退役军人事务部就业创业司，逐级下发至县级以上社保经办机构、退役军人事务部门。

2. 确认退役军人相关信息。县级以上退役军人事务部门结合军队提供的本行政区域退役军人养老保险关系转出情况明细数据，以及本行政区域应当接收和实际安置的退役军人名单，整理形成《××县（市、区）退役军人接收安置明细表》（附件1），提供给本级社保经办机构。

3. 核实保险关系接续情况。社保经办机构依据退役军人事务部门提供的《××县（市、区）退役军人接收安置明细表》和军队提供的本行政区域退役军人养老保险关系转出情况明细数据，逐人逐笔核实退役军人保险关系接续情况。对已正常接续保险关系的人员，标注“已办结”；对尚未接续保险关系的人员，查找确认未接续的具体原因。

4. 核实资金划转和信息传递情况。各级部队后勤（保障）部门核实是否存在养老保险补助资金未划转、转移凭证未邮寄、转移信息未上传等情况。

（三）合力督办落实（2020年12月1日—2021年2月28日）

1.对于转移信息不准确或者缺少转移信息的，由社保经办机构与退役军人原所在部队后勤（保障）部门联系，部队后勤（保障）部门应当及时更正或者查找，并将转移信息重新上传至军人保险关系转移系统。

2.对于未收到转移资金或者转移信息与资金不匹配的，由社保经办机构联系退役军人原所在部队后勤（保障）部门。部队后勤（保障）部门予以核实。属于未划转的，应当使用军人退役养老保险补助资金批量划转系统及时划转；属于划转错误的，应当与收款单位联系，申请退回资金后，重新划转并注明资金附言信息。

3.对于转移资金已收到但汇款附言不全的，社保经办机构应当与退役军人原所在部队后勤（保障）部门联系；部队后勤（保障）部门应当核实清楚，并按照全军统一规定的要素提供。

4.对转移信息与资金匹配，但尚未建立养老保险个人账户的，社保经办机构应当立即建立养老保险个人账户，在《××县（市、区）退役军人接收安置明细表》中标注“已接续”，并以适当方式通知退役军人本人。

5.在企业职工养老保险和机关事业单位养老保险经办机构之间转移错误的，由人民政府安排工作的退役士兵、退出现役后安排到机关事业单位的，以及社保经办机构收到不属于本行政区域安置的退役军人养老保险补助资金或者信息的，社保经办机构应当及时与部队联系，根据部队后勤（保障）部门出具的退款申请，将资金和信息退回原部队后勤（保障）部门，并注明退回的具体原因，部队后勤（保障）部门根据社保经办机构反馈信息，核实退役军人安置去向和相关情况，重新办理保险关系转移手续。

6.安置到机关事业单位、由退役军人本人携带的养老保险补助资金未缴存到社保经办机构的，社保经办机构应当向安置单位发出《机关事业单位养老保险资金收缴函》（附件2），督促安置单位在规定的时限内收缴退役军人携带的养老保险补助资金，并按规定缴存。对拒不缴存转移资金的，依法依规进行收缴，必要时追究有关人员责任。

7.经核查比对无法确认和处理的事项，或者由于部队编制体制调整，无法与退役军人原所在部队后勤（保障）部门取得联系的，社保经办机构应当实时上报省级社保经办机构，省级社保经办机构应当每日汇总填写《部队联系方式查询表》（附件3），与人力资源社会保障部社会保险事业管理中心或者军委后勤保障部军人保险基金管理中心联系。

（四）统计汇总上报（2021年3月1日—3月31日）

县级以上社保经办机构根据清理落实结果，填写《2015—2019年度退役军人养老保险关系转移接续清理落实情况明细表》（附件4）、《2015—2019年度退役军人养老保险关系转移接续清理落实情况统计表》（附件5），于2021年3月15日前逐级汇总上报至省级社保经办机构，相关信息同时抄送同级退役军人事务部门。省级社保经办机构汇总全省（自治区、直辖市）的清理明细数据和统计数据，形成省级汇总表和清理落实情况报告，由省级社保经办机构领导签字并加盖公章，连同全省的明细和汇总电子数据，于2021年3月31日前报送人力资源社会保障部社会保险事业管理中心，并抄送省级退役军人事务部门。人力资源社会保障部社会保险事业管理中心将各省清理落实情况报告和电子数据汇总整理后，提供给退役军人事务部和军委后勤保障部军人保险基金管理中心。

三、工作要求

各级人力资源社会保障部门和退役军人事务部门、部队后勤（保障）部门要认真组织、密切配合，严格按照规定步骤和时间节点，采取切实有力措施扎实工作，力争做到资金归属清、接续人数全、清理广覆盖、落实无死角，确保实现应接尽接的目标。各地社保经办机构要主动作为、狠抓落实、突出重点、注重实效，尤其是对退役军人本人拒不缴存资金的情况，认真做好政策宣传解释，采取多种措施予以解决。各级退役军人事务部门要把退役军人安置与保险关系接续紧密结合，摸清搞实属于本地区安置的人员底数，督促退役军人及时办理有关手续。各级部队后勤（保障）部门要积极配合地方社保经办机构，核实保险关系转移信息和资金划转情况，做到退役军人安置地区、保险关系转移信息和划转资金完全一致，不给接续工作留下隐患。本次清理连同军人退役养老保险制度实施以来尚未接续的退役军人养老保险关系，由省级社保经办机构负责督办落实，并每季度书面上报人力资源社会保障部社会保险事业管理中心。

人力资源社会保障部社会保险事业管理中心、退役军人事务部就业创业司和军委后勤保障部军人保险基金管理中心建立协调督办机制，推动清理落实工作，研究解决存在问题，督导遗留事项后续处理情况。

附件：

1. ××县（市、区）退役军人接收安置明细表（略）

2. 机关事业单位养老保险资金收缴函（略）

3. 部队联系方式查询表（略）

4. 2015—2019年度退役军人养老保险关系转移接续清理落实情况明细表（略）

5. 2015—2019年度退役军人养老保险关系转移接续清理落实情况统计表（略）

2020年7月31日

中国退役军人事务年鉴 2021

大 事 记

退役军人工作大事记

一月

1月6日，孙绍骋同志会见塞尔维亚劳动、就业、退役军人和社会事务部部长乔尔杰维奇一行。

1月9日，孙绍骋、钱锋同志赴山东省青岛市慰问海军92330部队官兵。

1月9日，退役军人事务部、中央宣传部、国家发展改革委等20部门联合印发《关于加强军人军属、退役军人和其他优抚对象优待工作的意见》。

1月10日，中央编办批复同意设立退役军人事务部退役军人信息中心和退役军人事务部烈士纪念设施保护中心（退役军人事务部烈士遗骸搜寻鉴定中心）。

1月10日，孙绍骋同志在人民大会堂会见2019年度“最美退役军人”先进典型，朱天舒同志一同会见并出席首场先进事迹报告会。

1月16日，朱天舒同志出席退役军人事务部、中央军委政治工作部、北京市人民政府慰问移交政府安置的军队离退休干部大会。

1月17日，退役军人事务部会同中央宣传部、中央军委政治工作部联合印发《关于授予王富国等19名同志和国网江苏电力（如东公司）退役军人党员服务队1个集体“最美退役军人”称号的决定》。

1月21日，孙绍骋、钱锋同志出席首都军政座谈会。

1月21日，全国双拥工作领导小组、退役军人事务部、中央军委政治工作部联合发出《致广大官兵和优抚对象的慰问信》《致全国双拥模范的慰问信》。

二月

2月1日，退役军人事务部、外交部、财政部、中央军委政治工作部联合发布第2号部令，公布《境外烈士纪念设施保护管理办法》。

2月4日，孙绍骋同志出席首都军政座谈会并讲话。钱锋同志出席。

2月10日—4月10日，退役军人事务部开展“致敬·2020清明祭英烈”网上祭扫活动。

2月11日，退役军人事务部组建全国退役军人事务系统医疗队驰援湖北荣军医院。

2月16日，退役军人事务部、中央军委政治工作部联合下发《关于妥善做好新冠肺炎疫情防控牺牲人员烈士褒扬工作的通知》。

2月18日，全国双拥工作领导小组办公室下发《关于发挥双拥工作优势　大力支持新冠疫情防控工作的通知》。

2月26日，退役军人事务部、中央军委政治工作部向广大自主择业军队转业干部发出倡议书，号召他们永葆革命军人本色，积极投身疫情防控阻击战。

三月

3月2日，退役军人事务部印发《关于深入开展“思想政治工作年”活动的通知》。

3月5日，退役军人事务部印发《关于应对新冠疫情有效促进退役军人就业创业工作的意见》。

3月9日，钱锋同志主持召开2020年度全国双拥工作领导小组办公室第一次全体会议。

3月26日，退役军人事务部、人力资源社会保障部联合下发《部分适合退役士兵就业的职业目录》。

3月31日，方永祥同志代表退役军人事务部与滴滴出行、京东集团、顺丰集团、阿里巴巴集团4家企业签署退役军人就业合作协议。

四月

4月1日，孙绍骋同志出席部2020年全面从严治党暨党风廉政建设工作会议并讲话。钱锋同志主持。林国耀同志提工作要求。方永祥、朱天舒同志出席。

4月3日，退役军人事务部印发《关于应对新型冠状病毒感染肺炎疫情　支持鼓励自主就业退役士兵参与线上职业技能培训的通知》。

4月4日，方永祥、朱天舒同志参加部机关向抗击新冠肺炎疫情斗争牺牲烈士和逝世同胞哀悼活动。

4月10日，退役军人事务部发布第3号部令，公布新修订的《光荣院管理办法》。

4月15日，退役军人事务部、公安部、财政部、交通运输部、文化和旅游部联合印发《关于做好烈士亲属异地祭扫组织服务工作的意见》。

4月16日，孙绍骋同志出席退役军人事务部烈士纪念设施保护中心（退役军人事务部烈士遗骸搜寻鉴定中心）、退役军人信息中心挂牌仪式并揭牌。钱锋同志主持。方永祥、林国耀、朱天舒同志出席。

4月16日，钱锋同志主持召开2020年度全国双拥工作领导小组办公室第二次全体会议。

4月21日，方永祥同志出席《退役军人安置条例》起草领导小组成立暨第一次全体会议并讲话。

五月

5月13日，钱锋同志主持召开2020年度全国双拥工作领导小组办公室第三次全体会议。

5月18日，方永祥同志主持召开工作专题会，研究部署退役军人就业数据统计、高等教育学费资助政策以及协商财政部联合召开退役金调整政策解读会等工作。

5月18日，退役军人事务部办公厅下发《关于进一步推动抚恤优待政策落地见效的通知》。

5月19日，朱天舒同志主持召开“十四五”退役军人服务和保障规划专家咨询会，听取专家对“十四五”规划（征求意见稿）意见建议。

5月25日，孙绍骋同志列席十三届全国人大三次会议第二次全体会议。

5月28日，军休服务App试点工作视频推进会顺利召开。

六月

6月10日，方永祥同志出席共青团退役军人事务部直属机关第一次团员大会并讲话。

6月13日，退役军人事务部会同农业农村部等9部门联合印发《关于深入实施农村创新创业带头人培育行动的意见》。

6月18日，孙绍骋同志参加十三届全国人大常委会第十九次会议，就《退役军人保障法（草案）》做说明。

6月19日，孙绍骋、钱锋同志参加十三届全国人大常委会第十九次会议，分组审议《退役军人保障法（草案）》。

6月28日，退役军人事务部与交通运输部签署《加强高素质船员培养　促进退役军人就业发展战略合作框架协议》，实施“浪花计划”。

6月28日—7月11日，2020年北京地区计划分配军队转业干部全员适应性培训班在京举办。

七月

7月，退役军人事务部编纂出版《战“疫”有我　敢打必胜——退役军人事务系统和广大退役军人抗击新冠肺炎疫情实录》。

7月2日，国务院决定，任命常正国同志为退役军人事务部副部长。

7月3日，退役军人事务部、国务院国资委、中国银保监会、中国证监会、全国工商联5部门联合发布《关于共同促进自主就业退役军人就业的倡议》。

7月7日，常正国同志赴中国人民抗日战争纪念馆参加纪念全民族抗战爆发83周年仪式。

7月8日，全国双拥工作领导小组办公室印发《关于开展“情系边海防官兵”拥军优属活动的通知》。

7月17日，退役军人事务部、财政部联合下发《关于调整部分优抚对象等人员抚恤和生活补助标准的通知》，再次提高定期抚恤补助。

7月27日，2020年度中央国家机关和中央企业事业单位军转安置工作培训会在京召开。

7月30日，孙绍骋同志出席“退役军人思想政治和权益维护研究中心”签约仪式暨专家座谈会，与中国社科院党组副书记、副院长王京清共同为研究中心揭牌，向首批特聘专家代表颁发聘书。朱天舒同志主持。

7月31日，孙绍骋同志出席部专家咨询委员会成立大会暨第一次全体会议，向首批特聘专家颁发聘书，并与专家座谈交流。钱锋同志主持。

八月

8月1日，退役军人事务部启动《残疾军人证》《伤残人民警察证》《伤残预备役人员民兵民工证》《因公伤残人员证》证件换发工作。

8月3日，方永祥同志出席2020年中央单位和北京市市级单位军转安置统一考试协调会并讲话。

8月10日，退役军人事务部会同中央宣传部、中央军委政治工作部联合印发《关于开展2020年度“最美退役军人”学习宣传活动的通知》。

8月21日，常正国同志出席部支援湖北省退役军人工作——“全媒体运营师”职业技能培训网络开班仪式并讲话。

8月24日，孙绍骋同志出席全国退役军人事务系统学习推广新时代“枫桥经验”现场推进会并讲话。

8月25日，中央国家机关、事业单位和北京市市级单位接收安置军队转业干部统一笔试在北京举行。方永祥同志到现场巡视。

九月

9月1日，国务院发出通知，公布第三批80处国家级抗战纪念设施。

9月2日，退役军人事务部发布第1号公告，公布第三批著名抗日英烈、英雄群体名录。

9月3日，孙绍骋同志参加纪念中国人民抗日战争暨世界反法西斯战争胜利75周年向抗战烈士敬献花篮仪式，并参加纪念中国人民抗日战争暨世界反法西斯战争胜利75周年座谈会。

9月8日，孙绍骋同志参加全国抗击新冠肺炎疫情表彰大会。退役军人事务系统医疗队临时党支部获“全国抗击新冠肺炎疫情先进集体”称号。

9月10日，常正国同志出席部分省（区、市）退役军人就业创业工作座谈会。

9月15日，钱锋同志参加全国人大宪法和法律委员会第116次全体会议，审议《退役军人保障法（草案）》。

9月16—17日，退役军人事务部会同中央农办、国务院扶贫办等有关部门在贵州省安顺市召开退役军人村干部决战脱贫攻坚和推进乡村振兴现场交流会。朱天舒同志出席会议并讲话。

9月19日，常正国同志赴辽宁省丹东市出席抗美援朝纪念馆新馆开馆仪式。

9月21日，方永祥、朱天舒、常正国同志出席部分全国政协委员调研座谈会。

9月21—24日，钱锋同志在湖南省长沙市出席优抚工作座谈会。

9月20日—10月19日，退役军人事务部组织200余名优抚对象，分两期在河北省优抚医院进行疗养活动。

9月26日，退役军人事务部第七批在韩志愿军烈士遗骸交接代表团和工作组在韩国会见韩国国防部等部门，举行第七批在韩志愿军烈士遗骸装殓仪式，考察韩国国防部遗骸发掘鉴识团。常正国同志代表退役军人事务部致感谢状。

9月27日，退役军人事务部在韩国仁川国际机场举行第七批在韩志愿军烈士遗骸及相关遗物交接仪式。常正国同志出席。

9月27日，中共中央政治局委员、国务院副总理孙春兰在沈阳桃仙国际机场出席第七批在韩志愿军烈士遗骸迎回仪式并讲话。孙绍骋同志主持。

9月28日，孙绍骋同志在沈阳抗美援朝烈士陵园出席第七批在韩志愿军烈士遗骸安葬仪式，并致祭文。

9月29日、10月14日，全国军休移交安置推进会分别在福建厦门（南部片会）和宁夏银川（北部片会）召开。

9月30日，孙绍骋同志出席在天安门广场举行的烈士纪念日向人民英雄敬献花篮仪式。

十月

10月，退役军人事务部出版发行《自主就业退役士兵适应性读本》。

10月12日，孙绍骋同志出席第三批退役军人就业合作签约企业集中发布仪式并讲话。常正国同志主持。

10月13日，《中华人民共和国退役军人保障法（草案）》提请全国人大常委会会议第二次审议。

10月14日，钱锋同志参加十三届全国人大常委会第二十二次会议分组审议《退役军人保障法（草案）》。

10月19日，中共中央总书记、国家主席、中央军委主席习近平前往中国人民革命军事博物馆，参观“铭记伟大胜利　捍卫和平正义——纪念中国人民志愿军抗美援朝出国作战70周年主题展览”。李克强、栗战书、汪洋、王沪宁、赵乐际、韩正、王岐山等党和国家领导同志参观展览。王沪宁同志出席展览开幕式并讲话。展览由退役军人事务部、中央宣传部、中央党史和文献研究院、军委政治工作部和北京市联合举办。孙绍骋同志参加展览开幕式并陪同参观。

10月20—22日，2020年中央企业接收安置由政府安排工作退役士兵政策培训班在内蒙古自治区包头市举办。

10月20日，全国双拥模范城（县）命名暨双拥模范单位和个人表彰大会在京召开。中共中央总书记、国家主席、中央军委主席习近平亲切会见全体代表，向他们表示诚挚问候，向受到命名表彰的全国双拥模范城（县）、双拥模范单位和个人表示热烈祝贺。中共中央政治局常委、国务院总理李克强参加会见并在表彰大会上讲话。中共中央政治局常委、中央书记处书记王沪宁参加会见。大会宣读了关于命名411个全国双拥模范城（县），关于表彰全国双拥模范单位和个人的决定，并向受到命名表彰的全国双拥模范城（县）、双拥模范单位和个人代表颁奖，有关军地代表发言。丁薛祥同志参加会见，孙春兰同志参加会见并主持大会，张又侠、陈希、黄坤明、沈跃跃、肖捷、马飚同志参加会见并出席大会，中央军委委员苗华参加会见并在会上宣读表彰决定。孙绍骋、钱锋、方永祥、朱天舒、常正国同志参加。

10月21日，中共中央总书记、国家主席、中央军委主席习近平给四川省革命伤残军人休养院全体同志回信，向他们致以诚挚问候。

10月21日，退役军人事务部联合中央军委政治工作部向抗美援朝出国作战志愿军老战士、老同志、烈士家属和拥军支前模范致慰问信。

10月23日，退役军人事务部印发《关于学习贯彻习近平总书记重要指示精神　进一步做好革命功臣优抚工作的通知》。

10月23日，退役军人事务部组织抗美援朝老战士、老同志代表参加纪念中国人民志愿军抗美援朝出国作战70周年大会。孙绍骋同志出席。

10月23日，退役军人事务部与中央对外联络部、外交部等有关部门和地方密切配合，隆重举办以中共中央总书记、国家主席、中央军委主席习近平名义向沈阳、丹东、平壤、桧仓等中朝两国四地志愿军烈士纪念设施敬献花篮活动。

10月23日，退役军人事务部印发《关于做好享受国家定期抚恤补助优抚对象年度确认工作的通知》。

10月26日，全国双拥工作领导小组办公室下发《关于学习贯彻全国双拥模范城（县）命名暨双拥模范单位和个人表彰大会精神的通知》。

10月27日，钱锋同志参加全国人大宪法和法律委员会第123次全体会议，审议《退役军人保障法（草案）》。

10月28—30日，全国军休系统移交安置工作人员培训班在四川成都举办。

10月30日，退役军人事务部办公厅、财政部办公厅印发《关于规范优抚对象抚恤补助资金发放工作的通知》，从2021年1月1日起，全面实行优抚对象抚恤补助资金按月发放。

十一月

11月3日，退役军人事务部、民政部、财政部、国家卫健委、中央军委政治工作部、中央军委后勤保障部联合印发《关于进一步提升移交政府安置的军队离退休干部服务管理水平的通知》。

11月6日，退役军人事务部发布第4号部令，公布《关于废止和宣布失效一批政策性文件的决定》。

11月9—13日，退役军人事务部组织开展全国英烈讲解员网络培训，共1900余名英烈讲解员参加培训。

11月10日，钱锋同志参加十三届全国人大常委会第二十三次会议，分组审议《退役军人保障法（草案）》。

11月10日，钱锋同志参加全国人大宪法和法律委员会第125次全体会议，审议《退役军人保障法（草案）》。

11月11日，十三届全国人大常委会第二十三次会议通过《退役军人保障法》，习近平主席签署第63号主席令予以公布。

11月11—12日，退役军人事务部在广东举行首届全国退役军人创业创新大赛决赛，常正国同志出席大赛颁奖仪式并讲话。

11月19—20日，朱天舒同志在上海市出席全国军休服务管理工作会议并讲话。

11月22日—12月5日，退役军人事务部在海南省三亚市分两批组织开展首次军休功臣疗养活动，200余名军休功臣参加。

11月25—26日，全国军休机构负责人培训班在湖南省长沙市举办。

11月23日—12月18日，2020年中央单位军转干部专业培训班在清华大学举办。

11月24日，会同中央政法委、最高人民法院、最高人民检察院、公安部、司法部联合印发《关于加强退役军人司法救助工作的意见》。

十二月

12月1—2日，2020年度全国军转安置工作座谈会在广州市召开。

12月1日，孙绍骋同志出席学习宣传贯彻《退役军人保障法》电视电话会议并讲话。钱锋同志主持，方永祥、林国耀、朱天舒、常正国同志出席。全国人大常委会法工委副主任张勇、司法部副部长赵大程、军委政治工作部主任助理李军、军委办公厅军委法制局副局长赵东斌发言。

12月4日，退役军人事务部举行宪法宣誓仪式。孙绍骋同志监誓，钱锋同志主持。

12月3—4日，全国军休老旧小区改造工作推进会在京召开。

12月7—10日，全国双拥工作领导小组办公室在福建省泉州市举办全国双拥模范城（县）双拥专职干部培训班。

12月8—9日，全国退役军人思想政治工作会议在福建省上杭县古田镇召开。

12月10日，伤病残退休军人移交安置工作座谈会在京召开。

12月10—11日、23—24日，退役军人事务部分别在海南省、广西省召开《退役军人安置条例》起草工作座谈会。

12月11日，退役军人事务部、国家发展改革委、财政部、自然资源部、住房城乡建设部联合下发《关于做好移交政府安置的军队离退休干部住房小区居住条件改善有工作的通知》。

12月11日，中央编办批复同意设立退役军人事务部宣传中心。

12月13日，常正国同志赴江苏省南京市参加南京大屠杀死难者国家公祭仪式。

12月18日，退役军人事务部会同中央宣传部、中央军委政治工作部联合发布2020年度“最美退役军人”先进事迹。

12月21—22日，退役军人事务部依托“再启航”网络平台开展退役军人教育培训和就业创业工作网络培训。

12月21日，退役军人事务部、中央军委政治工作部、中央军委国防动员部联合印发《立功受奖军人家庭送喜报工作办法》。

12月22日，退役军人事务部协同中国退役军人关爱基金会、中华慈善总会、中国老龄事业发展基金会、中国教育发展基金会在北京联合举办“情暖老兵·关爱助扶”行动启动仪式。朱天舒同志，民政部、国家卫健委等部门有关领导和相关社会组织负责同志出席活动。

12月24—25日，全国退役军人事务厅（局）长会议在京召开。会议围绕推动退役军人工作高质量发展，总结2020年工作、分析面临形势、部署2021年重点任务。孙绍骋同志出席会议并讲话，钱锋、方永祥、林国耀、朱天舒、常正国同志，以及中央纪委国家监委机关、中央组织部、中央编办、国家发展改革委、财政部、审计署、国务院国资委、中央军委政治工作部、中央军委改革和编制办公室等军地单位特邀代表出席会议。

12月24日，退役军人事务部办公厅印发《关于表扬全国退役军人服务中心（站）“百名优秀主任（站长）”的通报》。

12月24日，朱天舒同志出席2020年全国退役军人服务中心主任会议并讲话。

12月25日，孙绍骋同志出席退役军人事务系统援藏工作会议并讲话。钱锋同志主持，林国耀、朱天舒、常正国同志出席。

12月26日，孙绍骋同志出席退役军人事务系统援疆工作会议并讲话。钱锋同志主持，方永祥、林国耀、朱天舒、常正国同志出席。